VOID

Library of
Davidson College

INSCRIPTIONES GRAECAE

ANTIQVISSIMAE

PRAETER ATTICAS IN ATTICA REPERTAS

CONSILIO ET AVCTORITATE

ACADEMIAE LITTERARVM REGIAE BORVSSICAE

EDIDIT

HERMANNVS ROEHL

ARES PUBLISHERS
CHICAGO   MCMLXXVIII

Exact Reprint of the Edition:
Berlin 1882
ARES PUBLISHERS INC.
612 N. Michigan Avenue
Chicago, Illinois 60611
Printed in the United States of America
International Standard Book Number:
0-89005-221-2

PRAEFATIO.

Inter inscriptionum Graecarum volumina, quae pro supplementis ab Augusto Boeckhio in praefatione voluminis primi p. XIV promissis Academia Regia inde ab anno MDCCCLXXIII edere instituit, hoc volumen se ad partem primam operis Boeckhiani, inscriptiones antiquissima scripturae forma insigniores continentem, pertinere profitetur. Sed accuratius definiatur necesse est, qui tituli admissi, qui exclusi sint. Primum igitur tituli Attici, cuius generis Boeckh nonnullos in primam partem recepit, nobis erant procul arcendi, quoniam hos iam licet in libro Kirchhoffiano adire; adiunxi tamen ex numero titulorum Atticorum eos, qui extra Atticae fines reperti sunt, a Kirchhoffio certo consilio omissos. Deinde quum in vetere corpore inscriptionum triginta tituli in partem primam coacti, fere quinquaginta per reliquum opus dispersi essent, deserta hac ratione, quam Boeckh instituerat, pro aliquot inscriptionibus insignioribus assumpsi quascunque ante quartum saeculum et ante alphabetum Ionicum ubique receptum confectas esse scripturae forma indicat; ubi autem parum constat de inscriptionum aetate, sive quia ex iis oriundae sunt regionibus, in quibus exeunte quinto saeculo idem fere alphabetum in usu erat atque ineunte quarto, sive quia utuntur scriptura recentiore illa quidem, sed quibusdam in rebus antiqui tenaci, sive quia carent eis ipsis litteris, quae antiquiori scripturae sunt propriae, sive quia lectio est dubia: prout e re est visum, alias foras extrusi, aliis hospitalis fui. Tum cum Boeckhio et Kirchhoffio exclusi titulos in nummis expressos; item secundum exemplum a Kirchhoffio in Atticis titulis proditum summovi, quod genus Boeckh admisit, titulos in argilla et in lapide colore pictos, qua de causa reiecta sunt imprimis nomina figuris appicta et artificum tituli; laesi tamen hanc legem in gratiam testarum Corinthiacarum pictarum (n. 20) et inscriptionis cuiusdam creta confectae (n. 3), praesertim quod haec et maximam partem illae sunt in numero dedicationum, et alphabeti Senensis, quod a Caeretano separari non poterat. Contra in quos nefas videbatur tam severe consulere, titulos caelo in argilla incisos, qui dedicationes, donationes, possessorum nomina, alia varia memoriae tradunt, hos ascivi, ita tamen ut artificum titulis, si qui praeter consuetudinem horum titulorum non picti sed incisi sunt, fere omnibus abstinerem. Praeterea absunt aliquot tituli litteris minusculis ab editoribus emissi, ut epigraphice fructum ex eis percipere nequeat; absunt alii, qui quin sint ficticii mihi videtur non posse dubitari.

Ordinem secutus sum eum, ut titulos ad regiones digererem; in singularum regionum titulis vetustiores ante recentiores, quoad eius facere potui, collocavi, non ignarus errori obnoxium esse hoc iudicium in hodierno epigraphices statu.

Hoc quoque volumen tanquam syrma trahit Addenda et Corrigenda; quae ne quis citra necessitatem longa esse censeat, sciant ii, qui legunt, primas plagulas abhinc sedecim fere menses prelo subiectas esse; tantum enim temporis consumptum est et typorum compositione tardo gradu procedente et imaginibus quibusdam casu non in tempore paratis et praesertim, quo tempore iam ultimae ipsius operis schedae litterarum formis describebantur, satis magno intervallo interiecto, ut titulorum Olympiae erutorum nova apographa eaque prioribus accuratiora exspectarentur. Quae postquam Purgold, qui id negotium susceperat, paulatim et per intermissiones submisit, egregie ille de his titulis meritus sollertia in describendo comprobata: tandem, quum haec stillicidia viderentur quiescere, Addenda prelum subierunt, eo ampliora quo longius prolatata erant; eis mox oportuit Nova Addenda subicere. Unum addo: si tituli mihi innotuerant quo tempore ipsi eorum populares typis mandabantur — id quod nonnunquam accidit — ne illi quidem ob lentiorem imaginum confectionem in ordinem recipi potuerunt, sed in Addenda erant differendi; attamen suo loco digito monstravi, ubi essent collocati.

Iam libentissimo corde atque animo gratias persolvo eis, qui de hoc inscriptionum fasciculo bene meruerunt: Kirchhoffio, cuius consilium sapientissimum roganti mihi nunquam defuit, viris doctis Germanis et alienigenis permultis, qui apographa et ectypa officiosissime suppeditaverunt.

Scribebam Berolini mense Februario a. MDCCCLXXXII.

H. ROEHL.

CONSPECTVS EORVM QVAE HOC VOLVMINE CONTINENTVR.

		pag.
I.	Tituli Attici extra Atticam reperti	1
II.	Tituli Megarici	3
III.	Tituli Corinthii cum Sicyoniis (cf. Add.), Phliasiis, Mycenaeo	4
IV.	Tituli Argivi, segregatim Methanius et Hermionei	15
V.	Tituli Laconici et Messenii	20
VI.	Tituli Arcadici	34
VII.	Tituli Elei	38
VIII.	Titulus Achaicus	45
IX.	Tituli Boeotii	45
X.	Tituli Locrorum Opuntiorum	65
XI.	Tituli Phocei	66
XII.	Tituli Locrorum Ozolarum	69
XIII.	Tituli Thessalici	75
XIV.	Tituli Acarnaniae et Epiri	76
XV.	Tituli insularum maris Ionii	77
XVI.	Tituli Thraciae	82
XVII.	Titulus Sarmatiae	83
XVIII.	Tituli insularum maris Aegaei: Aeginae Cecryphaliae Euboeae Samothraces Thasi Chii Sami Amorgi Ceae Siphni Pari Naxi Meli Therae Calymnae Rhodi Cretae Cypri	83

		pag.
XIX.	Tituli Asiae Ionicae cum inscriptionibus mercenariorum Psammatichi	127
XX.	Tituli Asiae Aeolicae	140
XXI.	Tituli Pamphyliae	141
XXII.	Titulus Cyrenaicae	144
XXIII.	Tituli Siciliae: coloniarum Corinthiarum cum Imachara, coloniae Rhodiae, coloniae Megaricae, coloniarum Chalcidicarum, originis in Sicilia incertae	145
XXIV.	Tituli Italiae: coloniarum Chalcidicarum cum alphabetis in Etruria repertis, coloniae Locrensis, coloniarum Achaicarum, coloniarum Laconicarum, originis in Italia dubiae	151
XXV.	Titulus Galliae	159
XXVI.	Tituli incertorum locorum	159
ADDENDA ET CORRIGENDA		169
ADDENDA NOVA		184
INDICES		
I.	Nomina civitatum populorum tribuum pagorum locorum	187
II.	Dii deaeque heroes templa feriae	188
III.	Nomina virorum et feminarum cum patronymicis et gentiliciis; nomina equorum	188
IV.	Res et verba notabiliora	193

INSCRIPTIONES GRAECAE ANTIQVISSIMAE
PRAETER ATTICAS IN ATTICA REPERTAS.

I.
TITVLI ATTICI EXTRA ATTICAM REPERTI.

1 Titulus incisus est litteris 0.007—0.009 m. altis in vase parvo fictili reperto Olympiae inter templum Iovis et Heraeum. Edidit Kirchhoff, arch. Zeit. XXXVI p. 143 tab. XIX 5.

ΣΕΜΟΝΙΔΕΣΜΑΝΕΘΕΚΕΝ

Σημωνίδης μ' ἀνέθηκεν. Semonidis patria fuit aut Attica aut eae Ionicae dialecti regiones, ubi vocalis η exprimebatur littera Ε.

---

2 Titulus scalpello incisus in margine superiore lecythi globosae, quae ex vico Erenkioci (antiqua urbe Ophrynio) oriunda esse putatur, et in collectionem Calvertianam, quae erat in vico Tschanakkalessi, et iam inde in museum Britannicum delata est. Edidit Kirchhoff in actt. menstr. acad. reg. Berol. 1879 p. 497 sqq., Loeschckii secutus apographum.

Τῇδι σοι Θούδημος δίδωσι. Titulus Atticus sexti saeculi; Thudemum unum ex iis fuisse Atheniensibus, qui tum Chersonesi et in ora Asiae habitabant, coniecit Kirchhoff.

INSCR. GRAEC. ANTIQ.

3 „Pictum albis litteris in throno imaginis cretaceae Cereris sedentis, quam in sepulcro Aeginensi repertam Parisios nuper attuli." Lenormant, mus. Rhen. XXII, a. 1867, p. 290. Cf. arch. Anz. 1866 p. 294.

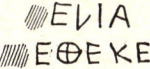

[Μ]ηλία | [ἀν]έθηκε. Titulum, nisi forte ficticius est, Atticum saeculi sexti esse putandum est.

---

4 In basi statuae aeneae Minervae 0.10 m. altae, Tegeae repertae; nunc servatur Athenis in museo societatis archaeologicae. Pervanoglu, bullett. dell' inst. arch. 1865 p. 131; Kirchhoff, actt. menstr. acad. Berol. 1870 p. 57; Le Bas, voy. arch. n. 335 b.

ΑΝΕΘΕΚΕΝΤΑΘΕΝΑΙΑΙ

[ὁ δεῖνα] ἀνέθηκεν τᾁθηναίᾳ. Haud dubie Atheniensis donarium.

1

5 Tria fragmenta laminae aeneae Dodonae reperta. Primum 0.12 m. longum, quod ad sinistram servavit foramen, quo lamina affixa erat donario, in museum Berolinense delatum est. Duo reliqua, quae inter se lacunam hauserunt nullam et coniuncta 0.16 m. sunt longitudine, ad minorem modum redacta edidit Carapanos, Dodone et ses ruines, Paris 1878 p. 47 tab. XXVI 2. Cum Berolinensi haec composuit Fraenkel, arch. Zeit. XXXVI p. 71; (cf. Carapanos, bull. de l'acad. des inscr. et b. l. 1878 p. 154 sq.). Praebeo partem *a* ad fidem ectypi quod in museo confeci, partem *b* ex Carapani opere repeto restituta vera mensura.

a

·ΑΘΕΝΑΙΟΙ:ΑΠΟΓΕΛΟΠΟΝ

b

ΕΣΙΟΝ·ΝΑΥΜΑΤΙΑΙ:ΝΙΚΕΣΑΝΤΕΣ:Α

Ἀθηναῖοι ἀπὸ Πελοπον[ν]ησίων ναυμαχίαι νικήσαντες ἀ[νέθεσαν].

Scripturae indiciis fretus satis probabiliter coniecit Fraenkel titulum referendum esse ad proelia a. 460 commissa, quae Thucydides I 105 memoriae prodidit.

6 Prope portum oppidi Carysti eruta est columna parva lapidea, cuius in summo fastigio supererant coronae plumbeae aliquot fragmenta, 0.015 m. magnitudine. Ex his quatuor praebebant litteras incisas. Ed. Rangabé, ant. Hell. n. 358.

```
     a              b
   RISST        OMENES
     c              d
   SOSII         <LES
```

a) b) [Ἀ]ριστομένης c) d) Σωτικλῆς.

Cleruchi Athenienses deo cuidam donarium obtulerunt. Non offendit litterae σ forma antiquior et quia iam ante Ol. 83. 3 cleruchos partem insulae tenuisse constat (cf. Diod. XI 88; Paus. I 27. 5; Kirchhoff, actt. acad. 1873 p. 17) et quia S apud privatos homines sero abolevit.

7 In Euboea prope vicum Platanistum, qui haud procul ab oppido Carysto situs est, inventa est tabula truncata marmoris candidi, unius cubiti in latitudinem, sex pollicum in altitudinem. Ediderunt Bursian ex suo apographo. Quaestt. Eub. capp. sel., a. 1856 p. 37. et Pittakis eph. 3162 et Rangabé 2237 ex apographis Io. Bioletae Carystii; cf. Kirchh. Stud. ³ p. 105, ubi una littera intercidit. Repetimus Bursiani exemplar.

```
ΝΑΘΟDITEI
SΜΕΓΟΕSΕΝΤΟΝDΕΒ
ΘΑΙSVΡΑDΕSΕV+SΑΜ
```

Nota. Litteras omnes tam distincte sculptas et a se tam religiose descriptas esse, ut ne unam quidem mutare liceat, affirmat Bursian; Bioleta ne secum quidem ipse congruit. versum 1 et initium vs. 2 tum describens ΝΑΘΟDITEI SΜΕ, tum ΝΑΘΦDITEI SΜΑ; idem versum primum litteris minoribus exaratum esse contendit; in caeteris a Bursiano non dissentit.

[Κρά]νας᾿ Ὀδίτη [ἀρωγοὶ ἔ]λδωρ, ὅ]ς μ᾿ ἐπόησεν,
τόνδε β[όλον, ξαν]θαὶ Συράδες, εὐξάμ[ενος].

Hunc titulum in Atticis ponere liceat, donec novi Euboeae tituli plura nos docuerint; de littera S cf. n. 6. Videtur latere distichum elegiacum, scriptum tribus versibus litterarum vicenarum ternarum στοιχηδὸν dispositarum; supplevi ut potui. Fac piscatorem Syradibus nymphis unum retis iactum pollicitum esse, si negotium sibi bene cessisset; hac re impetrata pecunia ex illo iactu parta eum curasse faciendum anaglyphum repraesentans hominem piscantem et subscribendum titulum. — Vs. 1 κράνας᾿ Ὀδ. i. e. ἐκράνατε Ὀδ; Θ, nisi forte est φ, fuerit S aut male factum aut laesum. Vs. 3 Syradum nomen non notum; at satis multa exstabant nympharum nomina similem in modum formata, quae magnam partem unus Hesychius servavit, cf. Schmidtianae editionis index, p. 36 sq.

8 Sami in vico Khora repperit O. Rayet; idem ed. bull. de l'école française d'Athènes Nr. XI p. 231 (a. 1871 mens. Sept.); repetiverunt C. Curtius in programmate Luebeckensi a. 1877 p. 9, Kirchhoff in actt. acad. Berol. 1876 p. 67.

```
HOROS
TEMENOS
EΠONYMON
AΘENHO///N
```

Not. Vs. 2 inter N et O lapidem fractum esse neque repugnare quin ibi litteram E intercidisse putes tradit Rayet.

Ὅρος | τεμένους | ἐπωνύμων | Ἀθηνής[ε]ν. Athenienses devicta insula (Ol. 85.1) dedicaverunt locum, cuius terminus servatus est, heroibus decem eponymis; alphabetum est vetus Atticum, nisi quod lapicida Samius qui titulum incidere iussus erat semel recidit in consuetudinem vernaculam. Nota litterae σ formam antiquiorem.

9 Meli ex sepulcro effodit Bayet tabulam lapidis vulcanii rubentis, 0.50 m. altitudine, 0.50 m. latitudine, 0.06 m. crassitudine, in duas partes fractam. Litterae ut in lapide aspero et fragili bene incisae sunt. Lapis Athenas delatus servatur in museo publico. Edidit Homolle, bull. de corr. hell. I p. 45. Repetimus Loeschckii apographum.

```
ΕΠΟΝΦΕΣ
ΑΘΕΝΑΙΟΣ
ΠΑΝΔΙΟΝΙΔΟΣ
ΦΥΛΕΣ
ΚΥΘΕΡΡΙΟΣ
```

Var. lect. Vs. 3 Homolle: ΦΥ///ΕΣ

Ἐπόνφης | Ἀθηναῖος | Πανδιονίδος | φυλῆς | Κυθήρριος. Epomphes fuit cleruchus; itaque aetas tituli finitur annis 416 et 405. Nomen tribus additum a consuetudine titulorum Atticorum recedit. Alphabeto Attico admiscetur, si quidem ibi Loeschckii apographo fides adiungenda est, forma Melia Λ.

---

10 Titulus scalpello incisus in pede vasis vernice nigra illiti; haec testa reperta a. 1862 Camiri in sepulcro nunc exstat in museo Parisino. Edidit Froehner, mélanges d'épigraphie et d'archéologie, p. 10.

MELIXOIPINA

μελιχοιρίνα. Alphabetum non potest non esse Atticum; χοιρίναι placentae genus, cf. Athen. XIV p. 647 b.

II.
TITVLI MEGARICI.

11 Titulus grandibus litteris incisus est in lapide rudi, quem in *Megaridis* viculo Mazio sito sub radicibus montium Macri-plagi invenit Lebègue. Edidit idem, de oppidis Megaridis a. 1875, p. 37 et hinc Foucart, bull. de corr. hell. II p. 515.

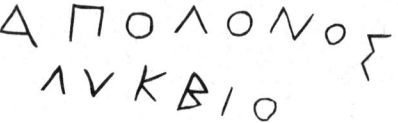

Ἀπόλ(λ)ωνος Λυκείω sc. hic fundus (cf. Foucart l. l.).

12 Fragmentum columnae sedecim striis ornatae, 1.40 m. long., 0.25 m. crass., effossum Olympiae ad orientem peribolí. Titulus litteris 0.017—0.025 m. altis exaratus est in tribus canaliculis. Edidit Kirchhoff, arch. Zeit. XXXVI p. 143 sq. tab. XIX 6. Cf. Kaibel, mus. Rhen. XXXIV p. 212 n. 1098 a. Utor ectypo.

Nota. Vs. 3 fin. Lineam curvatam in lapide cerni affirmat Weil; eadem in ectypo, quo utor, non minus certo agnoscitur quam reliquae litterae.

Θρασυμάχου παῖδες τοῦ Μαλίου [ἐν Μεγαρεῦσι]
τῷ Δὶ Δαίδαλος καὶ [∪ ∪ — ἀνέθεν].
Γρόφων ἐποίει Μάλιος Καβ[είριος(?)].

Dedicatio disticho elegiaco inclusa est, in quo fieri non potuit quin prima syllaba nominis Thrasymachi produceretur, artificis titulus trimetro. Miscentur in hoc titulo litterarum formae, quas apud Melios temporibus satis longe inter se distantibus in usu fuisse inscriptionibus caeteris Meliis videmur doceri. Aut igitur illa opinione reiecta Melii mirae cuiusdam perturbationis et inconstantiae incusandi sunt, aut putandum est scripturam huius tituli non esse Meliam. Pone igitur aliquot Melios Ol. 91.1 Megara demigrasse (salvo testimonio Thucydidis V 116: οἱ δὲ ἀπέκτειναν ὅσους ἡβῶντας ἔλαβον) ibique oppido receptos usos esse alphabeto Megarico, ad quod omnia in hoc titulo bene quadrant; linea curvata vs. 3 fin. fuerit vestigium litterae Ϟ. Donatores eo tempore, quo Iovi hoc donarium obtulerunt, Meli iam non habitasse, etiam inde efficere licet, quod non Melios se vocant sed Melii filios. — Vs. 3. De participio quod est γρόφων vide n. 412.

13 Stela marmorea, in Piraeeo inventa; nunc servatur Athenis in museo publico. Titulum ex ectypo, quod a Foucartio acceperat, edidit Lenormant, mus. Rhen. 1866 p. 376; cf. Kirchh. Stud.³ p. 99, Cumanudes, Ἀττικῆς ἐπιγρ. ἐπιτύμβ. n. 2008. Exscripsit Koehler, quem sequimur.

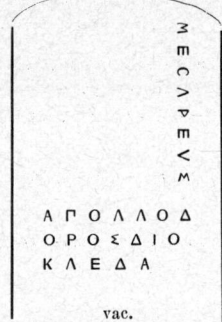

vac.

Ἀπολλόδ | ωρος Διο | κλείδα | Μεγαρεύς.

Haud scio an hic idem sit atque ille Apollodorus Megarensis, quem ex orationibus Lysiae VII 4, XIII 71. 72 et Lycurgi 112 et ex titulo Attico C. I. A. 59 notum habemus. Et potuit ille in sepulcro Megarensis dici, si quidem recte alio argumento nisus contra Lysiae codicem or. XIII 72 demonstrare conatus sum (Herm. XI p. 378 sqq.) eum non esse factum Atheniensem. Iam si est idem, sequitur ut hic titulus sit recentior a. 404, quo anno ille nondum mortuus erat (Lys. VII 4).

---

14 Hunc titulum in vetere ecclesia inter Eleusina et *Megara* a. 1863 se exscripsisse tradit Lenormant, mus. Rhen. 1866 p. 390. Repetiit Foucart, expl. n. 61 a. Cf. Kirchh. Stud.³ p. 99, Kaibel, epigrr. gr. n. 461 a.

ΣΑΜΑΤΟΔΕΗΥΨΙΚΛΕΟΣ
ΜΕΣΑΡΕΣΤΟΝΔΕ ⫶⫶⫶⫶⫶⫶⫶⫶⫶⫶⫶⫶⫶⫶⫶⫶⫶⫶⫶⫶⫶⫶

Σᾶμα τόδε Ὑψικλέος· Μεγαρῆς τόνδε [ἐνθάδ᾽ ἔθαψαν]. Cave in unius Lenormantii fide innitens titulum genuinum esse putes; cf. not. n. 372²⁶⁹.

III.
TITVLI CORINTHII CVM PHLIASIIS ET MYCENAEO.

15 Fragmentum cippi e lapide cano facti, qui et supra, ubi olim aëtomate erat instructus, et infra et a sinistra mutilus est, 0.3 m. alt., 0.4 m. lat., 0.24 m. crass., exaratum a. 1874 ex agro haud procul a via quae *Corintho* Argos fert, semihorae spatio a Corintho, eo loco qui nunc appellatur Μπαρτατά; superficiem laesit vomer. In domo rustici hunc lapidem invenit Lolling, Athenas in museum instituti Germanici archaeologici transtulit, in eiusdem instituti actis, I p. 40 sqq., edidit. Ectypum contuli.

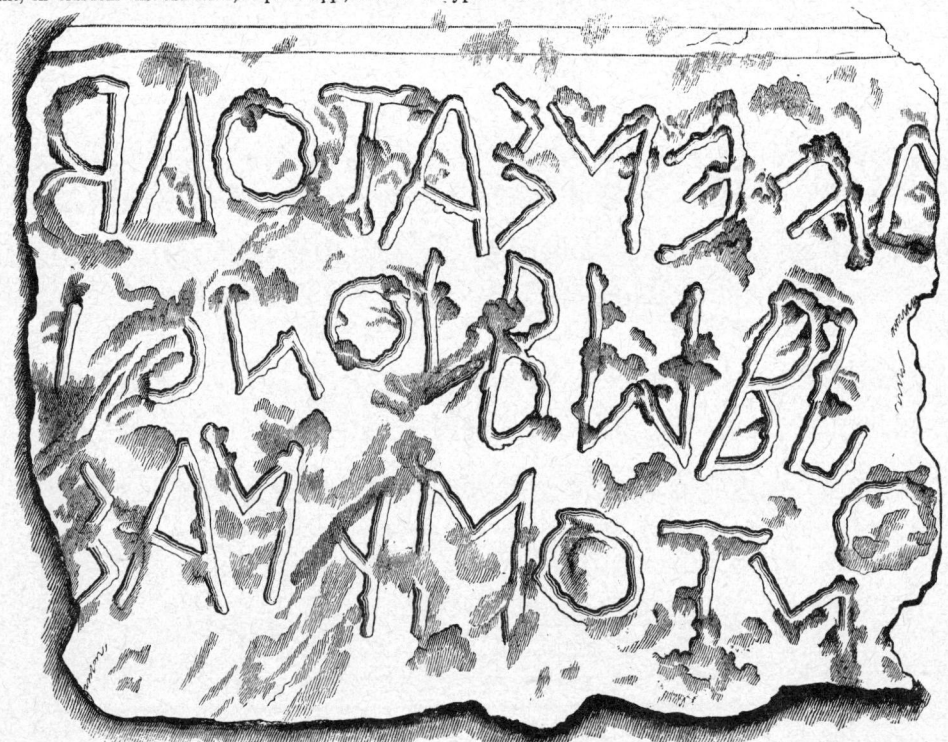

Ϝεινία τόδε [σᾶμα], τὸν ὤλεσε πόντος ἀναι[δής].

16 Prope *Oenoam* in lapide quadrangulo tofino. Forchhammer, Halcyonia p. 14; Ross, arch. Aufs. II p. 661; hinc Le Bas, voy. arch. n. 79a. Exstat in Rossii diario.

ΚΛΕΙΤΟΛΑΜ

Var. lect. Forchhammer Θ pro Ο
Κλειτόλας.

17 In hastae spiculo aeneo, 0.267 m. longo, reperto Olympiae exadversus eum muri Byzantini angulum, qui inter septentrionem et orientem spectat. Titulus est integer; repraesentamus veram magnitudinem. Edd. Kirchhoff, arch. Zeit. XXXVI p. 140 sq. tab. XVIII 4, Curtius, Ausgrab. zu Olymp. III tab. 25.

ΜΣΚVΟΝ|

Not. Lineola, quae ad dextram exarata est, non est litterae vestigium, sed finem tituli indicat.
Σικυών. Spiculum non a Sicyoniis dedicatum esse docet forma Σικυών, qua ipsi Sicyonii tam antiquo tempore non utebantur pro vernacula Σεκυών. Restat igitur ut hoc donarium a Corinthiis (vel Achaeis) ob victoriam de Sicyoniis reportatam conditum esse putetur.

18 In lapide quadrangulo tofino, ad vicum Asprocampum in Peraea Corinthia, prope antiquam *Oenoam*. Rangabé n. 319, ex Le Basii apographo; Ross, arch. Aufs. II p. 661; Le Bas, revue arch. I p. 174; Forchhammer, Halcyonia p. 14; Le Bas, voy. arch. tab. IV 6 et n. 77. Exhibemus titulum ex Rossii diario.

ΑΡ8ΠΡΛΟΥΤΟΔΒΜΑΜΑ

Var. lect. Forchh: ΔΡΟΠΥΛΟΥΤΟΔΒΜΑΜΑ; Le Bas quinque primas litteras non habet, tum ap. Rang: ΛΟΡΤΟΔΕΜΑΜΑ, in rev. arch.: ΗΟSΤΟΔΒΜΑΜΑ, in itin. arch.: ΗΟSΤΟΔΒΜΑΜΑ, sed Foucart inspecto ectypo annotat, primam litteram non esse Η sed Δ, tertiam non esse S, decimam non Μ sed Μ.
[Μαν]δροπύλου τόδε σᾶμα; ni fallor, pars hexametri. Quod aliis placuit, Δρωπίδου τόδε σᾶμα, repugnat dialecto Doricae.

19 Prope *Oenoam* in lapide quadrangulo tofino. Forchhammer, Halcyonia, p. 14; Le Bas, voy. arch. n. 78. Depromimus titulum ex Rossii diario.

ΔΑΜΑΜ|

Var. lect. Forchh.: ΔΑΜΑ; Le Bas: ΔΑΜΑ
Δαμάσ[ιππος] vel sim.

---

20 *Corinthi* ab arce ad meridiem versus effossae sunt testae permultae, in quibus picti sunt dii, imprimis Neptunus et Amphitrita, heroes pugnantes, homines varia negotia administrantes, animalia. Adscripti sunt tituli, plurimi penicillo picti, pauci acu incisi. Testae illae pervenerunt in museum Berolinense, ubi eas exscripsi quam diligentissime, sed cum crebro periculo erroris, quia nonnulli titulorum admodum pallidi atque evanidi sunt.

a   *b*

1 ΑΝΒΘΒΚΒΤΟΣΠΟΤΕΙΔΑΝΕ   ΤΕΜΟΝΕ
                                 ΒΣΡΑΥΒΠΣΑ

In testa in complures partes fracta; titulus *a* prope marginem incisus, *b* in media testa pictus est.
a — — ἀνέθηκε τῷ Ποτειδᾶνι. Titulus *b* est integer, nisi quod vs. 1 ad dextram aliquot litterae detrimentum ceperunt; sed etiam harum, ΔΑΜ, vestigia restant. Τιμωνί[δας] | ἔγραψ ε Βία.

2 ΒϟΤΕΦΑ   ΠΟΤΕΔΑΝ

Ἀφιτρί[τα] Ποτειδᾶν; ad Ἀφιτρ. cf. νύφη, Ὀλύπιος sim.

3 ΑΦΣΤΡΕΤΑΝ
       ϜΣΟ|

Ἀφιτρείταν Ϝιο[λας —]

4 ΒΝΒΛΟΜ   ΛΟΑΝΑΑ
                  ΔΣ
                  ΜΟϘ

Testa ad laevam et ad dextram fracta est. In media imagine stat Minerva, cui adscriptum est nomen Ἀθαναεία; idem αει pro αι occurrit in tit. sequ. Ad sinistram est currus sinistrorsum versus et equorum pedes posteriores; supra hos legitur nomen [Σθ]ένελος. Ante ΒΝ intenta oculorum acie discernere mihi videor ν; sed aut species fallit aut hae sunt reliquiae litterae Θ. Ad dextram bellator hasta dextrorsum pugnat, cuius nomen ex parte periit, Δι[ϝομήδης]. Ab hoc titulo infra ad dextram fere 0.04 m. distant (intervallum enim in imagine minui) extremae litterae nominis mutilati [Πάνδα]ρος, quod spectabat ad figuram interceptam, vide Hom. Il. E 95 sqq. Cf. Addenda.

5

Περαιόθεν ἴκουες i. e. ex portu, cui vulgo nomen Πειραιός seu Πείραιον. Num fractura titulum decurtaverit non diiudico.

6

[Π]οτειδᾶνός εἰμ᾽ ἄκοιτις.

7

Σιμίων μ᾽ ἀνέθηκε Ποτειδάϝων[ι ϝάνακτι].

8

— ων μ᾽ ἀνέ[θη]κε Ποτειδᾶνι ϝά[νακτι]. [᾽Αμφι]τρίτα.

9

[Φλέ]βων μ᾽ ἀνέθηκε Ποτειδᾶ[νι].

10

Φλέβων μ᾽ ἀνέθηκ[ε —].

11

Φλέβων μ᾽ ἀν[έ]θη[κε —].

12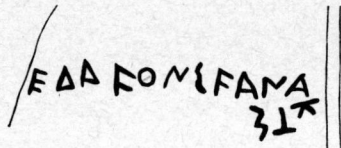

[— Ποτ]ειδάϝωνι ϝάνακτι.

13

[α β γ δ] ε ϝ ζ h θ ι κ λ μ ν ο π ξ ϙ ϱ σ τ — Litterae evanidae.

14

— α εἰμί.

15

— μου εἰμί. Titulus incisus est; pro O M exspectes ϝ O M.

16

Ποτειδᾶν bis. [Φ]ιλο — Alterum nomen Neptuni incisum est.

17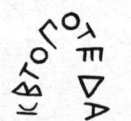

[— ἀνέθη]κε τῶ(ι) Ποτειδᾶ[νι].

18

[— ἀνέθη]κε Ποτειδ[ᾶνι].

19

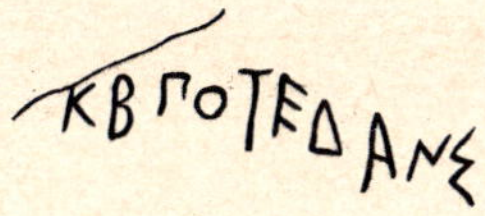

ΚΒ ΠΟΤΕΔΑΝΕ

[ἀνέθη]κε Ποτειδᾶνι.

20

ΠΟΤΕΔΑΙ ΤΕ

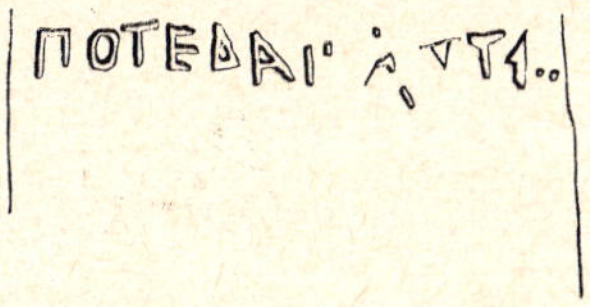

Ποτειδᾶν[ι ——]. Sinistra nihil deest; dextra titulus continuatur in altero fragmine litteris tam dubiis ut facile eis careamus.

21

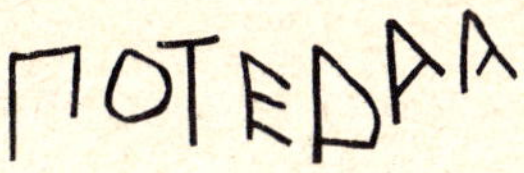

ΠΟΤΕΔΑΛ

Ποτειδά(ν). Littera N male picta.

22

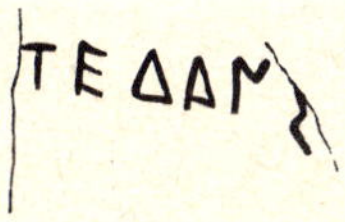

ΤΕΔΑΝΣ

[—Πο]τειδᾶνι.

23

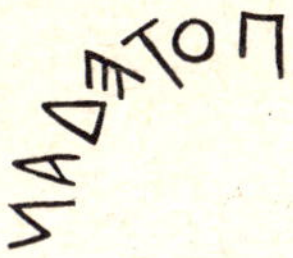

ΝΑΔƎΤΟΠ

Ποτειδᾶνι.

24

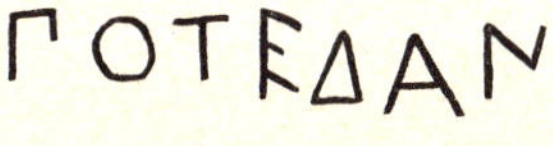

ΠΟΤΕΔΑΝ

Ποτειδᾶνι.

25

ΠΟΤΙΔΑΝ

Ποτ[ει]δᾶν.

26

Ο ΠΟΤΕΔΑ

Ποτειδά[ν]. Testa perforata est, ut affigi posset, item aliae.

27

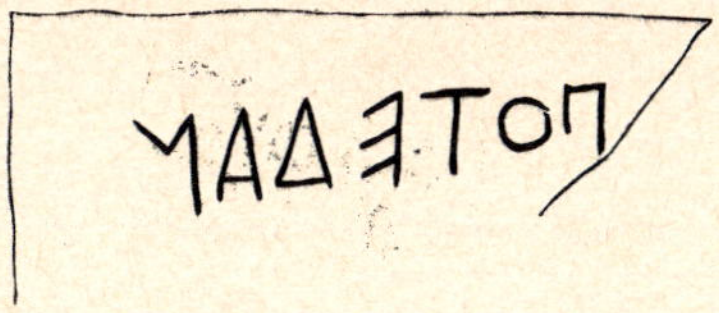

ΝΑΔΕΤΟΠ

Ποτειδᾶν.

28

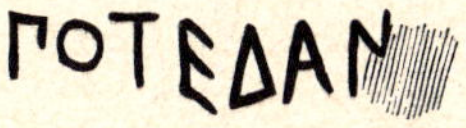

ΠΟΤΕΔΑΝ

Ποτειδᾶν.

29

ΠΟΤΑ

Ποτει[δᾶν].

30

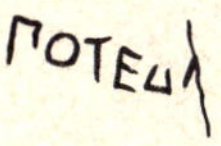

Ποτειδ[άν].

31

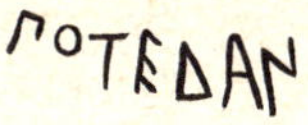

ΠΟΤΕΔΑΝ

Ποτειδᾶν.

32

ΤΕΔΑΝ

[Πο]τειδά[ν].

33

Ad dextram margo servatus est.

34
Ad sinistram et supra margo est integer.

35

36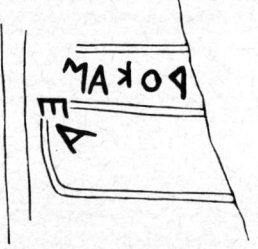
Ad sinistram margo servatus est; post A, quod videam, spatium vacuum.

37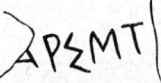
Ἀριστ — —

38
Ἀσωπόδωρος ἐμὲ ἀνέθ[ηκε]. Ad sinistram est margo.

39
Φύσκων. Ad dextram nihil periit.

40
Ξενϝοκλῆ[ς].

41
Ὀρθο — — Ad sinistram est margo.

42
Δόρκων μ' ἀνέθη[κε].

43
Ἴγρων μ' ἀν[έθηκε]. Litterae pallidae fugiunt oculos. Cf. Addenda.

44
Θρασύμα[χος —].

45
[Ἀχ]ιλ(λ)εὺς Λύσιπ(π)ος. Titulus incisus est.

46
[Ἀ]ρνεσίων?

TITVLI CORINTHII CVM   **9**   PHLIASIIS ET MYCENAEO

47   ⴆꓘΘꓭϒΑMMΑꓓꓠΟ1ꓯꓶ

Φυλοίδας μ' ἀνέθηκε.

48

ΒϒⱤⱯMꓭꓷΒMMΑꓦ
ꓤꓘΘꓭꓘΒ

Εὐρυμήδης μ' ἀνέθηκε.

49 | ꓶϒMƧΑꓓΑMꓶ

Λυσιάδας μ' [ἀνέθηκε]. Ad sinistram nihil deest.

50   ꓶϒⱤꓢΟM   ƧΑꓔϒꓷⱤΟ

ΠυρϜός, Ταχυδρόμος. Haec nomina equis adscripta sunt.

51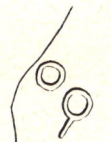

κο[ρᾶτις]. Repraesentatur vulpes sub abiete; cf. Hesych. κοροῖτις· ἀλώπηξ. Dixerit quis in abietis parte nunc fracta olim sedisse corvum, ad quem spectasse titulum κό[ραξ]; hanc igitur esse fabulam Aesopeam pictam. Sed meum supplementum teneo.

52   ΚΑꓠⱰ

Κάνθ[αρος] vel sim.

53

ΑꓶΒΘΒΚΒ
ꓷϒΑƷ

Ξάνθ[ος — —] ἀνέθηκε.

INSCR. GRAEC. ANTIQ.

54

[— Ποτειδ]ᾶνι Θ — —.

55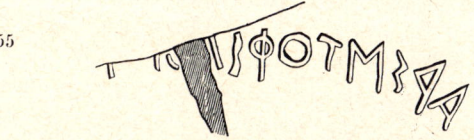

Ἀριστόφι[λος].

56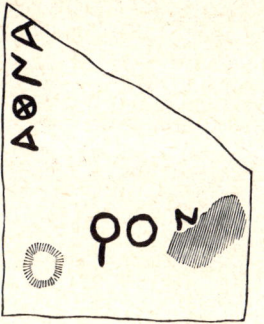

Ἀθ(α)να — Κο —.

    a   b

57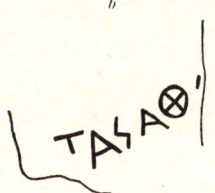

a Ποτ[ειδάν] b (in latere postico) τᾶ Ἀθ[αναίᾳ], ante T spatium vacuum.

58

Ἀθ[αναι —].

59   ꓶΟꓶƷꓔM   ꓦꓢꓒ

Στίπων s. Στί(λ)πων, ante M nihil videtur intercidisse. In latere postico — υιϛ —.

60   ꓷΒⱤƧM

Δέρις.

2

61

ἀπὸ Διϝ[ός ——].

62

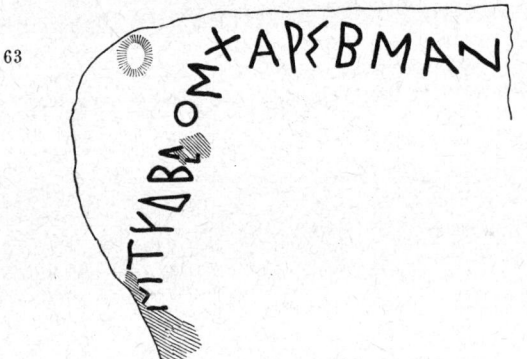

[— ⏑⏑ — ⏑⏑ — ⏑⏑]δῳ χαρίεσ(σ)αν ἀφορμάν. Quamvis pallida sit inscriptio, noli dubitare de litteris postremis ΜΑΝ.

63

[— ⏑⏑ — ⏑⏑ —]ς· τὺ δὲ δὸς χαρίεσ(σ)αν [ἀφορμάν s. ἀμοιϝάν]. Cf. Addenda.

64

[— ἀνέ]θηκε [— — Ποτι]δᾶνι ϝ[άνακτι — —]· τὺ δὲ δ[ὸς χαρίεσ(σ)αν ἀφορμάν s. ἀμοιϝάν].

65

Ἀγαμέ(μνων). Litterae acu incisae sunt; post B nihil unquam scriptum fuit: titulus est imperfectus.

66

Ζεύς.

67

Λοκρίς.

68

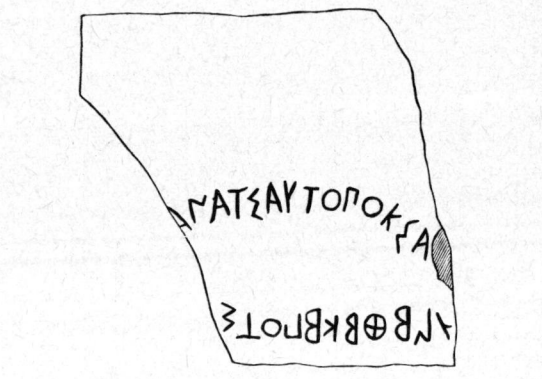

— — ἀνέθηκε Ποτι[δᾶνι ϝ]άνα(κ)τι αὐτοποκια? Quantus fuerit angulus qui periit, demonstrant partes marginis ad sinistram et infra servatae.

69

φώκα, post A spatium vacuum.

70

— δας — ς μ' ἀνέθηκε.

71

[Ἀ]μφιτρίτ[α].

72

Ἀνφιτρ[ίτα].

73

[Ἀμφιτ]ρίτ[α].

74

[— Ποτειδᾶν]ι Ϝάναϰ[τι].

75

[— Ποτειδᾶν]ι Ϝάναϰτι.

76

[Ποτει]δάν.

77

[Ποτειδ]άν.

78

Ποτ[ειδάν].

79

Ποτιδά[ν].

80

Ποτ[ειδάν].

81

Ποτ(ει)δάν. Titulus incisus est.

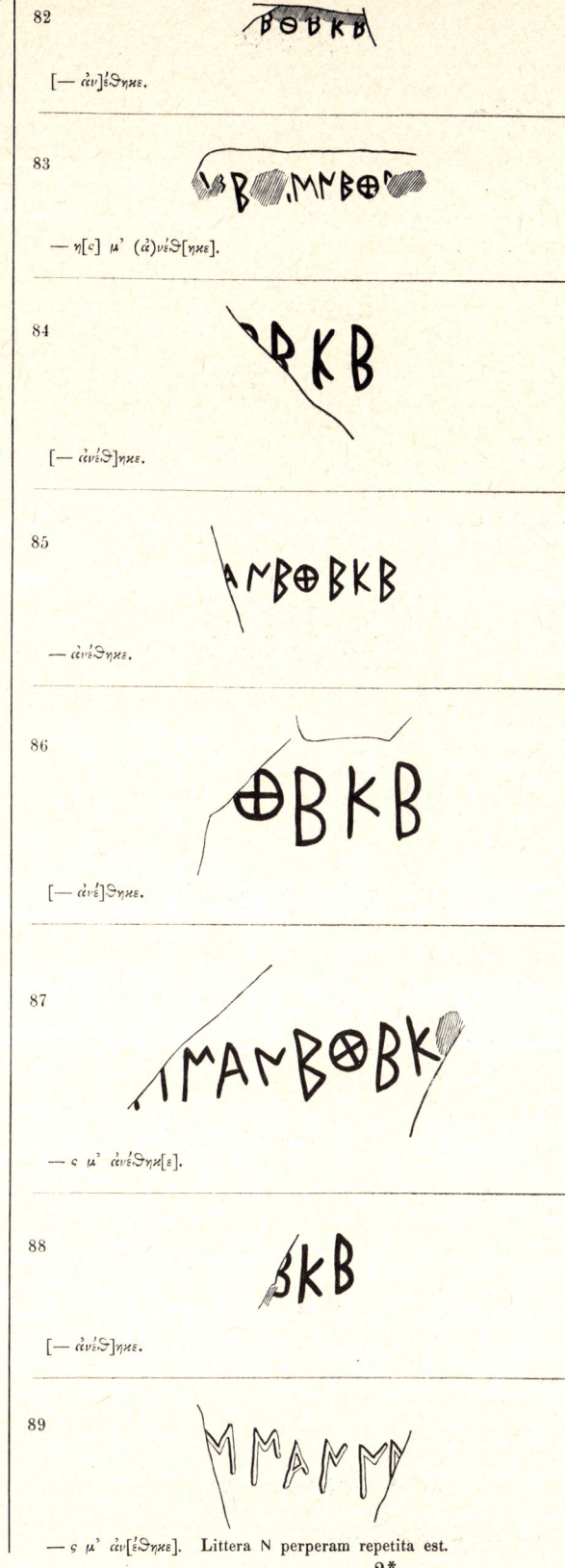

82

[— ἀν]έθηϰε.

83

— η[ς] μ' (ἀ)νέθ[ηϰε].

84

[— ἀνέθ]ηϰε.

85

— ἀνέθηϰε.

86

[— ἀνέ]θηϰε.

87

— ς μ' ἀνέθηϰ[ε].

88

[— ἀνέθ]ηϰε.

89

— ς μ' ἀν[έθηϰε]. Littera N perperam repetita est.

90

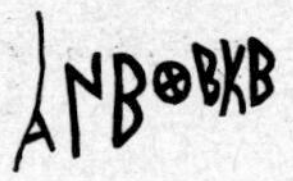

— ἀνέθηκε.

91

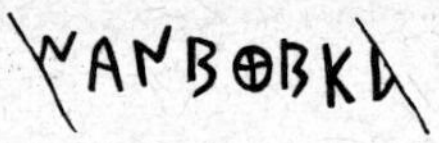

— ν ἀνέθηκε.

92

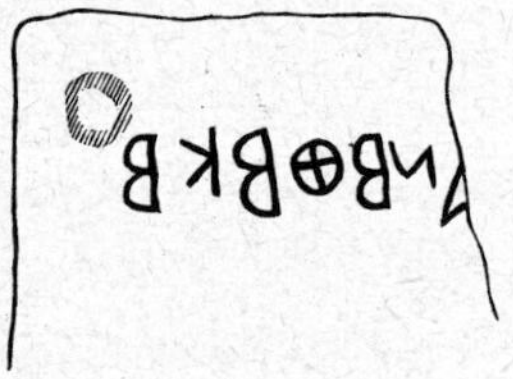

— ἀνέθηκε.

93

[— ἀν]έθηκε —.

94

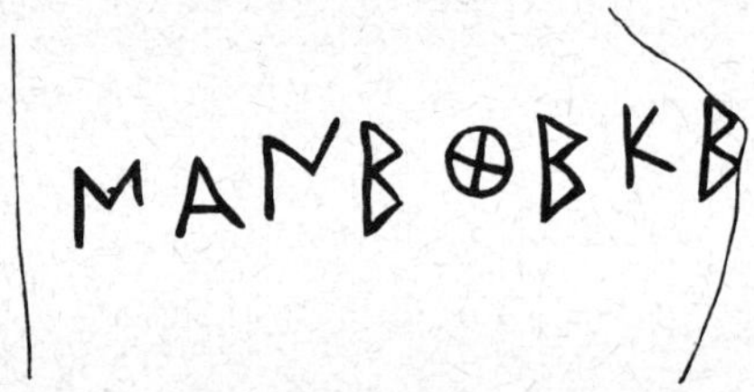

— μ' ἀνέθηκε —.

95

[— ἀ]νέθη[κε].

96

— νος; post M spatium vacuum.

97

Litterae sunt pallidae et dubiae.

98

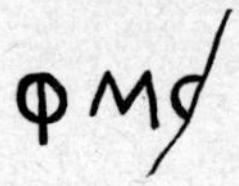

Ad sinistram nihil intercidit.

99

Κ̣ς —. Ad sinistram spatium vacuum.

100

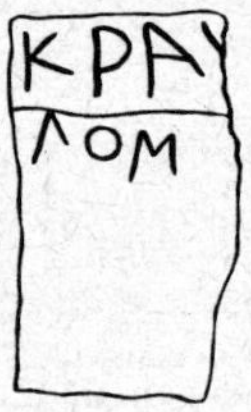

Κρα — in margine, — λος in latere antico.

101

Ἔϝθε[τος —], i. e. Εὔθετος. Ante BF nihil scriptum fuit.

102

[Π]έριλ(λ)ος μ' [ἀνέθηκε]. In latere postico: — ων μ' [ἀνέθηκε].

103

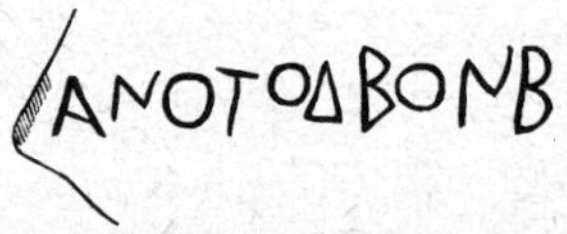

— τόδε —. Ad dextram spatium vacuum.

104

Titulus incisus est; ad dextram nihil interceptum est.

105

106

107

108

109 *a* *b*

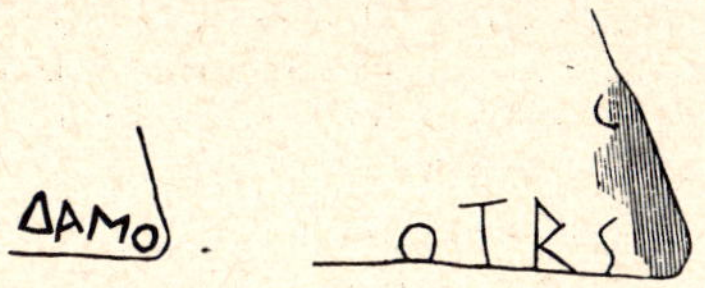

a Δαμο —, titulus incisus est; in altero latere pictus est titulus *b* [Π]οτει[δᾶν].

110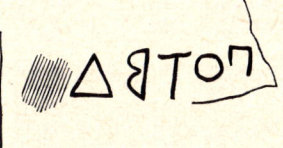

Ποτε(ι)δ[ᾶν]. In parte postica turba litterarum confusa atque incondita, qui merus lusus videtur esse.

In testa integra; repraesentatur, ni fallor, statuarum artifex figuram equitis sculpens. Brevior titulorum scriptus est in media testa ad dextram, longior infra imaginem. Litterae non tam evanidae sunt ut vehementer errasse possim.

111

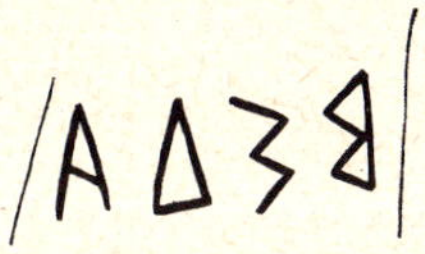

[Ποτ]ειδά[ν].

112

Ἀνφι(τ)ρί[τ]α Ποτε(ι)δάν.

113

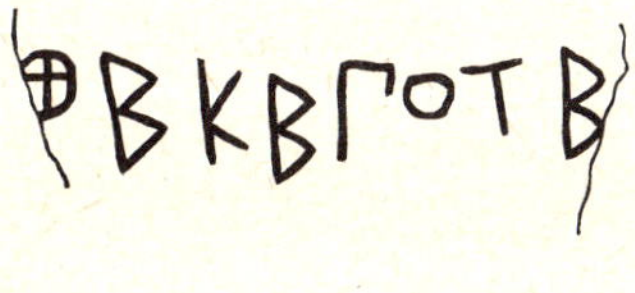

[— ἀνέ]θηκε Ποτε[ιδᾶνι].

114

Ποτειδάν, Ἀνφιτρίτα. [— ϝά]νακτι αὐτ —.

21 Fascia aenea in duas partes dissoluta, ad sinistram manum fracta, ad dextram desecta, reperta Olympiae a templo Iovis ad meridiem versus in eo aedificio quod Leonidaeum putatur esse. Barbaro aevo clavis qui quatuor foramina reliquerunt alicui rei affixa est et scriptura in parte sinistra adeo obscurata, ut iam lectu sit difficilis. Edidit Kirchhoff, arch. Zeit. XXXVII p. 162; exemplar est dimidiae magnitudinis.

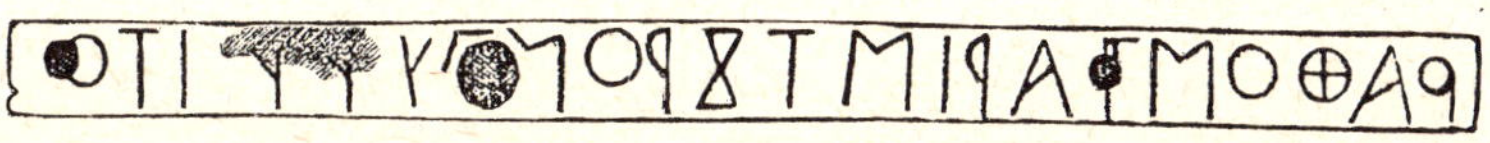

— ιαθος τἀριττερόν — —. Hunc titulum Corinthus vel coloniae Corinthiae sibi vindicant. Kirchhoff dubitans proponit [στ]ᾶθος; num supra lineam directam liceat addere transversam, imago in incerto relinquit. Crasis in τἀριττερόν obvia, quam omnino Doricam esse negaverat Ahrens (II p. 222), praeter hunc titulum occurrit in tribus Argivis: n. 32 et n. 33 τἀργεῖοι, n. 42 τἀργείου, et in uno Eleo n. 111 τἀρχαῖον; cf. praeterea n. 482.

22 In fragmentis vasis Caeretani quae formant marginem superiorem; circum hunc marginem duae diversae manus inciderunt duas inscriptiones, alteram Atticam, alteram Corinthiam; vas nunc est Romae penes Castellanium. Edidit Brunn, bull. dell' inst. arch. 1865 p. 241. Cf. Kirchh. Stud.[3] p. 91.

E✝SEKIASMEΠOIESE
XΡΑΙΜΧΤΟΜΜΧΔΟΚΧΜ✝ΑΡΟΠΟΙ

Ἐξηκίας μ' ἐποίησε. Ἐπαίνετός μ' ἔδωκεν Χαρόπῳ. Alter titulus est artificis quem priore parte saeculi quinti floruisse constat, alter paulo recentior possessoris. Itaque ad chronologiam alphabeti Corinthii discimus titulos qui praebent S vel Σ pro ι saeculo sexto aut initio quinti esse tribuendos.

23 In lecytho, quae servatur Athenis in Varvacio; titulus acu incisus est. Ediderunt Dumont, revue arch. 1873 XXV p. 325, Collignon, catalogue des vases peints du musée de la société archéologique d'Athènes, p. 60. Cf. Kirchhoff, Stud.[3] p. 90.

ΞΒΝΟΚΛΒΜΒΡΟΚΡΙΤΟΥ

Var. lect. Coll.: post ΛΒ apparent vestigia litterae male inchoatae M. Ultima littera est Ι.

Ξενοκλῆς Ἐροκρίτῳ s. Ἡροκρίτῳ.

24 In fragmento cuspidis quadrangulae, reperto Olympiae prope prytaneum. Edidit Kirchhoff, arch. Zeit. XXXVII p. 160. Imago inde repetita tertia parte minor est quam ipsum aes.

[Διό]ς vel [Ζηνό]ς Ὀλυμπίου. Titulus est Corinthi aut coloniae Corinthiae.

25 Prope *Oenoam* in lapide quadrangulo tofino. Le Bas, voy. arch. tab. IV 17 et n. 79. Sumimus titulum ex Rossii diario.

| ΛΑΜΙΜ

Var. lect. Le Bas typis: ΛΑΜΙΜ, tab. aenea: ΔΑΜΙΜ

Λᾶμις.

26 *Nemeae* a templo ad meridiem versus, in lapide qui inversa facie insertus est parieti ecclesiae semirutae. Haec fere tota ex saxis antiquis quadratis exstructa est eo loco ubi olim vias in diversas partes Corinthum Phliuntem Argos discessisse suspicatus erat E. Curtius, Pelop. II p. 509. Titulus ad sinistram manifesto mancus est; apparet igitur aut lapidem, quum ecclesia aedificaretur, dissectum esse aut titulum antiquo tempore per compluria saxa cucurrisse. Exscripsi et edidi in: Mittheil. des deutschen arch. Inst. zu Athen I p. 229.

[ὁ δεῖνα ἀνέθηκεν Ἑκάτᾳ vel Ἀρτέμιδι] ἐφοδίᾳ. Ἐφοδία i. q. ἐνοδία.

27 Prope *Oenoam*, in lapidibus mutilis tofinis. Le Bas, voy. arch. n. 80—83. Fragmenta *b c e* descripsit etiam Ross, ex cuius diario ea repraesentamus.

a	b	c	d	e
ϜΑΛΛ	ΓΑΓ ΔΟΣ	ΛΟΔ	ΑΜΟΔΟΣ	ΜΑΡΡϜV

Var. lect. Le Bas *b* ΤΑΓΙΔΟΣ, *c* ΛΟΔ, *e* ΜΑΡϜV, quarta littera num sit Ρ ipse Ross dubitat.

---

28 Ad orientem parietinarum *Phliuntis* situs est vicus Ἅγιος Γεώργιος ab illis iter trium horae partium distans; paulo supra hunc vicum, in muris ecclesiae S. Nicolai monti applicatae, quae vocatur Δεσποτικόν, reperti sunt tituli tres de quibus duo in Corpore inscr. G. editi sunt ex Fourmonti apographis, n. 21 et n. 37. Tertio complures operam dederunt: Ross, Reisen im Pelop. I p. 29 sqq., p. 31 (exstat apographum in diario); Rangabé n. 358*b*; Le Bas, voy. arch. n. 97 tab. V 11; v. Velsen, cf. Kirchhoff Stud.[3] p. 98; denique a. 1878 Kirchhoff, huius apographo et ectypo utimur meliore quam ut reliquorum apographorum variam lectionem subicere operae pretium sit. Titulus scriptus est litteris 0.05—0.07 m. altis in lapide porino rubro 0.25 m. alto, 0.73 m. longo, ad dextram et sinistram mutilo, in duas partes fracto, qui inversa facie ecclesiae muro exteriori ad meridiem spectanti infixus est.

Magnopere dolendum est quod tituli Fourmontiani perierunt aut latent, ut fundamentum lectionis magnam partem nunc sit admodum incertum. Suspicor tamen tituli *a* duos versus non in uno lapide scriptos fuisse, sed in duobus qui similes essent fragmentorum *b* et *c*; casu autem illos duos lapides olim ita insertos esse muro, ut unus supra alterum iaceret. Quatuor igitur nobis videmur habere fragmenta longae inscriptionis, quae uno versu sinistrorsum per multos lapides quadratos currens fortasse cellam templi cingebat: — — δέξεται τοὺς ὅρκου[ς] — — [α]ἴτ' ὅρκον, ὅτι ἀ ὠφέλ[εια — —]; in titulo *a* haud dubie pessime descripto non periclitor. Qua inscriptione haud scio an iurantes moniti sint ne peierarent; cf. Pausan. V 24. 2: ἔστι δὲ (Olympiae) πρὸ τῶν ποδῶν τοῦ Ὁρκίου πινάκιον χαλκοῦν· ἐπιγέγραπται δὲ ἐλεγεῖα ἐπ' αὐτοῦ δεῖμα θέλοντα τοῖς ἐπιορκοῦσι παριστάναι.

---

29 In fragmento vasis vernice nigra illiti, quod *Mycenis* effodit Schliemann. Litterae scalpello incisae sunt. Ediderunt Milchhoefer, Mittheil. d. deutsch. arch. Inst. in Athen I p. 313; Schliemann, Mykenae, p. 129, unde repeto. Cf. Kirchhoff Stud.[3] p. 83 sq.

TοΒΕRοοξϳΕΜ

Τοῦ ἥρωός εἰμ[ι]. Inter Σ et E exarata est distinguendi nota formae non vulgaris. Herois nomen omittitur, ut passim in eiusmodi dedicationibus, cf. n. 323 et Dumont, inscr. et mon. fig. de la Thrace (arch. des miss. scient. 1876) n. 24. 32. 33c. 39.

IV.
TITULI ARGIVI, SEGREGATIM METHANIUS ET HERMIONEI.

30 *Argis* in fundamento turris occidentalis (sec. Rossium: orientalis) Larissae; litterae valde exesae sunt. Dodwell, a classical and topographical tour through Greece II p. 221; Gell, itinerary of Greece, Argolis tab. VII ex Bakeri apographo; repetiit ex his Rose, inscrr. gr. vet. tab. X; C. I. G. 2 praecipue ex Fourmonti apographo. Exhibemus titulum ex Rossii diario.

Baker Λ. — Vs. 9 Dodwell ΚΡΕΤΟΜ, Fourm. ΚΡΕΤΟΜ, Baker ut Ross. — ibid. Baker M pro M, in fine versus omnes addunt M. — Vs. 11 Dodw. ΚΑΙΝΟΜΡ, Baker ΚΑΝΙ////ΟΜΡ, de Fourmonto dubito.

[Ἁ]λιείω[ναττος δαμ]ιουρ[γ]ό[ς],
[ὁ δεῖνα τοῦ δεῖνα]-ου [γ]ραμμα[τεύς]·
Πόταμος
καὶ Σθενέλας ὁ Μνατι —
5 καὶ Ἱπ(π)ομέδων
καὶ Χάρων ὁ Ἀρχεσίλα
καὶ Ἄδραστος
καὶ Βορθαγόρας
καὶ Κ[λ]εῖτος ὁ Σίντωνος vel Μίντωνος
10 καὶ Ἀριστόμαχος
καὶ Νου[ί]δας vel [Λε]ω[νί]δας

Vs. 8 B pro F ne ab huius quidem aetatis more plane alienum, cf. n. 78 Βαττίας n. 84 Βοινε —

31 Sub statua aenea iuvenis nudi 0.25 m. alta, quam *Argis* oriundam esse ex litteratura tituli constat; ex Graecia translata est in museum Nanianum, deinde pervenit in collectionem comitis Pourtalès-Gorgier, nunc asservatur in museo Petropolitano. Titulus legitur in tribus basis quadratae partibus, sinistra, antica, dextra. Maffei, Verona illustrata III p. 261, ed. alt. IV p. 378; Zanetti, due antichissime greche iscrizioni p. XXIII, unde titulum repetimus; post multos alios ed. Boeckh, C. I. G. 6, tractavit Kirchhoff, Stud.[3] p. 28.

ΠΟΛΥΚΡΑΤΕΜ ΑΝΕΘΕΚΕ

Πολυκράτης ἀνέθηκε.

Var. lect. Aperta vitia omittimus. Promiscue Α et Λ in lapide esse diserte testatur Ross. — Vs. 1. pro priore Ν caeteri Μ; ibid. fin. Dodw. ΙΙΙΙΟΡ·Ο. — Vs. 2 fin. post alterum Μ Dodwell et Baker Λ. — Vs. 3 ante Λ Fourm. ΓΟΤ, ibid. pro Ι Dodw. Λ, ibid. fin. Fourm. Ν pro Μ. — Vs. 4 Dodw. ΒΟΥΝΑΜΙΙ, Baker ΒΟΥΛΑΜΙΟ, de Fourmonti lectione parum constat ex C. I. — Vs. 8 pro Ν Fourm. Ν,

32 In galea aenea quam a. 1795 prope Olympiam in Alpheo repperit Britannus Morrit, possedit Payne-Knight, servat museum Britannicum. Litterae distincte dignosci queunt; pistillis enim sunt profunde impressae, altero rotundae lineae, altero rectae, et eodem quidem typo circulus integer et dimidius, quo factum est, ut ubi tantum linea) opus fuit ad sinistram appareant vestigia alterius dimidii cycli (. Classical Journal I p. 328; Walpole, travels in various countries of the East, p. 588 n. 53; Boeckh, Pind. Explic. II 2 p. 226; Welcker, epigramm. graec. spic. alt. p. 11 n. 28; Rose, inscrr. gr. vet. p. 59 tab. VII 1; C. I. G. 29 et add.; Welcker, syll. epigr. graec. ed. alt. n. 123 p. 172. Exscripsi, unum O quod deest suppeditant priores editiones.

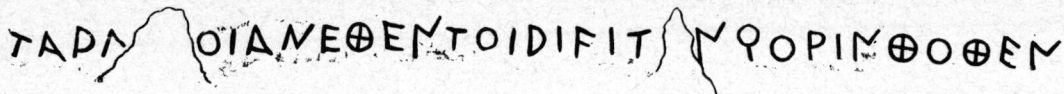

Τἀργ[εῖ]οι ἀνέθεν τῷ Διϝὶ τῶν Ϙορινθόθεν.
Ad crasim cf. n. 21. Ferendus in versu senario hiatus τἀργεῖοι ἀνέθεν, licet praeceptis artis metricae adversetur. Quando Argivi illam victoriam reportaverint frustra quaeritur.

33 Scutum ex lamina aenea tenuata confectum, quod olim per medium unum metrum occupabat, repertum Olympiae in stadii vallo meridionali; litterae impressae sunt. Edidit Furtwaengler, arch. Zeit. XXXVII p. 148 sq.

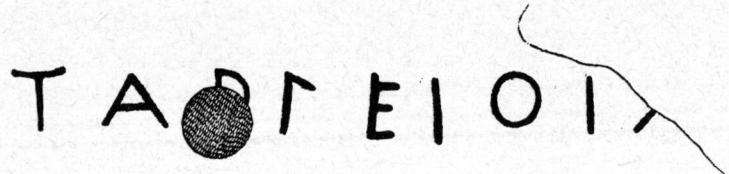

Nota. Tertia littera foramine rotundo foedata est.
Τἀργεῖοι [ἀνέθεν ἀπό — —] vel sim. De crasi in τἀργεῖοι obvia cf. n. 21.

34 Tabula aenea admodum tenuis, caelata, reperta Olympiae a templo Iovis ad orientem et meridiem. Repraesentatur Hercules cum deo marino luctans; utrique nomina adscripta sunt, unum prope caput herois ad sinistram, alterum in angulo dextro inferiore. Edd. Curtius et Adler, Ausgrab. zu Olympia IV p. 18.

35 *Argis* in templo D. Basilii invenit hunc titulum Fourmont; ex eius schedis edidit Boeckh C. I. G. 14.

```
Λ . . . . . . . ΛΥΡΙΑΙ
. . . . ΕΟΝΠΕΔΑϜΟΙϜΟΙ
. . Α . . . ΡΟΣΠΕΡΙΚΙΕ . .
. . . ΙΚΡΑΤΕϟΔΑΜΟΤ . ΚΕ .
5   . ΑΘΟΝ
. . . ᵛΤΟΝ
```

— — συμμ]ορίαι s. -α
ἐτέλ]εον πεδάϝο[ιϝ]οι·
. . α . . . ρος Περικλέ[ος] s. -κλε[ίτου]
Ἐπ]ικράτης s. [Ἰφ]ικρ. Δαιμοτ[έλ]ε[ος]
5 Β]άθων
Κλ]ύτων

[Ἡ]ρακλ]ῆ[ς]   [ἅ]λιος γέρων. Littera ι male iterata est.

Vs. 2 πεδάϝοιϝοι sunt μέτοικοι, cf. n. 40.

36 *a* Fragmentum marmoris, quod Stuart olim Athenis ad stoam Poecilen (i. e. Hadriani) viderat; in Britanniam delatum possidebat Iones, Finchleii; edidit et commentatus est Dan. Wray in Archaeologia II p. 216 sqq., cum tabula aeri incisa; hinc repetierunt Boeckh C. I. G. 166 et Rose, inscrr. gr. vet. p. 70 tab. VIII 2. — *b* Fragmentum lapidis Pentelici undique mutilum, 0.15 m. alt., 0.24 m. long., 0.16 m. crass., erutum in arce ad Parthenonem. Edd. Pittakis eph. 1118; Rangabé, n. 367; exscripsit Koehler et ectypon misit Kirchhoffio, qui utrumque fragmentum edidit C. I. A. I. 441. Fragm. *b* ipse contuli.

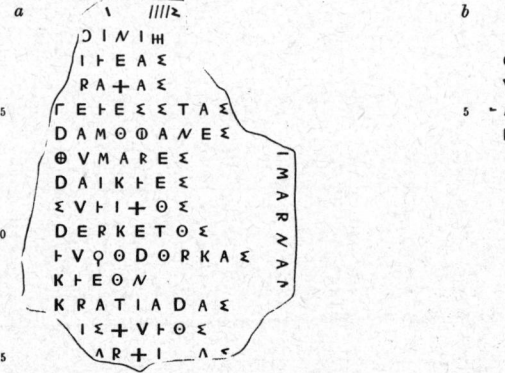

Nota. In fragm. *b* vs. 1 prima lineola non superest ex littera Α, sed aut ex Κ aut ex Σ.

TITVLI ARGIVI, SEGREGATIM — METHANIVS ET HERMIONEI

```
a  - - - - ς              b  [ʼΑσ]τριος?
   [Φ]οῖνιξ                   [ʼΑ]ριττίων
   [Φ]ιλέας                   [Σ]φενδονίων
   [Β]ραχᾶς                   [Λ]υκῖνος
5  Τελέσττας              5  [Ϝ]αναξίλας
   Δαμοφάνης                  [Δ]έρκετος
   Θυμάρης                    [Ἐχ]εμένης
   Δαίχλης                    [Κλεό]β̣ις (?)
   Σύλιχος
10 Δέρκετος
   Λυϟοδόρκας
   Κλέων
   Κρατιάδας
   [Α]ἰσχύλος
15 [Εὐ]αρχί[δ]ας
```

a vs. 4 cf. Keil, syll. p. 48. — Sermonis et litteraturae indicio fretus verissime Boeckh conclusit esse haec nomina Cleonaeorum illorum, qui cum Argivorum copiis Atheniensibus Ol. 80,4 auxilio profecti in pugna Tanagraea occubuerant quosque in Ceramico sepultos esse memorat Pausanias I 29. 7. Itaque fragmentum *b* non suo loco repertum, sed postmodum in arcem transportatum esse existimandum est. — In dextra tabulae parte carmen additum erat in honorem defunctorum, cuius in frg. *a* unum restat vocabulum μαρναμ[εν—].

---

37 *Argis* in ecclesia S. Demetrii. Ex Fourmonti apographo edd. Rose, inscrr. gr. vet. tab. XI 1 et Boeckh C. I. G. 17, cf. praef. p. X et XXVII. Bis exscriptus exstat titulus in Rossii diario, editus ab eodem in inscrr. ined. I n. 55. Explendo titulo praeter hos operam dedere G. Hermann, opusc. VII p. 174 sqq., O. Mueller, Goett. Anz. 1836 p. 1152 sqq., Welcker, mus. Rhen. 1850 p. 619, Keil, mus. Rhen. 1859 p. 511 sq., Kaibel, epigrr. gr. n. 936; Roehl, N. Jahrb. 1879 p. 608. Denuo exscripsit Le Bas, voy. arch. tab. VI 15, unde repetimus; cf. in Explicationibus n. 108 variam lectionem, quam ectypum iterum examinatum suppeditavit. Praeterea invenimus in diario Welckeri apographum, et in Franzii schedis varietatem lectionis, quam ex O. Muelleri apographo ille enotaverat.

Potiores varietates lectionis. Vs. 1 pro Ϙ, quod Le Basii ectypum praebuit, caeteri habent alii Ο alii Θ. — Vs. 2 post Σ in Le Basii ectypo cernitur potius ⊥ quam Ⱶ, mox litterae Κ tantum linea recta in ectypo apparet; caeteri locum exscripserunt sic: Fourm. ⊥ΥⰍ, Ross¹ ⰍΥ⊥, Ross² ⊥ΥⰍ, Welcker ⰍΥⰍ, Mueller ⊣ΥⰍ. — Vs. 3 punctum in tertio Ο exhibent Rossii apographa. — Vs. 5 pro interpunctione Ross¹ habet :, Welcker unum punctum, Ross² et Mueller spatium vacuum, Fourmont neque puncta neque spatium notat.

[Τῶδε τύπω δῖον ἀνά]καν ἀνέθηκ' ἐ[λάο]υτε
Αἴσχυλλο[ς] Θιόπος, τοῖς δαμοσίοις ἐν ἀέθλοις
τετράκι τε [σ]πάδιον νίκαν καὶ τρὶς τὸν ὁπλίτα[ν].

Subscripti igitur hi versus fuerunt anaglypho Dioscuros equitantes repraesentanti. Θιόψ pro Θεόψ; adhuc tantum femininum Θεόπη, notum erat. Σπάδιον est forma aliquot dialectorum propria pro vulgari στάδιον, cf. Hesych.; Etym. M. p. 743. 24; Gregor. Cor. p. 364.

38 In lapide calcario mutilo, 0.2 m. alto, 0.16 m. lato, quem *Argis* a. 1872 in horto demarchi invenit Lueders; idem misit apographum et ectypum, quibus utor. Primas tres litteras, quae in ectypo cognosci non possunt, sumimus ex apographo; annotat autem Lueders eas certe non pertinere ad inscriptionem; quod sane mireris, quum hae litterae titulo bene conveniant. Edidit Kirchhoff, Stud.³ p. 84.

Vs. 1 [γ]ροφο-. Vs. 3 [Θ]οιϝιάν s. [πατρ]οιϝιάν s. sim. Vs. 4 -ανς τάνς; cf. Ahrens, dial. dor. p. 104. Vs. 5 [δαμο]ίᾳ ἐφλη[σει]; de spiritu aspero cf. n. 39 Κύλαος, n. 40 Ἁγνικράτης, n. 42 et n. 44 a ἐποίϜηξ, n. 79 νικαάς, ἐνίκαξ, Ἐλευσίνια, Ποσίδαια, ἐνηβυκάς, n. 80 ἐποίηξ, n. 83 Ποσιδᾶνι, n. 85 Αἰρήιππος, n. 86 Ποσιδᾶνι, Λύϊππον, n. 87 Αἰνηίας, n. 88 Ποσιδᾶνι, Ἁγνίστρατος, not. post n. 91 Ποσιδᾶνος. Vs. 6 [ἀγ]ορεύοντο[ς] s. -όντω[ν]. Vs. 7 [τ]ῶν ἄλλων. Vs. 8 -του τοῦ ἡμ[ίσεος].

39 Ex schedis Fourmonti, in quibus exstat cum lemmate „Κουτζοπόδη super puteum" inter *Argivas* inscriptiones, edidit Boeckh, C. I. G. 18.

```
ΕΓΡΙΑΝΤΟ : ΤΟΥϜΙΚΑ . . . .
ΓΡΔΙΙ : ΤΙΑΛ : ΘΘΘΘΘ . . .
ΑϜΡ : ΚΥΛΑΘΟΣ : ΘΥΑΡ . . .
ΓΟΙΛΕ : ΑϟΚΙΤΟΙΛΑΣ : Ι . . .
5 ΠΡΛΙΕΥΣ : ΙΛϜΥΚΡ . . . .
ΟΦΕϟΟΚϟΕΙΛΑΣ : ϜϜΕ . . .
ΛΑΜΟΙΤΑΛΑΙ ΘΑΡΙΣΤ . . .
. . Ε . . ΛΥΣΙ . . . ΘΡ . Γ . .
. . . . . ΙΚΙ . . . .
```

Vs. 1 Ἐπρίαντο — Ϝικα[τ-]. — Vs. 2 sqq. Sequuntur nomina et pretia soluta; quorum haec nullo negotio leguntur: Vs. 2 numerus D. Vs. 3 Κύλαος, de spiritu cf. n. 38. Vs. 4 Ἀλκιτοίδας. Vs. 5 [Πο]λυκρ[άτης]? Vs. 6 Ὀφελλοκλείδας Κλε--. Vs. 7 Δαμοιτάδα, num. C, Ἀριστ--

40 Ex schedis Fourmonti, in quibus inter *Argivas* inscriptiones exstat cum lemmate „prope Koutzopodam", edidit Boeckh C. I. G. 19.

```
   T . . .    /Λ . . /         T . .
  Λ . . /Λ . . // . . . Λ . . . Α . .
  . . ///Σ . . . /ΙΛ . . .  ΣΑΝ·ΤΙ . . .
  . . . . ΙΣ . . . ΙΣ . . . ΑΚ · ΤΙ
5 . . . ΝΥΜΑΧΟΣ ΗΥΣΙΜΑΧΟΣ ΗΥΚΟΦΡΟΝ
  . . . . ΚΕΠΙΛΕΝΕΣ   ΟΧΙΓΟΝ
  ΓΓ . . ΗΙΜΑΧΟΣ ΚΛΘΣΤΡΑΤΟΣ ΛΥΤΙΜΟΙΡΑ
  . . . ΤΕΣΠΕΡΛΘΟΙΚΟΙ . . . . . . . . ΔΝΘΙΝΘ
  . . ΣΕΘΣΠΛΝΘΑΛΕΣ ΣΚΗΕΙΔΑΣ ΗΕΥΚΙΡ
10 ΕΣ ΘΘΕΗΘΝ ΚΛΗΗΣΤΡΑΤΟΣ ΘΑΤΕΘΙΚΡ
   Ν ΚΑΝΘΙΑΣ  ΚΗΕΘΝ
   ΑΤΕΣ  \ΘΡΛΙΣ  ΠΙΚΤΕΛΣ
            ΛΥΗΗ
```

$$\text{Ἀρ}[ίσ]τι[ππος]$$
5 ... νύμαχος Λυσίμαχος Λυκόφρων
— Ἐπιγένης Ὀχί[μ]ων
-ππ[ος Κα]λλίμαχος Κ[λε]όστρατος [Ἀν]τιμοίρα[ς]
[-κρά]της πεδάϝοικοι . . . . Ἄνϑινο[ς]
. . σεος Πανϑάλης Σ[ω]κλείδας Λευκί[ππος]
10 -ης Ὠ[φ]ελίων Καλλίστρατος [Ἀγ]ηϊκρ[άτης]
— Κανϑίας Κλέων
[- κρ]άτης [Ἀγ]όραισ[τος Ἐ]πικτέας
["Ἀ]γυλλ[ος]

Vs. 8 πεδάϝοικοι cf. n. 35. Vs. 10 Ἀγηϊκράτης, nomina dorica ab Ἀγησι- pro Ἀγητι- non inaudita, cf. n. 88 et not. post n. 91, de interiore spiritu aspero cf. n. 38. Vs. 12 Ἀγόραιστος, cf. C. I. G. 1193.

---

41 Olympiae ad eum Olympiei angulum, qui inter ortum brumalem et meridiem spectat, effossa sunt quinque marmora Paria nunc disiecta, olim in unam basim 3.905 m. longam, 0.32 m. altam, 0.96 m. latam coniuncta, inscriptionibus (n. 41 n. 42 n. 95) in hunc modum tecta (cf. Furtwaengler, arch. Zeit. XXXVII p. 43 sqq.):

angulus	titulus Athanodori et Asopodori	titulus Praxitelis		titulus Atoti	anabates
	0.765	0.84	0.805	0.70	0.795

Gradus tofini, in quos haec basis marmorea imposita erat, aedificati sunt in stratura humi inferiore quam ea quae recisamenta et recrementa templi continet; efficitur hoc donarium non recentius esse templo medio saeculo quinto exstructo. Congruit cum hac re optime quod anguli horum graduum crusta tectorum prorsus integri sunt, quippe qui modo aedificati humo exaggerata sint obruti. — Apparet donarii a Praxitele dedicati, quod haud exiguum fuisse basis mensura prodit, duas fuisse partes a compluribus artificibus confectas. Athanodori et Asopodori titulum, qui litteris 0.02—0.03 m. altis est scriptus, edidit E. Curtius, arch. Zeit. XXXVI p. 181 sq. Adhibeo ectypum.

```
ΞΥΝΟΝ:ΑΘΑΝΟΔΟΡΟΤΕ
ΚΑΙΑΣΟΠΟΔΟΡΟΤΟΔΕϜΕΡΓΟΝ
ΤΟΜΕΝΑΤΑΙΟΣ::ΘΟΔΕΞΑΡΓΕΟΣ
ΕΥΡΥΤΟΡΟ
```

Ξυνὸν Ἀθανοδώρου τε καὶ Ἀσωποδώρου τόδε ϝέργον.
χὠ μὲν Ἀχαιός, ὁ δ' ἐξ Ἄργεος εὐρυχόρου.

Nomina repugnantia in versum hexametrum infarta sunt. Eadem Athanodori et Asopodori nomina coniuncta occurrunt apud Plinium XXXIV 50, ut vix liceat dubitare, quin iidem homines sint intellegendi. Quos quum Plinius a Polycleto profectos esse praedicet, erroris est incusandus, si quidem ea recte se habent, quae supra de aetate tituli dicta sunt.

---

42 In duobus lapidibus Olympiae repertis, qui erant partes basis magnae (cf. lemma n. 41), litteris 0.04—0.045 m. altis. Ad sinistram hos lapides excipiebant ii, qui continent titulum Praxitelis, ita ut hunc artificis titulum integrum esse constet (contra Wilamowitzium, Zeitschrift für Gymnasialwesen XXXI p. 653). Edidit E. Curtius, arch. Zeit. XXXIII p. 181, XXXIV p. 48 tab. 6, Ausgrab. zu Olymp. I tab. 32; cf. Roehl, arch. Zeit. XXXVII p. 37. Exscripsi, ectypum adhibui.

```
ΑΤΟΤΟΣ::ΕΠΟΙϜΕΘ:ΞΑΡΓΕΙΟΣ
ΚΑΡΓΕΙΑΔΑΣ:ΘΑΓΕΛΑΙΔΑ:ΤΑΡΓΕΙΟ
```

Ἄτοτος ἐποίϝηε Ἀργεῖος κἀργειάδας Ἀγελαΐδα (i. e. ὁ Ἀγελ.) τἀργείου, h. e. fecit Atotus, Argivus et Argeades, filius Agelaïdae Argivi. De spiritu interno qui est in ἐποίϝηε cf. not. ad 38; de crasi τἀργείου cf. not. ad n. 21. Quum Argeadae Macedoniae reges se ab Argis oriundos praedicarent tum Alexandri etiam eo tempore, quo regnum nondum ad eum transierat, magnopere intererat, ut Argivus agnosceretur, cf. Herod. V 22: Ἀλεξάνδρου γὰρ ἀεθλεύειν ἑλομένου (sc. ἐν Ὀλυμπίῃ) καὶ καταβάντος ἐπ' αὐτὸ τοῦτο οἱ ἀντιθευσόμενοι τῶν Ἑλλήνων ἔξεργόν μιν, φάμενοι, οὐ βαρβάρων ἀγωνιστέων εἶναι τὸν ἀγῶνα, ἀλλὰ Ἑλλήνων.

Ἀλέξανδρος δὲ ἐπειδὴ ἀπέδεξε, ὡς εἴη Ἀργεῖος, ἐκρίθη τε εἶναι Ἕλλην καὶ ἀγωνιζόμενος στάδιον συνεξέπιπτε τῷ πρώτῳ, cf. etiam Herod. VIII 137, Thuc. II 99. Illa igitur aetate Ageladas artifex, unus ex Argeadis, quum Argivos et Macedones propinquitatis vinculo contineri videret, in Graeciam artium nutricem, atque Argos quidem, qui erant vel certe ab ipso existimabantur patria, constituit demigrare. Hinc Atotus filius et suo et paterno nomini consulto subiecit in hoc titulo nomen Argivi et se eundem Argeaden esse declaravit, ne pristinae patriae oblitus esse aut iura quae ibi possidebat renuntiasse videretur.

43 *Argis* ex lapide quadrato se hunc titulum exscripsisse tradit Lenormant, mus. Rhen. 1866 p. 515 n. 323. Repetiit Foucart in opere Le Basiano, explic. n. 128 a.

ΜΕϜΑΝΘΙΟΣ

Μελάνθιος.

---

44 Basis statuae ex lapide calcario nigro facta, 0.238 m. alt., 0.49 m. lat., 0.57 m. crass., reperta Olympiae inter Heraeum et Pelopium. Vetustus titulus athletae in parte antica, vetustus titulus artificis et utriusque tituli repetitio in superficie aequa deprehenduntur. Edidit Furtwaengler, arch. Zeit. XXXVII p. 144.

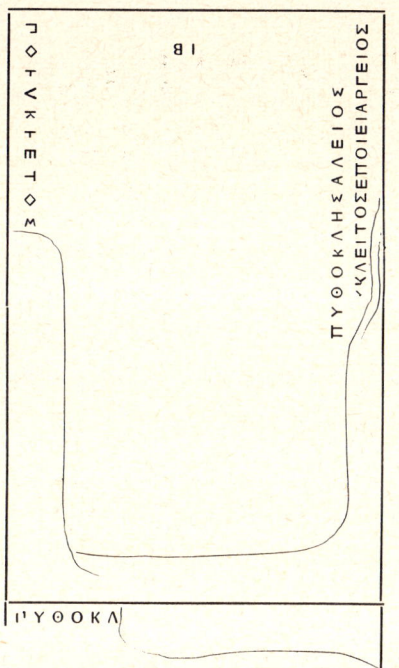

Πυ^βοκλ[ῆς Ϝαλεῖος πένταθλος]. Πολύκλειτος [ἐποίει Ἀργεῖος]. Cf. Paus. VI 7 fin.: τὴν δὲ ἐφεξῆς ταύτῃ [sc. εἰκόνα], πένταθλον Ἠλεῖον Πυ-

θοκλέα, Πολύκλειτός ἐστιν εἰργασμένος. Polycletus minor, qui ineunte saeculo quarto Pythoclis statuam confecit, in suo quidem titulo alphabetum vetus Argivum servavit. Satis recenti aetate hi tituli antiqui, quum aliis basibus iuxta collocatis iam minus commode legi possent, alio loco superficiei repetiti sunt forma decurtata. Eodem tempore illud IB videtur inscriptum esse, quod quid sibi velit non perspicio.

---

44 a Lapis calcarius niger, infra et dextra integer, supra et laeva truncatus, 0.46 m. long., 0.42 m. lat., 0.30 m. crass., erutus Olympiae prope ecclesiam Byzantinam, viginti passibus a latere occidentali. Exscripsit Purgold.

////⌐C//// ϜϜΒΕ:ΑΡΝΕΙΟΣ
////Λ//═C//ΗΚΑΝ

— — ἐ]πο[ί]Ϝησ Ἀργεῖος. — — ι ἀ[ν]έθηκαν.

Locus ubi lapis repertus est in eam opinionem adduxit Purgoldium, ut hanc censeat esse imminutam basim statuae Lysippi Elei, de qua haec tradit Pausanias VI 16: μέσος δὲ ἕστηκεν αὐτῶν Λύσιππος Ἠλεῖος, καταπαλαίσας τοὺς εἰσελθόντας τῶν παίδων· Ἀνδρέας δὲ Ἀργεῖος ἐποίησε τοῦ Λυσίππου τὴν εἰκόνα. Inconstantia scripturae (vs. 1 E = η, vs. 2 H = η) paulo recentiorem huius tituli aetatem videtur testari quam tituli n. 42; quamquam si quis respuens Purgoldii coniecturam Ionicos dedicatores versum alterum suo alphabeto incidisse contendere mavult, haec opinio, licet veri non sit simillima, certe non potest refutari.

---

45 In lapide calcario cano, 0.58 m. alt., 0.28 m. lat., 0.12 m. crass., super anaglyphum, quod repraesentat Dianam cum arcu et face, ad utramque partem capitis; litterae 0.015 m. sunt altae. Lapis *Argis* a Le Basio a. 1843 inventus Athenas transportatus est, deinde dono Prokeschii in museum Berolinense pervenit, ubi exscripsi. Edidit Le Bas, rev. arch. II p. 691 sqq. tab. XLIV et voy. arch. n. 109, monum. fig. 102 n. 1. Cf. Kirchhoff, Stud.[3] p. 87.

ΠΟΛΥΣΤΡ   ΑΤΑΑΝΕΘΗ
ΚΕ

Var. lect. Le Bas: Π.
Πολυστράτα ἀνέθηκε.

---

46 In spiculo hastae aeneo effosso Olympiae haud procul ab Olympieo. magnitudinem aequans depromimus; id. Ausgrab. zu Olymp. I tab. 32. Edidit E. Curtius, arch. Zeit. XXXIII p. 181, unde exemplum veram Cf. Kirchhoff, Stud.[3] p. 152.

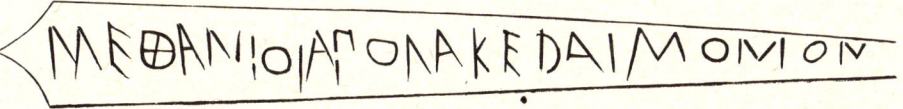

Μεθανιοι ἀπὸ Λακεδαιμονιων.

---

47 *Hermionae*; ex schedis Fourmonti ed. Boeckh C. I. G. 1195; a. 1868 lapidem in fundamentis unius ex turribus muri Venetici repperit Foucart, solvendum curavit, rectius edidit in Le Basii opere, n. 159 a, unde repetimus. Cf. Kirchhoff, Stud.[3] p. 151.

ΑΛΕΧΙΑΣΛΥΟΝΟΣΑΝΕΘΕ
ΤΑΙΔΑΜΑΤΡΙ:ΤΑΙΧΘΟΝΙΑ
ΗΕΡΜΙΟΝΕΥΣ
ΚΡΕΣΙΛΑΣΕΠΟΙΕΣΕΚΥΔΟΝΙΑΤ

Var. lect. Vs. 1 fin. Fourm.: ΘΕΙ; errores eiusdem praeterimus.
Ἀλεξίας Λύωνος ἀνέθη[κε] τᾷ Δάματρι τᾷ Χθονία[ι] Ἑρμιονεύς. Κρησίλας ἐποίησε Κυδωνιάτ[ας].

Cresilam artificem Phidiae fuisse aequalem satis notum est. Vs. 2 littera Χ = χ errore lapicidae irrepsit.

48 *Hermionae*; ex schedis Fourmonti edidit Boeckh C. I. G. 1194. Cf. Kirchhoff, Stud.[3] p. 150.

```
ΑΡΙΣΤΟΜΕΝΕΣΑΧΕΘ.ΕΑΛΕΧΙΑ
ΤΑΙΔΑΜΑΤΡΙΤΑΙΨΘΟΝΙΑΙ
ΕΡΜΙΟΝΕΥΣ
ΗΟΡΟΘΕΟΣΕϜΡΑΣΑΤΟΑΡΛΕΙΟΣ
```

Ἀριστομένης ἀ[ν]έθ[ηκ]ε Ἀλεξία τᾷ Δάματρι τᾷ Χθονίᾳ Ἑρμιονεύς. [Δ]ωρόθεος ἐϜ[ε]ργάσατο Ἀργεῖος.

V.
TITVLI LACONICI ET MESSENII.

49 In lapide rudi apud *Geronthras* (Geraki) reperto. Ex Le Basii apographo parum accurate edidit Rangabé n. 317, melius ipse Le Bas, rev. arch. II (1845) p. 71 tab. XXV 2 et voy. arch. n. 226 tab. II 5.

. [Κ]λέυ[ν]
ά. Ϝάναξ
τ. Ἐβύκιος
ά. Μίτας
ά. Μύλος
ά. Ϝάναξ

Versus plerosque a dextra esse integros docet ornamentum undulatum; ne a sinistra quidem litteras interceptas esse, quamquam ipse margo non servatus est, inde colligas, quod in nomine Ἐβύκιος litterae artius sunt positae, haud dubie ut spatium sufficeret. Singulae litterae quid significent ante nomina, dubium est.

50 In parte interiore cymbali aenei, quod Misithrae emit Le Bas. Idem edidit rev. arch. I p. 721, voy. arch. n. 161 tab. VI 3 et mon. fig. tab. 108; hinc titulum depromimus.

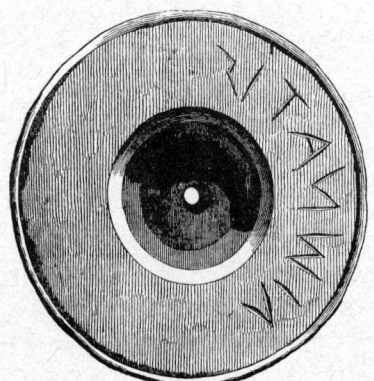

Λιμνᾶτις.

51 Anaglyphum ex marmore caeruleo nigrescenti, repertum in regione quae a Magula vico est inter septentriones et orientem solem, nunc servatur in museo Berolinensi. Repraesentatur iuvenis, qui serpenti aliquid libi simile offert; inferior pars stelae fracta periit; ea quae superest, est 0.27 m. altitudine, 0.29 m. latitudine. Titulus pone tergum figurae in spatio plano deorsum currit; initio laesura lapidis fortasse paucas litteras hausit, plures in fine intercidisse licet suspicari; litterae quae inter servatas sunt quinta et sexta dirimuntur baculo seu gladio iuvenis in inscriptionem proiecto. Edd. Dressel et Milchhoefer, Mittheil. d. deutsch. arch. Inst. in Athen II p. 314 sq. Lapidem examinavi.

Not. Omnia certa sunt, ne M quidem ullam dubitationem admittit. [Τοὶ] κόροι Θιοκλεῖ Ναυ[ερτίδα], equites Theocli Namertidae filio.

52 In vico Parorio prope *Spartam* ad occidentem versus sito, marmor caeruleum supra portam ecclesiae S. Nicolai. Edd. Dressel et Milchhoefer, Mittheil. d. deutsch. arch. Inst. in Athen II p. 435.

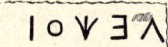

Λεσχοῖ. Ipsi editores conferri iubent titulum recentiorem, quem publici iuris fecerunt p. 440 ΑΓΙΠΠΙΑΛΕΧΟΙ; fuerit Λεσχῴ cognomen Ilithyiae.

53 Inter *Amyclas* et Pharin (Βαφιώ) in pila quadrata marmorea alba, c. 0.35 m. crass., 1.16 m. alt., quae in vico Γουδένη in exteriore pariete dirutae ecclesiae B. Virginis inaedificata fornicem sustinet; oriunda videtur e parietinis vicinis templi Amyclaei; litterae 0.05 m. altae sunt. Ex Fourmonti schedis edidit Boeckh, C. I. G. 35. Vidit Thiersch a. 1832, cf. biogr. II p. 269. Iterum exscripsit a. 1833 Ross et edidit in inscrr. ined. I n. 47, haec annotans: „litterarum Ҡ et Ϟ" (vide var. lect.) „nullum vestigium superest; fuisse olim non negaverim: nam omnes quae supersunt litterae dedita opera scalpro fabrili vel alio acuto instrumento adeo excisae deletaeque sunt, ut vix legi possint, in quo vastatricem Fourmonti manum licet agnoscere." Contra Goettling, qui paulo post exscripsit titulum et edidit in Neue Jen. Allg. Lit. Zeit. 1842 n. 66 p. 269 sq., affirmat illas duas litteras nunquam fuisse in lapide, inscriptionem prorsus rudem et inscitum in modum esse incisam et sibi videri a Fourmonto fabricatam. Repetimus titulum ex diario Rossii.

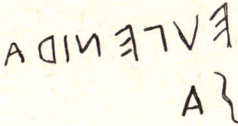

Var. lect. Vs. 1 Fourm.: ϞΑΔΙΜƎΛVƎΚ, vs. 2 idem ΑϞ, Goettl. ΑϿ. Εὐγενίδας. Titulum a Fourmonto fictum esse noli Goettlingio credere; neque enim ille ullum titulum in lapide incidisse videtur neque in eis, quos in schedis adulterinos confecit, usurpavit formam Ͷ, sed Δ. Non integrum esse titulum demonstrant quum eae litterae, quas unus Fourmont praebet, tum vs. 2 littera Α.

54 Lapis canus 0.19 m. altus, 0.17 m. latus, a sinistra truncatus, caeteroquin integer; inventus est *Spartae* in muro aediculae et nunc Athenis in museo servatur; versus lineis incisis inter se separati sunt. Ross, Intelligenzblatt d. allg. Lit. Zeit. 1837 n. 48 (arch. Aufs. I p. 7); Rangabé n. 316; Le Bas, voy. arch. n. 160. Ectypo usus denuo edidit et viam interpretationis monstravit Neubauer, Herm. X p. 153 sqq.; hinc repetimus collato ectypo.

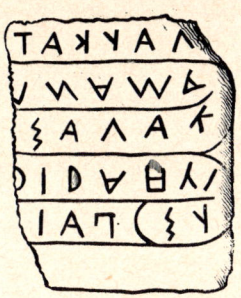

Var. lect. Le Bas: vs. 1 ΙΤ; vs. 3 Ιϟ; vs. 4 Β falso pro D; ibid Ͻ om. Neubauer: [Γ]λαυκατία μ[ε μ]νᾶμα | Κάλας [ἔϑε]τ᾽ (e. g.) ᾽Αν]ϑίδα υἱύς. Πα[δίας (vel sim.) | ἐπόει. At miramur, quum de origine eius doceamur, qui Glaucatiam sepeliit, non legi, quo patre ipse Glaucatias ortus sit aut quo propinquitatis vinculo cum Cala sit coniunctus. Itaque proponimus:

[Γ]λαυκατί[ας ⏑⏑ — ⏑⏑ — ⏑⏑ — ⏑⏑ — ⏑
— ⏑⏑ — μνᾶμα, καλᾶς ⏑⏑ — ⏑⏑ — ⏑
— ⏑⏑ — ⏑⏑ — ⏑⏑ — ⏑⏑ — ίδα υἱύς.
Πα[— — ἐπόιει].

Quae si recta sunt, mulieris hoc est epitaphium; lapis priusquam fractus est fuit fere 0.68 m. latitudine. De υἱύς cf. n. 105 n. 475, C. I. G. 8202. 8203, C. I. A. I. 398. — Spatium, quod in fragmine infra quinque versus servatos est vacuum, eiusdem esse altitudinis atque singulos versus superiores Koehler, qui rogatu meo lapidem examinavit, diserte affirmat, ut putare liceat in ea lapidis parte, quae ad sinistram desideratur, periisse etiam sexti versus initium. Itaque ad nomen artificis additum videtur fuisse nomen patris et urbis.

55 Laminae aeneae pars quae infra ad dextram erat extrema, reperta Olympiae a porticu quae Poecile vocabatur ad septentrionem versus; singuli versus lineis sunt distincti. Edidit Kirchhoff, arch. Zeit. XXXVII p. 162. Imago inde repetita aequat dimidiam partem verae magnitudinis.

— Σπαρτιατ —

56 Tabula marmorea, 0.07 m. crass., 0.46 m. alt., in margine superiore 0.70 m. long., a sinistra mutila, supra et a dextro margine me iudice integra, quamquam repugnant Dressel et Milchhoefer, reperta a. 1855 a Velsenio *Spartae* prope canalem, qui in parte septentrionali urbem secat, haud procul a sepulcro Leonidae, quod dicunt, ad occidentem versus; ibi erat pro scamno ante domum; nunc asservatur in museo urbano. Versus lineis includuntur, litterae pleraeque sunt perspicuae. Tabula primitus tecta erat alia scriptura, versiculis transversis, postmodo consulto videtur esse detrita, ut ea quae nunc cernitur scriptura incideretur. Edd. Velsen, arch. Anz. 1855 p. 73 sq.; Hirschfeld, bull. dell᾽ inst. arch. 1873 p. 190; Dressel et Milchhoefer, Mittheil. d. deutsch. arch. Inst. zu Athen II p. 433. Exscripsi et ectypon confeci.

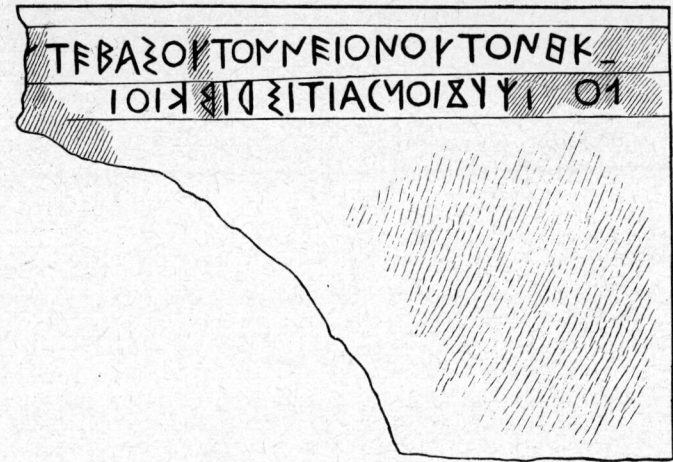

Var. lect. Vs. 1 Velsen falso ξ pro ζ; pro priore Ρ Hirschfeld Ρ; pro altero Ε Velsen F, sed illud certum est; post ΘΚ Velsen Δ, Hirschfeld ⟨, Dressel et Milchh. praebent ΘΥΔ — Vs. 2 Velsen plenius ΥϘΤΥΟΜ; ibidem pro Ϙ Velsen Dressel Milchh. ζ, Hirschfeld Ξ.

Titulus obscuritatibus et aenigmatis refertus; nova in Laconia elementa sunt Ↄ retro spectans et Ξ, mirandumque, quod in tam antiquo titulo elemento Θ vis vocalis videtur subesse. In extremo versu altero legerit quis αἴ τις δὶς κίοι s. δισκίοι (a δισκέω); post Ι nihil unquam videtur scriptum fuisse, certe nunc nihil dignoscitur.

57 Statua aenea bellatoris 0.09 m. alta, reperta *Selinunte*, in Cynuriae urbe, ubi nunc est vicus Agios Cosmas; servatur Athenis in museo societatis archaeologicae. Circa basim quadratam, 0.024 m. latam, 0.028 m. longam, legitur inscriptio. Ediderunt Deffner, Palingen. n. 3779 (minusc.); Mylonas, bulletin de corresp. hell. I p. 335; Iulius, Mittheil. d. deutsch. arch. Inst. in Athen III p. 17 sq. tab. I; hinc repetimus.

59 In duobus lateribus ansae aeneae, repertae in *Cynuria* in vico Serjalio, qui inter Leonidium et Melavam est situs; nunc exstat in museo Berolinensi, ubi titulum exscripsi.

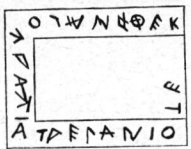

Var. lect. Post Ρ pro illo Τ vel Μ, quod editores legere sibi visi sunt, in aere esse ΙΛ affirmat Koehler (Mittheil. l. l.); neque enim recte in imagine ligno expressa has lineas repraesentari, sed priorem in aere paulo longiorem esse.

Καρίλος ἀνέθηκε τῷ Μαλεάτᾳ. Litterae nullo ordine aliae aliam in partem conversae sunt.

Μεν[οί]τι[ος] ἀνέθηκε τῷ Πυθα[εῖ].

60 Lapis rudis, 0.491 m. long., 0.25—0.28 m. alt., colore caeruleo nigrescenti, repertus in ea regione, cui nomen Picromygdalia, quae distat a *Sparta* trium horarum spatio ad orientem, a vico Chrysapha semihorae spatio ad meridiem; nunc servatur Chrysaphae in domo rustici. Litterarum ductus admodum crassus. Edd. Dressel et Milchhoefer, Mittheil. d. deutsch. arch. Inst. in Athen II p. 434.

58 *Spartae* in museo; lapis fere rudis, caeruleus nigrescens, 0.44 m. longus, 0.18—0.21 m. altus; litterae satis alte incisae sunt. Edd. Martha, bull. de corresp. hell. I p. 378, qui titulum integrum esse affirmat, Dressel et Milchhoefer, Mittheil. d. deutsch. Inst. in Athen II p. 434, unde eum repetimus.

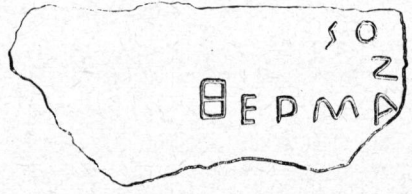

Ἑρμᾶνος i. e. Mercurii hic fundus (cf. Foucart, bull. de corr. hell. II 1878 p. 515); de forma nominis cf. n. 94 et tabulae Andaniae et inscriptio capitis aprini aenei ex Arcadia oriundi, quod servatur in museo Winterthuriensi: ΕΡΜΑΝΟΣΦΕΝΕΟΙ.

Si nihil licet mutare aut addere, equidem haec non expedio.

61 In parte exteriore cymbali aenei, quod *Limnis* oriundum esse collatis titulis n. 50 et n. 73 probabile videtur, quamquam Diana Limnatis etiam alibi est culta. Asservatur in museo Berolinensi; edidit vera magnitudine expressa Fraenkel, arch. Zeit. XXXIV p. 28 tab. V 2.

62 Magulae prope *Spartam*, marmor subcaeruleum infixum iuxta fenestram domus, undique decurtatum, nisi forte supra est integrum; alt. 0.20 m., lat. 0.24 m., litterae diligenter incisae 0.015—0.020 m. sunt altae. Edd. Dressel et Milchhoefer, Mitth. d. deutsch. arch. Inst. in Athen II p. 433.

Ὀπωρὶς ἀνέθηκε Λιμνάτι. Spiritum asperum stirpis ὀπωρ- hic non primum in dialecto Dorica occurrere docuit Fraenkel collato fragmento Alcmanis ap. Athen. X 416 *D*.

```
ΡΟΞΑΘΡΕΛD
ΓΑΥΤΟΞΝΙΚΑΣ
ΨΥΤΑΤΟΣΕΣ
ΕΨΑΡΙΣΟΜΕΛ
ΕΝΘΑΔΕΓΑΙΣΓ
ΟΙΚΑΙΕΕΥΦΡΟΝ
ΣΙΟΣΛΙΓΙΟΥ
```

Titulus sepulcralis versibus conceptus. Tentavi hos:

[Ἀλκιμάχω τάνδ' εἰκόν' ἔνεστ' ἀγαθῶ καὶ ἀγαυῶ]
[ἀν]δρὸς ἀεθρῆν· δ[ιαμιλλαθὴς δ' ἤδη τε θι]γ' αὐτὸς
νίκας [καὶ θορύβως κατὰ τρα]χυτάτως ἐδ[αμάσθη].
[οἰχομένῳ δ]ὲ χαριζόμεν[ος στᾶτεν τόδε σᾶμα
ἐνθάδε παῖς Π[ολυκλῆς. ἀλλ' ἵλασι τ]ῷ καὶ ἐ εὔφρων
[δέξο, Fάναξ ἐνέρων], Διὸς αἰγιόχ[ω κάσι σεμνέ].

Quae supplementa fieri non potest quin a vero aberrant, at certe inter singulos versus interceptae sunt litterae fere senae denae; lapis fuit fere 0.61 m. latitudine.

63 Fragmenta duo marginis vasis aenei, cuius diametrus olim fuit 1.60 m.; crassitudo aeris fere 0.01 m.; litterae profunde incisae sunt. Fragmentum *a* 0.185 m. long., 0.023—0.025 m. lat. effossum est Olympiae in stadii vallo occidentali, a crypta ad meridiem versus. Edidit Kirchhoff, arch. Zeit. XXXVIII p. 64. Fragm. *b* 0.17 m. long. 0.023 m. lat. repertum est in viae thesaurorum ostio orientali ante murum, qui fulcit Cronium montem; litterae sunt maiores atque latius diductae quam in fragm. *a*. Edidit Kirchhoff, arch. Zeit. XXXVIII p. 119.

Var. lect. Apographum novum Purgoldianum praebet *a* lit. 9 A, lit. 11 A.
[Τ]οὶ Σπαρτιᾶτα[ι — — Ὀλυ]νπίῳ ἀν[έθεν].

64 *Gereniae*; ex schedis Fourmonti edidit Boeckh C. I. G. 13.

```
ΒΙΑΡΟΣΙΝΑΡΟΠΝΟΣΙΗΙΑΡ
ΑΡΙΣΣΤΟΔΑΜΟΣ
```

Ἰαρὸς Χαροπ[ί]νος, [ἱ]αρὸς Ἀριστόδαμος. De interpunctione Ι cf. n. 478. Τοὺς ἱεροὺς non esse hierodulos probavit Foucart, explic. n. 291, qui ipse dubitanter eos interpretatus est mystas. Cum lege Lycurgi, quam tradit Plutarchus (Lyc. 27 ἐπιγράψαι δὲ τοὔνομα θάψαν- τας οὐκ ἐξῆν τοῦ νεκροῦ πλὴν ἀνδρὸς ἐν πολέμῳ καὶ γυναικὸς τῶν ἱερῶν ἀποθανόντων, minus recte Inst. Lac. p. 238 ἀνεῖλε δὲ καὶ τὰς ἐπιγραφὰς τὰς ἐπὶ τῶν μνημείων πλὴν τῶν ἐν πολέμῳ πεσόντων), bene congruunt tituli sepulcrales antiquiores servati; nam hi sunt aut virorum, quos in pugna mortem occubuisse partim constat (n. 62 n. 77. n. 78 n. 85 n. 87) partim non incredibile est (n. 51), aut feminarum (n. 54 n. 65), quas quominus sacerdotales fuisse credamus nihil obstat. Ne hic quidem titulus Charopini et Aristodami, meo iudicio sepulcralis, de lege Lycurgi a Plutarcho parum accurate relata decerrat, quoniam etiam ἀνδρας τῶν ἱερῶν epitaphio dignatos esse consentaneum est; cf. n. 81.

65 Ex schedis Fourmonti, in quibus invenitur inter *Spartanas* inscriptiones cum lemmate „Fehassae prope molendinum," ed. Boeckh, C. I. G. 15; cf. G. Hermann, Boeckhs Behandlung etc. p. 53 sqq., de duabus inscrr. gr. (op. VII p. 186). Locum „Fehassam" nunc in Laconia exstare negant homines locorum gnari; nomen iam prorsus ignotum est.

```
..ΛΝΤΟΥΕΔΕΡΟFΕΥΟ
..)ΑΜΑΝΟΟΙΤΙΛΕΓΟ..
.3ΕΘΕΚΕΜΕΥΕΡΛ.ΙΤΙΜ
ΔΕΔΟFΑ3ΑΡΚΑΛΟΝ
Ο Ε..ΛΛΛΚΑΘΑΙΡΟΝ
..ΛΙ ΡΟΤΙ.ΡΟΦΟΡΟΜΚ
Λ..ϘΛΕΥΛΛ.ΥΙ ΥΟ
```

Vs. 3 ὃς ἔθηκέ με χήραν. Caetera fundamentum nimis lubricum. Dubitaveris utrum haec loquatur mulier, quae vidua mortua sit, an uxor coniugis superstes, i. e. utrum habeamus epitaphium mulieris an viri. Illud veri similius, quoniam in epitaphiis mortui saepius loquuntur quam vivi.

66 *Gereniae*; ex schedis Fourmonti edidit Boeckh C. I. G. 42.

```
ΨΝΟΛΔΑ3...
```

Χνοάδας. Pro 3 in lapide fuerit ξ aut ς.

67 In lapide calcario supra et infra mutilo apud *Geronthras* (Geraki) in ecclesia S. Ioannis Chrysostomi reperto; quum litterae, 0.04 m. altae, non profunde sint incisae et superficies lapidis tempestate adesa, titulus difficilis est ad legendum. Edidit Le Bas, rev. arch. II p. 72 tab. XXV 1 et voy. arch. tab. III 4; ibid. n. 227 titulum tractavit Foucart meliore ectypo usus.

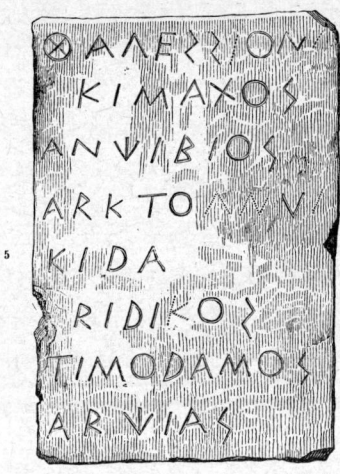

Θαλεσσίων (?)
[Ἀλ]κίμαχος
Ἀνχίβιος
Ἀριστο[δά]μα[ς]
5 Βίων
[Χα]ρίδικος
Τιμόδαμος
Ἀρχίας.

Var. lect. Vs. 1 Foucart de litteris ξξ! dubitat, vs. 2 litteram X perspicere sibi videtur, etiamsi ectypum ibi non ita clarum sit. Vs. 4 pro K in ectypo cerni IS testatur, in fine agnoscit MA. Vs. 5 BION. Vs. 6 duas litteras capere lacunam affirmat.

68 Lamina aenea, 0.002 m. crassitudine, in utroque latere scriptura tecta; ab institore, qui Tegea eam oriundam dixit, emit societas archaeologica quae est Athenis et in Varvacion intulit. In latere *A* scriptura mallei ictibus adeo est levigata et complanata, ut litterae vix possint agnosci; alterum latus *B* praebet inscriptionem integram et facilem lectu. Edidit Eustratiades, eph. nov. ser. n. 410 (a. 1869) p. 341 tab. 50 a b; tractaverunt G. Curtius, Stud. zur gr. u. lat. Gramm. II p. 450 sqq., Kirchhoff, Actt. menstr. acad. Berol. 1870 p. 51 sqq. Imaginem repraesentantem veram tabulae magnitudinem repetimus ex ephemeride, in latere postico (*B*) ectypi auxilio satis tenui adiuti.

A

```
ΤΟΝΘΙΑΙ:ΤΟ⊙ΙΛΑ↓ΑΙΟΡΙΑ  ΚΑΤΙ
ΑΙΜΝΑΙ:ΑΙΚΑΤΟΣΗΙΤΟΑΝΕΛΕΣ
ΘΟΑΙΔΕΚΑΠΟΘΑΝΕΙ:ΤΟΝΤΕΚΝΟΝ
ΕΜΕΝ:ΕΠΕΙΚΑΠΕΝΤΕFΕΤΕΑ:
5 ΗΕΒΟΝΤΙ·ΑΙΔΕΚΑΜΕϹΕΝΕΙ
ΙΠΕΤΝΕΤΟΝΕΠΙΔΙΚΑΤΟΝΕΜΕΝ
ΔΙΑϹΝΟΜΕΝΔΕ:ΤΟΣΤΕϹΕΑΤΑ
ΚΑΤΟΝΘΕΘΜΟΝ
```

TITVLI LACONICI — ET MESSENII

B

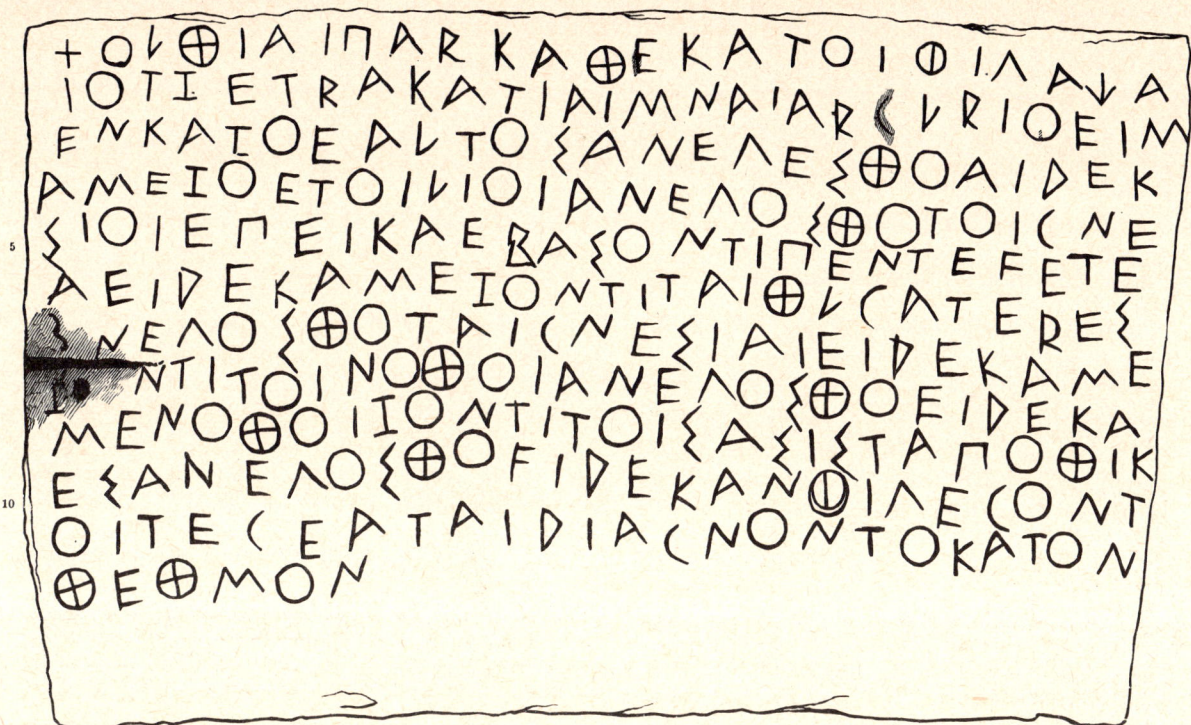

A Ξουθίᾳ τῷ Φιλαχαίω διακάτιαι μναῖ. αἴ κ' αὐτὸς [ζώη], ἀνελέτθω, αἰ δέ κ' ἀποθάνη, τῶν τέκνων ἤμεν, ἐπεί κα πέντε Ϝέτεα ἡβῶντι. αἰ δέ κα μὴ γένη[τα]ι πέ[ντ]ε [Ϝε]τ[έ]ων, ἐπιδικάτον ἤμεν· διαγνόμεν δὲ τὼς Τεγεάτα[ς] κά(τ) τὸν θεθμόν.

B Ξουθίᾳ παρκα(θ)ήκα τῷ Φιλαχαίω τετρακάτιαι μναῖ ἀργυρίω. εἰ μέν κα ζώη, αὐτός ἀνελέτθω, αἰ δέ κα μὴ ζώη, τοὶ υἱοὶ ἀνελόσθω τοὶ γνήσιοι, ἐπεί κα ἡβάτωντι πέντε Ϝέτεα. εἰ δέ κα μὴ ζῶντι, ταὶ θυγατέρες [ἀ]νελόσθω ταὶ γνήσιαι. εἰ δέ κα μὴ ζ[ῶ]ντι, τοὶ νόθοι ἀνελόσθω. εἰ δέ κα μὴ νόθοι ζῶντι, τοὶ (del. Σ) ἄ(σ)σιττα πόθικες ἀνελόσθω. [ε]ἰ δέ κ' ἀνφιλέγωντ[ι, τ]οὶ Τεγεᾶται διαγνόντω κά(τ) τὸν θεθμόν.

Xuthias Spartanus Tegeae in templo Minervae Aleae e more (cf. Posidon. ap. Athenaeum VI 233) rem familiarem suam deposuit, quam postea si vellet ipse, se mortuo heredes reciperent. Ita fieri potuit ut ordinem heredum suo arbitrio constitueret et liberos non legitimos prae propinquis hereditatem consequi iuberet.

69 „Tegeae (Palaeo-Episcopi);" ex schedis Fourmonti ed. Boeckh C. I. G. 1511. Titulum Laconicum esse docuit Ahrens, dial. Dor. p. 8. 157. 160. 184. 281; cf. praeterea O. Mueller, Dorier I p. 108 not. 4, II p. 529; Kirchhoff, Stud.³ p. 141 sq., actt. menstr. acad. Berol. 1870 p. 59.

a In altero latere.

```
    / . I Λ I O ı N . . . . . \ O
    T I O Δ A P I Y O Σ E Φ E I . . A Λ . Y O I
    Λ A K E Δ A I M O N I O I Σ Π O T O N
    Ξ A M N A Σ K A I Δ E K A Σ T A T E P A Σ
5   E Δ A I M O N I O I Σ Λ Y P E I Δ A B Y I O Σ
    Π O T T O N Π O Λ E M O N T P I E P E Γ . X M . .
    O M N A Σ Δ Y E K A I T P I A K O N T A
    Σ T O N + I O N T O I Φ I Λ O I T O I T O N
    Σ T A T E P A Σ A I Γ I N A I O Σ
10  Σ Λ A K E Δ A I M O N I O I Σ Π O T T O N
    Π O T P A K I N ⊓ Π Λ I O Σ K A I A Λ Λ O Σ
    A K I N Ψ E Λ I O Σ K A I A Σ T A X I Δ O Σ
    A N T A
    H . . I O Σ Σ / . . K E T
15  Π O Λ Λ A K A I A P I K O Σ O K T A K A T A
    V D I O T I T A T A Λ A N T A
    E I . . N Π O T T O N Π O Λ E M O N
    N I O N T P I A K O N T A M N A Σ
    I Σ Ψ E Λ I O Σ M E Δ I M N O Σ K A I
20  O N T A K A I A I M Y P I . . Ϝ E X E
    O I E Φ E Σ T I O I T O I Σ Λ A K E Δ A I M
    N Π O Λ E M O N X I Λ I O Y Σ Ϝ A P
```

b In altero latere.

```
    E Δ O N T O I M A
    Λ I O I T O I Σ
    Λ A K E Δ A I
    M O N I O I Σ
5   A P Γ Y P I O
    Ϝ P K A T I
    M N A Σ

    E Δ O K E M O
    Λ O K P O Σ T O I Σ
10  Λ A K E Δ A I M O
    N I O I Σ T A Λ A N
    T A A P Γ Y P I O

    E Δ O N T O I
    M A Λ I O I
15  T O I Σ
    A K E Δ A I
    O N I O
    Δ
```

a

```
   [κα]τίω[ς] δαρι[κ]ώς. Ἔ[δωκε ὁ δεῖνα το]-
   [ῖς] Λακεδαιμονίοις πό(τ) τὸν [πόλεμον ἐν]-
   [ν]έα μνᾶς καὶ δέκα στατῆρας. [Ἔδωκε τοῖς Λ]-
 5 [ακ]εδαιμονίοις Λυρείδα υἱός — — —
   . . πὸτ τὸν πόλεμον τριῆρε[ς?] δύο καὶ ἀργυρ[ω]-
   [ί]ω μνᾶς δύ[ο] καὶ τριάκοντα. [Ἔδωκε ὁ δᾶμο]-
   ς τῶν [Χ]ίων(?), τοὶ φίλοι τοὶ τῶν [Ἑλλάνων],
   στατῆρας Αἰγιναίως [— — — — τοὶ]-
10 ς Λακεδαιμονίοις πὸτ τὸν [πόλεμον καὶ]
   [τε]τρακιν[χη]λίως καὶ ἄλλως(?) — —
   ακινχηλίως κά(τ) [τ]ὰς τάξι[α]ς (?) [καὶ δύο τάλ]-
   αντα [ἀργυρίω — — — — ]
   [— — — — — — — — — ]
15 πολλὰ καὶ [δ]αρικῶς ὀκτακατ[ίως καὶ ἀρ]-
   [γ]υ[ρ]ίω τ[ρί]α τάλαντα. [Ἔδωκε ὁ δᾶμος τῶν —]
   [— ω]ν πὸτ τὸν πόλεμον [τοῖς Λακεδαιμ]-
   [ο]νίο[ις] τριάκοντα μνᾶς [καὶ ἀλφίτων τρ]-
   ισχηλίως μεδίμνως [καὶ δαρικῶς τριά]-
20 [κ]οντα καὶ ἀ[ργυρί[ω] Ϝε(?)ξή[κοντα μνᾶς. Ἔδον τ]-
   οὶ Ἐφέσιοι τοῖς Λακεδαιμ[ονίοις πὸτ τ]-
   ὸν πόλεμον [χη]λίως [δα]ρ[ικὼς καὶ — ]
```

b

```
   Ἔδον τοὶ Μά-
   λιοι τοῖς
   Λακεδαι-
   μονίοις
 5 ἀργυρίω
   Ϝ[ί]κατι
   μνᾶς.
   Ἔδωκε Μό-
   λο[β]ρος τοῖς
10 Λακεδαιμο-
   νίοις τάλαν-
   τα ἀργυρίω
   Ἔδον τοὶ
   Μάλιοι
15 τοῖς
   [Λ]ακεδαι-
   [μ]ονίο[ις]
```

Si in ullo titulo accusanda est Fourmonti neglegentia, certe in hoc, ex quo summam utilitatem percipere poterat rerum antiquarum studium, nisi tam misere esset exscriptus; nempe homo ille tum litteras omisit (e. g. *a* vss. 2. 15), tum de suo addidit (e. g. *a* vs. 22, *b* vs. 12), denique permultas depravavit. Atque in titulo *a* restituendo primum supplementa quaedam veri non dissimilia (cf. imprimis vss. 3. 15. 17. 21) nobis persuadent versus fuisse admodum tricenarum litterarum; deinde collato titulo *b* non dubium est, quin unaquaeque paragraphus initium sumat a verbo ἔδον s. ἔδωκεν; haec igitur in supplementis tenenda censui. Titulum vetustiorem esse anno 427 scriptura docet; iam singula considerantes ad eam opinionem adducimur, ut bellum de quo agitur putemus esse id quod Persis e Graecia pulsis illatum est. Contulerunt igitur pecuniam naves frumentum hi: Lyridae cuiusdam filius, Chii, Ephesii, Melii, Molobrus Spartanus nobilis, pater Epitadae, qui Ol. 88. 3 exercitui Spartanorum praeerat (Thuc. IV 8); praeterea alii, quorum nomina perierunt; cf. Plut. Arist. XXIV οἱ δ' Ἕλληνες ἐτέλουν μέν τινα καὶ Λακεδαιμονίων ἡγουμένων ἀποφορὰν εἰς τὸν πόλεμον κτλ. Ex his Chii atque Ephesii stipem suam certe solverunt paulo ante consilium de Ionibus partim foedere recipiendis partim excludendis captum; neque enim Chii recepti appellari potuerunt τοὶ φίλοι τοὶ τῶν-, neque Ephesios exclusos Graecis magnopere studuisse consentaneum est. Chiorum autem liberalitas, quam in catalogo quamvis lacero agnoscere licet, sapit captationem benevolentiae, non irritam illam quidem, quoniam amicorum nomine dignantur. Hic index solutionum voluntariarum in honorem donatorum collocatus erat Tegeae, ubi aerarium bellicum Graecorum commune videtur fuisse. — Vss. 11. 12 -άκιν, cf. n. 79. — Vs. 17 cave litteras ΕΙ..Ν superesse putes ex verbo ἔδον, neque enim nomini solventis in iis quae sequuntur est locus. — Vs. 21 Ἐφέσιοι, delevi Τ; Boeckhio ἐφέστιοι sunt certum genus inquilinorum Laconicorum; at his non convenit Persica moneta.

70 Columna aenea cava, quae olim fulciebat tripodem aureum a Graecis post victoriam Plataeensem Apollini Delphico dedicatum. Fabricata est in formam trium serpentium inter se convolutarum, quarum caudae infra non pansae sed arcte contortae sunt, colla et capita, nunc fracta, in tres diversas partes olim eminebant. Huius columnae pars inferior quae reliqua est, 5.55 m. alt., in basi 0.54 m., in fastigio 0.41 m. crass., constat ex undetriginta spiris, e quibus undecim, a tertia usque ad tertiam decimam ab ima numeranti, praebent inscriptiones litteris 0.015—0.019 m. altis incisas. Quas ita videtur exarasse aerarius, ut primum angulos et extremas partes litterarum punctis notaret, deinde puncta lineis non aeque profundis inter se coniungeret. Summa earum spirarum, quae scriptura tectae sunt, priusquam ii versus quos nunc continet in ea perscriberentur, lima hoc ipso loco ita est imminuta, ut a regula caeteris applicata 0.005 m. recedat; ibi igitur olim epigramma illud Pausaniae regis videtur scriptum fuisse, quod propter arrogantiam Graeci deleverunt. [In exemplari nostro spirarum adumbratio xylographo non ex sententia successit]. Conferendi de hac columna scriptorum loci imprimis hi: Herod. IX 81: συμφορήσαντες δὲ τὰ χρήματα καὶ δεκάτην ἐξελόντες τῷ ἐν Δελφοῖσι θεῷ, ἀπ' ἧς ὁ τρίπους ὁ χρύσεος ἀνετέθη ὁ ἐπὶ τοῦ τρικαρήνου ὄφιος τοῦ χαλκείου ἐπεστεὼς ἄγχιστα τοῦ βωμοῦ, καὶ τῷ ἐν Ὀλυμπίῃ θεῷ ἐξελόντες, ἀπ' ἧς δεκάπηχυν χάλκεον Δία ἀνέθηκαν, καὶ τῷ ἐν Ἰσθμῷ θεῷ, ἀπ' ἧς ἑπτάπηχυς χάλκεος Ποσειδέων ἐξεγένετο. Herod. VIII 82: διὰ δὲ τοῦτο τὸ ἔργον ἐνεγράφησαν Τήνιοι ἐν Δελφοῖσι ἐς τὸν τρίποδα ἐν τοῖσι τὸν βάρβαρον κατελοῦσι. Thucyd. I 132: ἐπὶ τὸν τρίποδά ποτε τὸν ἐν Δελφοῖς, ὃν ἀνέθεσαν οἱ Ἕλληνες ἀπὸ τῶν Μήδων ἀκροθίνιον, ἠξίωσεν (Pausanias) ἐπιγράψασθαι αὐτὸς ἰδίᾳ τὸ ἐλεγεῖον τόδε· Ἑλλήνων ἀρχηγός, ἐπεὶ στρατὸν ὤλεσε Μήδων, Παυσανίας Φοίβῳ μνῆμ' ἀνέθηκε τόδε. Τὸ μὲν οὖν ἐλεγεῖον οἱ Λακεδαιμόνιοι ἐξεκόλαψαν εὐθὺς τότε ἀπὸ τοῦ τρίποδος τοῦτο καὶ ἐπέγραψαν ὀνομαστὶ τὰς πόλεις ὅσαι ξυγκαθελοῦσαι τὸν βάρβαρον ἔστησαν τὸ ἀνάθημα. Thucyd. III 57 (in oratione Plataeensium): δεινὸν δὲ δόξει εἶναι Πλάταιαν Λακεδαιμονίους πορθῆσαι, καὶ τοὺς μὲν πατέρας ἀναγράψαι ἐς τὸν τρίποδα τὸν ἐν Δελφοῖς δι' ἀρετὴν τὴν πόλιν, ὑμᾶς δὲ καὶ ἐκ παντὸς τοῦ Ἑλληνικοῦ πανοικησίᾳ διὰ Θηβαίους ἐξαλεῖψαι. [Demosth.] in Neaer. § 97 sq. p. 1378 R: ἐφ' οἷς φυσηθεὶς Παυσανίας ὁ τῶν Λακεδαιμονίων βασιλεὺς ἐπέγραψεν ἐπὶ τὸν τρίποδα ἐν Δελφοῖς ὃν οἱ Ἕλληνες οἱ συμμαχεσάμενοι τὴν Πλαταιᾶσι μάχην καὶ τὴν ἐν Σαλαμῖνι ναυμαχίαν ναυμαχήσαντες κοινῇ ποιησάμενοι ἀνέθηκαν ἀριστεῖον τῷ Ἀπόλλωνι ἀπὸ τῶν βαρβάρων· Ἑλλήνων ἀρχηγός κτλ. ὡς αὑτοῦ τοῦ ἔργου ὄντος καὶ τοῦ ἀναθήματος, ἀλλ' οὐ κοινοῦ τῶν συμμάχων. ὀργισθέντων δὲ τῶν Ἑλλήνων οἱ Πλαταιεῖς λαγχάνουσι δίκην τοῖς Λακεδαιμονίοις εἰς τοὺς Ἀμφικτύονας χιλίων ταλάντων ὑπὲρ τῶν συμμάχων καὶ ἠνάγκασαν αὐτοὺς ἐκκόψαντας τὰ ἐλεγεῖα ἐπιγράψαι τὰς πόλεις τὰς κοινωνούσας τοῦ ἔργου. Nepos, Paus. 1: primum in eo est reprehensus (Pausanias), quod quum ex praeda tripodem aureum Delphis posuisset, epigrammate scripto, in quo haec erat sententia, suo ductu barbaros apud Plataeas esse deletos eiusque victoriae ergo Apollini donum dedisse, hos versus Lacedaemonii exsculpserunt neque aliud scripserunt quam nomina earum civitatum quarum auxilio Persae erant victi. Diod. XI 33: οἱ δ' Ἕλληνες ἐκ τῶν λαφύρων δεκάτην ἐξελόμενοι κατεσκεύασαν χρυσοῦν τρίποδα καὶ ἀνέθηκαν εἰς Δελφοὺς ἐπιγράψαντες ἐλεγεῖον τόδε· Ἑλλάδος εὐρυχόρου σωτῆρες τόνδ᾽ ἀνέθηκαν Δουλοσύνης στυγερᾶς ῥυσάμενοι πόλιας. Plutarch. περὶ τῆς Ἡροδότου κακοηθείας c. 42: καὶ μὴν Παυσανίας, ὥς λέγουσιν, ἤδη τυραννικὰ φρονῶν ἐπέγραψεν ἐν Δελφοῖς· Ἑλλήνων ἀρχηγός κτλ. [κοινούμενος] ἁμωσγέπως τοῖς Ἕλλησι τὴν δόξαν ὡν ἑαυτὸν ἀνηγόρευσεν ἡγεμόνα· τῶν δὲ Ἑλλήνων οὐκ ἀνασχομένων ἀλλ᾽ ἐγκαλούντων, πέμψαντες οἱ Δελφοὺς Λακεδαιμόνιοι τοῦτο μὲν ἐξεκόλαψαν, τὰ δὲ ὀνόματα τῶν πόλεων, ὥσπερ ἦν δίκαιον, ἐνεχάραξαν. ibid. paulo post: οὐδὲ Κυθνίων ἐπιγραφομένων τοῖς τροπαίοις οὐδὲ Μηλίων ἠχθέσθησαν. c. 42: καὶ οὔτ᾽ Αἰγινήτας Ἀθηναῖοι διαφόρους ὄντας εἶρξαν τῆς ἐπιγραφῆς, οὔτε Κορινθίους ἤλεγξαν κτλ. τοὺς δὲ Ἕλληνας -- ἐνέγραφον (sc. Athenienses et Lacedaemonii) τοῖς τροπαίοις καὶ τοῖς κολοσσοῖς. c. 43: --γραμμάτων μεστοὶ τρίποδες ἑστᾶσι καὶ βωμοὶ κατὰ τοὺς θεούς. c. 39: οὐ γὰρ εἰκὸς ἦν Ἀθηναίους ταῦτα βλασφημεῖν περὶ τῆς Κορινθίων πόλεως οἳ τρίτην μὲν ἑώρων μετὰ Λακεδαιμονίους καὶ μετ᾽ αὐτοὺς ἐγχαραττομένην τοῖς ἀπὸ τῶν βαρβάρων ἀναθήμασιν. Plut. Them. 20: διδάξας ὡς τριάκοντα καὶ μία μόναι πόλεις εἰσὶν αἱ μετασχοῦσαι τοῦ πολέμου καὶ τούτων αἱ πλείους παντάπασι μικραί. Pausan. X 13. 9: ἐν κοινῷ δὲ ἀνέθεσαν ἀπὸ ἔργου τοῦ Πλαταιᾶσιν οἱ Ἕλληνες χρυσοῦν τρίποδα δράκοντι ἐπικείμενον χαλκῷ. ὅσον μὲν δὴ χαλκὸς ἦν τοῦ ἀναθήματος, σῶον καὶ ἐς ἐμὲ ἔτι ἦν, οὐ μέντοι κατὰ τὰ αὐτὰ καὶ ὁ χρυσὸς οἱ Φωκέων ὑπελίποντο ἡγεμόνες. Id. V 23. 1 (in Olympiae descriptione): παρεξιόντι δὲ παρὰ τὴν ἐς τὸ βουλευτήριον ἔσοδον, Ζεύς τε ἕστηκεν ἐπίγραμμα ἔχων οὐδέν, καὶ αὖθις ὡς πρὸς ἄρκτον ἐπιστρέψαντι ἄγαλμά ἐστι Διός. τοῦτο τέτραπται μὲν πρὸς ἀνίσχοντα ἥλιον, ἀνέθεσαν δὲ Ἑλλήνων ὅσοι Πλαταιᾶσιν ἐμαχέσαντο ἐναντία Μαρδονίου τε καὶ Μήδων. εἰσὶ δὲ καὶ ἐγγεγραμμέναι κατὰ τοῦ βάθρου τὰ δεξιὰ αἱ μετασχοῦσαι πόλεις τοῦ ἔργου Λακεδαιμόνιοι μὲν πρῶτοι, μετὰ δὲ αὐτοὺς Ἀθηναῖοι, τρίτοι δὲ γεγραμμένοι καὶ τέταρτοι Κορίνθιοί τε καὶ Σικυώνιοι, πέμπτοι δὲ Αἰγινῆται, μετὰ δὲ Αἰγινήτας Μεγαρεῖς καὶ Ἐπιδαύριοι, Ἀρκάδων δὲ Τεγεᾶταί τε καὶ Ὀρχομένιοι· ἐπὶ δὲ αὐτοῖς ὅσοι Φλιοῦντα καὶ Τροιζῆνα καὶ Ἑρμιόνα οἰκοῦσιν· ἐκ δὲ χώρας τῆς Ἀργείας Τιρύνθιοι· Πλαταιεῖς δὲ μόνοι Βοιωτῶν, καὶ Ἀργείων οἱ Μυκήνας ἔχοντες· νησιῶται δὲ Κεῖοι καὶ Μήλιοι, Ἀμβρακιῶται δὲ ἐξ ἠπείρου τῆς Θεσπρωτίδος, Τήνιοί τε καὶ Λεπρεᾶται· Λεπρεᾶται μὲν τῶν ἐκ τῆς Τριφυλίας μόνοι· ἐκ δὲ Αἰγαίου καὶ τῶν Κυκλάδων οὐ Τήνιοι μόνοι ἀλλὰ καὶ Νάξιοι καὶ Κύθνιοι ἀπὸ δὲ Εὐβοίας Στυρεῖς· μετὰ δὲ τούτους Ἠλεῖοι καὶ Ποτιδαιᾶται καὶ Ἀνακτόριοι· τελευταῖοι δὲ Χαλκιδεῖς οἱ ἐπὶ τῷ Εὐρίπῳ. Quatuor igitur desiderantur nomina, Thespiensium, Eretriensium, Leucadiorum, Siphniorum, omissa seu neglegentia Pausaniae, quem aperte taedebat unum et triginta nomina, ordine non mutato, sine suis adnotationibus exscribere, seu culpa librariorum. Paus. III 8. 2: Παυσανίᾳ (sc. τὸ ἐπίγραμμα) τὸ ἐπὶ τῷ τρίποδι Σιμωνίδης (sc. ἐποίησε) τῷ ἀνατεθέντι ἐς Δελφούς. Ael. Arist. ὑπὲρ τῶν τεττάρων T. II p. 175 Ddf: ὅ᾽τι· ἐκεῖνον (Miltiadem) προσῆκεν ἐπιγράφειν ὅτι στρατὸν ὤλεσε Μήδων, αὐτοῦ γὰρ ὡς εἰπεῖν ἦν τὸ ἔργον· καὶ τό γε τούτου πρότερον ὁ Ἑλλήνων ἀρχηγὸς ἀκριβῶς ἥρμοττεν αὐτῷ· πᾶσι γὰρ αὐτὸς ἦρχε τῆς ἐλευθερίας. ἀλλ᾽ ὅμως καὶ ταῦτα πράξας ἠπίστατο σωφρονεῖν καὶ οὐδεὶς αὐτοῦ κατηγόρησε τοιοῦτον οὐδὲν οἷα Παυσανίου πολλὰ κατηγορήθη. Schol. III p. 569 Ddf. (τὸ ἐπίγραμμα) ὃ ἔγραψεν ἐν τῷ τρίποδι ὁ Παυσανίας, ὅπερ ὕστερον ἐξεκολάφθη. Ael. Arist. l. l. p. 281 Ddf: τουτὶ γὰρ ἕν μοι τῆς ἀπορίας διαλύσαντες σταθήτωσαν παρὰ τὸν τρίποδα τὸν ἐν Δελφοῖς, ὃν Ἕλληνες ἀπὸ τῶν βαρβάρων ἀνέστησαν. Suid. s. v. Παυσανίας· ὃς μετὰ Πλαταιὰς παραταξιν ἀνέστη τῷ Ἀπόλλωνι ἐπέγραψεν· Ἑλλήνων ἀρχηγός κτλ. καὶ τὸ ἐπίγραμμα ἐξεκόλαψαν ἐκ τοῦ τρίποδος καὶ τὰς πόλεις ἐπέγραψαν. Haec igitur columna iussu Constantini Magni Delphis Constantinopolim transportata et in hippodromo collocata, mox — ut videtur Valente imperatore — ut aquae ductui applicaretur, basi lapideae quadratae cavae imposita est. Schol. Thuc. I 132: (τρίποδα) οὐκ ἐν ᾧ ἐμαντεύετο ὁ Ἀπόλλων, ἀλλ᾽ ἕτερόν τινα ὂν ἔλαβον οἱ Ῥωμαίων βασιλεῖς καὶ μετέθηκαν ἐπὶ τὸν ἱππόδρομον τοῦ Βυζαντίου. Herm. Sozom. hist. eccl. II 5: τὰ ἐν χαλκῷ θαυμαστῶς εἰργασμένα πάντως εἰς τὴν ἐπώνυμον πόλιν τοῦ αὐτοκράτορος μετεκομίσθη πρὸς κόσμον· καὶ εἰσέτι νῦν δημοσίᾳ ἵδρυνται κατὰ τὰς ἀγυιάς, ἱππόδρομον καὶ τὰ βασίλεια· τὰ μὲν τοῦ Πυθίου ἦν μαντείου Ἀπόλλωνος καὶ Μοῦσαι αἱ Ἑλικωνίδες καὶ οἱ ἐν Δελφοῖς τρίποδες καὶ ὁ Πὰν ὁ βούμενος (leg. πᾶν βούμενος) ὃν Παυσανίας ὁ Λακεδαιμόνιος καὶ αἱ Ἑλληνίδες πόλεις ἀνέθεντο μετὰ τὸν πρὸς Μήδους πόλεμον. Euseb. vit. Const. III 54:

ἄλλων τὰ σεμνὰ χαλκουργήματα, ἐφ᾽ οἷς ἡ τῶν παλαιῶν ἀπάτη μακροῖς ἐσεμνολογεῖτο χρόνοις, ἔκδηλα τοῖς πᾶσιν ἐν ἀγοραῖς πάσαις τῆς βασιλέως πόλεως προυτίθετο, ὡς εἰς ἀσχήμονα θέαν προκεῖσθαι τοῖς ὁρῶσιν· ὧδε μὲν τὸ Πύθιον, ἑτέρωθι δὲ τὸ Σμίνθιον, ἐν αὐτῷ δὲ ἱπποδρομίῳ τοὺς ἐν Δελφοῖς τρίποδας, τὰς δ᾽ Ἑλικωνίδας Μούσας ἐν παλατίῳ ἐπληροῦτο δὲ ἡ πόλις πᾶσα ἡ βασιλέως ἐπώνυμος πόλις κατὰ πᾶν ἔθνος ἐντέχνοις χαλκοῦ φιλοκαλίαις ἀφιερωμένων -- τὰ δέ γε χρύσεα τῶν ἀγαλμάτων ἄλλῃ πῃ μετήρχετο. Socrates, hist. eccl. I 16: ἀλλὰ καὶ τὰ τῶν Ἑλλήνων καθῄρει (sc. Constantinus). τά γοῦν ἀγάλματα κόσμον τῇ Κωνσταντίνου πόλει προυτίθει δημοσίᾳ καὶ τοὺς Δελφοὺς τρίποδας ἐν τῷ ἱπποδρομίῳ δημοσιεύσας προυθῆκε· ταῦτα μὲν οὖν δόξει περιττὰ λέγεσθαι νῦν· ὁρᾶται γὰρ πρότερον ἢ ἀκούεται. Zosim. II 31: ἔστησε (sc. Constantinus) δὲ κατὰ τοῦ ἱπποδρόμου μέρος καὶ τὸν τρίποδα τοῦ ἐν Δελφοῖς Ἀπόλλωνος ἔχοντα ἐν ἑαυτῷ καὶ αὐτὸ τὸ τοῦ Ἀπόλλωνος ἄγαλμα. Paul. Diac., hist. misc. XI p. 228 ed. Cherii: simulacra namque ornata publice in Constantinopolitana urbe proposuit (sc. Constantinus) et tripodas Delphicos in circo ad spectaculum dedit, quae cum ipso videantur, aspectu superfluere feruntur. Anonymi παρατάξεις σύντομοι χρονικαί in Georgii Codini libro de signis Constantinopolis p. 30 b (55 Bk): ὁμοίως δὲ καὶ οἱ τρίποδες τῶν Δελφῶν κακκάβων καὶ αἱ ἔφιπποι στῆλαι γράφουσι, δι᾽ ἣν αἰτίαν ἔστησαν (sc. in hippodromo) καὶ τί σημαίνουσιν. Nicephorus Callisti, hist. eccl. VIII 33 (cf. Herm. Soz.): ὅση δὲ (sc. τῶν ξοάνων ὕλη) ἐν χαλκῷ εἰς κάλλος ἐξείργαστο, κόσμου χάριν εἰς τὴν νέαν τοῦ κρατοῦντος πόλιν ἤγετο καὶ ἀνὰ τὰς ἀγυιὰς τόν τε ἱππόδρομον καὶ ἁπανταχοῦ καθίδρυτο. ἤγετο οὖν Ἀπόλλων τε ἐκ Πυθίας καὶ ἐξ Ἑλικῶνος αἱ Μοῦσαι καὶ ὁ σεμνὸς ἐκ Δελφῶν τρίπους καὶ ὁ διαβόητος Πὰν ὃν Παυσανίας μετὰ τὸν Μηδικὸν ἀνέθετο πόλεμον. Cf. praeterea imaginem laesam columnae aeneae in basi obelisci Theodosiani et titulum C. I. G. 8611. Inter primos viatores, qui Constantinopoli columnam viderunt, eius mentionem fecit Christoph. Bondelmontius Florentinus, qui viderat a. 1422, in libro insularum Archipelagi a L. de Sinnero edito c. 65 p. 123: ultra hunc lapidem (sc. obeliscum Theodosii) tres aeneos serpentes in unum videmus, oribus apertis, a quibus ut dicitur, aqua vinum et lac ab eis exibat diebus iustrantium (i. e. hastis concurrentium). Ex illo tempore sat multi, quos non enumero, monumentum descripserunt et delinearunt, narrantes alii Mahometum II, alii Selimum, alii Muratum clava unius capitis maxillam inferiorem abscidisse. Ab anno 1453 inscriptiones columnae, quae Turcis in certaminibus equestribus scopus videtur fuisse, non paucis pilorum et gladiorum ictibus turpatae sunt. Unus, quod sciam, homo eruditus eas animadvertit iisque legendis operam dedit: Belsus comes Busbequii illius, qui a. 1555—1562 officio legati Germanici Constantinopoli fungebatur; in Belsi enim schedis (bibl. Guelf. ms. fol. 77. 1) p. 346 haec leguntur: „ea" (sc. columna ahenea) „spiris erigitur XXXa fastigantes" (sic) „se ab imo ad summa estque triceps. In imo haec legi inter caetera potuerunt ΛΕΥΡΑΛΙΟC. Caetera omnia minutim effulta" (sic) „sed et erosa." Qui tituli pretiosissimi ut non prorsus evanescerent, forte fortuna factum est, quum a. 1630 hippodromus, iam atmeidan dictus, rudere adeo exaggeraretur, ut illi obruerentur. Quod columna tam profunde in terra haerebat, sequitur ut erraverit Tournefort, relation d'un voyage au Levant II p. 228 sqq., Parisiis 1717, qui unus narrat eam a. 1700 eversam mox denuo erectam esse, et ut non recte Unger, Goetting. Nachr. 1876 n. 16, Tournefortii testimonio fisus coniecerit tum demum eam in illam basim cavam de qua supra dictum est impositam esse; cf. de his rebus Dethier et Mordtmann, Epigraphik von Byzantion in memorr. acad. Vindob. tom. XIII, p. 34. Ineunte saeculo duodevicesimo capita serpentium et superior pars columnae sunt defracta neque postea sunt visa, nisi quod unam maxillam superiorem a. 1848 invenit Fossatius; nunc asservatur in museo Constantinopolitano. Obrutam partem columnae a. 1855 Napierio auctore Newton effodit, mense Ianuario a. 1856 inscriptiones a Frickio et Dethierio sunt detectae. Editores et interpretes — rixa quam hoc monumentum inter viros doctos movit iam valere iussa — nominamus hos: Pittakis, eph. 1856 n. 42 tit. 2759; Frick, in Iahnii diariis suppl. III p. 487 sqq. et a. 1862 p. 441 sqq.; Goettling, commentariola de inscr. mon. Plat., Ienae 1861 et 1862; Kirchhoff, Stud.[3]

4*

p, 144 sq.; Dethier et Mordtmann, Epigraphik von Byzantion 1864 I p. 3 sqq. Hinc repetimus titulum collato ectypo gypseo musei Berolinensis.

Nota. Tribus locis editores Dethier et Mordtmann sibi visi sunt oculis assequi vestigia quaedam litterarum evanescentia, de quibus ipsi valde dubitant: inter vss. 11 et 12 EA, inter vss. 14 et 15 A EAΣ, inter vss. 17 et 18 I IΛV; hae videntur esse notae illorum ictuum atque verberum, falsa litterarum specie investigatorem decipientes.

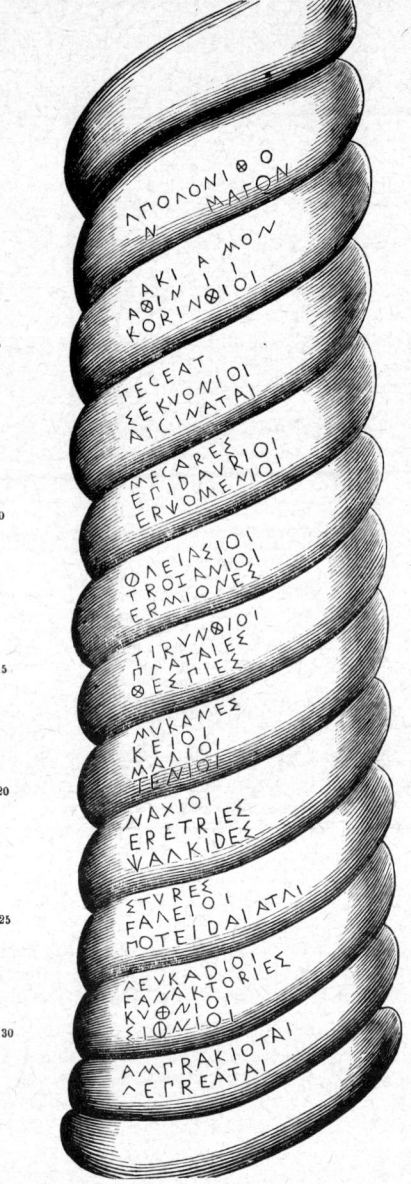

Ἀπόλ(λ)ωνι ϑ[ε]ῶ[ι στάσαντ᾽
ἀ]ν[άϑη]μ᾽ ἀπὸ Μ[ήδων]
Λακεδαιμόνιοι
Ἀϑαναῖοι
5 Κορίνϑιοι
Τεγεᾶται
Σεκυώνιοι
Αἰγινᾶται
Μεγαρῆς
10 Ἐπιδαύριοι
Ἐρχομένιοι
Φλειάσιοι
Τροζάνιοι
Ἑρμιονῆς
15 Τιρύνϑιοι
Πλαταιῆς
Θεσπιῆς
Μυκανῆς
Κεῖοι
20 Μάλιοι
Τήνιοι
Νάξιοι
Ἐρετριῆς
Χαλκιδῆς
25 Στυρῆς
Ϝαλεῖοι
Ποτειδαιᾶται
Λευκάδιοι
Ϝαναπτοριῆς
30 Κύϑνιοι
Σίφνιοι
Ἀμπρακιῶται
Λεπρεᾶται.

71 In fragmine vasis ad marginem oris; repertum est hoc fragmen inter parietinas arcis Passavae, cui antiquo tempore erat nomen Λᾶς. Edidit Leake, travels in the Morea I p. 256.

⊰ΟΙΑΙ⊗Ν⊱

72 Ad sinistram viae quae ab oppido hodierno Marathonisio fert *Gythium* (Palaeopolim), circiter sexcenta metra a Gythio (Le Bas, itin. tab. 26 Z) rupi incisa est inscriptio 0.37 m. alta, 0.31 m. lata et pone eam in vivo saxo sculpta sella, inferne scamnum servit pedibus. De hac sella haec narrat Pausanias III 22. 1: Γυϑείου δὲ τρεῖς μάλιστα ἀπέχει σταδίους ἀργὸς λίϑος. Ὀρέστην λέγουσι καϑεσϑέντα ἐπ᾽ αὐτοῦ παύσασϑαι τῆς μανίας· διὰ τοῦτο ὁ λίϑος ὠνομάσϑη Ζεὺς Καππώτας κατὰ γλῶσσαν τὴν Δωρίδα. Supra inscriptionem in saxo est foramen, quod alicui rei aeneae affigendae usui videtur fuisse. Ex Leakii apographo edita est inscriptio a Boeckhio C. I. G. 1469 et ab ipso Leakio, travels in the Morea I p. 248 tab. n. 28. Deinde exscripsit titulum Ross, inscrr. gr. ined. I n. 52; exstat apographum in diario eius. Ex Trezelii apographo fluxerunt editiones in Le Basii libro: inscr. gr. et lat. recueillies en Grèce par la commission de Morée, fasc. 2. p. 166, et in Bloueti libro: exp. scient. de Morée III p. 55 n. 2. Alio apographo usus est Le Bas in rev. arch. I 2 p. 213 tab. XXV n. 4 et voy. arch. tab. IV n. 11, alio in voy. arch. n. 238. Recentiore memoria exscripsit et adhibito ectypo edidit R. Weil, Mittheil. des deutschen arch. Inst. in Athen I p. 154. Exscripsit etiam Lolling. Repetimus sex apographa.

29 — TITVLI LACONICI ET MESSENII

Leake

```
\EI·EΛA
ΠΟΣΤΡΥΘΕΣΤΑΙΣ
ΔΕΚΑΑΠΟ·ΤΡΥΟ
ΤΑΙΑΓΑΤΑΤΙ
ΗΟΔΟΛΟΣ
ΡΛΙΔΕΒΟΠΕ
ΟΥ·Ο·ΛΟΣ
ΟΣΤΑΤΟ
```

Trézel

```
ΕΡΕΝΑ
ΔΟΣΤΡΥΘΕΣ    Α
ΔΕΚΑΑΓ    ΤΓΥ
ΤΑΙΑFΑ   ΑΤΑ
ΗΟΔΟΛΟΣ
ΑΙΔΕ   Ο   Ε

          Α    Ο
```

Ross

```
ΕΙ·ΕΝΑ
ΠΟΣΤΡΥΘΕΣΤΑΙ
ΔΕΚΑΑΠ··ΤΡΥ-
ΣΤΑΙΑFΑ·ΑΤΑ--
??ΒΟΔΟΛΟΣ---
?ΡΛΙΔΕΞΟ·Ε---
ΛΥΟΜΟΣ------
??ΟΣΤΑΤΟ----
------------
```

Le Bas, rev. arch. et voy. arch. tab. IV.

```
ΕΛΕΝΑ
ΠΟΣΤΡΥΘΕΣΤΑ
ΔΕΚΑΑΠΟΣΤΡΥΘ
ΕΤΑΙΑLΑΚΑΤΑ
ΒΟΔΟΛΟΣ
ΡΑΙΔΕΒΟΠΕ
ΝΟΜΟΣ
ΟΣΤΑΤΟ
```

Le Bas, voy. arch. n. 238.

```
:::ΕLΕΝΑ
ΑΠΟΣΤΡΥΘΕΣΤΑ
ΔΕΚΑΙΑΠΟΣΤΡΥΘ
ΕΤΑΥLΑFΑΚΑΤΑ
ΒΟΔΟΛΟΣ·ΜΕ
ΡΑΙΔΕΒΟΠΕ
ΔΡΟΜΟΣ
Γ·ΟΣΤΑΤΟ
ΜΙΑΟΝ····
ΠΟΔ······
```

Weil.

```
\ΕΔΕΝΑ
ΠΟΣΤΡΥΘΕΣΤΑΙΣ
ΔΕΚΑΑΠΟΣΤΡΥΟ
·ΤΑΙΑFΑΙΑΤΑ
ΒΟΔΟΛΟΣ
Ρ]ΛΙΔΕΒΟΠΕ
Λ]ΥΟΜΟΣ
ΟΣΤΑΤΟ
```

Notae Weilii: Vs. 1 in ectypo D certum. Vs. 2 fin. Σ dubium. Vs. 4 ectypum praebet F. Vs. 4 alterum I fissura laesum. Vs. 5 ectypum praebet Λ. Vss. 6. 7 P et Λ (vel O vel Δ) nunc muro domus nuper aedificatae teguntur. Vs. 6 Θ in ectypo cognoscitur. Infra vs. 8 Weilio nullus versus periisse videtur, ad dextram titulum aliquot litterarum iacturam fecisse concedit, neque tamen quicquam scriptum fuisse vs. 1 post A; neque quinto versu post Σ quicquam intercidisse ei verisimile est visum.
Varia lectio. Lollingii apographum cum Weiliano congruit, nisi quod vs. 2 fin. Σ et vs. 7 init. ˘ desunt.

[Μ]ηδένα ἀποστρύϑεσται· [ὃς] δέ κα ἀποστρύϑηται, ἀƑαὶ ἀτα[τεῖ] ὁ δῶλος. αἰ δὲ ὄπη, νόμος, π[ρ]οστάτω. Vs. 2. Terminationem σται pro σϑαι habes etiam in titulis Locrensibus; sed quid est ἀποστρύϑεσϑαι? Vs. 4 ἀƑαί = ἀεί? Ibid. ἀτατεῖ i. q. ἀλγυνεῖ, Hesych. ἤτας, ἠλγυνας. Vs. 5. Servum nominari puto τὸν δουλορέστην. Vs. 6 P? Hoc igitur sibi velle videtur titulus: Ne quis nescio quid committat; si commiserit, Servus eum semper cruciabit; si vero rite fecerit, eum protegito. Cf. Hesych. s. v. κρείττονας· τοὺς ἥρωας οὕτω λέγουσιν. δοκοῦσι δὲ κακωτικοί τινες εἶναι· διὰ τοῦτο καὶ οἱ παριόντες τὰ ἡρῷα σιγὴν ἔχουσιν, μή τι βλαβῶσι.

73 In parte exteriore cymbali aenei; inter Spartanos titulos ed. Le Bas voy. arch. n. 162 tab. VI 18 et mon. fig. tab. 108; hinc repetimus.

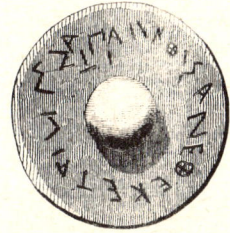

Var. lect. tab. VI 18: Γ··DN.
Π[ολυα]νϑὶς (?) ἀνέϑηκε τᾷ Λιμνάτι.

74 Prope locum, qui ab antiquo tramite rupi inciso dicitur λιϑωμένο φεῖδι, ab urbe Calamata (*Pharis*) semihorae iter distantem si quis adverso flumine Nedonte a mari ascendit, invenitur pars rupis 1.50 m. in altitudinem levigata. Ibi servatae sunt aediculae ad donaria recipienda idoneae cum inscriptionibus valde adesis. Π. Α. Κομνηνός, ἀρχαιολογικαὶ διατριβαί, ἐν Τριπόλει 1874; Α. Πετρίδης, ἀρχαιολογικὴ καὶ ἱστορικὴ ἔρευνα περὶ Φαρῶν καὶ Καλαμῶν, ἐν Καλάμαις 1875; rectius R. Weil, Mittheilungen d. deutschen arch. Inst. in Athen I p. 165, unde repetimus. Exscripsit etiam Lolling.

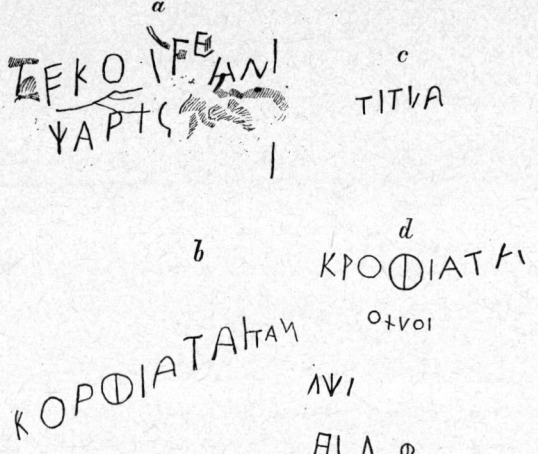

Notae Weilii: a ultima littera aut O aut Ϙ; altitudo litt. 0.12 m. *d* versibus 2—4 paucae agnoscuntur litterae.
Varia lectio. Lolling: *a* ΝΕΑΝ deest; *b* post Ν L. annotat: „vacat." *c* deest. *d* vs. 2 ϜΙΟΧΝΟS.
a [ὁ δεῖνα Π]ανί, Χαρί[τεσσι]. *b* Κορφιάτα[ι] Παν[ί]. *c* ? *d* Κορφιάτᾳ — — ἱ[αρόν?]. Pan Corphiatas (s. Crophiatas) appellatus est, opinor, a voce κορυφή, quae Laconibus fuerit κορφά.

---

75 Unus versus in summo margine basis rotundae marmoreae, 0.78 m. alt., 1.26 m. in diametrum, effossae a. 1876 Olympiae apud eum Olympiei angulum, qui euronoto est oppositus; litterae 0.03—0.04 m. alt. — E. Curtius, arch. Zeit. XXXIV p. 49 tab. VI; idem, Ausgrab. zu Olympia I tab. 32; Schubart, Neue Jahrb. 1876 p. 681 sqq.; Weil, arch. Zeit. XXXIV p. 229 et XXXV p. 196 not.; Schubart, Neue Jahrb. 1877 p. 385 sq. Ahrens, Philol. XXXVIII 1879 p. 193 sqq. Ex lapide exscripsi; ectypum gypseum contuli.

Var. lect. Curtius ante Ϝ praebet Ε, idem post ϜO habet vestigia hastae Ι, quae equidem neque in lapide neque in ectypo dignoscere potui.
[Δέξο, Ϝάναξ] Κρονίδα, [Ζ]εῦ Ὀλύμπιε, καλὸν ἄγαλμα ἱλήϜω[ς δά]αψ τῷ Λακεδαιμονίω[ν].
Cf. Pausan. V 24. 3: τοῦ ναοῦ δέ ἐστιν ἐν δεξιᾷ τοῦ μεγάλου Ζεὺς πρὸς ἀνατολὰς ἡλίου, μέγεθος μὲν δυώδεκα ποδῶν, ἀνάθημα δὲ λέγουσιν εἶναι Λακεδαιμονίων, ἡνίκα ἀποστᾶσι Μεσσηνίοις δεύτερα τότε (cdd. ἔτι, ὅτι, ὅτε) ἐς πόλεμον κατέστησαν. ἔπεστι δὲ καὶ ἐλεγεῖον ἐπ' αὐτῷ·
Δέξο, ἄναξ Κρονίδα, Ζεῦ Ὀλύμπιε, καλὸν ἄγαλμα ἱλάῳ θυμῷ τοῖς Λακεδαιμονίοις.

Litteratura non vetat hoc donarium paulo post a. 464, quo anno Messenii iterum defecerant, dedicatum esse putari. — In voce Ϝάναξ litteram Ϝ, quam dialectus et metrum requirunt, Pausanias omisit. — Lineola obliqua ante vocem Κρονίδα superest ex littera Χ. — Post vocem Κρονίδα Weil coniecit lacuna interceptum esse signum Η i. e. ζ; neque abhorret a fide hanc litterae ζ apud Spartanos interdum fuisse formam eo tempore quo spiritus asper nondum exprimebatur signo Η; cf. in tit. Arg. n. 36 ⋈ pro Ξ; Ahrensio Κρονίδα est vocativi forma notabilis. — In iis, quae sequuntur, praeter adiectivum ἱλήϜῳ difficillimum neque placet omissum Σ lapicidae vitio vertere, quod Pausanias correxerit, neque singulari numero τῷ Λακεδαιμονίῳ, quem Pausanias vel librarii plurali mutaverint, vim collectivam tribuere. Imo libenter pedibus eo in sententiam Ahrensii, qui lapidem Pausaniae aetate iisdem locis atque nunc laesum fuisse et exegetas titulum inepte explevisse suspicatur. In iis igitur quae ipse proposuit supplementis ἱλήϜω[ς] est perfectum verbi Dorici ἱλέομαι.

76 Inscripto acumine incisa sub margine in latere vasis, quod a. 1850 in insula *Cytheris* prope urbem Goniam in sepulcro repertum est; nunc servatur in museo Britannico. Exscripsi; ed. Kirchhoff, Stud.³ p. 140.

 ἡμικοτύλιον.

---

77 In parva stela, quae reperta esse dicitur in vico Magula et nunc servatur *Spartae* in museo; litt. alt. 0.025 m. Exscripsi et edidi in Mittheil. d. deutsch. arch. Inst. in Athen I p. 230. Utor ectypo.

ΑΙΝΕΤΟΣ
ΕΜΠΟΛΕΜΟΙ

Αἴνητος ἐν πολέμῳ. Cf. titulos simillimos n. 78, 85, 87. Etiam posteriore aevo fuerunt qui antiquitatis studio adducti simplicissima hac forma uterentur, cf. Ussing, graeske og latinske indskrifter p. 8 n. 6 -- ξις ἐμ πολέμῳ; Le Bas n. 203 *a* Τελέστωρ ἐν πολέμῳ, n. 283 Ὀναιτέλης ἐν πολέμῳ, χαῖρε. Atque antiquiores, Aenetus, Bastias, Haerehippus, Aenhias, ceciderunt illi quidem haud dubie in terris externis; neque tamen poterit diiudicari, utrum corporibus in ipso loco pugnae humatis hae stelae domi in cenotaphiis sint collocatae, an corpora Spartam delata in ipsa urbe sepulta sint.

---

78 Ex schedis Fourmonti, ubi exstat cum lemmate „στῷ Σκλαβοχωρίῳ" (*Amyclis*) „in ecclesia D. Barbarae," ediderunt Boeckh C. I. G. 1476 et Foucart, explic. 203 *a*.

ΒΑΣΤΙΑΣ..
ΕΜΠΟΛΕΜΟΝ

Var. lect. In Fourmonti schedis ultimam litteram esse Ν, non Ν, quod Boeckh praebet, testatur Foucart.

Βαστίας ἐμ πολέμω[ι]. In formis litterarum ΣΜΠ neglegentior videtur fuisse Fourmont; inscriptionem propter Ο=ω satis antiquam existimo, nihil motus littera Β pro Ϝ usurpata; cf. not. ad n. 30. De re vide n. 77.

79 Ex marmore, quod *Misithrae* infixum erat muro monasterii quadraginta sanctorum, titulum exscripsit Leake, travels in the Morea II p. 521 tab. n. 71; explicare conatus est Keil, anall. epigr. p. 85 sqq., usus praeter exemplum Leakianum apographo ab Erasmo de Seidel sub initium saeculi XVIII confecto, quod continebat primos quatuor versus. A. 1877 rogatu meo Matsas professor lapidem Spartam in museum transportavit; idem misit ectypon. Ibi titulum transcripserunt Dressel et Milchhoefer et ediderunt in Mittheil. des deutschen arch. Inst. in Athen II p. 318 sqq. Cf. praeterea A. Fick, in Bezzenbergeri diario: Beiträge zur Kunde der indogerm. Sprachen III p. 121 sqq., Meister, ibid. p. 284 sq., Roehl, ibid. p. 309. Supra inscriptionem sculptae sunt quadrigae cum auriga; ipsa inscriptio est 0.75 m. longa, 0.23 m. lata; litterae fere 0.017 m. altae maxime ad dextram et in imo lapide detritae sunt. Repraesentamus titulum ex ectypo pulcro, quod Treu nuper suppeditavit.

```
  DAMONON
  ANEΘΕΚΕΑΘΑΝΑΙΑ
  ΠΟΛΙΑΥΟΙΝΙΚΑΒΑΣ
  ΤΑΥΤΑΒΑΤΟΥΔΕΣ
  ΠΕΠΟΚΑΤΟΝΝΥΝ         5
  ΤΑΔΕΕΝΙΚΑΘΕΔΑΜ
  ΤΟΙΑΥΤΟΤΕΘΙΠΠΟ
  ΑΥΤΟΣΑΝΙΟΥΙΟΝ
  ΕΝΓΑΙΑΛΟΥΟΤΕΤΡΑΚΙ
  ΚΑΙΑΘΑΝΑΙΑΤΕΤ        10
  ΚΕΛΕΥΘΥΝΙΑΤΕΤ
  ΚΑΙΠΟΘΟΙΔΑΙΑΔΑΜΟΝ
  ΕΝΙΚΕΘΕΛΕΙΚΑΙΘΟΚΕΛ
  ΙΝΛΑΥΤΣΑΝΙΟΥΙΟΝ
  ΕΝΘΕΒΟΒΑΙΣΘΙΠΠΟΙΣ    15
  ΘΕΠΤΑΚΙΝΕΚΤΑΝΑΥΤΟ
  ΘΙΠΠΟΝΚΕΚΤΟΑΥ Ο
  ΚΑΙΠΟΘΟΙΔΑΙΑΔΑΜΟΝΟΝ
  ΝΙΚΕΘΕΥΡΙΑΙΟΚΤΑΙ
  ΑΥΤΟΣΑΝΙΟΥΙΟΝΕΝ      20
  ΘΕΒΟΒΑΙΣΘΙΠΠΟΙΣ
  ΕΚΤΑΝΑΥΤΟΘΙΠΠΟΝ
  ΚΕΚΤΟΑΥΤΟΘΙΠΠΟ
  ΚΕΝΑΡΙΟΝΤΙΑΣΕΝΙΚΕ
  ΔΑΜΟΝΟΝΟΚΤΑΚΙΝ       25
  ΑΥΤΟΣΑΝΙΟΥΙΟΝ
  ΕΝΘΕΒΟΒΑΙΣΘΙΠΠΟΙΣ
  ΕΚΤΑΝΑΥΤΟΘΙΠΠΟΝ
  ΚΕΚΤΟΑΥΤΟΘΙΠΠΟΚΑΙ
  ΘΟΚΕΛΕΧΕΝΙΚΕΣ        30
  ΚΑΙΕΛΕΥΘΥΝΙΑΔΑΜ
  ΕΝΙΚΕΑΥΤΟΣΑΝΙΟΥΙΟΝ
  ΕΝΘΕΒΟΒΑΙΣΒΙΠΠΟΙΣ
  ΤΕΤΡΑΚΙΝ
  ΤΑΔΕ ΕΝΙΚ ΙΘΕΕΝΥΜΑ   35
  ΠΡΑΤ   ΑΙΚΟΝΔ
  ΕΘΙΑΚΑΙΚΕΛΕΧΜΙ
  ΑΣΒΑ  ΕΝ  Ν
  ΕΒ Ν
```

Var. lect. Dressel et Milchh.: Vs. 9 ΕΜΙΙΑΙΑΛΟΥΟΠ–ΙΑΙΙΝ; equidem meliore ectyporum meorum examinato iam puto inter A et O exstare litteram Ϝ. — Vs. 11 fin. ΤΕΤ//////Ι, sed dubitant editores an sit in lapide ΘΙ///Ι. — Vs. 13 fin. ΛΙ‿. — Vs. 14 init. ▓ΛΑΥΙ/Σ. — Vs. 17 fin. ΑΥ..ΘΙΠΓ. — Vs. 30 fin. ΚΕ▓^▓. — Vs. 35 fin. Α'▓. — Vs. 40 med. '·ΟΛΙ Ν.

Δαμώνων ἀνέθηκε(ν) Ἀθαναία[ι] Πολιάχῳ
νικάας ταυτᾶ, ἅτ' οὐδῆς πήποκα τῶν νῦν.

Τάδε ἐνίκαε Δαμ[ώνων]· τῷ αὐτῶ τεθ[ρ]ίππα[ι] αὐτὸς ἀνιοχίων ἐν Γαιαϝόχω τετράκι[ν], καὶ Ἀθάναια τετ[ράκιν], κἠλευθύνια τετ[ράκιν]. καὶ Ποσοίδαια Δαμώνω[ν] ἐνίκη Ἕλει (καὶ ὁ κέλ[ηξ ἐνί]κα) αὐτὸς ἀνιοχίων ἐνηβώαῖς ἵπποις ἑπτάκιν ἐκ τᾶν αὐτῶ ἵππων κἠκ τῶ αὐ[τ]ῶ ἴππ[ω]. καὶ Ποσοίδαια Δαμώνων [ἐ]νίκη Θευρία ὀκτά[κι]ν αὐτὸς ἀνιοχίων ἐνηβώαῖς ἵπποις ἐκ τᾶν αὐτῶ ἵππων κἠκ τῶ αὐτῶ ἴππω. κἠν Ἀριοντίας ἐνίκη Δαμώνων ὀκτάκιν αὐτὸς ἀνιοχίων ἐνηβώαῖς ἵπποις ἐκ τᾶν αὐτῶ ἵππων κἠκ τῶ αὐτῶ ἴππω, καὶ ὁ κέληξ ἐνίκη [ἅμα]. καὶ Ἐλευσύνια Δαμώνων ἐνίκη αὐτὸς ἀνιοχίων ἐνηβώαῖς ἵπποις τετράκιν. τάδε ἐνίκαε ἐν — — πρατ — — καὶ κέληξ — — [ἀνιοχ]ίων — —.

Lineis quae post vss. 9. 10. 11. 17. 23. 30. 34 deprehenduntur singulas huius catalogi particulas distingui apparet; sed cur linea, quae est post v. 10, sit longior et quid sibi velint caeterae lineae longae post vss. 22 et 32, me fugit. — Vs. 3 sqq. de spiritu aspero interiore cf. not. ad n. 38. — Vs. 4 ταυτα ἅτε sic ut. — Vs. 9 ἐν Γαιαϝόχω i. e. in territorio Neptuni, cf. Paus. III 20. 2, Xenoph. hist. gr. VI. 5. 30; littera Ϝ inde potest explicari, quod γαιάοχος Laconibus non erat is qui terram tenet, sed qui curribus gaudet, cf. Hesych. s. v. γαιήοχος· ὁ τὴν γῆν συνέχων ἢ ἐπὶ τῆς γῆς ὀχούμενος. ἢ ὁ ἱππικός, ὁ ἐπὶ τοῖς ὀχήμασιν [ἅρματι] χαίρων. Λάκωνες. Vs. 9 sqq. De adverbiis numeralibus in -άκιν cf. n. 69. — Vss. 11 et 31. Haec Eleusinia prope Taygetum acta esse colligas ex Paus. III 20. 5. — Vs. 12 de diphthongo οι quae est in voce Ποσοίδαια egi in Mittheil. des deutsch. arch. Inst. in Athen I p. 232. — Vs. 13 Ἕλει, in oppido cui nomen Ἕλος. — Vss. 13. 30. 37. Ad κέληξ, quae est forma Laconica pro vulgari κέλης, conferatur vox Latina quae est celox. — Vs. 19 Θευρία, in oppido cui vulgo nomen Thuria. — Vs. 24 Ἀριοντία haud scio an sit Ἀφροδίτη ἀρεία, quam Spartae cultam esse tradit Pausanias III 17 5 et quae a re equestri non abhorrebat, cf. Hesych. s. v. Ἱπποδάμεια· ἡ Βριτηίς. καὶ Ἀφροδίτη.

80 In lapide, qui insertus est *Misithrae* muro pristinae ecclesiae Turcicae; litterae magnae sunt atque pulcrae. Edd. Leake, travels in the Morea, tab. n. 52 (qui per errorem titulum inter Arcadicos rettulit); Ross, inscrr. gr. ined. I n. 33; Le Bas, rev. arch, I p. 716; Rangabé, n. 2239; Le Bas, voy. arch. n. 201 tab. VI 16; cf. Ahrens, dial. Dor. p. 9 et p. 76. Repetimus titulum ex Rossii diario.

ΕΠΟΙΕϜΕ

--ἐποίηέ, i. e. ἐποίησε. De spiritu cf. not. ad n. 38.

---

81 In lapide calcario ex omnibus partibus mutilo, reperto *Leuctri*, tum Neochorium in domum Κυριακοῦ Μαντζουνέα ablato. Edidit Petrides, Pandor. 1869 p. 434.

ΒΙΑΡΕΥΣ
ΟΣ

ἱαρεύς. Pro Σ non dubium quin in lapide sit Ϲ. Cf. n. 64.

---

82 Fragmentum marmoris, 0.28 m. in altitudinem, 0.21 m. in latitudinem, 0.14 m. in crassitudinem, erutum Olympiae in porticu meridionali ecclesiae Byzantinae. Edidit W. Dittenberger, arch. Zeit. XXXV p. 95. Hinc repetimus.

////ΞΙΑΔΩΝΑΝ////

Ἰάρων ἀν[έθηκεν].
Vix ambigi potest titulum esse Laconicum.

---

83 In tabula lapidea aetomate ornata, c. 0.40 m. alta, 0.22 m. lata, reperta in promontorio *Taenaro* ad Στέρνας; asservatur nunc in oppido Vathya apud Sampetacem. Ediderunt Eustratiades in Palingenesia, V m. Septembris a. 1869, Kirchhoff, Herm. III p. 449 et Stud.³ p. 145, Le Bas, voy. arch. n. 255α. Ex ectypo exscripsi.

```
ΑΝΕΘΕΚΕ
ΕΚΕΦΥΛΟΣ
ΝΕΑΡΕΤΑΝ
ΤΟΙΠΟΒΟΔΑΝΙ
5  ΕΦΟΡΟΣ
ΑΡΙΣΤΕΥΣ
ΕΠΑΚΟΩ
ΑΡΙΣΤΟΤΕΛΕΣ
ΔΑΜΟΦΟΝ
```

Not. Vs. 7 Ω est certum.
Ἀνέθηκε Ἐκέφυλος Νεαρέταν τῷ Ποσίδᾱνι. ἔφορος Ἀριστεύς· ἐπακόω Ἀριστοτέλης Δαμοφῶν.
Vs. 4. De spiritu aspero interiore cf. not. ad n. 38; de diphthongo οι in Ποσίδᾱνι not. ad n. 79. Vs. 5 sqq. Ἔφορος est magistratus eponymus collegii ephororum; ἐπάκοοι sunt testes, cf. Hesych: ἐπάκοοι· οἱ μάρτυρες. Aristeus ephorus videtur idem esse vir nobilis, quem a. 423 Lacedaemonii in Thraciam ad Brasidam miserunt, Thuc. IV 132: Ἰσχαγόρας μέντοι καὶ Ἀμεινίας καὶ Ἀριστεὺς αὐτοί τε ὡς Βρασίδαν ἀφίκοντο, ἐπιδεῖν πεμψάντων Λακεδαιμονίων τὰ πράγματα κτλ. Munere ephori eponymi functus est ante a. 431; cf. Xen. Hell. II 3. 10.

---

84 Fragmentum tabulae, quod in promontorio *Taenaro* ἐν Στέρναις exscripsit Bursian; typis vulgaribus edidit idem in Actt. acad. Monac. VII p. 779, affirmans litteraturam saeculo quinto convenire. Repetitur titulus in Le Basii opere, explic. n. 255c.

```
ΘΟΡ
ΚΑΙΤΑ
ΕΠΑΚ
ΒΟΙΝΕ
5 ΑΡΙΣΤΙΔΑ
ΕΦΟΡΟ
ΑΥΤΟΚΡΑΤΙ
```

[Ἀνέθηκε ὁ δεῖνα τῷ Ποσίδᾱνι] Θώρ[ακα] καὶ τα[ὐτῶ]. ἐπακ[όω] Βοινε[ίδας] Ἀριστίδα[ς]· ἔφορο[ς] Αὐτοκράτ[ης]. De β pro Ϝ in nomine Βοινε- cf. not. ad n. 30. Utrum Autocrates ephorus ante bellum Peloponnesiacum an post fuerit in officio, integrum relinquo.

---

85 *Spartae* in museo exscripsi ex parva stela; alt. litt. 0.025 m. Edidi in Mittheil. d. deutsch. arch. Inst. in Athen I p. 230. Utor ectypo.

Αἰρή[ιππος] ἐν πολ[έμῳ]. De re cf. not. n. 77; de spiritu interiore not. n. 38; nisi forte quintum elementum est *h*, sextum Ε: Αἴξε- s. Αἴξη-.

---

86 Hic titulus, ipse quoque a *Taenaro* oriundus, nunc exstat Athenis in museo societatis archaeologicae. Edidit Foucart, bull. de corr. hell. III p. 96 sqq.; exscripsit etiam Koehler.

```
ΑΝΕΘΕΚΕ
ΤΟΙΠΟΗΟΙΔΑΝΙ
ΝΙΚΟΝ
ΝΙΚΑΦΟΡΙΔΑ
5 ΚΑΙΛΥΗΙΠΠΟΝ
ΚΑΙΝΙΚΑΡΧΙΔΑΝ
ΚΑΙΤΑΥΤΑΣΠΑΝΤΑ
ΕΦΟΡΟΣ
ΕΥΔΑΜΙΔΑΣ
10 ΕΠΑΚΟΕ
ΜΕΝΕΧΑΡΙΔΑΣ
ΑΝΔΡΟΜΕΔΒΣ
```

Ἀνέθηκε τῷ Ποσίδᾱνι Νίκων Νικαφορίδα καὶ Λύιππον καὶ Νικαρχίδαν καὶ ταῦτα πάντα. ἔφορος Εὐδαμίδας· ἐπάκοε (i. q. ἐπακόω s. ἐπάκω?) Μενεχαρίδας Ἀνδρομήδης (vel Ἀνδρομέδης). Lyhippus et Nicarchidas filii parvuli Nicaphoridis fuerint; hinc non dicitur τὰ αὐτῶν, sed τὰ αὐτᾶς. Niconis Nicaphoridis Lyhippi Nicarchidae nomina a studio equestri desumpta esse monet Blass, misc. epigr. p. 14. Eudamidam non multo ante a. 431 ephorum fuisse conicio scripturae indiciis nisus. Nam lapicida et bis utitur littera Χ = χ, et vs. 12, teste Koehlero, vocalem η primo significaverat littera Η, aeque atque is, a quo titulus n. 88 a. 427/6 incisus est, mox errorem correxit inscripta quam voluerat littera Ε. Praeterea spiritus asper, vss. 2 et 5, pro forma conclusa Ε iam praebet solutam Η, quum in vocali η vetus signum Ε servatum sit; collato titulo n. 85, si modo in eo Ε = η et *h* deprehendimus, intellegitur has mutationes non certo ordine factas esse.

87 In parva stela reperta apud *Spartam* prope palaeocastrum; litt. alt. 0.03 m. Exscripsi in museo Spartano; edidi in Mittheil. d. deutschen arch. Inst. in Athen I p. 230. Utor ectypo.

Αἰνηίας ἐν πολέμῳ. De re cf. not. n. 77, de spiritu interno not. n. 38. Utor ectypo.

88 Lapis in promontorio *Taenaro* repertus; ediderunt Eustratiades in Palingenesia, V m. Septembris a. 1869, Kirchhoff, Herm. III p. 449 et Stud.³ p. 145, Le Bas, voy. arch. n. 255*b*; cf. Roehl, Neue Jahrb. für Philol. u. Paedag. 119 p. 156. Exscripsi ex ectypo.

```
   ΑΝΕΘΗΚΕ
   ΑΙΣΧΡΙΟΝ
   ΑΠΕΙΡΟΤΑΣ
   ΤΟΙΠΟΗΟΙΔΑ
 5 ΝΙΗΡΑΚΛΗΙΔΑΝ
   ΑΥΤΟΝΚΑΙ
   ΤΑΥΤΟΕΦΟΡΟΣ
   ΗΑΓΗΗΙΣΤΡΑΤΟΣ
   ΕΠΑΚΟΠΡΥΑΙΟΣ
10     ΕΠΙΚΥΔΗ
```

Var. lect.: Falso editor Gallicus ter praebet Θ pro Η et vs. 5 litt. 8 Ε pro Η.

Ἀνέθηκε Αἰσχρίων Ἀπειρώτας τῷ Ποσιδᾶνι Ἡρακλῄδαν αὐτὸν καὶ ταὐτῶ. ἔφορος Ἁγησίστρατος ἐπάκω Πρυαῖος Ἐπικύδη[ς].

De spiritu aspero interiore cf. not. ad n. 38; de diphthongo οι in Ποσιδᾶνι not. ad n. 79; de priore spiritu nominis Ἁγησίστρατος cf. not. ad n. 40. Hagehistratus ephorus eponymus erat ab aequinoctio autumnali a. 427 usque ad idem tempus a. 426, Xen. Hell. II 3. 10.

89 In utroque latere arietis aenei 0.035 m. alti, reperti a. 1859 in *Cynuria* prope Leonidium haud procul ab antiquis Prasiis; nunc est Athenis in Varvacio. Edd. Mylonas, bulletin de corresp. hell. I p. 336; ex Schoellii schedis Kirchhoff, Stud.³ p. 152. Repetimus Schoellianum apographum.

   a) ΜΑΛΕΑΤΑ   *b)* ΜΑΛΕΑΙ⟩(sic)

Var. lect. Mylonas in utroque latere legisse sibi videbatur ΜΑΛΕΑΤΑΙ. a Μαλεάτα b Μαλεά[τα], Apollinis Maleatae, quem cum Spartae et Epidauri tum alibi cultum esse verisimile est.

90 *Spartae*. Le Bas, voy. arch. n. 200.

```
ΠΥ
ΕΛ
ΤΕ
```

91 Tabula marmorea alba, 0.33 m. lat., 0.078 m. crass., supra et infra fracta, nunc, qua est maxima, 0.45 m. alt., Deli reperta. Litterae forma pulcra eleganter incisae sunt. Edidit Homolle, bull. de corr. hell. III p. 12 sqq.

```
     ΙΝΙ
     ΝΚΑΙΘΙ
     ΝΚΑΙΝΑϜΟ
     ΝΚΑΙΤΟΝΥ
  5  ΡΕΜΑΤΟΝΤ
     ΟΝΤΟΘΙΟ
     ΕΒΑΣΙΛΕΥΟΝ
     ΑΓΙΣΠΑΥΣΑΝΙΑΣ
     ΕΦΟΡΟΙΗΣΑΝ
 10  ΘΥΙΩΝΙΔΑΣ
     ΑΡΙΣΤΟΓΕΝΙΔΑΣ
     ΑΡΧΙΣΤΑΣ
     ΣΟΛΟΓΑΣ
     ΦΕΔΙΛΑΣ
 15  ΕΝΔΗΛΟΙ
     ΝΛ
```

— ν καὶ θ[υέων] καὶ ναϜῶν καὶ τῶν χρημάτων τῶν τῶ Θιῶ. Ἐβασίλευον Ἆγις Παυσανίας· ἔφοροι ἦσαν Θυιωνίδας Ἀριστογενίδας Ἀρχίστας Σολόγας Φειδίλας. Ἐν Δήλῳ ——. Quum nemo ex ephoris in titulo nominatis occurrat in catalogo Xenophonteo ephorum eponymorum, qui per tempus belli Peloponnesiaci munere functi sunt, sequitur ut hic titulus tribuendus sit annis 403—398. Itaque conicere licet devictis Athenis hoc decreto Spartanos Deliis libertatem restituisse et curam templi reddidisse. Quo in decreto (vss. 1—6) mireris quanta constantia Spartani in publico usu litteras antiquas (ΕΘΥ) retinuerint eo tempore, quo privati homines iam diu Ionicis litteris suo arbitrio utebantur; quamquam etiam in hoc lapide litterarum ductus aequabilis prodit aetatem recentem, aspice e. g. litteram Ν, cuius hastas ubique paribus intervallis inter se distare testatur editor Gallicus. Magistratuum nomina (vs. 7 sqq.) subiecerunt Delii, usi alphabeto Ionico et — ni fallor, propter spatium angustum — litteris minoribus.

Nota. Apparet ex iis quas tractavimus inscriptionibus Lacedaemonios sensim ac paulatim singulas alphabeti Ionici proprietates recepisse. Itaque haud ab re duxi hoc loco aliquot recentiores inscriptiones addere, quae vestigia antiquioris scripturae servaverunt.

1 Basis *Spartae* apud theatrum a. 1874 reperta, nunc in museo servatur. Exscripsi, edidi in Mittheil. d. deutsch. Inst. zu Athen I p. 231.

```
ΔΙΑΡΗΣΗΙΑΡΕ
ΕΥΒΑΛΚΗΣΟΛΥΜΠΙΟΝΙΚΑ
```

Διάρης ἰαρε[ύς]· Εὐβάλκης Ὀλυμπιονίκα[ς σταφυλοδρόμας?] Cf. C. I. G. 1388.

2 In lapide rudi, *Spartae* in museo. Exscripsi, edidi ibidem.

```
/////ΗΟΙΛΑΝ
/////ΙΝΑΠΟΣ
```

[Πο]οἱ[δ]ᾱν[ος?] — νάπος.

3 „*Spartae* iuxta turrim magnam ad orientalem plagam sitam;" ex schedis Fourmonti ed. Boeckh C. I. G. 1470.

```
       ΑΙΜΟ
       ΛΜΙΑ
     ΑΝΔΡΑΙΚΑΤΤΟ
     ΙΣΚΑΣΤΡΑΓΕΥΕΗΣΙΙ
5     ΜΟΝΙΟΥΣΩΙ..ΕΙΛΙΠΛ
     ΥΣΚΑΤΤΟΔΥΝ
     ΣΣΟΝΤΑΙΤΟ----
     ΟΝΔΕ ΛΑΚΕΔ--
     ΗΑΓΗΣΙΛΑΘ
10    ΩΤΙΑΔΑΣΙ
     ΙΩΝΔΕ
        ΗΣ
```

Vs. 1 [Λακεδ]αιμο[νι-]. — Vs. 3 ἄνδρα(?) κὰτ τό. — Vs. 4 -ης κα στρα[τ]ευ-. — Vs. 5 [Λακεδαι]μονίους. — Vs. 6 κ[ὰ]τ τὸ δυν[ατόν]. — Vs. 8 [τ]ὸν δὲ Λακεδ[αιμόνιον. — Vs. 9 Ἀγησιλα[ο-].

4 *Misithrae* in trabe marmorea, in domo quadam. Ross, inscrr. ined. I 34a; habemus in diario eius.

```
ΗΙΑΡΕΩΝ
```

ἱαρέων.

5 In parva architrabe Dorica, sub triglyphis, in ecclesia ruinosa prope castellum *Misithrae*. Ross, inscrr. ined. I 34b; habemus in diario eius.

```
ΗΙΑἰΕΥ//////
```

ἱα[ρ]εύ[ς].

VI.
TITVLI ARCADICI.

92 Sub figura sedente muliebri e marmore cano facta, capite et manibus trunca, 0.97 m. alta; basis 0.73 m. est latitudine. Reperta est a. 1866 inter Megalopolim et Tripolitzam in palaeocastro Zurku-Mylio in finibus urbis antiquae *Aseae*, deinde Athenas in museum publicum est transportata. Ediderunt C. Curtius, arch. Zeit. XXXI p. 10; Cumanudes, ephem. 1874 n. 440; Foucart, explic. n. 334d.

```
ΟΕΜΟΛϹΕ
```

Ἁγημώ apud Arcades idem valuerit atque ἡγεμόνη, quod Dianae et Veneris cognomen fuisse tradunt Pausanias (VIII 37. 1) et Hesychius (s. v.); sed nimirum rarissime (cf. Foucart in opere Le Basiano n. 352d ΑΘΑΝΑΙΑ) sub statuis deorum nomen casu recto scriptum legitur. In extrema voce littera ι omittitur ut in titulo Paestano n. 542 et fortasse in Melio n. 416.

93 Fragmentum lapidis calcarii, 0.40 m. altum, 0.34 m. longum, in vico Pavlitza muro domus inditum, ex parietinis *Phigaliae* ablatum; litterae grandes; titulus mutilus. Edidit Martha, bull. de corresp. hellénique, III 1879 p. 468 sq. Exscripsit Lolling, cuius apographum repetimus.

Var. lect. Martha: Vs. 1 ΦΑϹ, ibid. Ͱ. Vs. 2 DAMOϹ. Vs. 5 Φ pro Ϻ. Vs. 6 Α pro Ο.

['Ε]ρατικλῆς vel [Φ]ρατικλῆς
Φιλόδαμος
Κολοιφῶν
Αἴθων
5 Μάληκος
Ἄλυπις.

94 In marmore albo, circiter 0.6 m. longo, 0.2 m. alto, quod insertum est aut certe erat insertum muro ecclesiae D. Eliae prope Neochorium ad radices montis Artemisii in *Tegeatide*; litterae valde exesae attritaeque; marmor videbatur Rossio esse basis parvularum statuarum seu potius anaglyphi. Exscripsit Ross et edidit in inscrr. gr. ined. I 7; hinc repetiverunt Rangabé n. 2238 et Foucart, explic. n. 335a. Cf. praeterea Ahrens, dial. Aeol. p. 233 et Philol. XXIII p. 19 sq.; Kirchhoff, Stud.³ p. 149; Roehl, Mittheil. d. deutsch. arch. Inst. in Athen I p. 232 sq. Habemus in Rossii diario.

```
ΙΙΟϞΟΙΔΑΝΟ ΒΕΡΜ...Ϟ ΒΕϞΑΚΛΕϞ
          ᚕΑDT
```

[Π]οσοιδᾶνος Ἑρμ[ᾶνο]ς Ἡρακλέ[ο]ς Χαρ[ί]τ[ων]. De diphthongo nominis Ποσοιδᾶν cf. not. ad n. 79, de forma Ἑρμᾶνος not. ad n. 60. Cur primum nomen in fine deorsum flexum sit, num Ɛ et Ϟ sint in lapide, num iure Rossium duarum litterarum omissarum arguerimus, diiudicabitur si contigerit ut lapis iterum examinetur.

95 In duobus lapidibus Olympiae effossis, qui cum aliis magnam basim formabant (cf. lemma n. 41); eius lapidis qui est ad sinistram pars postica fractura separata est ab antica. Ad dextram titulus linea directa finitur; litterae 0.03—0.04 m. altae sunt. Edidit E. Curtius, arch. Zeit. XXXIV p. 48 sq. tab. 6 et Ausgrab. zu Olympia I tab. 32. Cf. Kaibel, epigrr. gr. n. 744; Kirchhoff, Stud.³ p. 149; Dittenberger, Herm. XIII p. 388 sqq. Exscripsi, ectypum adhibeo.

ΠΡΑϟΙΤΕΛΕΣΑΝΕΘΕΚΕΣΥΡΑΚΟΣΙΟΣΤΟΔΑΓΑΛΜΑ
ΚΑΙΚΑΜΑΡΙΝΑΙΟΣΠΡΟΣΘΑΡΕΜΑΝΤΙΝΕΑΙ
ΚΡΙΝΙΟΣϜΥΙΟΣΕΝΑΙΕΝΕΝΑΡΚΑΔΙΑΙΠΟΛΥΜΕΛΟ
ΘΕϟΛΟϟΕΟΝΚΑΙϜΟΙΜΝΑΜΑΤΟΔΕϟΤΑΡΕΤΑϟ

Πραξιτέλης ἀνέθηκε Συρακόσιος τόδ' ἄγαλμα
καὶ Καμαριναῖος· πρόσθ' ἆρ' ἐ(μ) Μαντινέαι
Κρίνιος υἱὸς ἔναιεν ἐν Ἀρκαδίαι πολυμήλο[ι]
ἐσλὸς ἐὼν καὶ Ϝοι μνᾶμα τόδ' ἔστ' ἀρετᾶς.

Pluribus motibus saeculo quinto Siciliae urbes vexatae sunt quam ut indagare possis qua ratione Praxiteles et Syracusanorum et Camarinensium civis factus sit; cur titulum ad medium saeculum quintum referremus dictum est ad n. 41. Scriptura tituli convenit Arcadiae. Vs. 2 in vocibus ἐ(μ) Μαντινέαι non tam littera μ omissa (cf. Boeot. ἔπασις pro ἔμπασις, ἐ(μ) πόλι ap. Carapanum, Dodone et ses ruines tab. XXXVII 1, et in his titulis Ἀ(μ)φιτρίτα νύ(μ)φη Ὀλύ(μ)πιος) quam correptio syllabae ἐ(μ) M-- offendit; tamen vereor in lapide diligenter inscripto R pro D incisum vitio lapicidae tribuere cum Dittenbergero, qui legendum censet: πρόσθα [δ]ὲ Μαντινέα. — Vss. 2. 3. Praepositio ἐν fortasse epicae dialecto debetur; quamquam ne in soluta quidem oratione Arcades veteres prae forma sibi usitata ἰν (cf. tit. Teg. Le Bas 340 c. e, Mantin. 352 p ΙΜΠΕΔΕΑ) vulgarem ἐν prorsus contemnebant (cf. tit. Teg. Le Bas 340 c et infra n. 105).

96 *Tegeae* hunc titulum repperit Fourmont, contra Miltiades Graecus eum vidit εἰς τὸ Τζαμὶ ἀντίκρυς τοῦ χανίου (hoc est in moschea e regione deversorii εἰς Τρευλιτζὰν (Tripolitzae) ἐπὶ ἀνελλιπῆ λίθον); ex utriusque apographis edidit Boeckh C. I. G. 1520. Denuo exscripserunt Leake, travels in the Morea II p. 48 tab. n. 51, et qui lapidem Tripolitzae in aedes scholarum insumptum invenerunt Lenormant et Trézel, ex quorum apographis fluxerunt editiones Blouetii, exp. scient. II p. 88 et Le Basii, inscrr. gr. et lat. fasc. 1 n. 18; novo apographo et ectypo usus edidit Le Bas, voy. arch. tab. VI 17 et n. 339. Habemus titulum etiam in diario Rossii, qui eum in columna striata legi annotat. Sequimur Le Basii itin. n. 339.

. . . . ΘΕΚΕ·Α
ϜΑϟϟΤΥΟϜΟ
ΛΕΥΚΙΟϟΜΟΜΜ

Var. lect. Nemo nisi Le Bas praebet versum primum, cuius vestigia in ectypo non ita clara deprehendit Foucart. Vs. 2. Apertos errores eorum qui prius exscripserunt titulum missos facimus; in fine nulla littera Foucarto videtur periisse.

[ὁ δεῖνα ἀνέ]θηκε[ν]
Ϝασστυόχω.

Aetate Romana lapis recepit titulum recentiorem vs. 3.

97 *Tegeae* exscripsit et edidit Foucart in opere Le Basiano, n. 335 c; ad dextram titulus est integer.

ΝΕΘΕΚΕ

[ὁ δεῖνα ἀ]νέθηκε.

98 Basis alba marmorea, 0.47 m. alt., 0.65 m. long., 0.565 m. lat., effossa Olympiae extra murum Byzantinum orientalem, ante secundam eius portam ad meridiem versus. Titulus paene oblitteratus incisus est in margine superficiei aequae. Edidit Furtwaengler, arch. Zeit. XXXVIII p. 70.

////ΣΘΑΣΙΟΣΠ////

[Τέλλων τόνδ' ἀνέθηκε, Δαήμονος ἀγλαὸς υἱός,] ⸗
[Ἀρκὰς Ὀρε]σθάσιος, π[ὺξ ἐνὶ παισὶ κρατῶν].

Supplementa mutuari licet quum a Pausania (VI 10. 9), qui Tellonem Oresthasium puerum pugilatu vicisse memoriae tradit, tum a titulo secundi fere vel primi ante Christum saeculi, qui, quum antiquior iam parum clarus esset oculis eorum qui legebant, in eiusdem superficiei margine dextro exaratus est. Is aliquanto melius servatus est archetypo; supersunt enim haec (cf. Dittenberger, arch. Zeit. XXXV p. 190):

ΤΕΛΛΩΝΤΟΝΔΑΝΕΘΗΚΕΔΑΗ////////
ΑΡΚΑΣ////ΕΣΘ/ΙΟΣ//////////////////

99 In basi marmorea Olympiae inter rudera ecclesiae Byzantinae effossa; inscriptio in planitie superiore in alteram partem 0.65 m., in alteram 0.58 m. lata legitur et tria foramina 0.05 m. alta circumdat. Edidit Fraenkel, arch. Zeit. XXXV p. 138, ex ectypo et R. Weilii apographo; cf. Kaibel, mus. Rhen. XXXIV p. 205 n. 941 c. Utor ectypo; imaginem ad quintam partem reduxi.

Var. lect. Fraenkel vs. 1 V om. Vs. 2 fin. et vs. 3 init. ectypum obscurum. Vs. 4 fin. Fraenkel om. ΝΟΜ.

Πύ[κτας τόν]δ' ἀνέθηκεν ἀπ' εὐδόξοιο [Κ]υν[αίθας]
Αἰνείας νικῶν, πατρὸς ἔχων ὄνομ[α].

100 In basi lapidea 1.28 m. longa, 0.93 m. lata, 0.27 m. alta, *Mantineae* intra portam Tegeaeam; quae vs. 1 ante Ἀπόλλωνι scripta erant postea dedita opera erasa sunt; superficies lapidis margine paulo altiore cincta servavit quinque foramina, quibus donarium aeneum infixum erat. Edd. Conze et Michaëlis, annali dell' inst. arch. 1861 p. 39; iterum exscripsit Foucart, et edidit in Le Basii opere n. 352*b*. Cf. praeterea Dittenberger, arch. Zeit. XXXIV p. 219 not. Sequimur Foucartum, qui formas litterarum diligentius expressit.

///////////////////////ΑΠΟΛΛΟΝΙ
ΚΑΙΣΥΝΜΑϘΟΝΔΕΚΟΤΑΝ

['Ἀπυ---] Ἀπόλλωνι καὶ συμμάχων δεκόταν sc. Mantinenses dedicayerunt. Memoriam cladis hostium postea seu amicitia facta seu Mantinea ab illis devicta non placuit servare. Ἀπὸ Τεγεατᾶν, quod supplet Foucart titulum referens ad pugnam a. 422 commissam (Thuc. IV 134), vereor ne nimis spatii occupet. Vide an perierit nomen alicuius urbis a Mantinensibus subactae (Thuc. V 29 τοῖς γὰρ Μαντινεῦσι μέρος τι τῆς Ἀρκαδίας κατέστραπτο ὑπήκοον) e. g. ἀπ' Ἀλειῶν, deletum aetate Epaminondae.

101 In tabula lapidis calcarii male levigata, reperta inter parietinas *Mantineae*; litterae plus 0.04 m. altae ductu lato et profundo incisae sunt. Exscripsit a. 1868 Foucart et edidit in libro: monuments grecs publiés par l'association pour l'encouragement des études grecques en France n. 4, 1875, p. 23 sqq. et in opere Le Basiano, n. 352*a*. Cf. H. Weil, rev. arch. 1876 XXXII p. 50.

Διὸς Κεραυνῶ, sc. hic fundus (cf. Foucart, bull. de corr. hell. II 1878 p. 515); ipse igitur Iuppiter hic dicitur κεραυνός, non κεραύνιος.

102 *Tegeae*; ex Gellii schedis ediderunt Rose, inscrr. gr. vet. praef. p. VII 1, et Boeckh, C. I. G. 1512; hinc repetimus.

ΚΛΕΟΝ
ΑΡΚΟΙΑΣ
ΔΑΜΟΚΛΕΣ
ΕΠΙΤΕΛΕΣ
5 ΣΟΣΙΑΣ
ΚΛΕΤΕΑΣ
ΛΑΝΠΕΤΙ

Var. lect. Rose praebet saepe Α, semper Σ; idem versuum initia sic disponit, ut unus secundus versus dextrorsum recedat.

Κλέων
Ἀρκοίας
Δαμοκλῆς
Ἐπιτέλης
5 Σωσίας
Κλητέας vel Κλειτέας
Λανπετί[δας] vel sim.

103 Haud procul a parietinis *Tegeae*, a vico Thana ad occidentem versus in ecclesia semiruta Ag. Theodori. Edidit Milchhoefer, Mittheil. des deutsch. Inst. zu Athen IV p. 143.

ΚΛΕΟΝ

Κλέων.

104 Lapis calcarius *Mantineae* intra orbem muri in Ophi rivo erectus. Litterae ductu lato incisae et bene servatae sunt. Edidit Milchhoefer, Mittheil. des deutsch. Inst. zu Athen IV p. 145.

ΑΨ_ΛΟΙΟ

Ἀχ[ε]λψω.

105 Lamina aenea, 0.235 m. lat., 0.079—0.082 m. alt., 0.0003 m. crass., reperta Olympiae, ex Philippeo in occasum brumalem et in meridiem. Fissura mediam prope in duas partes dividit; duo foramina, ex quibus sinistrum laesum est, ad affigendam laminam idonea erant. Edidit Kirchhoff, arch. Zeit. XXXVI p. 140, tab. XVII 3; cf. ibid. XXXVII p. 49 et p. 165. E. Curtius, Ausgrab. zu Olymp. III tab. 25. Utor ectypo.

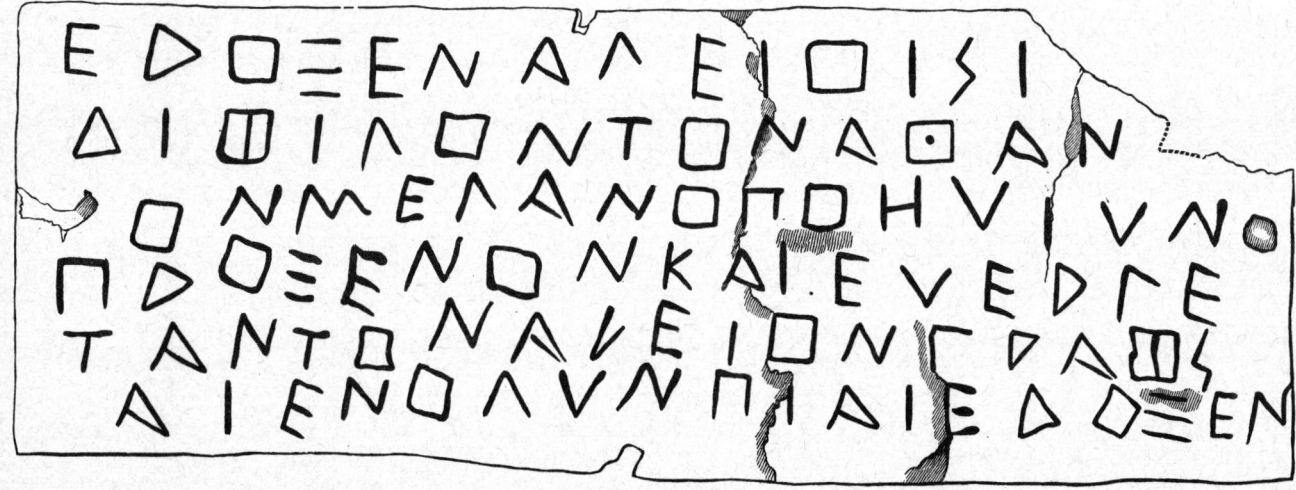

Ἔδοξεν Ἀλειοῖσι· Δίφιλον τὸν Ἀθαν[αῖ]ον, Μελανώπω υἱύν, πρόξενον καὶ εὐεργέταν τῶν Ἀλειῶν γράψαι ἐν Ὀλυνπίαι ἔδοξεν.

Ἀλειοί, i. q. Ἀλεοί, videntur esse incolae Aleae urbis Arcadicae haud procul a Phliunte sitae; Eleis enim hunc titulum tribuere vetamur et spiritu aspero et terminatione οισι et voce εὐεργέτας pro εὐαργέτας s.

εὐϝαργέτας et aliquot litteraturae discrepantiis. Littera Ξ indicium est scripturae Ionicae sensim se inferentis, sed quid scribam induxerit, ut semel (vs. 5) littera λ eversa uteretur (Ⱶ), non perspicio. Vs. 3 de υἱύν cf. nota ad n. 54. Vs. 6 de ἐν cf. not. ad n. 95.

106 In fragmine, quod videtur fuisse margo cassidis, ornamentis instructo, 0.145 m. longo, reperto Olympiae, ex templo Iovis ad occidentem versus. Litterarum altitudo 0.004 m.; litterae V et Δ 0.08 m. inter se distant. Edidit Kirchhoff, arch. Zeit. XXXVI p. 140 tab. XVIII 3.

```
ΞΟΡΑΥ        ΔΑΜΟΣΤΟΙ
```

Δᾶμος τοῖ — — ξό(ω)ραυ. Genetivi terminatio αυ titulum Arcadiae addicit; de littera Ionica Ξ cf. not. ad n. 105.

---

107 Lamina aenea tenuis, fracta et comminuta, reperta Olympiae in porticu ad meridiem et orientem sita; contigit ut fragmenta inter se coniungi possent praeter quatuor frustula partis sinistrae nunc deletae; supra et infra et ad dextram lamina est integra. Edidit Kirchhoff, arch. Zeit. XXXVII p. 156 sqq., inde repetimus exemplar, quod tertia parte minus est quam ipsum aes.

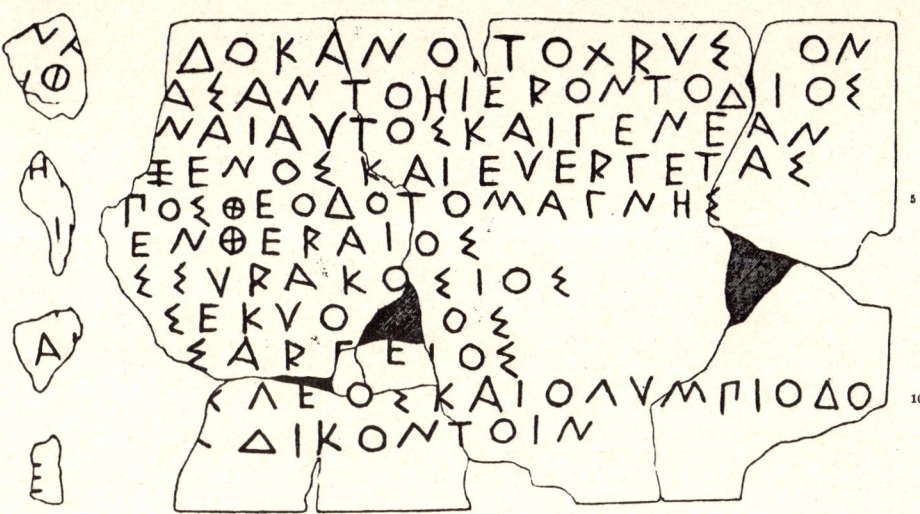

['Επεὶ τοῖδε ἔ]δωκαν ὀ[π]τοχρυσ[ί]ον | [καὶ ἐσκεύ]ασαν τὸ ἱερὸν τῶ Διός, | [ἔδοξεν ἦ]ναι αὐτὸς καὶ γενεὰν | [αὐτῶν προ]ξένος καὶ εὐεργέτας· | [— ιπ]πος Θεοδότω Μάγνης | — ην Θηραῖος | — ς Συρακόσιος | — Σεκυώ[νι]ος | — ς Ἀργεῖος. | ['Επὶ —]κλέος καὶ 'Ολυμπιοδώ|[ρω ἑλλανο]δικόντοιν (?). Hanc tabulam non esse Eleam docet dialectus, eandem non esse ita antiquam, litteratura mista; atqui eam ab antistitibus templi conscriptam esse argumento testimonio est; itaque ad ea tempora eam referendam censet Kirchhoff, quibus Arcades una cum Pisaeis sacra administrabant, i. e. Ol. 103. 4 — 104. 2. Vs. 1. 'Οπτοχρυσίον i. q. χρυσίον ἐφθόν, cf. Soph. Antig. 475 σίδηρος ὀπτός. Vs. 11. Lineolam proclivem neglegendam putavi; sed in iis quae servata sunt expectaverim [ἑλλανο]δικέντοιν. Parvus hellanodicarum numerus offensionem affert nullam; nam Arcades et Pisaei non curantes multiplicationem numeri Eleis placitam eum numerum restituerunt, qui fuerat Ol. 52, quo tempore Pisaei iuribus suis cedere coacti sunt. Neque mirum, quod hanc magistratus mutationem, quae per paucissimos annos staret, Pausanias (V 9) non enumeravit.

---

108 Litteris editis in globo plumbeo figura olivae, reperto *Megalopoli*. Exscripsit Foucart et edidit in opere Le Basiano n. 332 a.

```
ΟΡΔΝΑΕΛΚ
```

Κλεάνδρῳ. Nomen esse funditoris recte annotat Foucart; titulus, qui in forma dextrorsum spectabat, saeculum quartum vetustate fortasse non superat.

VII.
TITVLI ELEI.

109 Lamina aenea, 0.003 m. crass., ad dextram fracta, ad sinistram et supra desecta; infra videtur integra esse. Reperta est Olympiae a templo Iovis ad meridiem versus. Litterae scalpro acuto profunde incisae sunt. Edidit Kirchhoff, arch. Zeit. XXXVII p. 160, unde repetimus.

Nota. Quum rogatu meo aes Olympiae denuo accuratissime examinaretur, in angulo dextro superiore haec inventa sunt litterarum vestigia ꟻᴧ i. e. ꟻA.

Vs. 2 [τοῖ ἱ]αρομάοι; cf. Hesych. ἱερόμας· τῶν ἱερῶν ἐπιμελούμενος; deinde αἰ μά. Vs. 3 αἴ τιρ μά— —. Vs. 4 Ὀλυνπίαι, αἰ. Vs. 5 αἴ τιρ ταῦτα πα[ρβαίνοι]. Vss. 6. 7 [ὁ θεοκόλο]ρ, ὁρτιρ τόκα θεοκολ[έοι, ἀποτίνοι κα — —] Ζὶ Ὀλυνπίοι λατρ[ηϳώμενον —], cf. Dittenberger, arch. Zeit. XXXVIII p. 69; duplex ρ vs. 7 fin. errori scribae videtur deberi; cf. n. 110 λατρηϳώμενον. Vs. 8 Ζὶ Ὀλυνπί[ί]οι τοὶ ζ[αλήμενοι]?, cf. n. 110 κα(δ)δαλήμενοι.

---

110 Lamina aenea, modulo formaque qua infra; Olympiae effossam reportavit a. 1813 Gell; tum possedit Payne-Knight; nunc est in museo Britannico. Litterae optime sunt servatae, lineae rectae scalpro sive cuneo incisae sunt, rotundae formae typo incusae eoque duplici, altero forma O, altero puncta. Litterae versus secundi et tertii pendent ex lineis tenuissime incisis. Payne-Knight singulari charta edidit; I. M., classical journal XI p. 348 sqq.; Payne-Knight, ibid. XIII p. 113 sqq.; Walpole, mus. crit. I p. 536 sq.; Boissonade, class. journal XX p. 285 sqq.; G. Burges, ibid. XXII p. 352 sq.; Gell, ibid. XXIV p. 401 sq.; Boeckh, Staatshaushalt II p. 390 sqq.; Rose, inscrr. gr. vet. 29 tab. V, cf. append. p. 354 sqq.; C. I. G. 11 et Add.; G. Hermann, über Boeckhs Behandlung etc. p. 40 sqq., Meier p. 122 sqq.; K. F. Hermann, Heidelb. Jahrb. 1827 p. 1001 sqq.; Ahrens, dial. Aeol. p. 225 sqq., p. 280 sqq., dial. Dor. p. 548 sqq. Cf. Kirchhoff, Stud.³ p. 153 sq. Aes examinavi; utor ectypo.

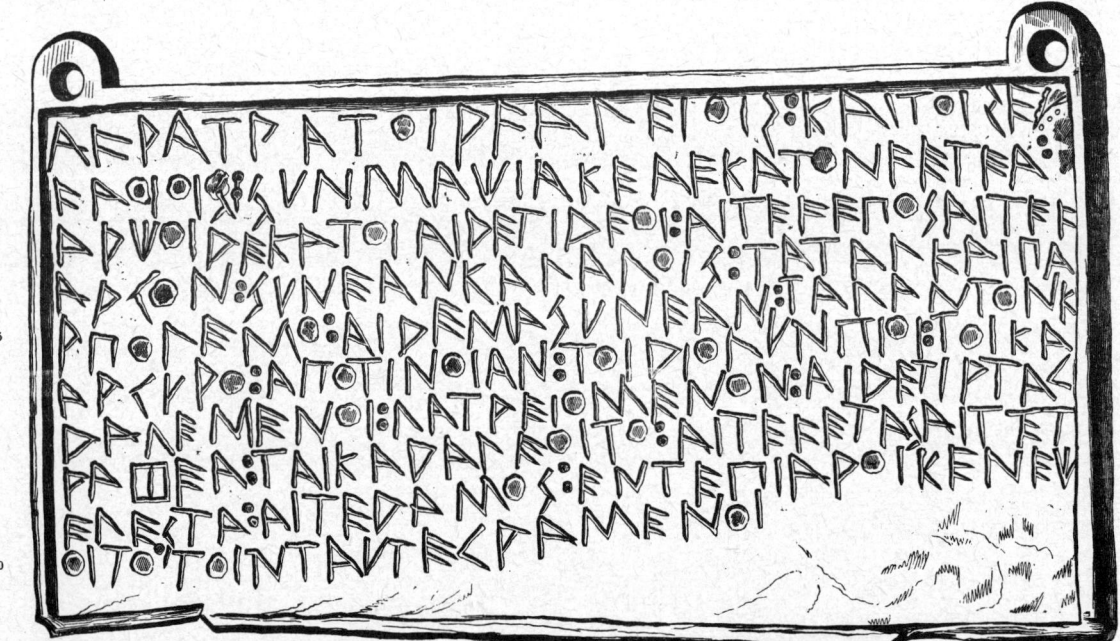

Not. Vs. 1 fin. In hoc angulo, ubi laminae superficies est asperior, nihil perspexi nisi ʟ, non ᴀ, quod vulgo legitur.

Ἀ ϝράτρα τοῖρ ϝαλείοις καὶ τοῖς Εὐϝαοίοις. συνμαχία κ' εἴα ἑκατόν ϝέτεα, ἄρχοι δέ κα τοί· αἰ δέ τι δέοι αἴτε ϝέπος αἴτε ϝάργον, συνείαν κ' ἀλ(λ)άλοις τά τ' ἀλ(λ) καὶ πὰρ πολέμω· αἰ δὲ μὰ συνείαν, τάλαντόν κ' ἀργύρω ἀποτίνοιαν τοῖ Δὶ Ὀλυνπίοι τοὶ κα(δ)δαλήμενοι λατρηϳώμενον· αἰ δέ τιρ τὰ γράφεα ταῖ κα(δ)δαλέοιτο αἴτε ϝέτας αἴτε τελεστὰ αἴτε δᾶμος, ἐν τηπιάροι κ' ἐνέχοιτο τοῖ 'νταῦτ' ἔγρα(μ)μένοι.

Foedus Eleis et Evaeensibus. Societas esto in centum annos, initium autem esto hic ipse annus; si quid opus erit, sive verbum sive factum, adiuvanto inter se quum alias tum in bello. Ni adiuverint, ii qui foedus violaverint talentum argenti pendunto, quod Iovi Olympio peculiare fiat. Si quis has litteras laeserit sive civis privatus sive magistratus sive pagus, imprecatione tenetur quae hic scripta est.

Vss. 1. 2 Evaeenses ubi habitaverint, ignoratur. Boeckh: Ἡϱαίοις,

Ahrens: Ἡϱαϝίοις ab Ἡραία, ut Γελῷος a Γέλα. Vs. 2 ἄρχοι δέ κα τοῖ, desiderantur nomina magistratuum eponymorum quibus annus notetur; sed Boeckh contulit Thuc. V 79. Ahrens olim de τοῖ ταῖ dubitavit, quia nullum exemplum vocalis ι demonstrativis additae in Aeolicis dialectis tum reperiebatur; iam cf. τοῦ et τυῖ in tit. Boeot., Keil Syll. p. 562. 569. 579. 580, Athen. I p. 490 sqq., τωνί et τανυί in tit. Arcad., Le Bas 340e. Vss. 4. 5 πάρ pro περί, cf. n. 119. 121. Vs. 7. Α λάτρις descendit λατρήιος, λατρηίωμι. Vs. 9 τηπιάροι i. q. τοῖ ἐπιάροι, de qua articuli apud Eleos sorte iam satis constat; τὸ ἐπίαρον idem valet atque Att. ἡ ἐπαρά.

111 Fragmenta duo aenea, 0.0015 m. crass., effossa Olympiae. Haec eiusdem esse laminae, ita tamen, ut inter se ipsa non continuentur, confirmatur ornamentis, quibus utriusque latus posticum tectum est. Fragmentum maius 0.24 m. lat., 0.09 m. alt., repertum a templo Iovis ad orientem et meridiem versus, superne et inferne integrum, nisi quod superne frustum fractura periit, ad dextram et ad sinistram diligenter desectum, infra perforatum, edidit Kirchhoff, arch. Zeit. XXXVII p. 47 sq. Fragmentum minus, 0.068 m. alt., 0.013 m. lat., repertum a Poecile ad orientem versus, edidit Purgold, arch. Zeit. XXXVIII p. 63. Imagines ad paulo minorem modum reduxi.

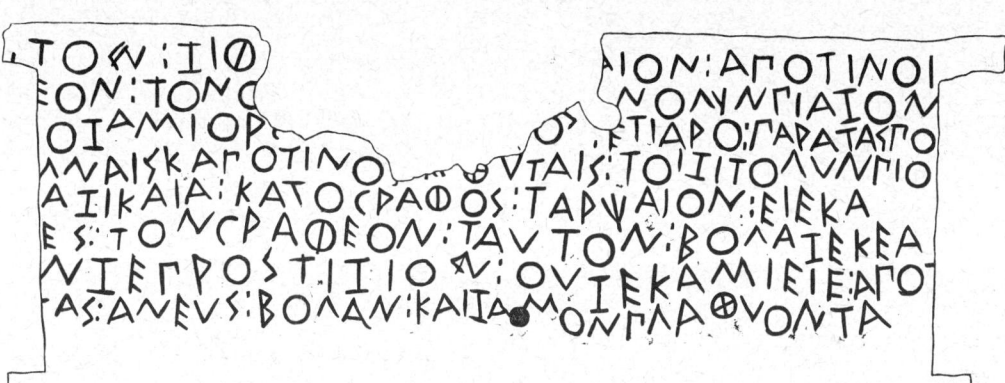

Nota. Vss. 1. 2. 7. Ter scalptor, quum litteram Ν oporteret inscribere, coepit litteram Σ exarare.

— ιτον ζίφ[υιον τῶν ζικ]αίων ἀποτίνοι —
— έαν τὸν (τῶν) — Ὀλυνπιάζων —
— τ]ῷ ζαμιωργῷ[—]ος ἐ τιαρῶ παρὰ τᾶς πό[λιος?
— μ]ναῖς κ' ἀποτίνο[ι κα(τ)]θυταῖς τοῖ Ζὶ τὠλυνπίο[ι —
5 — καὶ τ]ὰ ζίκαια κά(τ) τὸ γράφος τἀρχαῖον εἴη κα.

— τῶν γραφέων ταυτόν. βωλὰ ζέ κ' ἐα-
— ζέ πρόστ' ἰζίων ούζέ κα μί'(?) εἴη ἀπὸ
— ἄνευς βωλᾶν καὶ ζάμου πλαθύοντα.

Littera ζ ubique litterae δ vicaria est, cf. n. 109 et 112. Vs. 3 τιαρῶ = τῶ ἰαρῶ. Vs. 5 de crasi cf. n. 21. Vss. 5. 7 εἴη, sed n. 110 et n. 119 (?) εἴα. Vs. 7 πρόστε = πρόσθεν? Kirchhoff dubitanter proponit προστιζίων = προσθιδίων. Vs. 8 ἄνευς c. acc. = ἄνευ?

112 Lamina aenea, 0.44 m. long., 0.09 m. alt., fere 0.001 m. crass., supra margine eminenti 0.007 m. lato ornata, effossa Olympiae a Philippeo ad meridiem versus. Quum tria fragmenta pusilla infra laminae aptari potuerint, apparet paucissimas litteras intercidisse; vs. 5 ad dextram foramen incisum est affigendae laminae causa; simile foramen vs. 5 ad sinistram laesura interceptum est. Litterae accurate profundeque incisae et ad unam omnes certae sunt; littera Ο pistillo videtur impressa esse. Edidit Kirchhoff, arch. Zeit. XXXVIII p. 66 sqq.; cf. G. Curtius, ibid. p. 69 sq.; Ahrens, mus. Rhen. XXXV p. 578 sqq., qui de hoc titulo optime meruit; Buecheler ibid. p. 632.

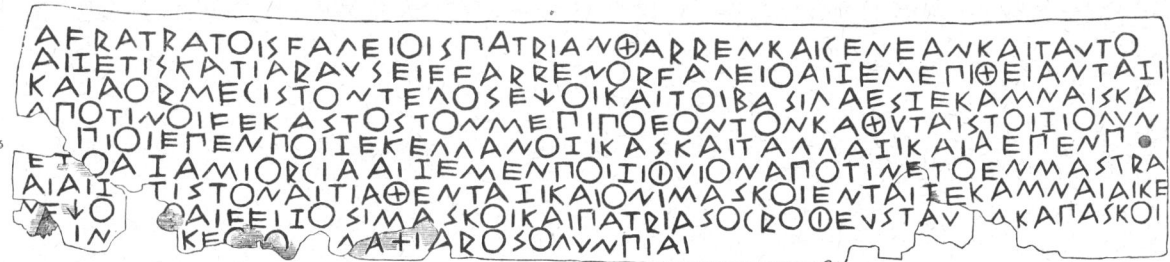

Ἀ ϝράτρα τοῖς ϝαλείοις. πατριάν θαρρῆν καὶ γενεὰν καὶ ταυτῶ,
αἴ ζή τις κατιαραύσειε ϝάρρενορ ϝαλείω. αἰ ζὲ μὴ πιθεῖαν τὰ ζίκαια ὂρ μέγιστον τέλος ἔχοι καὶ τοὶ βατιλᾶες, ζέκα μναῖς κα
ἀποτίνοι ϝέκαστος τῶν μὴ πιποεόντων κα(τ)θυταῖς τοῖ Ζὶ Ὀλυν-
5 πίοι. ἐπένποι ζέ κ' ἑλλανοζίκας, καὶ τἆλλα ζίκαια ἐπενπ-
έτω ἀ ζαμιωργία. αἰ ζὲ μὴ 'νποι, ζίφυιον ἀποτινέτω ἐν μαστράαι. αἰ ζ[έ] τις τὸν αἰτιαθέντα ζικαίων ἰμάσκοι, ἐν ταῖ ζεκαμναίαι κ' ἐ-
νέχο[ιτ]ο, αἰ ϝειζὼς ἰμάσκοι, καὶ πατριᾶς ὁ γροφεὺς ταὐ[τ]ά κα πάσκοι.
[ἀκ]ιν[ητί](?) κ' ἔσ[ι] ὁ [πίν]αξ ιαρὸς Ὀλυνπίαι.

Si (αἰ ζή i. q. εἰ δή) quis devoverit (κατιαραύω i. q. καθιερεύω, ea vi qua κατάρασθαι; Kirchhoff: κατιαρ' αὔσειε) virum Eleum, phratria et gens et propinqui (ταυτῶ minus commode dictum pro τῶς αὐτῶ) eius qui fascinatus est tranquilli sunto neve ipsi scelus ulciscuntor. Devotorem punire secundum legem iam antea sanctam, cuius supplendae causa haec lex additur, erit collegii magistratuum ni fallor ex phratria eius qui devotus est. Intererunt autem huic collegio is quo nemo contribulium eo tempore superius munus in republica administrat (ὃς μέγιστον τέλος ἔχοι) et reges, qui haud scio an interpretandi sint sacerdotes. Qui si de incantatore poenam quandam priore lege constitutam (τὰ δίκαια) non ceperint (ἐπιτιθέναι seu ἐπιποιεῖν), unus quisque qui officio defuerit pendito decem minas Iovi Olympio. Ut pendant curato (ἐπένπω = ἐπ-έμπω, quo de verbo vide quae coniecerint Ahrens et Buecheler; ipse olim notionem pignoris capiendi subesse suspicatus eram collata glossa Hesychii πέμψις· ἐνεχυρασμός) hellanodica, et ut devotor poenam legitimam luat pro magistratibus neglegentibus curato collegium damiurgorum. Ni curaverit (ἔμπω), alterum tantum solvito in ratione (ἐν μαστράαι i. e. ἐν εὐθύναις, cf. Hesych. s. v. μαστρίαι· αἱ τῶν ἀρχόντων εὔθυναι). Si quis devotus seu devoti amicus devotorem iam in iudicium poenae legitimae vocatum (αἰτιαθέντα δικαίων, ad verborum compositionem cf. ὑπάγειν θανάτου sim.) flagellis ceciderit (ἱμάσκω i. q. ἱμάσσω) sciens eum iam in iudicium vocatum esse, decem minarum mulcta punitor. Idem patitor (πάσκω = πάσχω) scriba phratriae — quem in phratria magna auctoritate fuisse hinc discimus — si hanc vindictam privatam admiserit. Et haec tabula in perpetuum Olympiae in templo pendeto (ἔοι = εἴη; alibi Elei εἴα et εἴη). — Hellanodicae mentio est talis, ut illo tempore unum eius generis magistratum fuisse intellegamus; igitur titulus Olympiade quinquagesima est vetustior, cf. Paus. V 9.

113 Lamina aenea, 0.262 m. lat., 0.104 m. alt., 0.001 m. crass., effossa Olympiae prope templum Iovis; margo primitivus ab omnibus partibus servatus est; ex duobus foraminibus, quae apta erant laminae clavis affigendae, id quod est ad dextram fractura amplificatum est. Inde a versu tertio sculptor, sive idem sive alter est, acutiore scalpro usus est. Edd. Kirchhoff, arch. Zeit. XXXV p. 196 sqq. tab. 16 ectypo usus; E. Curtius, Ausgrab. zu Olympia III tab. 25; cf. Ahrens, Philol. XXXVIII p. 385 sqq.

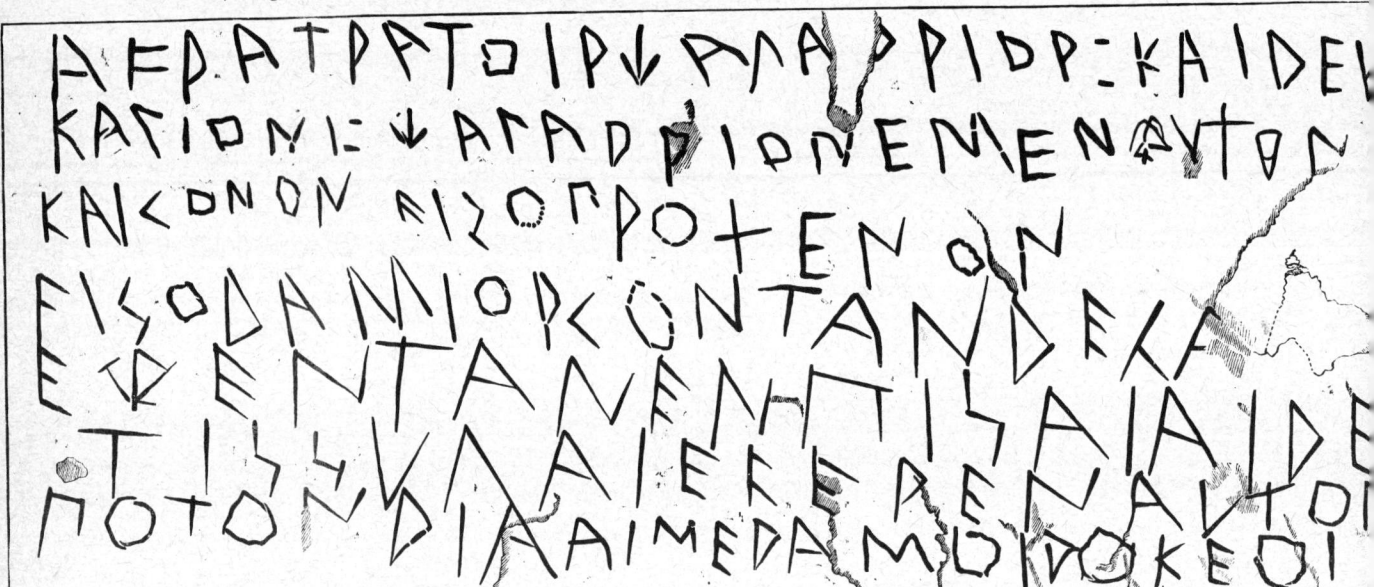

Nota. Vs. 2 fin. Sculptor quod falso exaraverat V ipse correxit. Vs. 3. Spatium vacuum olim fibula tectum fuisse, qua lamina muro affigeretur, Kirchhoff coniecit; qua coniectura haud scio an non opus sit, quoniam post versum primum is qui scripsit singulos versus integris vocibus terminavit. Vs. 4 fin. In fractura deprehenduntur vestigia lineolae /.

Ἀ ϝράτρα τοῖς Χαλαδρίο(ι)ς καὶ Δευκαλίωνι· Χαλάδριον ἦμεν αὐτὸν καὶ γόνον ϝισοπρόξενον, ϝισοδαμιωργόν· τὰν δὲ γᾶν ἔχην τὰν ἐν Πίσαι· αἰ δέ τις συλᾶ, ἐξέρην αὐτὸν πο(τ) τὸν Δία, αἰ μὲ(δ) δάμοι δοκέοι.

Hanc Chaladriorum urbem, a χαλάδρα i. e. χαράδρα torrente dictam, in Elide sitam fuisse perspicuum est. Chaladrii quum urbi Pisae diruendae Ol. 52 interfuissent, eam agri partem, quae ipsis obvenerat, Deucalioni videntur donasse. Eundem faciunt civem suum ϝισοπρόξενον, ϝισοδαμιωργόν; receptus igitur est in numerum optimatium, quibus liceret proxenorum et damiurgorum muneribus fungi. Vs. 6 συλᾶ pro συλάοι. ἐξέρην videtur i. q. μηνύειν, cf. Hesych. εὔειρω· εἴπω. Ahrens ϝέρην interpretatur ἔρρειν. Vs. 7 ΜΕΔΑΜΟΙ cum Kirchhoffio accipimus μὲ(δ) δάμοι, i. e. μετὰ δάμωι, ἐν ἐκκλησίᾳ. Ahrens: μὴ δάμοι.

114 Lamina aenea, fere 0.002 m. crass., reperta Olympiae a porticu Echus ad occidentem versus; servatus est margo superior et inferior et pars sinistri, ad dextram lamina est fracta; superne ad sinistram dubitant an exstent vestigia foraminis terebrati. Edidit Kirchhoff arch. Zeit. XXXVII p. 159, unde repetimus.

[Ζε]υξίαι κα(τ) τὸν [— — τεσσα]ρ[ά]κ[ο]ντα μήκα[τόν — —]. Ζευξία[ι] κα(τ) τὸν [— τ]ρῆς μνᾶς καὶ ϝίκατι s. ϝεξήκοντα δαρχμάς [— —]. Bis igitur Zeuxias in templo pecuniam deposuit.

115 Lamina aenea, 0.177 m. in longitudinem, 0.074 m. in altitudinem, 0.001 m. in crassitudinem, eruta Olympiae a templo Iovis ad septentrionem versus. Ex maiore tabula barbaro aevo dissecta hoc segmentum superest, a dextra atque a sinistra mutilum, sed supra atque infra inviolatum, quod ut ad usum nescio quem accommodaretur perforatum est. Edidit Fraenkel, arch. Zeit. XXXV p. 48 sq. tab. 4, cf. XXXVII p. 165. Inde repetimus, ectypo in auxilium vocato.

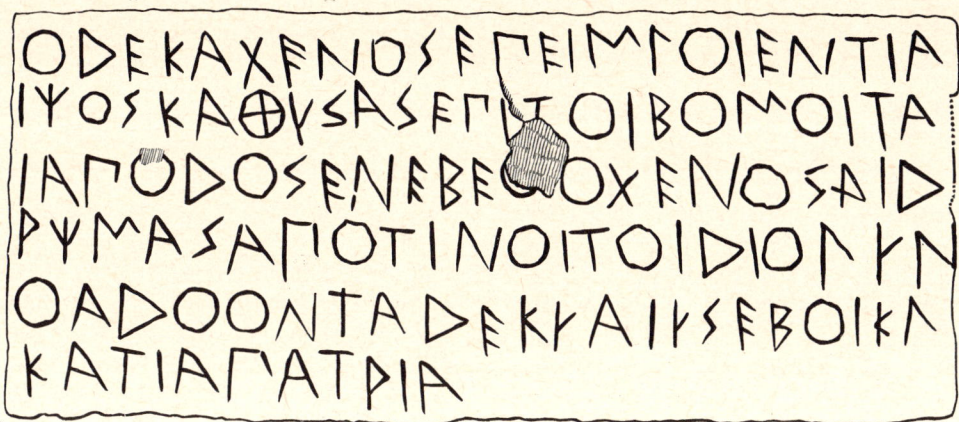

Not. Vs. 1 littera sexta decima neque F neque E fuit, sed aut Γ aut ϹϹ. Vs. 2 in extremo dextro margine Weil agnovit Γ, i. e. Γ; idem testatur vs. 3 hastam. Vs. 3 infra foramen vestigia circuli sunt certa. Vs. 4 ultima littera certe fuit N.

Tenor tituli hic fere potest fuisse:

[Θύοι κα(τ) τ]όδε κα ξένος ἐπ'— — ἐν τία[ροῖ — — —
— ϝαρίχως(?), κα(τ)θύσας ἐπὶ τοῖ βωμοῖ τὰ π[άτρια καὶ τὰ δίκαι-
α τοῖ θεο]ῖ ἀποδούς . . . . . ὁ ξένος. αἰ δ[ὲ μὰ ἀποδοία, τριάκο-
ντά κα δα]ρχμὰς ἀποτίνοι τοῖ Δὶ Ὀλυν[πίοι κα(τ)θυτάς —
κα(τ) τὰ πάτρια.

Vs. 1 τιαροῖ = τοῖ ἰαροῖ. Vs. 2 ϝαρίχως, cf. Hesych. βάριχοι· ἄρνες et ἀρίχα· ἄρρεν πρόβατον. Vs. 6. Unam litteram supervacaneam intermiscuit scriba.

---

116 Lamina aenea in tres partes fracta, 0.144 m. long., 0.065 m. alt., 0.001 m. crass., reperta Olympiae ad eum muri Byzantini orientalis angulum, qui aquiloni adversus est. Titulus dextra laeva infra saucius est; idem ne supra quidem integer videtur, maior enim lamina recentiore aetate in partes dissecta est, ut aes alicui supellectili aptaretur; eodem tempore foramen (vs. 4), quo aes affigeretur, incisum esse puta. Edd. Kirchhoff, arch. Zeit. XXXVI p. 141 tab. XVIII 8; E. Curtius, Ausgrab. zu Olympia III tab. 25. Utor ectypo.

Vs. 1 καὶ κατακαμ[π — ?]. Vs. 2 [Ὀ]λυμπικῶ μηνός. Vs. 3 -ες λίποι ? — ὁμο[σ-]. Vs. 4 [ἐ]φθάκι ᾽ξ ἄλ(λ)ω?, τὸν δ' ἀπορ-. Vs. 5 δαρχμάν. Vs. 6 δαρ[χμάν].

---

117 Lamina aenea tenuis mutilata, 0.23 m. lat., 0.22 m. alt., reperta Olympiae, a templo Iovis ad meridiem et orientem versus. Foramina parva, quorum quinque sunt servata, olim recipiebant clavos, quibus lamina ad murum affixa erat. Edidit Kirchhoff, arch. Zeit. XXXVII p. 154 sqq., unde repetimus. Imago tertia parte minor est quam archetypum.

INSCR. GRAEC. ANTIQ.

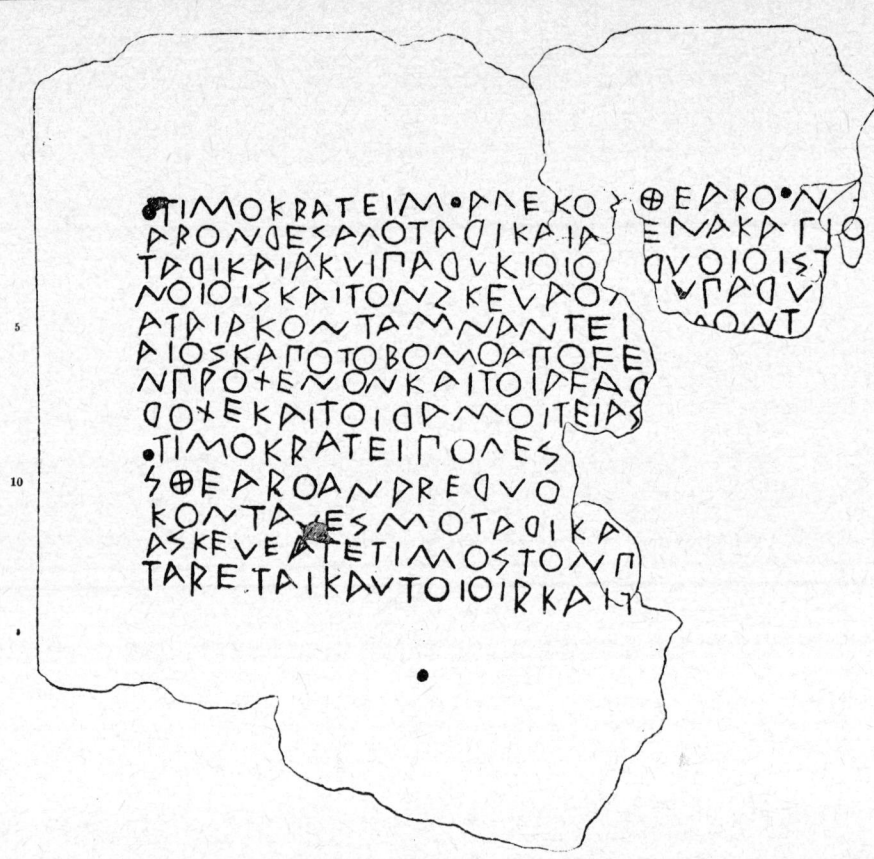

Vs. 1 Τιμοκράτει Μάληκος θεαρόν vel -ῶν. Vs. 2 [ἱ]αρὸν δ' ἐς ἄλ(λ)ο τὰ δίκαια. Vs. 3 τὰ δίκαια; deinde, si licet litteram I errori scribae tribuere, κὐπαδυκίοις, i. e. καὶ ὑποδοχίῳ. Vs. 4 -νοίοις καὶ τῶν (pro τάων seu τᾶν?) vel τὸν σκευάω[ν] ὑπαδυ[κι-]. Vs. 5 τριάκοντα μνᾶν. Vs. 6 κἀπὸ τῶ βωμῶ ἀποϝη[λε-] cf. n. 118. Vs. 7 [τὸ]ν πρόξενον vel [τῶ]ν προξένων καὶ τοῖρ? ϝάδ[εστι?]. Vs. 8 [ἔ]δοξε καὶ τοῖ δάμοι. Vs. 9 Τιμο- κράτει πωλεῖσ[θαι] vel πωλησ-. Vs. 10 θεαρὼ ἄνδρε vel ἀνέρε (n. 119 ἀνέραις?) δύο. Vs. 11 -κοντα [θ]ετιμῶ τὰ δίκα[ια]. Vs. 12 [τ]ὰ σκευεά τε τιμώσττων, i. e. τιμάσθων. Vs. 13 τάρεται? (vel ἄρηται) καὐτοὶ οἷρ καί. — Littera canina, quae sigmatis vices obit, nec non vocabula quaedam, quae in titulis originis Eleae haud ambiguae (cf. etiam Add.) recurrunt, hunc titulum Elidi adiudicant.

118 Lamina aenea, 0.19 m. longa, 0.065 m. alta, quatuor foraminibus instructa, in complures partes fracta. Effossa est Olympiae intra prytaneum. Ectypis atque apographis Purgoldianis usus edidit Kirchhoff, arch. Zeit. XXXVIII p. 117 sqq., unde imaginem mutuor. Praeterea utor ectypo gypseo optimo.

Notae Purgoldii. Vs. 1 init. nihil deest. Vs. 2 init. una aut duae litterae possunt intercidisse. Vs. 5 littera a fine tertia potest fuisse K, quamquam nunc nihil certum est nisi hasta. Vs. 6 tertia littera videtur illa quidem esse T; sed verendum est ne lineae transversae specie oculos fallat fissura quam accepit lamina hoc loco violenter incurvata. Quae res si ita se habet, licet putare hanc litteram K aut R fuisse.

Vs. 6 litterae ⊂ N et reliquae litterae in imagine umbra inductae fere evanidae sunt.

Varia lectio ex ectypo gypseo petita: vs. 5 litt. 4 a fine P; vs. 6 litt. 3 F; reliqua omnia sunt certa praeter duas litteras vs. 6 interceptas. Vs. 6 fin. post O nihil video.

Ἀ ϝράτρα· τὼς Ἀναίτω[ς] καὶ τὼ[ς] Μεταπίως φιλίαν (ἔχην) πεντάκοντα

Ϝέτεα. κωπόταροι μηνπεδέοιαν, ἀπὸ τῶ βωμῶ ἀποϜηλέοιάν κα τοὶ πρόξενοι καὶ τοὶ μάντιερ. αἰ τὸ[ν] ὄ[ρ]κιον παρ[ρ]βαίοιαν, γνόμαν τὼρ [ἀπ]ὸ ναῶ τὠλυνπία.

Vss. 1. 2. Anaeti atque Metapii videntur fuisse civitatulae Elidis; nimis longe absunt Messapii Locrenses, quorum mentio est apud Thucydidem III 101. Kirchhoff ex similitudine reliquarum rhetrarum proponit: ἀ Ϝράτρα το(ὶ)ς Ἀναίτο[ις] καὶ το[ὶς] Μεταπίο(ι)ς; deinde φιλίαν (ἦμεν) κτλ. Vs. 3 ἐνπεδέω ea vi qua Atticum ἐμπεδόω. Vs. 4 ἀποϜηλέω i. q. ἀπειλέω ἀπείλω. Vs. 5 sqq. Si quis (ni fallor proxenorum aut haruspicum) laeserit iusiurandum (quo cogebantur eos qui pacem turbassent a sacris excludere), iudicanto (γνόμαν i. e. γνῶναι; sed in titulo Damocratis δόμεν et similia) magistratus et sacerdotes templi Olympiaci (οἱ ἀπὸ τοῦ νεὼ τοῦ ἐν Ὀλυμπίᾳ).

---

119 Lamina aenea Olympiae reperta; margo superior servatus est; versus priores lineis distinguuntur; litterae ductu diligenti et ubique fere aeque lato incisae sunt. Edidit Kirchhoff, arch. Zeit. XXXVII p. 48 sq., usus ectypo et Furtwaengleri apographo. Imago tertia parte minor est quam aes.

Nota. Vs. 17. Scriba priorem scripturam correxit S pro A et Ρ pro Π incidens atque litteram O inserens.

Vs. 1 [ἀ Ϝράτρα π]ὰρ (cf. n. 110) τᾶς καταττάσιος Νικαρχίδαι κα[ὶ τοῖς Ϝαλείοις]. Vs. 2 [ἀπ]ειθέοι(?) κατίσταντ' ἤ τὰ seu ἐ(τ) τὰ (i. e. ἐν τὰ) seu κατίστα τε τὰ δαμιώ[ργ-]. Vs. 3 -ὀ(ώ)τας ἀνέρας (recentiore aetate Eleis terminatio acc. plur. III decl. erat ες), seu τὰς ἀ[μ]έρας, cf. vs. 12, αἰ μὰν λεῦ, cf. Hesych. λεῦμι (leg. λεῶμι)· θέλοιμι ἄν. Vs. 4 -ε μετ' αὐτὰς ποταμοῤξαιο. Vs. 5 Ὀλυνπίοι. αἰ δὲ μετ' αὐτᾶν (sive αὐτᾶν) π-. Vs. 6 [ἀποτι]νέτω κα(τ)θυτὰς τοῖ Δί. αἰ δ' ἀ-. Vs. 7 συναλλύοιτο δέ κ' ἀ πόλις. αἰ [δέ]. Vs. 8 [α]ἰολίζοι(?) ἀ πόλις, τοῖ Δὶ Ὀλυν[πίοι]. Vs. 9 [κ'] εἴα seu [γράφ]εα. αἰ δέ τις στάσιν ποιέο[ι]. Vs. 10 -αν Νικαρχίδας καὶ πλείο-. Vs. 11 [ἐνα]ντίον ὀμόσαντες ποτ-. Vs. 12 -ς κ' ἀποτίνοι τὰς ἀμελ[ημέ]νας seu τὰς ἀμέ[ρας]. Vs. 13 ἐπήκε (i. e. ἐφῆκε) λωΐτταν vel ἐπεὶ κελοίσταν (i. e. κελοίσθην). Vs. 14 -οι ταύτῃ γεγρα(μ)μέν[οι]. Vs. 15 -μευς (μείς?) Ὀλυνπικὸς εἰ-. Vs. 16 -αιατᾶν δέκα καί. Vs. 18 -Ϝέοι. αἰ δὲ πο-. Vs. 19 (cf. n. 110) [αἰ δέ τις] τὸ γράφος το[ὶ καδδαλέοιτο]. Vs. 20 [κ'] ἐνέχοιτο το[ῖ]. Vs. 21 -ος. ὅσοι δέ-.

---

120 Fragmentum marginis vasis aenei, 0,20 m. long., 0,02 m. lat., 0,003 m. crass., repertum Olympiae ab ecclesia Byzantina ad septentrionem et occidentem versus. Titulus in vasis parte exteriore inscriptus est ductu non adeo profundo parumque accurato quasi ab homine scribendi insueto. Edidit Kirchhoff, arch. Zeit. XXXVIII p. 65 sq.

Ἀλασυῆς καὶ Ἀκρ(ω)ρσιοι ἀνέθηκαν. Utrumque oppidum satis notum; de prioris nomine cf. Strab. VIII 341: τὸ δ' Ἀλείσιον (Hom.) ἐστι τὸ νῦν Ἀλεσιαῖον (sic. lib. A) χώρα περὶ τὴν Ἀμφιδολίδα, ἐν ᾗ καὶ κατὰ μῆνα ἀγορὰν συνάγουσιν οἱ περίοικοι· κεῖται δὲ ἐπὶ τῆς ὀρεινῆς ὁδοῦ τῆς ἐξ Ἤλιδος εἰς Ὀλυμπίαν; Steph. Byz. Ἀλήσιον, Ἀλησιεύς.

121 Lamina aenea, 0.001 m. crass., prope integra, reperta Olympiae, ab Alti in orientem; olim clavis parieti affixa erat, cui rei testimonio sunt foramina tria. Edidit Kirchhoff, arch. Zeit. XXXVII p. 158 sq., cf. Dittenberger, arch. Zeit. XXXVIII p. 69.

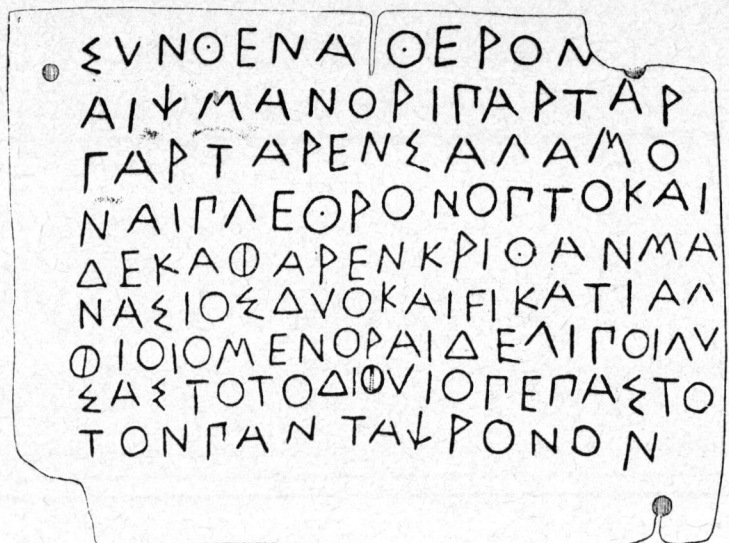

Σύνθη(μ)α, seu συνθή(κ)α, Θήρων[ι καὶ] Αἰχμάνορι πὰρ (cf. n. 110) τὰρ γὰρ τὰρ ἐν Σαλαμώναι, πλέθρων ὀπτὼ καὶ δέκα. φάρην κριθᾶν μανασίως δύο καὶ Ϝίνατι Ἀλφιώι μηνόρ· αἰ δὲ λίποι, λυτάττω τῶ διφυίω· πεπάττω τὸν πάντα χρόνον. Si Theronem Aechmanori agrum locasse existimes, illud αἰ λίποι sit i. q. „si reliquetur," at homo privatus agrum vix elocaverit in perpetuum; quodsi malis putare agrum a republica Eleorum locatum esse Theroni et Aechmanori, αἰ λίποι intellegere possis i. q. „si quid residuum sit" atque λυτάττω et πεπάττω de duobus hominibus dicta sint (Att. -σθων). Vs. 3 Σαλαμώνα i. e. Σαλμώνη, Strab. VIII 356, Σαλμωνία Diod. IV 68, in agro Pisaeo. Vss. 5. 6 μανάσιος mensura frumenti; Hesych. μανατίον· μέτρον τι διμέδιμνον, Epiphan. de mens. et pond. II p. 178 B: μνᾶσις τοίνυν παρὰ Κυπρίοις μετρεῖται καὶ παρ' ἄλλοις ἔθνεσιν· εἰσὶ δὲ [καὶ] μόδιοι σίτου ι' ἢ κριθῆς. Vss. 7. 8 λυτάττω τῶ διφυίω redimunto se duplici pretio.

122 Lamina aenea reperta Olympiae haud procul a Philippeo ad occidentem versus, supra et ad sinistram integra, a reliquis partibus mutila, fissuris laesa, 0.132 m. lat. et 0.074 m. alt. qua nunc est maxima, 0.001 m. crass. Ad sinistram foramen incisum est, quod clavum reciperet. Edidit Kirchhoff, arch. Zeit. XXXVI p. 139 tab. XVII 2.

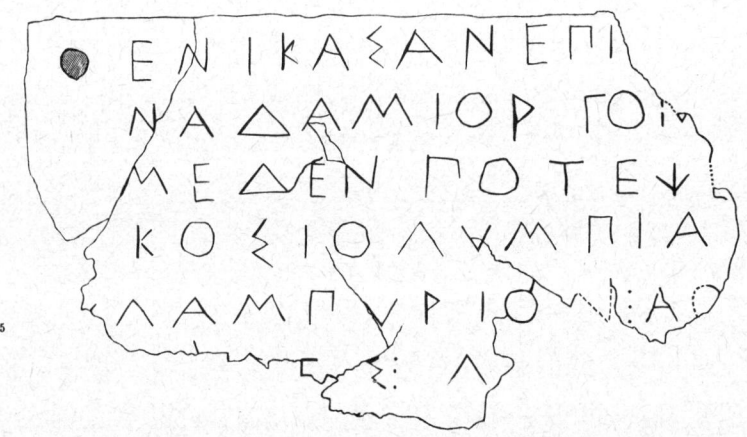

Not. Punctis notatae sunt lineae quae in marginem laminae incidunt. Omnes litterae bene perspicuae sunt praeter ultimam versus quinti.

Ἐνίκασαν ἐπὶ — —
να δαμιωργῶν [τοῦ ὀμόσαντες τὸν Δία]
μηδὲν ποτέχε[σθαι τοῖς πρὶν σεσυλα-]
κότι Ὀλυμπία[ν — —
5 Λαμπυρίων Ἀθ — — —
— — ης Λ — — —

Supplementis vss. 2. 3 non multum confido.

VIII.
TITVLVS ACHAICVS.

123 In cassidis in Alpheo repertae dextra parte; in Britanniam delatam possidebat B. Frere Londinensis. Ediderunt Rose, inscrr. Gr. vet. tab. VI 2 p. 58, et Boeckh, C. I. G. 30.

ΙΕΝΟΜΟΓΥΝΡΧΟ

Ζηνὸς Ὀλυνπίου. Scriptura tituli cum nulla congruit nisi cum Achaica ex titulis coloniarum nota. Itaque non visum est temerarium eum hic collocare.

IX.
TITVLI BOEOTII.

124 *Tanagrae* in museo, lapis calcarius. Edidit Haussoullier, bull. de corr. hell. II 1878 p. 589 tab. XXVI 9.

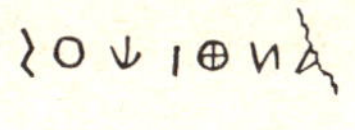

ΣΟΥΙΘΝΧ

[Ξ]άνθιχος.

125 *Tanagrae* in museo, lapis calcarius. Edidit Haussoullier, bull. de corr. hell. II 1878 p. 589 tab. XXVI 13.

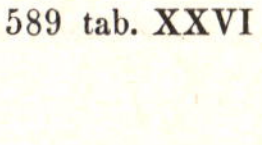

ΕΠΙΣΘ

Ἐπὶ Σ[θεν — —].

126 Cantharus niger 0.145 m. altus, *Tanagrae* effossus et Athenas in museum societatis archaeologicae deportatus. Titulus legitur in taenia gilva, quae circa medium vas currit. Edidit Mylonas, bull. de corr. hell. II 1878 p. 539.

ΔΑLΙΟΔΟROΣ

Δαλιόδωρος.

126a Titulus incisus in ventre canthari parvi *Tanagrae* reperti, qui servatur in museo Berolinensi. Exscripsi.

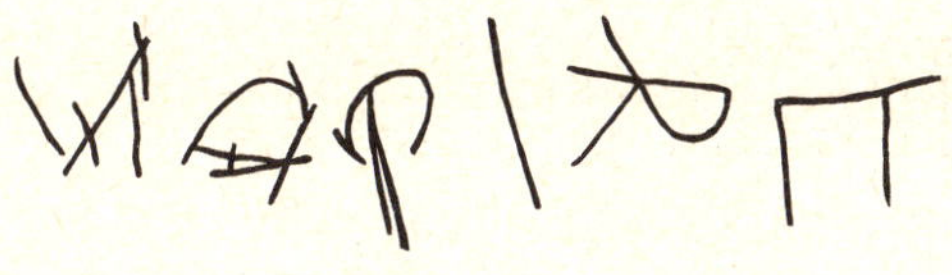

ΠΡΙΧΩΝ

Πρίχων. Idem nomen occurrit in cippo Carystio musei Atheniensis (cf. e. g. Pervanoglu, die Grabsteine der alten Griechen p. 36) et in nota laterculi Aeginae reperti n. 555 a.

127 In lapide quadrato ante ecclesiam B. Virginis in vico Vlokho, haud procul a *Tanagra*; litterae magnae rudem in modum sed profunde incisae sunt; exscripsit Leake. Leake, mus. crit. II p. 576 n. 6; Rose, inscrr. Gr. vet. p. 101 tab. XIII 2 n. 1; C. I. G. 1647; Leake, travels in northern Greece II p. 471 tab. XV 72; Le Bas, voy. arch. n. 575; cf. praeterea Keil, syll. p. 178. Sequimur Leakii itinerarium.

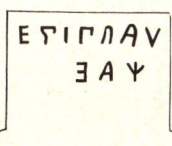

Ἐπὶ Π[ρ]αύχαε. A nomine Πράοχος saepius obvio descendit femininum Πραόχη, Boeot. Πραύχα.

128 „Χλεμβοτσάρι vocatur vicus quidam Albanensis medius fere inter *Thebas* et *Tanagram* positus sub colle, ubi arcis antiquae saxis quadratis exstructae haud exigua vestigia cernuntur. Aut hic aut apud vicum Bratzi, qui unius horae spatio abest ad orientem versus, antiquam urbem Εἰρέσιον vel Εἰλέσιον sitam fuisse putat Bursian Geogr. I 224" (Kaibel). In hoc vico lapidem in parte superiore (*a*) et in parte antica (*b*) perscriptum primus repperit Kaibel, Herm. VIII p. 425; in museum quod est in vico Scimatario transportatum iterum exscripsit Robert, arch. Zeit. XXXIII p. 159; inde repetimus. Atque antici quidem lateris imago (*b*) cum ectypo a me collato optime congruit; superiore in latere (*a*) ectypum bene expressum lapidem docet esse magis corrosum, quam ut lineae et vulnera fideliter possint delineari.

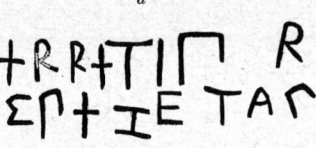

Var. lect. *b* Kaibel supra ⊖Ξ praebet VC, quas litteras charta ectypi non cepit. Idem omisit litteram ω in ectypo claram.

a Lectio nimis ambigua. *b* -πος ἀνέθη[κε]. Litteram E lapicida neglegenter repetiit.

129 Tit. *a* in dextro, *b* in sinistro femore statuae parvae aeneae repraesentantis virum nudum barbatum, qui sublata dextra hastam vel similem rem nunc perditam vibrabat. Repertum est hoc monumentum Chalcide in fundamentis castelli; nunc exstat in museo Berolinensi. Koehler, Mittheilungen des deutsch. arch. Inst. in Athen I p. 97 sqq. Cf. Kirchhoff, Stud.³ p. 104 sq. Foucart, bull. de corr. hell. III 1879 p. 139 sq. Ex aere delineavi.

Var. lect. *a* Kirchh.: Ν I///Μ; equidem, quin inter N et M nihil interciderit, aere quam potui accuratissime examinato non dubito.

Πτωΐων Μάστος ἀνέθεαν τοῖ Ἰσμηνίοι. Apollini Ismenio Ptoion et Mastus dedicaverunt statuam viri pugnantis, ut significarent se ex pugna incolumes rediisse. Quum Thebis celeberrimum fuerit templum Apollinis Ismenii, quum Boeotica forma sit ἀνέθεαν (cf. bull. de corr. hell. II 1878 p. 589 et Archaeol. Mittheil. III p. 86; ἀνέθειαν n. 144; recentiores tituli praebent ἀνέθιαν, C. I. G. 1588, Keil syll. p. 69 X 1), quum Ptoionis nomen optime conveniat Boeotio: statua Thebis nescio quo casu Chalcidem videtur ablata esse. De spiritu aspero qui est in Ἰσμηνίοι cf. n. 286.

130 In vase fictili mutilo, quod *Tanagrae* repertum est. Cumanudes, Athen. III p. 169; Robert, arch. Zeit. XXXIII p. 160. Exscripsit Lolling. Ectypum contuli.

⊖ΕΡΙΠΙΟΝ

Θηρίπ(π)ιον, mulier.

131 In cippo *Tanagrae* eruto, 0.77 m. alt., 0.40 m. lat., 0.45 m. crass. Kaibel, Herm. VIII p. 427; Cumanudes, Athen. III p. 168; Robert, arch. Zeit. XXXIII p. 158, unde repetimus, collato ectypo. Exscripsit Lolling.

ΕΠΙϹΒΕΚΑΔΑΜΟΕΕΜΙ   Ἐπὶ Γεκαδάμοε ἠμί.

132 *Tanagrae* in museo, lapis calcarius. Edidit Haussoullier, bull. de corr. hell. II 1878 p. 589 tab. XXVI 6.

ΕΠΙΚΑΛΙΘΕΣΙΔΙΕΜΙ

Ἐπὶ Καλ(λ)ιθη[ρ]ίδι ἠμί.

133 Cippus *Tanagraeus* tofinus aëtomate ornatus, infra et ad dextram mutilus, 0.30 m. alt., 0.36 m. lat., 0.48 m. crass. Ediderunt Cumanudes, Athen. IV p. 297, et Robert, arch. Zeit. XXXIII p. 159, unde mutuor. Exscripsit Lolling; ectypum contuli.

ΕΠΙΘΡΕΓΟ

Var. lect. Cum. ἐπὶ Φσεγο...; Lolling |ΕΠΙΘ//ΕΓΟ////|. Litterae ΘR quum in ectypo tum teste Roberto in lapide incertae sunt.
Ἐπὶ Ψεγω[νι]?

134 Lapis *Tanagraeus* 0.35 m. alt., 1.00 m. lat., 0.24 m. crass.; in summo lapide cavum curvum. Cumanudes, Athen. IV p. 297; Robert, arch. Zeit. XXXIII p. 159. Exscripsit Lolling. Ectypum contuli.

ΒΙΠΠΑRΨΑ

Ἱπ(π)άρχα.

135 In marmore *Tanagrae* effosso. Kaibel, Herm. VIII p. 427 n. 31; Cumanudes, Athen. III p. 168. Exscripsit Lolling.

Not. Signa lacunae addidimus ex Lollingii apographo.
Ἐπὶ Λυσανίας Ἰαρίδα[ο].

136 Lapis marmoreus caeruleus e regione *Tanagrae* oriundus, nunc in vico Scimatario in aula ecclesiae S. Taxiarchi; edidit Robert, arch. Zeit. XXXIII p. 160. Etiam Lolling exscripsit.

TIMASIΘEOS

Τιμασίθεος.

137 Lapis calcarius, forma cistae, *Tanagrae* effossus, 0.50 m. alt., 0.70 m. lat., 0.32 m. crass. Typis minusculis edidit Cumanudes, Athen. IV p. 296; utor apographo Lollingii.

ΑΘΑΝΟΛΙΤΙS

Ἀθανόγιτις.

138 Lapis calcarius, *Tanagrae* effossus, 0.58 m. alt., 0.35 m. lat., 0.15 m. crass. Typis minusculis edidit Cumanudes, Athen. IV p. 297. Exscripsit Lolling.

ΘΡΑΙΚΙΑ

Θραικία.

139 *Tanagrae* in museo, lapis calcarius. Edidit Haussoullier, bull. de corr. hell. II 1878 p. 589 tab. XXVI 10.

ΘΙΟΜΝΑSΤΑ

Θιομνάστα.

140 Lapis *Tanagraeus*; exscripsit Lolling.

|BE..IAs|

Ἑ[ρμ]ίας.

141 Lapis *Tanagraeus*, qui in museo servatur, 0.15 m. alt., 0.24 m. lat., 0.24 m. crass.; in summo lapide incisum est cavum quadrangulum. Typis minusculis edidit Cumanudes, Athen. IV p. 297. Exscripsit Loeschcke.

ΕΠΙΡΘΑΝΟDORA

Ἐπὶ Ἀθανοδώρα[ς].

142 In vico Chlembotzario (cf. n. 128) inter *Thebas* et *Tanagram*; lapis rudis in domo privata. Kaibel, Herm. VIII p. 425 n. 26.

ΘΙΟΤΕDΙΑ

Θιοτέ[λ]ια, pro Θιοτέλεια.

143 Lapis calcarius oblongus, repertus in radicibus Cithaeronis montis prope vicum *Crecucium*, ad occidentem viae quae Athenis fert Thebas; nunc servatur Thebis in museo. Versus inter se plus 0.06 m. distant. Ed. Haussoullier, bull. de corr. hell. II 1878 p. 589 tab. XXVI 1. Cf. Kaibel, mus. Rhen. XXXIV p. 197 n. 756a; Foucart, bull. de corr. hell. III 1879 p. 134 sqq.

AMATRO/TODAΓAVMA
NΘADEΓ|EORAONTISE
EISAMENOSQVDADASKAI

[Δ]άματρο[ς] τόδ' ἄγαλμα [ὁ δεῖνα ἔστατεν ἀπαρχὰν]
[ἐ]νθάδε γ[ᾶ]ς, ὁράοντι σε[βάσμιον — ⏑⏑ — ⏑].
[Τ]εισαμενὸς Κυδάδας καὶ [— — ἐποιησάταν].

Artificum titulus haud scio an fuerit soluta oratione conceptus. Nomen Κυδάδας Tisameno adiectum potest esse gentilicium. Kaibel sic versus refinxit: [Δ]άματρο[ς] τόδ' ἄγαλμα — [ἐ]νθάδε γ' [εἱ]σοράοντι σέ-[βας θέσαν ἀνέρες οἵδε·]

144 Lapis *ibidem* repertus, nunc servatur Thebis in museo; titulus ad dextram est integer. Edidit Foucart, bull. de corr. hell. III 1879 p. 134 sqq.

ANEΘEIANTAEDAMATRI

— — ἀνέθειαν ταῖ Δάματρι.

145 Anaglyphum eximiae artis vetustioris, cuius superior pars fracta periit, *Thespiis* (Eremocastri) repertum, mox Athenas in museum publicum delatum. Incedunt duo viri nudi ad dextram versi quorum de humeris vestis suspensa est. Infra legitur titulus tam bene conservatus, ut de nulla littera dubitari possit. Edidit Kaibel, Herm. VIII p. 417 sq. Cf. Cumanudes, Athen. IV p. 110; Robert, arch. Zeit. XXXIII p. 151 sq., Kirchhoff, Stud.³ p. 134 not., Koerte, Mittheil. des deutsch. Inst. zu Athen III p. 311 tab. XV. Utimur ectypo gypseo musei Berolinensis.

[N]ΝΑΜΕΓΙΓΑΘΟΝΙ
ΚΑΡΙSΤΟΚΡΑΤΕΙ

Μνᾶμ' ἐπὶ Γάθωνι κἀριστοκράτει. Nomen antea incognitum Gathonis a verbo γήθω videtur originem ducere. In epigrammatis posuit Kaibel, n. 485; atque sermo est poëticus, metrum nullum.

146 Inter vicum Palaeopanagiam et vallem Musarum, ex *Thespiarum* parietinis horae itinere ad occidentem versus, lapidem quadratum mediocris magnitudinis muro posteriori ecclesiae semirutae S. Blasii (vel teste Rossio B. Virginis) insertum repperit Ross a. 1833 et exscripsit. Idem a. 1845 iterum eo devertens vidit lapidem, quum aedificium refectum esset, adeo calce illitum, ut litterae iam non possent dignosci. Ross, epist. epigr. ad Boeckhium p. 11; Keil, arch. Anz. 1850 n. 21. 22 p. 208; Meineke, arch. Zeit. 1851 n. 25 p. 285. Postea tectorium magnam partem a lapide videtur discessisse; nam Schillbach, qui a. 1857—1859 in Graecia versabatur, titulum denuo exscripsit. Ex eius apographo edidit Keil, Jahrb. für Phil. Suppl. IV p. 533 sqq.; cf. praeterea Cauer, del. inscrr. Gr. n. 112, Kaibel, epigrr. Gr. n. 486. Repetimus Rossii exemplar ex diario, Schillbachianum ex Keilii editione.

Ross.   *Schillbach.*

Μνᾶμ᾽ ἐπ᾽ Ὀλ..ειδαι μ᾽ ὁ πατὴρ [ἀν]έθηκε θανό[ν]τι Ὀσ[θ]ίλος, ο[ἷ] πένθος θῆκε[ν] ἀποφθίμενος.

Vs. 1. Non contigit ut nomen probabili coniectura restitueretur; in diphthongo ει, quamquam orta est contractis vocalibus ε et ι, per simplicem vocalem E scripta non est quod haereas; similia enim non ita raro in titulis sat vetustis occurrunt, cf. Διοκλείδα n. 13, Κλειτός n. 30, Φιλοκλείδας n. 339, Ἀριστοκλείδης n. 372 28, Νεοκλείδης ibid. 274 (Lenorm.); Corinthiaci tituli antiquissimi nihil ad rem. Vs. 2 vocalis ι duabus lineolis parallelis expressa est. Vss. 2. 3. Noli praeferre faciliorem correcturam [ἐ]πέθηκε, nam ad hoc verbum addi dativum, non praepositionem ἐπί c. dat. recte monet Kaibel. Vs. 4 necessario nomen patris scriptum fuit reiciendaeque eorum sunt coniecturae, qui adiectivum φίλος agnoscere sibi videbantur. In iis quae sequuntur quamvis invitus facere non possum quin duo apographa in erroris insimulationem vocem, quoniam littera 5, quam tradunt vs. 4 fin., commodam sententiam admittit nullam.

147 *Thespiis* hunc titulum a se a. 1859 descriptum esse affirmat Lenormant, mus. Rhen. 1866 p. 400 n. 272.

ΘΕΟΔΕΚΤΑΣ

Θεοδέκτας.

148 *Thisbae* (Cacosii) in lapide longo angusto qui domus parieti infixus est; ex Leakii apographo fluxerunt quotquot exstant editiones tituli. Leake, mus. crit. II p. 577; Rose, inscrr. Gr. vet. tab. XIII 2 n. 10; C. I. G. 1592; Leake, travels in northern Greece II p. 513 tab. XX n. 94; Le Bas, voy. arch. n. 374. Repetimus exemplar ex Leakii itinerario.

IDANEΘEKENAΘANAI

—τ.'ι]δ᾽ ἀνέθηκεν Ἀθάναι, fragmentum versus.

149 In vico Mazio (*Haliarti*) in ecclesiae S. Constantini muro orientali. Exscripserunt Lolling et Io. Schmidt, qui edidit in Mittheilungen des deutschen Inst. zu Athen V p. 132 et ectypum nobiscum communicavit.

Var. lect. Vs. 3 Schmidt omisit litteram S a Lollingio exscriptam, in ectypo obscuram.

Genetivus ΑΙΓΙΘΟΙΟ, si modo flexus est a casu recto Αἴγι(θ)θος = Αἴγισθος, non utitur terminatione dialecto Boeoticae usitata; sequitur ut titulus sit metricus: Καλλία Αἰγί(θ)θοιο. τὺ δ᾽ εὖ πρᾶσ(σ)᾽, [ὦ] παροδῶτα. Videtur igitur hoc esse colloquium viatoris et Calliae mortui: vocat viator Calliam, Callias viatorem valere iubet. Vs. 3 fin. litteram O fugisse oculos eorum, qui titulum descripserunt, persuasum habeo; quae res ut diiudicetur, ectypum quidem dextrorsum non longius pertinens nos non adiuvat. Potuit autem illa facile fugere speculatores, quia, ni fallor, lapicida litteras SO vel SSO primo omissas reliquis litteris στοιχηδόν dispositis adiecit forma minore. Πρᾶσσε pro πρᾶττε et ipsum epicam dialectum sapit aeque atque genetivus Αἰγί(θ)θοιο. Vs. 4 παροδῶτα i. q. παροδῖτα.

150 In lapide quadrato nigro, reperto a. 1834 *Lebadeae* ad fontem cui nomen Ἄγκος, ad sinistram integro, ceterum truncato; inscriptio admodum est oblitterata. Ex Koehleri apographo edidit Boeckh, C. I. G. 1678b; hinc repetiit Le Bas, voy. arch. n. 785; cf. Keil, syll. p. 194. Alterum exemplar exstat in ephemeride arch. n. 2409, tertium in Rossii diario. Exhibemus omnia.

C. I. G.

ΛΕΒΑΔΕΑ.Ο..ΚΕΦΟΑΛΟ
ΑΠΟΤΑΣΕΥΔΟΚΑΣ
ΑΣΥΟΝΤΕΣΕΜΠΕΔΔΕ
ΔΕΞΞΙΠ......
5 ΘΕΟΚ........
ΕΠΛΛ

Ephem.

Ε....ΙΑ..Λ
ΑΠΟΤΑΣΚΕΡΔΟΚ
ΑΡΙΟΝΤΕΣΕΜ..
Σ..Σ..Π.Ν.
5 Φ.Ο.Κ
.ΠΚ..
..Ο.Κ

Ross.

. . . .
ΑΠΟΤΑΚΕ.ΔΟΚ
ΑΔ.ΟΝΤΕΣΕΜ

In versibus qui sequuntur Ross agnovit + et ⊕.

Λεβαδε — — — —
ἀπὸ τᾶς ἐ[σ]δοκᾶς — — —
ἄρχοντες· ἐμ πε[λ]τοφόρας ἀπεγρά⟨ψ⟩αντο]
Δεξξιππ[ος]
5 Θεοκ[λῆς] vel sim.
Ἐπ[αμεινῶν] vel sim.

Vs. 2 Boeot. ἐσδοκά i. q. Att. ἐκδοχή, successio. Vs. 3. De peltophoris vide Le Bas, voy. arch. Aegosth. n. 4 n. 5 n. 7a, Ἀθήναιον I p. 490sqq., III p. 490sqq., IV p 215, Keil, syll. IV, Rangabé n. 1315. Vs. 4. Δεξξιππος, cf. Δεξξίππα in tit. Chaeron. C. I. G. n. 1608 vs. 6 et vs. 17 (?) et ψάφιξξις infra in tit. Locrensi n. 321; cf. praeterea Keil, syll. p. 237 fin.

---

151 *Acraephiae* (Carditzae) in pila aediculae S. Georgii. Exscripsit Lolling.

ΚΡΙΤΟΝΚΑΙΘΕΙΟΣΔΟΤΟΣΤΟΙ
ΔΙΤΟΠΟΡΕΙ

Κρίτων καὶ Θειόσδοτος τοῖ Δὶ τῶπωρῆι.

152 In marmore caeruleo *Tanagrae* reperto; litterae lineis tenuibus sunt incisae. Ediderunt Cumanudes, Athen. III p. 168, et Robert, arch. Zeit. XXXIII p. 159. Exscripsit Lolling. Ectypum contuli.

ΑΒΑΕΟΔΟΡΟΣ
ΑΒ

Ἀβαεόδωρος. Lapicida primum inferiore loco nomen exarare coepit, mox consilium mutavit. Nomen ducitur ab Apolline Abaeo.

153 In marmore longo nigro, invento prope ecclesiam dirutam S. Parasceves decem minutarum iter distantem a vico Andritza in via quae Thebas fert. Titulus rudi arte incisus, sed non adeo male servatus est, lapis infra et ad dextram est mutilus. A templo Bacchi, quod erat *Tanagrae*, eum illuc allatum esse inde collegit Leake, quod in ruderibus templi multos lapides eiusdem generis repperit. Exscripsit Leake. Edd. Leake, mus. crit. II p. 576; Rose, inscrr. Gr. vet. p. 101 tab. XIII 2 n. 2; Boeckh, C. I. G. 1599; Leake, travels in northern Greece II p. 470 tab. XV 71; Le Bas, voy. arch. n. 573. Sequimur Rosium.

ΑΕΣΨΡΟΝΔΑΣΑΕΛΙΤ
ΔΙΟΝΥΣΟΕ

Αἰσχρώνδας Αἐγίτ[αο vel sim.] Διώνυσος. Cum nomine Aegitae cf. Βοώτης, Ἱππότης, Λυκίτας.

154 *Tanagrae* in museo, lapis calcarius. Edidit Haussoullier, bull. de corr. hell. II 1878 p. 589 tab. XXVI 16.

ΕΠΙΠΟΛΥΑΡΑΤΟΕΕΜΙ

Ἐπὶ Πολυαράτος ἠμί.

155 *Tanagrae* in museo, lapis calcarius. Edidit Haussoullier, bull. de corr. hell. II 1878 p. 589 tab. XXVI 12.

ΕΙ ΜΕΙΝΟΚΛΕΙΑΕ

Ἐ[πὶ Ἀ]μεινοκλείας.

155a Lapis tofinus in inferiore parte vix caesus, quem *Tanagrae* effodit Erneris. Edidit Haussoullier, bull. de corr. hell. V 1881 p. 64.

ΕΠΙΠΥΛΙΜΙΑΔΑΕ

Ἐπὶ Πυλιμιάδας.

156 Lapis calcarius *Tanagrae* effossus et in museum illatus, 0.30 m. long., 0.21 m. lat., 0.15 m. alt. Typis minusculis edidit Cumanudes, Athen. III p. 168, maiusculis Haussoullier, bull. de corr. hell. II 1878 p. 589 tab. XXVI 11. Exscripsit Lolling.

ΕΠΙΟΚΙΒΑΕ

Var. lect. Quinta littera Cumanudi et Lollingio est Κ.
Ἐπὶ Ὠκίβας.

TITVLI BOEOTII

157 Lapis niger, 0.85 m. longitudine, 0.80 m. latitudine, 0.35 m. crassitudine, erutus *Tanagrae*, nunc in vico Scimatario in museo. Typis minusculis ed. Cumanudes, Athen. IV p. 213. Exscripsit Loeschcke.

```
     O S            ΛΟΘΘΙ DAS         V A B A S          K O E R A N O S
     O S            M I Σ Σ O I D A S  A I Σ V I N A S    A Φ R O D I T O S
     D A S          S A M I A S        Γ Y R R A I O S    S A Λ Y Θ I N I D A (
       V O S        Γ Y Θ A N Λ E Λ O S A K Y Λ Λ E vac.  S A Y Λ E N E S
   A    E D E S     A R I Σ Σ T O D A M O Σ F E R Λ A E N E T O S   E Y K Λ I D A S      5
   M O E K I V O    V A R O N D A S    Φ A Λ A R I S      D A M O + E N O S
   A R I Σ Σ T O Θ O E N O S  E Y A Λ O N T I D A S  E R A T O N  Y A R O N D A S
   D I O Γ O M Γ O S  Λ A K R I D I O N  A M I N O K Λ E E S  K A Φ I S O Φ A O N
   D A Λ I A D A S    D A M O M E Λ O N  M A T R O N  K A Λ Λ I K R A T E S
10 A B A E O D O R O S  D I A K R I T O S  O N A T O R I D A S  F I S O K Λ E E S   10
   Λ A K O N         M E Λ I T O N     Φ I Λ O V A R E S  V O E R I Λ O S
   Γ A Y S A N I A S  M O R Y V I D A S  A Γ O Λ Λ O D O R O S  S A R B A Λ O S
   Γ I Θ A R V O S  B A V V Y Λ I D A S  M E Λ Λ I D A S  Λ O R Λ O S
   D A M O T I M O S  A R I O M N A S T O S  K I S S T I A I D A S  A Γ O Λ Λ O D O R O S
15 N I K I A S       M E Λ A Λ I N O S  Θ E O Σ O T O S    B Y Λ I A            15
   Φ A N O D A M O Σ  E R E T R I E Y S                    A M E Y    O S
   V N N O Σ : E R E T  R I E Y S
```

Var. lect. Cumanudes: vs. 2 Μισσθίδας, vs. 3 Πύραλλος, vs. 4 κχος, Ἀκύλλε[ς]?, vs. 5 Ἀρ[ιστο]τέλες, vs. 6 Μοέριχος, vs. 7 Ἀριττόθοενος, v. 15 Βυλί[δ]α[ς], vs. 16 Ἀμεύ[σιππ]ος, vs. 17 [Ε]ὔναος.

. . ος	Γοθθίδας	Χάβας	Κοέρανος
. . ος	Μισσθίδας	Αἰσχίνας	Ἀφρόδιτος
. . δας	Σαμίας	Πυρραῖος	Σαγυθινίδα[ς]
. . . κχος	Πυθάνγελος	Ἀκύλλη	Σαυγένης
Ἀρ[ιστο]τέλης	Ἀριστόδαμος	Ϝεργαένετος	Εὐκλίδας 5
Μοέριχος	Χαρώνδας	Φάλαρις	Δαμόξενος
Ἀριττόθοενος	Εὐαγοντίδας	Ἐράτων	Χαρώνδας
Διόπομπος	Λακρίδιων	Ἀμινοκλέης	Καφισοφάων
Δαλιάδας	Δαμομέλων	Μάτρων	Καλλικράτης
Ἀβαεόδωρος	Διάκριτος	Ὀνατορίδας	Ϝισοκλέης 10
Λάκων	Μελίτων	Φιλοχάρης	Ϝοερίλος
Παυσανίας	Μορυχίδας	Ἀπολλόδωρος	Σάρβαλος
Πίθαρχος	Βαχχυλίδας	Μεγγίδας	Γόργος
Δαμότιμος	Ἀριόμναστος	Ἱστιαίδας	Ἀπολλόδωρος
Νικίας	Μεγαλῖνος	Θεόδοτος	Βυλί[δ]α[ς] 15
Φανόδαμος Ἐρετριεύς			Ἀμεύ[σιππ]ος
[Ε]ὔναος Ἐρετριεύς			

Lapis in eo monumentis sepulcralibus Tanagraeis est similis, quod ut multa ex his (cf. Cumanudes qui, postquam edidit eos titulos qui nobis sunt n. 130. 131. 135. 152. 156. 164. 169. 172. 223. 264 a. 266. 306 a, addit: οἱ πλεῖστοι τῶν λίθων τούτων ἔχουσιν ἄνω κοίλωμα ἢ τετράγωνον ἢ στρογγύλον; cf. praeterea n. 134. 141. 306 b. f) supra continet cavum ovatum ad libationem, opinor, idoneum. Quodsi in polyandrio collocatus videtur fuisse, non alienum est cogitare de eis Tanagraeis et Thebanis, qui a. 426 ibi mortem occuburerunt; Eretrienses vero duos in partibus Boeotiorum huic pugnae interfuisse non est absonum, praesertim quum neuter eorum Ionica fuerit origine; cf. Strab. X C 448: ἐποίκους δ' ἔστχον ἀπ' Ἠλιδος, et nomen Χαρίδαμος in nummo apud Mionn. Suppl. IV p. 364, Ahrens dial. Aeol. p. 229. Vs. 4 Ἀκυλλῆ. En singularis quaedam dialecti Boeotiae neglegentia, quae admittit nomina mascula desinentia in consonam duplicem subiecta vocali η seu recentiore aetate ει; cf. Φραττῆ in titulo Thisbaeo n. 209, Κυδιλλῆ in Orchomenio n. 258, Πτωϊλλῆ in tit. Thebano n. 300, Πτωϊλλεῖ in tit. Orchomenio bull. de corr. hell. IV p. 80, Πουθιλλεῖ ibid. p. 77, Ϝαστιουλλεῖ ibid. p. 81, Βουκαττεῖ ibid. p. 81, Ξεννεῖ in tit. Tanagraeo, Ἀθην. IV p. 295, Μεννεῖ in tit. Thebano n. 300, Τιμολλεῖ in tit. Orchomenio, Keil Syll. n. II, cf. p. 9 fin., Εἰρωϊλλεῖ in tit. Copaeo C. I. G. 1574 Le Bas 599, --ιππεῖ in tit. Orchomenio, bull. de corr. hell. III p. 453. Haec mihi videntur nomina blanda ex longioribus compositis correptione orta; in eandem opinionem incidit Blass, miscell. epigraph. p. 10 sq.

---

158 Lapis *Tanagraeus*, exscripsit Lolling.

```
| M N A S I Θ I |
```

Μνασίθ[εος].

159 *Thebis*, lapis exilis sepulcralis, repertus loco suburbano cui nomen Pyri; nunc in museo Thebano. Ediderunt Clon Stephanus, bull. de corr. hell. II 1878 p. 28 et Foucart, ibid. III 1879 p. 142.

E Y Θ Y M I Ψ O S

Var. lect. Foucart omisit S.
Εὐθύμιχος.

160 *Thebis*, in domo privata. Exscripsit Lolling.

ΣΤႯႯႯXX
ΘΕΑΓΕΝΕΣ

Θεαγένης. Supra alter titulus recentiore aetate exaratus est, Συμμ[α]χη.

---

161 *Thebis* in museo, lapis niger. Edidit Haussoullier, bull. de corr. hell. II 1878 p. 590 tab. XXVI 7. Exscripsit Lolling.

ΚΑΛϜΝΟΙΣ

Var. lect. Lolling Ϲ.
Καλυνϟίς.

---

162 *Acraephiae* (Carditzae) in pila aediculae S. Georgii. Exscripsit Lolling.

////ΦΙΕΣΣΙΗΕΡΟΙΠΤΟΙ//////

[Ὀ]φίεσσι, ἥρωϊ Πτωΐ[οι]. Puta serpentes sacras in oraculo illo satis celebri alitas esse.

---

163 Lapis sepulcralis tofinus, *Tanagrae* repertus, in parte antica et in sinistri lateris margine sinistro perscriptus, 0.20 m. alt., 0.25 m. lat., 0.14 m. crass. Ediderunt Cumanudes, Athen. IV p. 297 et Robert, arch. Zeit. XXXIII p. 160. Ectypum contuli.

ΕΠΙΕΥΞΕΝΙΔΑ
ΕΙΕ

Ἐπὶ Εὐξενίδα[ε]. In latere angustiore instituerat marmorarius nomen incidere; sed quum litteram Π a se omissam esse animadvertisset, partem anticam ad titulum delegit.

---

164 Lapis *Tanagraeus*, qui in museo servatur, 0.30 m. alt., 0.40 m. lat., 0.30 m. crass. Typis minusculis edidit Cumanudes, Athen. tom. III p. 169, maiusculis Haussoullier, bull. de corr. hell. II 1878 p. 589 tab. XXVI 8. Exscripsit Loeschcke.

ΙΙΙΞΕΝΟΚΙΙΑ

Var. lect. Loeschcke Ϝϛ.
Ξενόκλια, pro Ξενόκλεια.

---

165 Hunc titulum, qui Delphis exstabat, unus exscripsit Dodwell et edidit in libro: a classical and topographical tour through Greece, II p. 509. Hinc Boeckh, prooem. lect. univ. Berol. hibern. 1821/22; Rose, inscrr. Gr. vet. p. 99 tab. XIII 1; Boeckh C. I. G. 25; Kirchhoff, Stud.³ p. 130 not., p. 132 sq.

— — αλο[ς] ὁ Πολ— — ἀνέθηκε] seu
ὁ δεῖνα —]άλω [τ]ὠπόλ[λωνι ἀνέθηκε]
Βοιώτιος ἐξ Ἐρχομ[ενῶ].
Ὑπατόδωρος Ἀ[ρ]ιστογ[είτων]
ἐποησάταν Θηβαίω.

Hypatodorum Ol. 102 floruisse auctor est Plinius XXXIV 19; quo tempore multo recentiorem existimare titulum vel ideo non licet, quod Ol. 103. 2 Thebani Orchomenum diruerunt. Sed potest ille esse aliquanto vetustior; nam iam circa Ol. 98 Hypatodorum et Aristogitonem artem factitasse Pausaniae loco (X 10) nisus docuit Kirchhoff l. l. Idem angustioribus finibus aetatem tituli circumscribere studuit; nam quod Boeotium ex Orchomeno oriundum sese appellat dedicator, non simpliciter Orchomenium, inde ille efficit titulum assignandum esse ei tempori, quo Orchomenus foederi Boeotio intererat, i. e. eum non potuisse scribi eo spatio, quod intercedebat inter pacem Antalcideam et restitutionem foederis Boeotii. At potest ille nomen gentis addidisse, ne Arcas haberetur, cf. n. 362 τοῦ Κυπρίου τοῦ Σαλαμινίου, C. I. G. 2907 Κύπριος ἐκ Σαλαμῖνος.

---

166 *Plataeis* in ecclesia S. Nicolai in lapide Eleusinio quadrangulo, quem a. 1834 repperit Pittakis; edidit ephem. n. 2428.

ΕϜΙΛΞΙDΡΙ

[Ϝ]έλιξ Ἰδρί[αο]; cf. ϝελιξίαν in tit. Orchom. bull. de corr. hell. IV 1880 p. 78.

167 *Thisbae* (Cacosii). Rangabé, n. 31 ex Prokeschii apographo; Keil, syll. LX a ex Rangabei Antiquitatibus et Rossii apographo; Le Bas, voy. arch. tab. VII 20 ex libro Rangabeiano. Exscripsit Lolling, cuius apographum cum Rossiano congruens atque adeo paulo perfectius repetimus.

```
STOI..AIΨSENOISIΦANESΦILO
SΠOTARISSTEVONENΠROMAΨOIS
```

['A]στοῖς καὶ ξείνοισι φανεὶς φίλο[ς ἠμὶ ∪ — ⌒]
[ὅ]ς ποτ' ἀριστεύων ἐν προμάχοις [ἔπεσον.]

Idem initium versus hexametri habes in titulo Halicarnassio apud Bailium, fasc. II p. 73 (Le Bas n. 508): ἀστοῖς καὶ ξείνοιτιν. Versus herous exiens quomodo commode posset expleri, vidit Kaibel n. 487.

168 *Orchomeni*, in monasterio τῆς κοιμήσεως τῆς Παναγίας intra ecclesiam in lapide. Ediderunt Leake, mus. crit. or Cambridge classical researches, tom. II p. 579 n. 25; ex Leakii apographo Rose, inscrr. Gr. vet tab. XIII 2, n. 8. 9; Boeckh C. I. G. 1639; Leake, travels in northern Greece tom. II p. 152 et 154, tab. VIII 36; Rangabé n. 331; Keil, syll. p. 177; Le Bas, voy. arch. tab. VII 18 (ex Rang.), n. 633 (ex Leakio). Sequimur Leakium, itin.

```
ΕΠΙΒΑΚΕVFΑΙ
ΕΠΙΔΕVϞΟΝΙ
```

Var. lect.: Rang. Vs. 1 ⊦ pro F, vs. 2 Ι pro E.
Ἐπὶ ΒακεύϜαι (?).   ἐπὶ Δέξωνι.

169 *Tanagrae.* Edd. Cumanudes, Athen. III p. 169; Robert, arch. Zeit. XXXIII p. 159. Exscripsit Lolling. Ectypum contuli.

```
ϞΑΜΙΨΑ
```

Σαμίχα.

170 Lapis marmoreus caeruleus, in regione *Tanagraea* repertus, nunc in vico Scimatario, in aula ecclesiae S. Taxiarchi. Edidit Robert, arch. Zeit. XXXIII p. 160; etiam Lolling exscripsit.

```
ΑΡΤΑΜΙ
ΔΟϞ
```

Ἀρτάμιδος sc. hic fundus (cf. Foucart, bull. de corr. hell. II 1878 p. 515).

171 *Tanagrae* in museo, lapis calcarius. Edidit Haussoullier, bull. de corr. hell. II 1878 p. 590 tab. XXVI 15.

```
ΘΕΤΑΛΟϞ
```

Φέτ(τ)αλος, cf. Le Bas, n. 489 vs. 8.

172 Lapis calcarius *Tanagrae* effossus, 0.35 m. alt., 0.23 m. lat., 0.07 m. crass. Typis minusculis edidit Cumanudes, Athen. III p. 169; maiusculis Haussoullier, bull. de corr. hell. II 1878 p. 590 tab. XXVI 17. Exscripsit Lolling.

Var. lect. Lolling Ρ.
Ἀρνησίχα.

173 Cippus *Tanagrae* effossus, aëtomate instructus, 0.56 m. alt., 0.28 m. lat., 0.13 m. crass. Typis minusculis edidit Cumanudes, Athen. IV p. 297. Exscripsit Lolling.

```
ΠVRRINOS
```

Πυρρῖνος.

174 *Tanagrae* in museo, lapis calcarius. Edidit Haussoullier, bull. de corr. hell. II 1878 p. 589 tab. XXVI 25. Exscripsit Lolling.

```
ΕΜΝϞΤΟϞ
```

[Τηλ]έμναστος.

175 Lapis *Tanagraeus*; exscripsit Lolling.

```
|ΜΕΝΕΚRΙΤΟS|
```

Μενέκριτος.

176 *Tanagrae* in museo, in cippo fusco 0.82 m. alt., 0.50 m. lat., 0.28 m. crass. Typis minusculis edidit Cumanudes, Athen. IV p. 297. Exscripsit Loeschcke.

```
ΜΝΑϞΟΝ
```

Μνάσων.

177 *Tanagrae* in museo; cippus niger aëtomate ornatus, 0.75 m. alt., 1.08 m. lat., 0.16 m. crass.; altitudo litterarum 0.065 m. Typis minusculis edidit Cumanudes, Athen. IV p. 297. Exscripsit Loeschcke.

```
ARISTARΨOS
```

Ἀρίσταρχος.

178 *Tanagrae.* Exscripsit Lolling.

| · E · ᗡ ᖇ ᘝ I ᗡ S |

---

179 *Tanagrae.* Exscripsit Lolling.

— ᗡ ᗩ S |

---

180 *Tanagrae.* Exscripsit Lolling.

— — ᗡ ᗩ S |

---

181 In parvo canthaAro *Tanagraeo* musei Berolinensis, litteris incisis. Exscripsi.

Nomen inchoatum (Ἀσωπο—?) is qui scripsit ad finem non perduxit.

---

182 Ad vicum Chlembotzarium (cf. n. 128) inter *Thebas* et *Tanagram*; in colle vicino, magnum saxum. Kaibel, Herm. VIII p. 425 n. 27.

///////////////ᑎ////S
O N A S I M O I

[ὁ δεῖνα] Ὀνασίμοι.

---

183 Dritzae, in vico inter *Thebas* et *Tanagram* sito, in ecclesia lapidem caeruleum, cuius per partem anticam currit fascia levigata titulum non mutilatum continens, primus exscripsit Ross; edidit idem in diario Morgenblatt, a. 1835 n. 209 p. 835, et in libro Koenigsreisen I p. 109, Keil in syll. LXIIl, Le Bas n. 576. Postea lapidem in vico Scimatario in aula ecclesiae S. Taxiarchi exscripserunt Robert, arch. Zeit. XXXIII p. 160, Lolling, Loeschcke, denique Haussoullier, bull. de corr. hell. II 1878 p. 589 tab. XXVI 3. Ectypon clarum misit Io. Schmidt.

Var. lect. Congruunt cum ectypo apographa Lollingii et Haussoullierii; minus recte Robert et Loeschcke tertio loco exscripserunt Y, Ross in diario ϙ; male Keil et Le Bas habent ΦΟΡΑΣ.
Βόκας seu Βώκας.

---

184 In vico Moricio (*Peteone?*), in ecclesia. Habemus ex Rossii diario.

Φ I L O + O R O S

Φιλόχορος. Suspicor in lapide esse Ψ.

---

185 In lapide ad sinistram fracto, apud fontem in radicibus *Messapii montis* ad viam quae Thebis Chalcidem fert. Keil, syll. LX*g* ex Rossii apographo; Le Bas, voy. arch. n. 574 ex sylloge. Habemus titulum in Rossii diario.

ᐱ O K ᛚ E S

[Δαυ]οκλῆς vel sim. Ad — κλῆς cf. n. 300 vs. 20 Πυρομοκλῆς.

---

186 In vico Sialesio, qui in medio fere itinere inter *Thebas* et *Phylen* iacet, repertus est cyathus niger, cuius ad ansam titulus acu incisus et colore rubro illitus est. Kirchhoffio haec testatus est Phinticles professor Atheniensis.

B E L Φ I ᔑ

Βελφίς, forma Boeotica nominis Δελφίς; huius igitur mulieris vasculum erat.

---

187 In operculo sarcophagi ex lapide calcario subcaeruleo, eruti *Thebis* a. 1853 in Cadmeae clivo occidentali pone domos hodiernae urbis supra vallem Dirces. Titulus, litteris 0.05—0.06 m. altis inscriptus, est integer praeter primi versus initium. Exscripsit Bursian et edidit typis vulgaribus, bull. dell' inst. arch. 1854 p. XXXV; ex eius apographo Rangabé, n. 2275. Iterum exscripsit Vischer, epigr. und archaeol. Beiträge p. 47, tab. VI 5 (kleine Schriften II p. 70sqq.); Bursiani apographum repetiit Keil, Jahrb. für Philol. und Paedag. nov. ser. suppl. IV p. 540. Sequimur Vischerum.

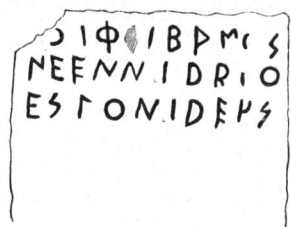

Var. lect. Vs. 1 Bursian, bull: ..Y.IΛΑΟΣ, idem sec. Rang.: /IIYIᛚAOS, idem sec. Keilium: ⋅IY.IᛚAOS. Vs. 2 Bursian: MEᛚNNIDAO. Vs. 3 idem EᔑᑌOᑎIDEᖴS.
--ἱ[δ]αμος Μεννίδαο ἐσγονιδεύς. Vocem ἐσγονιδεύς Vischer interpretatus est unum e posteris, maluerim Ἐσγονιδεύς vel Ἐσπονιδεύς accipere nomen demoticum.

---

188 *Thebis* in uno e lapidibus, quibus compositum est pavimentum ecclesiae S. Eleusae. Ediderunt Rangabé n. 322; Keil, syll. LXVI*b*; Le Bas, voy. arch. n. 520.

ᗡ A M A T R I O S

Δαμάτριος.

189 *Thebis* in museo, lapis niger, oriundus ex loco suburbano cui nomen Πυρί. Edidit Haussoullier, bull. de corr. hell. II 1878 p. 590 tab. XXVI 24.

ΚΑΦΙΣΟΔΟΡΟΣ

Καφισόδωρος.

---

190 *Thebis*, loco suburbano, cui nomen Πυρί; in lapide exili sepulcrali. Edidit Clon Stephanus, bull. de corr. hell. II 1878 p. 28.

ΒΡΕΣΑΔΑΣ

Βρεσάδας.

---

191 *Thebis* in museo. Titulus in striis columellae inscriptus est. Edidit Foucart, bull. de corr. hell. III 1879 p. 130 sqq.; accuratius exscripsit Lolling, quem sequimur.

ΔΙΟΜΟΛΟΙΟΙ
ΑΓΗΜΟΝΔΑΣΑΡΟΔΕΚΑ

Var. lect. Foucart aliquot litteris male perspectis legit vs. 2. Ἀπαμώνδας Ἀγορεύς.
Δὶ Ὁμολωίοι Ἀγημόνδας ἀπὸ δεκά[τας].

---

192 Cippus acroteriis ornatus, in Boeotia repertus, qui nunc asservatur in gymnasio Thebano. Edidit Kaibel, Herm. VIII p. 424 (cf. Kirchhoff, Stud.³ p. 133 not.); exscripsit Lolling, quem sequimur.

ΑΝΤΙΨΑΡΙΣ

Var. lect. Kaibel Χ pro Ψ.
Ἀντίχαρις.

---

193 *Thebis* in museo; edidit Foucart, bull. de corr. hell. III 1879 p. 142.

ΣΑΜΙΨΟΣ

Σάμιχος.

---

194 In vico τοῦ Ἁ. Θεοδώρου prope *Thebas*, marmor nigrum. Edidit Foucart, bull. de corr. hell. III 1879 p. 142.

ΦΙΛΟΜΕΛΙΔΑΣ

Φιλομηλίδας.

---

195 Prope *Thebas* in aedicula τῆς ἁγίας Παρασκευῆς. Edidit Foucart, bull. de corr. hell. III 1879 p. 142 sq.

ΨΑΡΟΠΙΣ

Χαροπίς.

---

196 *Thebis* in suburbio cui nomen Πυρί; marmor nigrum. Edidit Foucart, bull. de corr. hell. III 1879 p. 143.

ΦΙΛΟΨΑΡΙΔΑΣ

Φιλοχαρίδας.

---

197 In vico Moschopodio prope *Thebas*; marmor magnum e caeruleo nigricans in aedicula τῆς ζωοδόχου πηγῆς. Edidit Foucart, bull. de corr. hell. III 1879 p. 143; exscripsit Lolling.

ΑΡΑΔΡΙΝΟΣ

[Χ]αραδρῖνος.

---

198 *Thebis*, lapis sepulcralis repertus in coemeterio prope aediculam S. Lucae; nunc servatur in museo. Edidit Foucart, bull. de corr. hell. III 1879 p. 143. Exscripsit Lolling, quem sequimur.

ΠΟΛΥΣΣΤΡΟΤΑ

Var. lect. Foucart bis Ε.
Πολυσστρότα.

---

199 *Thebis* se hunc titulum a. 1859 descripsisse affirmat Lenormant, mus. Rhen. 1866 p. 401 n. 279.

ΙΣΜΕΝΟΚΛΕΣ

Ἰσμηνοκλῆς.
Quod spiritus asper desideratur, qui aetate antiquioris scripturae in stirpe Ἰσμην- non soleat deesse (cf. n. 129 et n. 286), sufficit ad titulum, quem unus Lenormant testatur, in suspicionem vocandum. Non offendit -κλῆς, cf. n. 185. 300.

---

200 *Plataeis* apud fontem, a parietinis urbis ad orientem versus. Exscripsit Lolling.

ΗΣΙΠΠΟΣ
ΕΠΙ
ΑΜΑΡΑΤΩ

[Ἀγ]ήσιππο[ς]. Subiectus est titulus recentior: ἐπὶ [Δ]αμαράτῳ.

201 Prope vetera *Leuctra*, in lapide, qui insertus est muro ecclesiae S. Petri, a tribus vicis qui τὰ Παραπουγγιά vocantur decem minutarum iter ad occidentem versus. Lapis ad sinistram est fractus. Edidit Decharme, arch. des miss. scient. 1867 p. 516 n. 24.

ASKASSTOΔAMOS

Decharme legit: - - ας Κασστόδαμος, collatis aliis nominibus praecipue Boeotiis a radice καδ ductis, Ἰοκάστη, Ἐπικάστη Κάδμος sim.

202 *Leuctris* a. 1858 se titulum exscripsisse narrat Lenormant, mus. Rhen. 1866 p. 400 n. 276.

KAΦISODOTOS

Καφισόδοτος.

203 Haud procul a parietinis *Thespiarum* in vico Eremocastro in muro ecclesiae; exscripsit Leake. Leake, mus. crit. II p. 577 n. 11; C. I. G. 1640; Leake, travels in northern Greece II p. 484 tab. XVII 79; Le Bas, voy. arch. n. 419. Sumimus titulum ex Leakii itinerario.

EΦIΠΠOS

Ἔφιππος.

204 In vico Eremocastro prope *Thespias*; lapis calcarius, qui in scalis domus Nicolai Χατζῆς locum gradus tenet. Edidit Ioannes Schmidt, Mittheilungen des deutschen Inst. in Athen V p. 130. Idem misit ectypum.

EΠIΛIBVSSAI

Ἐπὶ Λιβύσσαι.

205 Titulus neglegenter incisus in margine vasculi, quod inferiore parte defracta nunc 0.07 m. altum est. Repertum est *Thespiis*, servatur Athenis in Varvacio. Edidit Mylonas, bull. de corr. hell. II 1878 p. 540.

DIONYSIOSAⅢⅢALION

Διονύσιος Ἀ[ρ]παλίων[ι].

206 Alabaster 0.09 m. altus, qui repertus esse dicitur *Thespiis* et nunc exstat in museo Britannico; inter ornamenta picta incisus est titulus artificis. Edidit de Witte, bull. de corr. hell. II 1878 p. 551.

ΓAMEDES EΠOESE

Γαμήδης ἐπόησε. Idem titulus colore pictus bis legitur in oenochoë musei Parisini (cf. de Witte l. l. p. 548 sqq.).

206a Cantharus parvus *Thespiis* repertus, nunc musei Berolinensis. In utroque vasis latere picti sunt terni viri; in altero titulus eis ascriptus dedita opera erasus, in altero servatus est. Litterae acu incisae sunt. Exscripsi.

KLEIE   RΓOSKAL
figura viri   figura viri
OKEI

Κλείεργος Καλοκ(λ)ῆι (sc. donavit). De nominibus, quae a Καλο- incipiunt, cf. Keil, Syll. p. 17, zur Syll. p. 647, Καλοκλῆς C. I. G. 1392. Non ausus sum scribere Καλοκ(κ)εῖ, quia ante terminationem hypocoristicam (cf. n. 157) non solet omitti altera consonantium.

207 Inter *Thisbam* et *Thespias* in muro ecclesiae prope vicum Tatezam; exscripsit Leake. Idem edidit, mus. crit. II p. 577 n. 14; Boeckh C. I. G. 1644; Leake, travels in northern Greece II p. 501 tab. XIX 86, unde repetimus; cf. Le Bas, voy. arch. n. 420; Keil, syll. p. 177.

VEV.INAS

Λευ[κ]ίνας.

208 *Ibidem*. Leake, mus. crit. II p. 577 n. 13; C. I. G. 1650; Leake, travels in northern Greece II p. 501 tab. XIX 85, unde titulum sumo; Le Bas, voy. arch. n. 417.

....DINOS

— — δινος.

209 Inter *Thisbam* et *Thespias*, in muro ecclesiae vici Xeronomi, a Thisba (Cacosio) circiter 9000 m. ad orientem versus. Leake, mus. crit. II p. 578 n. 17; Rose, inscrr. Gr. vet. tab. XIII 2 n. 6 ex Leakii apographo; C. I. G. 1649 ex museo critico; Leake, travels in northern Greece II p. 501 sq. tab. XIX 90; Le Bas, n. 443 ex prioribus. Exscripsit Lolling.

ΦRASSE

Nota. Litteras SE iam non apparere tradit Lolling.

Φρασσῆ. Cf. not. ad tit. Tanagraeum n. 157. Quodsi Φρασσῆ nihil aliud est nisi nominis a syllabis Φρασι- incipientis hypocorisma breve et concisum, iam intellegitur duplex σ bene se habere neque hic ullum esse locum duplici τ.

210 In vico Xeronomio, inter *Thespias* et *Thisbam*, in ponte. Titulus pertinet ad anaglyphum, quod repraesentat equitem. Exscripsit Lolling.

YEIRATES

[Ἐ]χε[κ]ράτ[η]ς.

210a Titulus incisus in ventre lecythi parvae *Thisbaeae* musei Berolinensis. Exscripsi.

```
        Φ Ε                            ⲰΑΟΚΕ
    ΠΟΙΜΑΝΟΡΙΔΑϚΜΕ
```

Ποιμανορίδας μ' ἐπίδωκε „insuper dedit." Quem supra inchoavit titulum Poemanoridas imperfectum reliquit. Ne quis nomine in alia Boeotiae regione celeberrimo motus incidat in coniecturam Ποιμαν[δ]ρίδας, litteram O certam esse testor.

211 In regione antiquae urbis *Coroneae* apud vicum Ἅγιον Γεώργιον eo loco qui nunc nominatur Πόντζια, in muro ecclesiae Taxiarchorum. Leake, travels in northern Greece II p. 134; ephem. a. 1838 p. 61 typis vulgaribus; Rangabé, n. 35 ex Prokeschii apographo; Keil, syll. XXXIX*d* ex Leakii et Rangabei editionibus et Rossii apographo; ephem. a. 1854 n. 2373; Rangabé, n. 2149 ex Naoumi apographo; Le Bas, voy. arch. n. 670 ex Keilii sylloge. Exscripsit Lolling. Exhibemus titulum ex Rossii diario.

```
           ΦΟΙϚΙΑϚ
```

Var. lect. Leake ⊕ et Ϛ. Rangabé n. 35 et Lolling Λ; ephem. n. 2373 Λ. Rangabé n. 2149 Ϛ.

Φοισίας.

212 *Ibidem* in ecclesia Taxiarchorum. Keil, syll. LVII*b* e Rossii apographo; repetiit Le Bas, voy. arch. n. 673. Exstat in Rossii diario.

```
        ΠΙϚΙⲆΟΡΙⲆΑϚ
```

Πισιδωρίδας pro Πεισιδωρίδας.

213 In *eodem vico* in ecclesia S. Georgii. Ex Rossii diario.

```
           | . ΟΡΙϚ
```

[Δ]ωρίς.

214 *Lebadeae* in lapide muri meridionalis, in ima interiore turri castelli quod surgit supra fontes Hercynnae. Rangabé, n. 337; repetiit Keil, syll. LXVII*d*.

```
         ΜΝΑϚΙⲆΙΚΟϚ
```

Μνασίδικος.

215 *Lebadeae* hunc titulum a. 1863 se exscripsisse contendit Lenormant, mus. Rhen. 1866 p. 401 n. 283.

```
      ΚΑLLΙΝΙΚΟϚϚΤΡΟΜΒΙΨΟ
```

Καλλίνικος Στρομβίχω.

216 *Lebadeae* a. 1863 hanc inscriptionem a se exscriptam esse affirmat Lenormant, mus. Rhen. 1866 p. 402 n. 284.

```
       ΦΙLΟ✝ΕΝΟϚΕΥΠΟΡΟ
```

Φιλόξενος Εὐπόρω.

217 *Orchomeni*, ubi nunc Σκριπού. Edidit Foucart, bull. de corr. hell. IV 1880 p. 99.

```
       ΕΠΑΡΙϚϚΤΟⲆΙΚΑΙ
```

Ἐπ' Ἀριστοδίκαι.

218 Titulus *Acraephiae* (Carditzae) in lapide quadrato nigro, qui in pariete ecclesiae S. Blasii inclusus est, scriptus litteris magnis. Ephem. n. 787; hinc Rangabé n. 363 et Le Bas, voy. arch. tab. VII 22 et n. 595.

```
     ΚΑΦΙϚΟⲆΟΤΑ
```

Καφισοδότα.

219 In summo margine canthari vernice atra illiti ex Boeotia oriundi. Apud Philemonem Atheniensem, qui Aeoni ephemeridi edendae praeest, exscripsit Schoell; edidit Kirchhoff, Stud.[3] p. 131. Utimur Schoellii apographo.

```
    VΑΡΕϚΕⲆΟΚΕϚΥΠLΟΙΟΝΙΜΕ
```

Χάρης ἔδωκε Εὐπλοίωνί με. Versu trimetro dedicationem includere studuit Chares, sed male ei cessit.

220 *Tanagrae* in museo lapis calcarius. Edidit Haussoullier, bull. de corr. hell. II 1878 p. 589 tab. XXVI 5.

```
        ΑΡΝΟΦΑLΚΕΙ
```

[Ἐπὶ] Ἀνφάλκει.

221 *Tanagrae* in museo; lapis calcarius. Edidit Haussoullier, bull. de corr. hell. II 1878 p. 589 tab. XXVI 2.

ΕΠ
ϘΟΡ

Ἐπ[ὶ] Ϙορ[ακι] vel. sim.

222 In cippo *Tanagrae* effosso. Exscripserunt Kaibel, qui edidit Herm. VIII p. 427 n. 32, et paulo accuratius Lolling.

ΟΛΥΜΠΙΥΟ///

Ὀλύμπιχο[ς].

223 Lapis niger *Tanagrae* erutus; typis minusculis edidit Cumanudes, Athen. III p. 169; exscripsit Lolling.

ΕΥΤΕΛΙΑ

Εὐτέλια, pro Εὐτέλεια.

224 *Tanagrae* in museo, lapis calcarius. Edidit Haussoullier, bull. de corr. hell. II 1878 p. 590 tab. XXVI 21.

ΚΟΡΑΣ

Κόρα[ξ]?

225 Lapis calcarius, *Tanagrae* effossus, 0.22 m. alt., 0.20 m. lat., 0.10 m. crass. Typis minusculis edidit Cumanudes, Athen. IV p. 297; maiusculis Haussoullier, bull. de corr. hell. II 1878 p. 590 tab. XXVI 19. Exscripsit Lolling.

ΔΙΟΝΥΣΙΟΣ

Var. lect. Lolling S.
Διωνύσιο[ς].

226 Lapis *Tanagraeus*; exscripsit Lolling.

Ε...Λ.ΡΕΤ

Ἐ[πὶ] Φιρ[ε]τ[α].

INSCR. GRAEC. ANTIQ.

227 *Tanagrae*; superior pars cippi aëtomate ornati, ad dextram mutila, 0.18 m. alt., 0.20 m. lat., 0.13 m. crass. Typis minusculis edidit Cumanudes, Athen. IV p. 297. Exscripsit Lolling.

ΥΟΙΚ....

Var. lect. Cum.: Χοιρ..; at Κ in lapide esse plane testatur Lolling.

228 Lapis *Tanagraeus*; exscripsit Lolling.

ΤΙΔΟΤΑ

[Ἀν]τιδότα.

229 *Tanagrae*. Exscripsit Lolling.

ΔΟΔ

230 *Tanagrae*. Exscripsit Lolling.

ΜΕΜΕΚΛΑ

Nota. Utrum quinta littera sit Κ an Σ, item utrum septima sit Λ an Ε, Lolling videtur dubitasse.
Με[ν]έκλ[ι]α, pro Μενέκλεια, vel Με[ν]εκλέ[ης].

231 *Tanagrae*. Exscripsit Lolling.

——ΡΛ—

232 *Tanagrae*, in tabula magna fictili. Exscripsit Lolling.

ΔΛ

233 *Tanagrae*. Exscripsit Lolling.

ΟΛΛ vac.

234 Lapis niger *Aulide*, ubi nunc Rhitzona, repertus; servatur Tanagrae in museo. Edidit Haussoullier, bull. de corr. hell. II 1878 p. 590 tab. XXVI 23.

ΜΥΛΛΙΨΙΔΑΟΝ

Μυλλιχιδάων?

235 Apud vicum Chlembotzarium (cf. n. 128) inter *Thebas* et *Tanagram*. Kaibel, Herm. VIII p. 425 n. 28.

EIKADION

Εἰκαδίων.

236 Dritzae, inter *Thebas* et *Tanagram*, in ecclesia; habemus titulum in Rossii diario; idem edidit in Morgenblatt a. 1835 n. 209 p. 835 et in libro Koenigsreisen I p. 109; Keil, syll. LXII*m*; Le Bas n. 577.

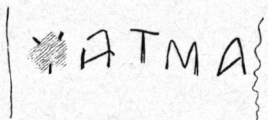

237 *Harmae*, in stela parva rudi, aëtomate instructa. Keil, Jahrb. für Philol. Suppl. IV p. 600 ex Rossii apographo; indidem nos.

IIARON

[ʽ]Ιάρων.

238 *Harmae* in ecclesia. Keil, ad syll. p. 600; nos ex Rossii diario.

BVΦANI

[Ε]ὔφαν[τος].

239 In vico Darimario, qui a *Thebis* in via, quae Athenas fert, duobus fere miliariis Germanicis distat; lapis niger in ecclesia Taxiarchorum. Exscripsit Lolling.

ΦΙLΟ+ΕΝΙ

Φιλοξενί[δας].

240 In stria columnae truncatae repertae *Thebis* in domo Kelartzii. Ex Iatridis apographo edidit Rangabé n. 321; hinc petiverunt Keil, syll. LXVI*a*, Le Bas, voy. arch. tab. VII 21.

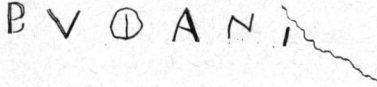

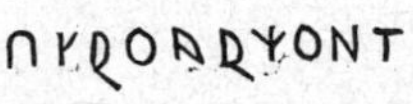

Lectio ambigua.

241 *Thebis* in lapide pavimenti ecclesiae S. Eleusae. Rangabé n. 323; Keil, syll. LXVI*c*; Le Bas, voy. arch. n. 538.

ΓΓΑΙΚΑ

[ʼΕπ]α[λ]κα?

242 *Thebis* in lapide albo marmoreo, qui olim erat in ecclesia S. Theodori, nunc exstat in museo. Rangabé, n. 324 ex Xanthi apographo; ephem. n. 843; Keil, syll. LXVI*d*; Le Bas, voy. arch. n. 537. Repetimus delineationem ex ephemeride, quacum apographum Lollingianum bene congruit.

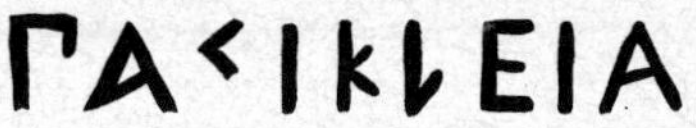

ΓΑϹΙΚLΕΙΑ

Var. lect. Rangabé et qui eum sequuntur: ΠΑϹΙΚΕΑ.
Πασίκλεια.

243 In basi lapidis albi, reperta a. 1841 in septentrionali *Thebarum* parte. Ephem. n. 844, unde titulum repetimus; congruit exemplar Rangabei, n. 366.

[Ε]ὐπραξία.

244 *Thebis*, in museo. Exscripsit Lolling.

DAIMAΨA

Δαιμάχα.

245 *Thebis* in aedicula extra urbem, cippus marmoreus albus. Edidit Foucart, bull. de corr. hell. III 1879 p. 143.

AYTOKRATEIA

Αὐτοκράτεια.

246 Anaglyphi pars sinistra, in qua conspiciuntur Hercules cum viro et muliere, reperta in *Thebarum* suburbio cui nomen Πυρί, tum venit in museum Thebanum. Supra anaglyphum exaratus est titulus et ipse ad dextram mutilus. Ediderunt Decharme, archives des missions scientifiques 1867 p. 503, et Wilamowitz, Herm. VIII p. 431; exscripsit Lolling.

EYMEDE//////

Var. lect. Pro D Wilamowitz ∇, Lolling ▷.
Εὐμήδη[ς].

247 In fragmento lapidis *Thebis* reperto. Ephem. n. 846; Le Bas 566.

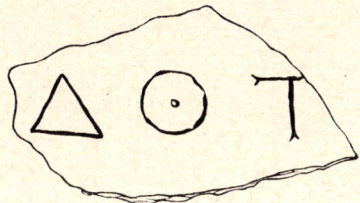

Fragmentum nominis in -δοτ[ος] seu -δότ[α].

247a Titulus acu incisus in margine exteriore canthari parvi nigri reperti in sepulcro prope *Plataeas*. Servatur Piraeei in collectione privata. Edidit Hauvette-Besnault, bull. de corr. hell. IV 1880 p. 547.

Γοργιδαό ἠμι.

---

248 *Leuctris*, in muro ecclesiae S. Petri (cf. n. 201). Rangabé, n. 2051; Decharme, arch. des miss. scient. 1867 p. 516 n. 23, unde titulum sumimus.

ΦΙΘΟΝ

Var. lect.: Rang. ΦΙΘΟΝ.
Φίθων.

---

249 *Leuctris*; in medio vicorum Παραπουγγιῶν, in muro ecclesiae τῆς ἁγίας παρασκευῆς. Vidit Ulrichs, annali 1848 p. 41, Reisen und Forschungen II p. 105; exscripsit Lolling.

ΙΤΥΕΠΤΟΥΕΜ)

Τληπτόλεμ[ος].

---

250 *Thespiis* (Eremocastri), in domo; litterae graciles. Edidit Haussoullier, bull. de corr. hell. III 1879 p. 382.

FΕΙΑΡΙΝΟ

Ϝειαρίνω vel Ϝειαρῖνο[ς].

---

251 In fragmine, quod a. 1834 *Thespiis* repperit Pittakis; ephem. n. 2442.

RON

251a In canthario parvo *Thespio*, litteris incisis. Exscripsi in museo Berolinensi.

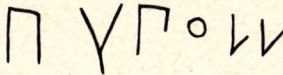

Titulus est integer.

---

252 In vico Tateza, inter *Thespias* et *Thisbam*; exscripsit Lolling.

RID

Quae ad dextram olim sequebantur, iam non apparebant.

---

253 In vico Xeronomio, inter *Thespias* et *Thisbam*, in ponte. Exscripsit Lolling.

ΕΠΑΝΤΙΦΙΛΟΙ

Ἐπ' Ἀντιφίλοι.

---

254 In vico Mazio (*Haliarti*), lapis calcarius bene levigatus, in gradu ecclesiae S. Ioannis. Edidit Io. Schmidt, Mittheilungen des deutschen Inst. zu Athen V p. 132; idem misit ectypon.

ΚΑΥΟΝΝΟ

Καλόννω.

---

255 *Coroneae*, ubi hodie est vicus Ἅγιος Γεώργιος, in ecclesia S. Demetrii. Keil, syll. LVI b ex Rossii apographo; Le Bas, voy. arch. n. 671 ex syll. Habemus titulum ex Rossii diario.

ΑΥΕ+ΙΜΕ)

Var. lect. Falso apud Le Basium ΜΕΙ pro ΜΕΙ excusum est.
Ἀλεξιμέ[νης].

---

256 In agro inter rudera antiquae urbis *Lebadeae*, ante urbem hodiernam. Rangabé n. 325; repetiit Keil, syll. LXVI e.

ΕΠΙΠΡΟΚΛΕΙΕΜΙ

Var. lect. Quod apud Rangabeum legitur ΕΠΕΙ, typothetae vitium videtur esse.
Ἐπὶ Προκλῆι ἠμι.

257 *Lebadeae* in lapide caeruleo, qui iacet ante museum parvulum in schola constitutum; exscripsit Lolling.

| ΕΓΡΑΚ . . . . |

Ἐπ' Ἀγκ-- s. ἐπ' Ἀλκ-- s. Ἐπαλκ--.

258 *Orchomeni*. Leake mus. crit. II p. 579 n. 24; ex eius apographo Rose, inscrr. Gr. vet. tab. XIII 7; Boeckh C. I. G. 1643 ex Leakii editione et Koehleri apographo; Leake, travels in northern Greece, tom. II p. 152 et 154, tab. VIII 35; Rangabé, n. 332; Keil, syll. p. 177; Le Bas, voy. arch. n. 647. Sumimus titulum ex Rosii libro.

KVΔILLE

Κυδιλλῆ; cf. not. ad tit. Tanagraeum n. 157.

259 *Orchomeni*. Ediderunt Meletius, in libro γεωγραφία παλαιὰ καὶ νέα p. 343; Boeckh C. I. G. 1673 ex Meletii libro; ephem. n. 799; Rangabé n. 333; Keil, syll. p. 193 ex E. Curtii apographo; Le Bas, voy. arch. n. 634 ex ephemeride. Hanc nos quoque sequimur.

KALLIΓITON

Var. lect. Meletius ΚΑΛΛΙΠΙΤΟΝΑΜΦΑΡΙΧΟΣ; at alterum nomen Ἀμφάριχος in alio lapide Orchomenio legi testis est E. Curtius. Rangabé KALLIΓEITON. Curtius cum ephemeride congruit.

Καλλιγίτων, i. e. Καλλιγείτων.

260 In marmore nigro in turri, quae pro aedicula est, inter vicos Grimadham et Scimatarium, prope parietinas *Tanagrae*; exscripsit Leake. Leake, mus. crit. II p. 577 n. 10; Rose, inscrr. Gr. vet. p. 101 tab. XIII 2 n. 3; C. I. G. 1642; Leake, travels in northern Greece II p. 464 tab. XV 67; Le Bas, voy. arch. n. 460. Sequimur Rosium.

HIΓΓΑΡΨΙΑ

Ἱππαρχία.

261 *Thebis* in museo; edidit Foucart, bull. de corr. hell. III 1879 p. 142.

ΘΕΙΟΓΙΤΑ

Θειογίτα, pro Θειογείτα.

262 *Thespiis* (Eremocastri) in fragmento hermae. Decharme, arch. des miss. scient. 1867 p. 526 n. 27; Kaibel, Herm. VIII p. 418 n. 10, quem sequimur.

KORRINAΔA▨
ANEΘEKE/▨
ΓΟΙΗΕRMA▨

Var. lect. Decharme vs. 1 ORRIMAΔA, vs. 2 ANEΘEK, vs. 3 TO▮HERMA.

Κορρινάδα[ς] ἀνέθηκεν τοῖ Ἑρμα[ῖ].

263 In lapide tofino invento in agro vici Cascaveli (Eremocastri) inter ruinas *Thespiarum*, deinde in aulam ecclesiae S. Eliae transportato. Rangabé n. 328; hinc Keil, syll. LXVIf et Le Bas, voy. arch. n. 422.

ΕΓΙΚΑΦΙΘΡΟΝ

Ἐπὶ Κάφι Θρον--.

264 *Coroneae*, ubi nunc est vicus Ἅγιος Γεώργιος, in lapide oblongo cinereo qui muro ecclesiae Taxiarchorum inclusus est. Ahrens, dial. Dor. p. 516 ex Rossii apographo; indidem habet Keil, syll. LVIIIm; ephem. n. 2379; Rangabé n. 2181; Le Bas, voy. arch. n. 727. Exscripsit Lolling. Sumimus titulum ex Rossii diario.

HEPMAIA

Var. lect. HEPMEIA apud Ahrensium errori debetur.

Ἑρμαία.

264a Lapis calcarius *Tanagrae* effossus, 0.25 m. alt., 0.25 m. lat., 0.15 m. crass. Typis minusculis edidit Cumanudes, Athen. III p. 169; exscripsit Lolling.

ΔΕΨΣΑΡΕΤΑ

Δεξαρέτα.

---

265 In anaglypho tofino 2 m. in altitudinem, in imo margine 0.53 m., in summo 0.42 m. in latitudinem, *Tanagrae* reperto. Repraesentantur duo viri nudi inter se amplexi; versus legitur sub anaglypho, nomina in utroque latere figurarum. Cumanudes, Athen. II p. 405; Conze, actt. acad. Vindob. 1875 p. 620; Robert, arch. Zeit. XXXIII p. 150; Dumont, comptes rendus de l'ac. des inscr. et b. l. 1878 p. 89; Koerte, Mittheil. des deutsch. Inst. zu Athen III p. 308 tab. XIV. Ectypa contuli; repeto exemplar diarii arch. satis accuratum.

ΑΜΦΑΛΚΕΣ ΣΤΑΣΕΓΙΚΙΤΥΛΟΙΕ | ΔΕΓΙΔΕΡΜΥΙ   ΔΕΡΜΥΣ   ΚΙΤΥΛΟΣ

Ἀμφάλκης [ἔ]στας' ἐπὶ Κιτύλοι ἠδ' ἐπὶ Δέρμυι. Δέρμυς, Κίτυλος.

TITVLI 61 BOEOTII

266 Lapis niger *Tanagrae* effossus; typis minusculis edidit Cumanudes, Athen. III p. 169, maiusculis Haussoullier, bull. de corr. hell. II 1878 p. 590 tab. XXVI 22. Exscripsit etiam Lolling.

ΛΑΟΤΟΣ

Var. lect. Lolling bis Ο.
Λάοτος.

267 *Tanagrae.* Exscripsit Lolling.

ΤΟΣ |

268 *Thebis* in museo. Exscripsit Lolling.

ΔΑΜΟΘΟΙΝΥΣ

Δαμόθοινυς.

269 *Thebis*, cippus albus marmoreus, repertus ad aediculam S. Trinitatis; postea in museum translatus est. Edidit Foucart, bull. de corr. hell. III 1879 p. 143; exscripsit Lolling, quem sequimur.

ΨΑΓΙΔΑΙΤΙΣ

Var. lect. Foucart Ρ.
Χαριδαιτις.

270 Ad puteum lapideum in amplissimo campo, quinque miliariis a *Thebis*, in lapide. Cyriaci Anconitani inscrr. p. XXXIII n. 223; C. I. G. 1637; Le Bas, voy. arch. n. 522.

ΗΑΓΕΣΑΝΔΡΟΣ

Ἁγήσανδρος.

271 *Leuctris*, in muro ecclesiae S. Petri (cf. n. 201). Decharme, arch. des miss. scient. 1867 p. 516 n. 22.

ΤΙΜΟΚΡΑΤΕΣ

Τιμοκράτης.

272 Inter vicos τὰ Παραπουγγιά (*Leuctra*) et Καρατάς, in aedicula diruta S. Nicolai. Exscripsit Lolling.

ΧΑΡΙΑΣ

Χαρίας.

273 *Thespiis* (Eremocastri) in lapide muro domus privatae infixo. Edidit Kaibel, Herm. VIII p. 418 n. 11.

ϜΕΡΣΙΔΑΜΟΣ

Χερσίδαμος? Maluerim Χερσιδάμ[α]ς, sed cf. Ἱππόδαμος.

274 In herma mutilo, 1 m. alt., 0.20 m. lat., 0.168 m. crass., oriundo ex ecclesia vici Palaeopanagiae; nunc servatur *Thespiis* (Eremocastri) in museo. Litterae sunt graciles. Edidit Haussoullier, bull. de corr. hell. III 1879 p. 382.

ΜΝΑΜΟΣΥΝΑΣ

Μναμοσύνας. Titulus aut quinti aut quarti saeculi.

275 In *valle Musarum*, ad occidentem vici Palaeopanagiae in pariete ecclesiae S. Ioannis. Keil, syll. LXII*a* ex Rossii apographo; Ulrichs, annali dell' inst. arch. 1848 p. 25; Le Bas, voy. arch. n. 425. Depromimus titulum ex Rossii diario.

ΔΑΜΟΦΙΝΟΣ

Δαμόφιλος.

276 Prope *Thespias* in ecclesia vici Eremocastri. Rangabé, n. 330; Keil, syll. LIII*e* ex Rossii apographo; ephem. n. 2429; Le Bas, voy. arch. n. 426 ex prioribus editionibus; Keil, Jahrb. für Phil. Suppl. IV p. 515 ex Schillbachii apographo. Ex Rossii diario.

ΜΕΝΕΘΟΙΝΟΣ

Var. lect. Punctum, quod Ross bis praebet in vocali ο, deest apud Rangabeum in altera, apud Schillbachium in utraque; ephemeris cum Rossio congruit. Omisit puncta etiam Le Bas suo periculo.
Μενέθοινος.

277 In lapide tofino reperto in agro vici Cascaveli (Eremocastri) inter ruinas *Thespiarum*, deinde in aulam ecclesiae S. Eliae transportato. Rangabé n. 326; Keil, syll. LIII*b* ex Rossii apographo, cf. ad syll. p. 592; Le Bas, voy. arch. n. 418 ex sylloge. Sumimus inscriptionem ex Rossii diario, quocum Rangabei exemplum consentit.

ΠΡΟΚΛϜΕΣ

Προκλ[ί]ης. Post λ, ubi debebat esse ι, coepit lapidarius, ni fallor, scribere ε; noli reconditam quandam originem lineolae transversae suspicari cum Rangabeo.

278 In vico Cascavelio in marmore ex necropoli *Thespiarum* allato. Decharme, arch. des miss. scient. 1867 p. 531 n. 40.

ΑΠΟΛΛΟΔΟΡΟΣ

Ἀπολλόδωρος.

279 Ibidem in marmore *indidem* allato. Decharme, arch. des miss. scient. 1867 p. 531 n. 41.

| ΦΕϜΙΣΤΑ

Φε[ϝ]ίστα.

280 In lapide tofino invento in agro vici Cascaveli (Eremocastri) inter ruinas *Thespiarum*, deinde in aulam ecclesiae S. Eliae transportato. Rangabé n. 327; Keil, syll. LXII*f*, ex Rossii apographo; Le Bas, voy. arch. n. 421 ex Rangabei libro, quem etiam nos sequimur.

FE✢ΙΑΣ

Var. lect. Ross in diario ΚΕ✢ΙΑΣ.
ϝεξίας. Cf. nomina Τρίτος Τεταρτίων Πέμπτις Πεμπτίδης Ἑβδομίσκος.

281 *Thespiis* in ima valle ad puteum, in lapide. Rangabé n. 329; hinc Keil, syll. LXVII*a* et Le Bas, voy. arch. n. 424.

ΑΝΤΙΦΑΝΕΣ

Ἀντιφάνης.

282 In ecclesia prope *Thespias*. Keil, syll. LIII*a* ex Rossii apographo; Le Bas, voy. arch. n. 427 ex sylloge. Exstat in Rossii diario.

ΠΕΙΘΟΟΝԻΑΣ

Πειθώνδας.

283 Inter *Thisbam* et *Thespias*, in muro ecclesiae vici Xeronomi. Leake, mus. crit. II p. 577 n. 16; Rose, inscrr. Gr. vet. tab. XIII 2 n. 4 ex Leakii apographo; C. I. G. 1646 ex Leakii et Rosii editionibus; Leake, travels in northern Greece II p. 501 sq. tab. XIX 89; Rangabé n. 2040; Le Bas, voy. arch. n. 423 ex prioribus; cf. Keil, syll. p. 178 et Jahrb. Suppl. IV p. 646. Exscripsit Lolling, quem sequimur.

ΝΙΚΟΜΑΨΟΣ

Var. lect. Litterarum formae apud caeteros non aeque accuratae. ΝΙ deest apud Rangabeum.
Νικόμαχος.

284 In vico Xeronomio inter *Thespias* et *Thisbam*, basis fusca 0.30 m. altitudine, 0.66 m. latitudine, 0.63 m. crassitudine. In superficie foramen incisum est quadratum 0.32 m. longum, 0.28 m. latum, 0.07 m. altum. Ectypo usus edidit Cumanudes typis minusculis, Athen. IV p. 378. Exscripsit Lolling.

⎯ΥΧΛΝΕΚΚΤΕϜΕΣΑΝΤΙԻΙΟΝΥΣΟΙ
ΝΕΟΜΕԺΕΣΕΡΛΟΝΑΝΤΑΛΛΘΟΝ
ΜΝΑΜΑΝΕΘΕΚΕΤΟԻΕ

Var. lect. Formam litterarum suppeditavit Lolling, dispositionem ab illo neglectam e fide Cumanudis restituimus, qui titulum στοιχηδόν exaratum esse testis est. Vs. 1 alterum K, quod lapicidae, non typothetae, errore iteratum esse editor Graecus typis latius diductis significat, omisit Lolling.

[Ε]ὐ[χὰ]ν ἐκ(κ)τελέσαντι Διωνύσοι Νεομήδης
ἔργων ἀντ' ἀγαθῶν μνᾶμ' ἀνέθηκε τόδε.

285 Palaeopanagiae prope *Thisbam* (Cacosium) in ecclesia S. Blasii. Keil, ad syll. p. 533 et 592 ex Rossii diario; indidem nos.

ΕΥΚΡΑΤΕΣ

Εὐκράτης.

286 *Coroneae*, cuius locum nunc tenet vicus Ἅγιος Γεώργιος, in lapide cinereo ecclesiae Taxiarchorum infixo. Rangabé n. 2141 ex Naoumi apographo; ephem. n. 2383; cf. Keil, ad syll. p. 595; Le Bas, voy. arch. n. 735 ex Rangabei libro; indidem nos titulum depromimus. Exscripsit Lolling.

ΗΙΣΜΕΝΑ

Var. lect. Ephem.: ΗΙΣΜΙΝΑ; Lolling: ΗΙ.ΜΕΝ...
Ἰσμήνα. De spiritu aspero cf. n. 129.

287 In *eodem vico* in ecclesia S. Georgii. Keil, syll. LVI*c* ex Rossii apographo; ephem. n. 2392; Rangabé n. 2155; Le Bas, voy. arch. n. 672 ex sylloge et n. 691 ex Rangabei libro. Exhibemus inscriptionem ex Rossii diario.

| ..ΓϠΟΝΙΚΟ.

Var. lect. Annotat Ross: „fortasse Ϝ"; ephem. ΓΥΩΝΙΚΟΣ; Rangabé ΓϤΟΝΙΚΟΣ.
[Ἀ]γλώνικος; de contractis vocalibus α et ο cf. nomina Boeotica a Σω- incipientia, Keil, zur Syll. p. 613.

288 In *eodem vico* in ecclesia S. Ioannis. Keil, syll. LVI*a* ex Rossii apographo; Le Bas, voy. arch. n. 674 ex sylloge. Ex Rossii diario repeto.

ΕΥΡΥΤ·Μ·Σ

Εὐρύτ[ι]μ[ο]ς.

289 In *eodem vico*; lapis muro domus insertus. Edidit Io. Schmidt, Mittheilungen des deutschen Inst. zu Athen V p. 134.

ΗΕΡΜΑΙΣΚΟΣ

Ἑρμαΐσκος.

290 In uno de saxis, quibus sepulcrum maximum a. 1847 in vineis ad *Lebadeam* inventum constructum erat; quae saxa ab aliis antiquioribus sepulcris abrepta esse vel inde colligere licet, quod multa eorum inversa facie reperta sunt. Rangabé n. 2088; cf. Keil, ad syll. p. 592.

ΡΡΟΚϜΙΕΣΣ

[Π]ροκλίησς.

291 *Lebadeae*; ex Iatridis apographo edidit Rangabé n. 2072; cf. Keil ad syll. p. 591.

ΘΕΑΓΕΝΕΣ

Θεαγένης.

292 *Orchomeni*. Edidit Foucart, bull. de corr. hell. IV 1880 p. 99.

ΔΑΜΑΣΣΙΣ
ΔΑΜΟΦΙL

Δάματσις, Δαμοφιλ-. Prius horum nominum incisum est etiam in lapide Thespiensi, ex quo Ross exscripsit ΔΑΝΑΣΣΙΣ, Schillbach ΓΑΜΑΣΣΙΣ; cf. Keil, zur Sylloge p. 536 n. XXXI.

293 *Orchomeni*. Edidit Foucart, bull. de corr. hell. IV 1880 p. 99.

ΕΑΝΑΧΙΔΟΤΟΣ

[F]αναξίδοτος. Ε, quod in lapide esse editor pro certo affirmat, assignandum est errori lapicidae.

294 *Orchomeni*. Edidit Foucart, bull. de corr. hell. IV 1880 p. 99.

ΗΕΡΑΙΟDΟROΣ

Ἡραιόδωρος.

295 *Orchomeni* in lapide quadrato albo. Meletius, in libro γεωγραφία παλαιὰ καὶ νέα, Venet. ͵αψκη´ p. 343a; C. I. G. 1651; ephem. n. 796; Rangabé n. 364; Keil, syll. p. 178, idem ad syll. p. 592; Le Bas, voy. arch. n. 635. Ex Rossii diario.

. ΝΟΚLΙΕΣ

Var. lect. Meletius ΝΟΚΥΕΣ; temere Le Bas, qui titulum ex prioribus editionibus repetiit, in fine Σ.
Fuit [Ἀρ]νοκλῆς [Ἀμει]νοκλῆς [Ἰσμη]νοκλῆς vel sim.

296 *Orchomeni* in lapide oblongo infixo parieti exteriori ecclesiae S. Redemptoris. Ephem. n. 814, unde depromimus titulum; Rangabé n. 335; Keil, syll. LXVIIb; Le Bas voy. arch. n. 646.

ΑΡΙΣΤΟΜΕΔΑ
ΚΕΦΑLLΙΣ

Ἀριστομέδα vel Ἀριστομήδα, Κεφαλλίς.

297 *Orchomeni* in lapide oblongo cinereo. Ephem. n. 816; Rangabé n. 357; Le Bas, voy. arch. n. 614. Sequimur ephemeridem.

ΦΙLΟΝΤΟΙΚΥΓΑΡΙΣΣΟΙ

Var. lect. Rangabé Σ pro Σ. Le Bas Γ pro Γ, qui error videtur esse typothetae.
Φίλων τοῖ Κυπαρίσσοι.

298 *Acraephiae* (Carditzae) in lapide; infra inscriptionem sculptum est caput catagraphum et humeri pallio tecti. Leake, travels in northern Greece II, tab. XI n. 49.

ΣΦΙ.-.LΑΙΓΙΡΑ

Inter Ι et L haud scio an spatium, quod Leake indicat, ita expleatur anaglypho, ut nulla littera intercepta sit; nam in promptu est legere — — ς Φιλαιγίρα[ο]; idem nomen obvium est in lamina plumbea Euboïca n. 372 [382].

298a Titulus incisus est in cavo paterae, quae Abis (ubi nunc Exarchos) in Phocidis urbe reperta esse dicitur. Servatur Berolini in museo, ubi exscripsi. Archetypum altero tanto maius est quam haec imago.

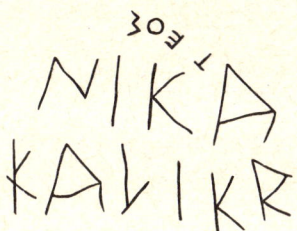

Νίκα Καλ(λ)ικρ(ά)τεος. Littera Α mire pertinet ad utramque vocem. Titulus non Phociis, sed aut Boeotiis aut Locris Opuntiis est adiudicandus.

299 In vico Darimario haud procul a *Thebis* sito (cf. n. 239); lapis niger in ecclesia Taxiarchorum. Exscripsit Lolling.

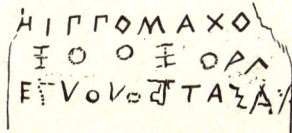

Ἱππόμαχο[ς]. Caetera obscuriora. In litteratura elementa vetustiora (Η) et recentiora (Χ) videntur esse mixta.

300 In fragminibus duobus continuis lapidis marmori Hymettio non dissimilis, quae nunc asservantur *Thebis* in museo; de origine non constat. Titulum *a* edidit Foucart, bull. de corr. hell. III 1879 p. 140 sqq., titulum *b* Kaibel, Herm. VIII p. 420 sq., eundem exscripsit Lolling, cuius apographum repetimus.

a

```
   ΛΜΠΡΙ.ο
   ΟΛΥΚΛΕΙΟΣΓΛΛ
   ϽϷΟΤΙΟΣΞΕΝΟΝ
   ΣΛΥΣΙΑΣΚΛΙϷΑΜΙϷΛ
 5 ΣΛΕΣΤΗΟΣΦΙΛΟΞΕΝ
   ϷΟΤΙΟΣΑΝΤΙϷΟΡΟ
   ΝΟΣΤΟΣΑΠΟΛΛΟϷΟ
   ΣΤΙΑΣΠΤΟΙΛΛΙΟ
   ΜΕΝΝΕΙϷΙΟΣΟΤΙ
10 ΚΛΙϷΑΣΑΜΙΝΑϷΑΟ
   ΚΙϷΑΟΑΡΙΣΤΗΧΜΟ
   ΟΣΠΤΟΙΛΛΕΕΠΙΣΤ
   ΨΑΡΙϷΑΣΑΡΙΣΤΟΓ
   .Π.ΤΟϷΟΡΟΣΜ
15          ΙΣΤΟΛ
          ΛΙΟΣΑΜΦΙ
         ΣΘΙΟΓΕΝΕΙΟ
         ϽΠΟΚΥϷΕΣΤΙΜΟΝ
         .ΜΠΙΟϷΟΡΟΣΠΡΑ
20       ΥΡΟΜΟΚΛΕΣΜΝΑ
         ΦΙΛΙΠΠΟΣΑΝϷΟΡΕ
         ΚΡΑΤΕΙΣΜΟΤΤ.Λ
         .ΣΙϷΑΣΝΙΚΟΣΤΡΟΤ
         .ΜΕΙΝΟΤΕΛΕΙΣ
25       ΟΝΙΟΣΜΝΑΣΙΑΣ
         ΡΙΟΣΨΑΡΤΑϷΑ
         ΣΤΟΓΙΤΟΝΙΟΣϷΙ
         ΙΙΟΓΕ...
```

— Λ]αμπριῆο[ς, — — —
— Π]ολυκλεῖος, Γλα[υκ — — —
— — οδότιος, Ξένων — — —
— — ς, Λυσίας Κλιδαμίδα[ο, — —
5 — Τ]ελεστηός, Φιλόξεν[ος — —
— — δότιος, Ἀντίδωρο[ς —
— — νοστος Ἀπολλοδώ[ριος, —
— — στίας Πτωίλλιο[ς, — —
— Μεννεῖ Διοζοτί[ος, — —
10 — — κλίδας Ἀμινάδαο, — —
— — κίδαο, Ἀρίστηχμο[ς —
— ι]ος, Πτωίλλῆ Ἐπιστ — —
— χαρίδας Ἀριστογ[ιτόνιος, —
— — Υ]πατόδωρος Μ —
15 — — Ἀρ]ίστων — —
— — λιος, Ἀμφι — —
— — ς Θιογένειο[ς, — —
— Ἱπ]ποκύδης Τιμών[ιος, — —
— Ὀλυ]μπιόδωρος Πρα — —
20 — Π]υρομοκλῆς Μνα[σ —
— Φίλιππος Ἄνδωρε — —
— κράτεις Μοττυλ — —
— Βρα]σίδας Νικοστρότ[ιος, —
— Ἰ]σμεινοτελεις
25 — ώνιος, Μνασίας — —
— ιος, Χαρτάδα[ς — —
— Ἀρι]στογιτόνιος, Δι — —

Var. lect. *b* Kaibel: vs. 15 deest; vs. 18 init. Ͻ deest; vs. 19 fin. Ρ pro Ρ; vs. 22 Υ deest; vs. 23 init. ΛΣ; vs. 24 init. ΣΜ; vs. 26 init. ΙΙΟ; vs. 28 ΗΟΓΕΝ.

Singulis nominibus subicitur nomen paternum in adiectivi formam deflexum, nisi quod a nominibus in -δας non adiectivum, sed potius genetivus derivatus est. Alphabetum est mixtum: Ε = η, ubi originem trahit ab ε, Η = η ubi vices diphthongi αι obit (cf. n. 395), Ⱶ = λ, Ξ = ξ, Ο = ω, Ψ = χ. Irrepsit vocalium scriptura recentior: η pro antiquo αι, ι pro antiquo ει; sed antiquum η recentiori ει nondum ubique cessit. Vs. 9 Μεννεῖ et vs. 12 Πτωίλλῆ, cf. not. ad tit. Tanagraeum n. 157. Vs. 9 Διοζότιος pro Διοδότιος, cf. Θεόζοτος in codem titulo Tanagraeo. Vs. 20 Πυρομοκλῆς, ut opinor, pro Πυραμοκλῆς; ad -κλῆς cf. n. 185.

---

301 *Thebis*, in lapide marmori Hymettio simili; ephem. p. 58, unde titulum repetimus; ibid. n. 2433; Keil, syll. LII*b* 2; idem ad syll. p. 599; Le Bas 521.

ΑΡΙΣΤΟΞΕΝΕΣ

Var. lect. Eph. n. 2433 ...ΞΕΝΕΣ, ut lapis interea fractus esse videatur.

Ἀριστοξένης; de hac nominativi forma cf. Keil, syll. p. 193 ad C. I. G. 1677. Litteratura mixta: Ξ = ξ, Ε = η.

---

302 *Coroneae*; exscripsit Lolling.

ΨΑΡΟΚΛΙΑ

Χαρόκλια pro Χαρόκλεια. Litteratura mixta: Ψ = χ, Λ = λ.

---

303 *Lebadeae.* Rangabé n. 2084.

ΧΑΡΕΣ

Χάρης. Litteratura mixta: Χ = χ, Ε = η.

---

304 *Copis* (Topoliae); edidit Lyons, transactions of the royal society of literature, n. s. II p. 233, typis vulgaribus.

ΔΕΞΟΔΕΞΟΝΟΣ

Δεξὼ Δέξονος. Litteratura mixta: Ξ = ξ, Ο = ω.

TITVLI LOCRORVM 65 OPVNTIORVM

305 Lapis Boeotius; ex schedis Rossii, in quibus de origine nihil tradebatur, edidit Keil, ad syll. p. 605.

ϹΥΛΕΙΔΑ·
ΚΛΕΙΔΑΟ
ΘΕΒΑΙΟΣ

Κυλείδα[ς] Κ[υ]λείδαο Θηβαῖος. Litteratura mixta: Λ = λ, Ε = η.

306 Lapides calcarii sepulcrales *Tanagrae* effossi. Typis minusculis edidit Cumanudes, Athen. tom. III p. 169 sq. (*a*), tom. IV p. 297 (*b*—*f*). Litteraturam horum et aliorum titulorum Tanagraeorum, quos edidit, exprimit hanc (vide Athen. II p. 405, III p. 167):

ꓭ D ▷ Ɛ Ɛ ᒪ Ͳ Ⲙ Ο Ր R Ɽ Ϟ Ɛ Ɣ Ѵ Φ Ѱ + („τὰ τρία τελευταῖα εἶναι διάφορα σχήματα τοῦ χῖ"). Itaque quae in his ipsis sex titulis sit forma litterarum δ ε ρ σ υ χ, in medio relinquitur.

a Χοε......, i. e. Χοε[ρ - -].
b Lapis 0.70 m. alt., 0.80 m. lat., 0.38 m. crass.; in summo lapide cavum curvum. Ϝιππίξενος; suspicor primam litteram non esse Ϲ sed Ⴞ: [Ϝ]Ιππίξενος.
c Cippus fuscus, aëtomate ornatus, 0.48 m. alt., 0.29 m. lat., 0.08 m. crass. Κλιάρχα.
d Cippus niger, aëtomate ornatus, 0.46 m. alt., 0.29 m. lat., 0.10 m. crass. Μναμίχα.
e Superior pars cippi fusci, aëtomate ornati. ·λυμπιόδορος, i. e. ['Ο]λυμπιόδορος.
f Lapis 0.65 m. alt., 0.86 m. lat., 0.35 m. crass.; in summo lapide cavum curvum. Φιλαρέτα.

X.
TITVLI LOCRORVM OPVNTIORVM.

307 Titulus incisus in ventre scyphi nigri 0.60 m. alti, reperti in sepulcris prope oppidum Livanatas (in *Locris Opuntiis*). Edidit Girard bull. de corr. hell. II 1878 p. 588 tab. XXVI 27.

ΚΑΛ·ΠΑΝΤΕϹΕΟϹΑΔΠΟΤΕΡΙΑΚΑΛΑ

Καλ[ά]· Παντέλεος [τ]ά(?) ποτήρια· καλά.

308 Titulus incisus prope alteram ansam in ventre calicis nigri, ornamentis nudi, 0.90 m. alti, reperti in sepulcris prope oppidum Livanatas (in *Locris Opuntiis*). Edidit Girard, bull. de corr. hell. II 1878 p. 588 tab. XXVI 4.

ΘΕΟΙ

Θεοί.

309 Lapis calcarius aëtomate instructus, in palaeocastro vici cui nomen Villivo, prope oppidum Livanatas (in *Locris Opuntiis*). Exscripsit Lolling.

ΑΛΑΙΝΕΤΟ

'Αγαινέτω.

INSCR. GRAEC. ANTIQ.

310 Lapis calcarius rectangulus, repertus prope vicum Cyparissium (in *Locris Opuntiis*), ubi insertus est muro antico domus. Edidit Girard, bull. de corr. hell. II 1878 p. 588.

ΝΑΥΣΙΤΕΛΕΣ

Ναυσιτέλης.

311 Lapis calcarius haud procul ab oppido Atalante (in *Locris Opuntiis*) in vinetis repertus. Edidit Girard, bull. de corr. hell. II 1878 p. 588 tab. XXVI 26. Exscripsit Lolling.

Var. lect. Lolling Ι pro Γ; in fine litteram Σ praetermisit.
'Εξαίνετος.

9

312 Lapis calcarius rectangulus, repertus in loco cui nomen Καραγὸς τὸ Βῆμα prope oppidum Atalanten (in *Locris Opuntiis*). Edidit Girard, bull. de corr. hell. II 1878 p. 588 tab. XXVI 18. Exscripsit Lolling.

```
    VDAMAN
ΤΟ         ΤΟΣ
```

Πολυδάμαντος.

313 In anaglypho, quod oculis proponit effigiem viri, infra fracto, 0.50 m. alto, 0.57 m. lato; repertum est in loco, qui appellatur Χιλιαδού, prope vicum Πρόσκυνα, i. e. in sepulcretis urbis antiquae *Corseae*; nunc Malesinae in monasterio inclusum est muro ecclesiae S. Georgii. Titulus incisus est ad dextram ante caput viri litteris parvis aequalibus, olim rubro colore pictis, cuius etiam nunc superesse dicuntur vestigia. Edidit Girard, bull. de corr. hell. II 1878 p. 588 tab. XXVI 20; Koerte, Mittheil. des deutsch. Inst. zu Athen III p. 313, IV p. 270. Exscripsit Lolling.

```
ΑΛΑΣΙΝΟ
```

Not. In fine litteram Σ oblitteratam esse testatur Girard; Koertio laesura lapidis, quae est post Ο, prope minor videbatur quam quae litteram Σ hausisse posset; itaque dubitat an titulus sit integer. Ἀγασῖνο[ς].

XI.
TITVLI PHOCEI.

314 Ara duabus escharis instructa, quae reperta est inter parietinas *Crissae* prope vicum qui vocatur Χρυσό, haud procul a via quae inde orientem versus ad dirutam ecclesiam quadraginta sanctorum (τῶν ἁγίων σάραντα) fert; lata 0.65 m., longa quum reperta est 1 m.; altera ex escharis ita erat fracta, ut inscriptio duo arae latera tegens non esset laesa. Titulus scriptus est litteris magnis, non adeo profunde incisis, propter vetustatem et lapidis asperitatem fissurasque difficillimis ad legendum. Ineunte quinto huius saeculi decennio titulus truncatus est lapidis parte desecta, ut ad ecclesiam reparandam usui esset; etiam terrae motu, qui a. 1870 factus est, aliquot litterae perierunt. Fragmentum superstes nunc asservatur in ecclesia S. Georgii. — Ex mala Gropii delineatione ediderunt Hughes, travels in Sicily, Greece and Albania, tom. I (a. 1820) p. 369, Rose, inscrr. Gr. vet. tab. XLI, Boeckh C. I. G. 1. Accuratius titulum exscripsit Ulrichs et apographum suum edidit primum typis vulgaribus in libro: Reisen und Forschungen in Griechenland I p. 31, deinde ligno incisum in Actt. acad. Bavar. tom. III 1 p. 95, et — non sine discrepantia — in annalibus inst. arch. 1848 p. 57, tab. A. Ex Ulrichsii itinerario et ex actis acad. Bav. repetiit Le Bas, voy. arch. tab. V 3 et tab. XII *F* n. III. Praeterea exstat apographum ab O. Muellero confectum; Velsenianum (cf. Kirchhoff, Stud.[3] p. 134) non vidi. Iam deminutum exscripsit lapidem Cumanudes, δήλωσις περὶ δύο ἐπιγραφῶν, a. 1858, et post recentem iacturam R. Weil cuius schedis utor. — Interpretatus est titulum Kirchhoff, Philol. VII p. 192 sqq.; postmodo infeliciter eum tentavit Raff. Garrucci, iscrizione greca arcaïca di Crissa (estratto dalla Civiltà cattolica, quad. 650 p. 206 sqq. del 21 luglio 1877).

Ulrichs, actt. acad. Bav.

Ulrichs annal.

O. Mueller.

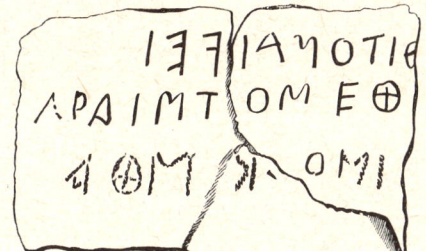

Cumanudes.

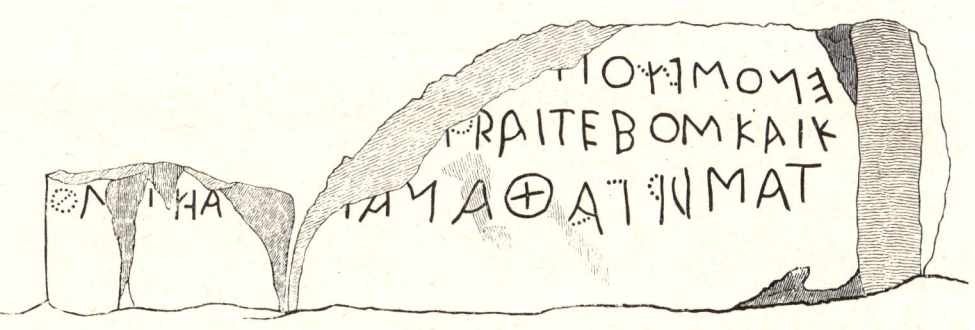

Weil.

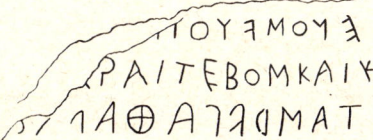

Τάσδε γ' Ἀθαναίᾳ δ — — — ς Φ.... ιππος ἔθηκε
Ἥρᾳ τε, ὡς καὶ κεῖνος ἔχοι κλέϝος ἄφθιτον αἰϝεί.

Post vocem Ἀθαναίᾳ in litteris laesis latere videtur ipsarum eschararum significatio, quae certa via inveniri nequit. Etiam dedicatoris nomen omnibus tentaminibus contumaciter resistit. Vs. 2. Post particulam τέ spiritus asper vocis ὡς aut tam insolenter scriptus aut ita laesus est, ut litterae B consimilis evaderet.

315 Titulus incisus in ventre scyphi nigri, 0.08 m. alti, reperti in parietinis *Abarum*, ubi nunc Exarchos. Edidit Girard, bull. de corr. hell. II 1878 p. 588 tab. XXVI 14.

ΔΙΟ(ΕΙΤΟΝ

Διογείτων.

316 In vico Distomo, ubi olim *Ambrysus*, in pariete ecclesiae Beatae Virginis. Ross, inscrr. ined. I n. 80 et ex eius apographo Rangabé n. 2222; Le Bas, voy. arch. n. 979, tab. VII 19. Cf. Keil in Iahnii diariis, tom. XL p. 271. Repraesentamus titulum ex Rossii diario. Exscripsit etiam Lolling.

ΤΙΜΕΑΙ
ΝΕΙΔΡ

Var. lect. Le Bas supra vocem ΤΙΜΕΑΙ habet ΕΠΙ. Vs. 2 Lolling Ν pro Ρ.

Ἐπὶ Τιμέᾳ [Οἰ]νειδ[α] vel sim.

317 Inter rudera *Bulidis* in fragmento laterculi. Forchhammer, Halcyon. p. 27.

|ΕΡΓΙΔ|

318 „In fragmento ad theatrum Deli;" ex schedis vetustis Koehlerianis edidit Boeckh C. I. G. 2324.

ΔΕΛΦΟΝ

Δελφῶν, sc. donarium.

---

319 In saxo satis aspero, 2.1 m. longo, 1.3 m. lato, *Delphis* ad fontem Castalium paulo infra viam sacram a. 1861 reperto, quod olim ex Phaedriadibus rupibus terrae motu solutum videtur decidisse. A. 1870 terra tremente hoc saxum cautibus devolutis obrutum esse narratur. Wescher, bulletino dell' inst. arch. 1861 p. 135; Wescher et Foucart, inscriptions recueillies à Delphes p. 304 n. 480, et accuratius ex ectypo Wescher, annali dell' inst. arch. 1866 p. 5sqq. tab. A, unde depromimus delineationem decimae parti verae magnitudinis parem.

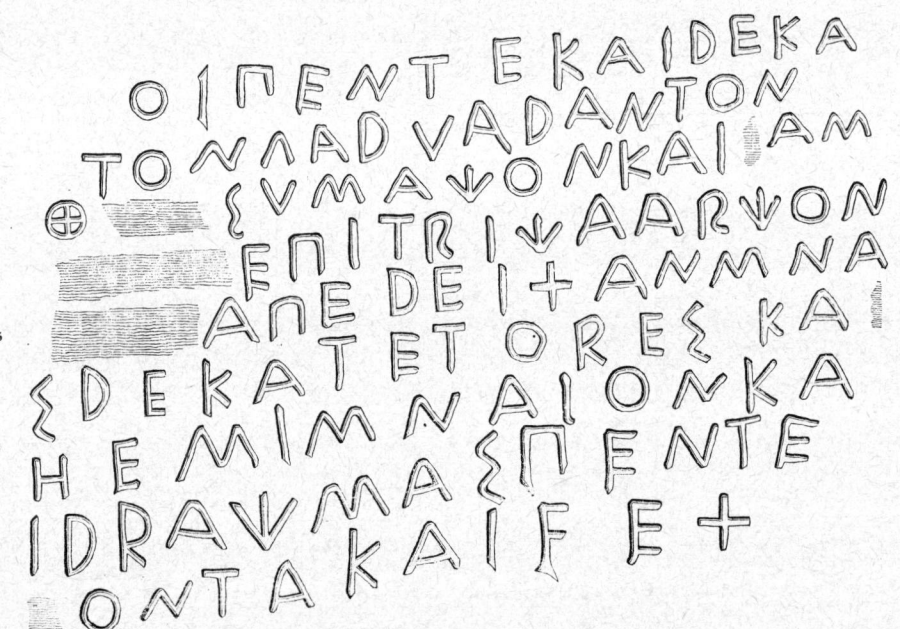

Var. lect. Vs. 3 in bull. ΣΥΝΜΑΧΟ. Vs. 9 annotat Wescher initio vestigia, quae in lapide cernantur, non impedire ne litteram Ϙ exaratam fuisse credas; certius de hac re nihil affirmari posse.

Οἱ πεντεκαίδεκα τὸν Λαδυάδαν, τὸν Θ[ρα]σύμαχον καὶ τὰμ .... ἐπὶ Τριχᾶ ἄρχον[τος] ἀπέδειξαν μνᾶς δεκατέτορες κα[ὶ] ἡμιμναῖον καὶ δραχμὰς πεντή[ϙ]οντα καὶ ϝέξ.

Magistratus fortasse amphictionius notare videtur Apollini debentes (ἀπέδειξάν τινάς τι sc. ὀφείλοντας?) Ladyadam quatuordecim minas, Thrasymachum quinquaginta drachmas, feminam quandam, cui nomen erat admodum breve, quinquaginta sex drachmas. Quae si recta sunt, quidnam causae fuit cur non ascriberetur suum cuique debitum debitori? Neque vacat offensione articulus nominibus contra consuetudinem additus. Quibus difficultatibus haud levibus ut mederer, equidem, si versus 2 et 3 quirem explicare, caeteros versus sic legerem: καὶ [τ]αμ[ίαι] ἐπὶ Τριχᾶ ἄρχοντος ἀπέδειξαν μνᾶς δεκατέτορες κτλ. i. e. quaestores ostenderunt in aerario esse minas quatuordecim etc. Vs. 6 cum accusativo δεκατέτορες cf. in lamina Elea Olympiae effossa (arch. Zeit. XXXIII p. 183) accusativos πλείονερ, χάριτερ, et in titulo Achaico (bull. de corr. hell. II 1878 p. 41) συμπολεμήσαντες, συνδιασώσαντες.

---

320 Non procul a parietinis *Stiris* in lapide cano sub fenestra in parte septentrionali monasterii S. Lucae; litterae sunt 0.2 m. altae. Rangabé n. 339. Le Bas, voy. arch. n. 996.

ΨΑΡΙΜΕΔΕΣ

Χαριμήδης.

XII.
TITVLI LOCRORVM OZOLARVM.

321 Lamina aenea, 0.35 m. lata, 0.18 m. alta, in utroque latere litteris impleta, reperta Galaxidii (*Oeantheae*); tum Corcyram in collectionem Woodhousii pervenit, iam penes Taylorem Anglum est, qui ibi consulis munere fungitur. Ἐποίκια Λοκρῶν γράμματα, τὸ πρῶτον ὑπὸ I. N. Οἰκονομίδου ἐκδοθέντα, Athenis 1869; G. Curtius, Studien zur griech. und lat. Gramm. II 1869 p. 441 sqq., Allen, ibidem 1870 p. 212 sqq., Bursian, lit. Centralblatt 1870 p. 154 sq., Vischer, mus. Rhen. XXVI p. 39 sqq. (kleine Schriften II p. 172 sqq.); Riedenauer, Herm. 1872 p. 111 sq. Bréal, revue arch. 1876 août p. 115 sq., Cauer, delect. inscrr. Gr. n. 91. Ex ectypo exhibemus delineationem quae paulo infra veram magnitudinem est; aes non adeo bene levigatum est, qua re factum est ut aliquot locis inter litteras spatia solito maiora relinquerentur.

(Textum vide pag. 70. 71.)

Ἐν Ναύπακτον κὰ(τ) τόνδε ἀ(γέστω τὸν νόμον ἐ)πιϝοικία· Λοϙρὸν τὸν Ὑποκναμίδιον, ἐπεί κα Ναυπάκτιος γένηται, Ναυπάκτιον ἐόντα, ὅπω (κ' ἦ Λοϙρῶν), ξένων ὅσια λανχάνειν καὶ θύειν ἐξεῖμεν, ἐπιτυχόντα αἴ κα δείληται θύειν καὶ λανχάνειν κὴ δάμω κὴ ϙοινάνων, αὐτὸν καὶ τὸ γένος κὰτ αἰϝεί. Τέλος τὸ-
5 ὺς ἐπιϝοίϙους Λοϙρῶν τῶν Ὑποκναμιδίων μὴ φάρειν ἐν Λοϙροῖς τοῖ-
ς Ὑποκναμιδίοις, φρίν κ' αὖ τις Λοϙρὸς γένηται τῶν Ὑποκναμιδίων. Αἴ (κα) δείλητ' ἀνχωρεῖν, καταλείποντα ἐν τᾶ ἱστία παῖδα ἡβατὰν ἢ 'δελφεὸν ἐξεῖμεν ἄνευ ἐνετηρίων. Αἴ κα ὑπ' ἀνάνκας ἀπελάωνται ἐ Ναυπάκτω Λοϙ-
ροὶ τοὶ Ὑποκναμίδιοι, ἐξεῖμεν ἀνχωρεῖν ὅπω ϝέκαστος ἦν ἄνευ ἐ-
10 νετηρίων. Τέλος μὴ φάρειν μηδὲν ὅ, τι μὴ (μ)ετὰ Λοϙρῶν τῶν ϝεσπαρί-
ων. Ι Ἐνορϙον τοῖς ἐπιϝοίϙοις ἐν Ναύπακτον μὴ 'ποστάμεν ἀ(π' Ὀ)πωντίω(ν) τέ(χ)να καὶ μαχανᾶ μηδεμιᾶ ϝεϙόντας. Τὸν ὅρϙον ἐξεῖμεν, αἴ κα δείλωνται, ἐπάγειν μετὰ τριάϙοντα ϝέτεα ἀπὸ τῶ ὅρϙω ἑκατὸν ἄνδρας Ὀπωντίοις Ναυπακτίων καὶ Ναυπακτίοις Ὀπωντίους. ΙΙ Ὅστις κα λιποτελέη-
15 ι ἐγ Ναυπάκτω τῶν ἐπιϝοίϙων, Ἀπόλοϙρον εἶμεν, ἔν τέ κ' ἀποτείσῃ τὰ νόμια Ναυπακτίοις. ΙΙΙ Αἴ κα μὴ γένος ἐν τᾶ ἱστία ἦ ἐχγέπαμον τῶν ἐπι-
ϝοίϙων ἐν Ναυπάκτω Λοϙρῶν τῶν Ὑποκναμιδίων, τὸν ἐπάνχιστον κρατεῖν Λοϙρῶν ὅπω κ' ἦ, αὐτὸν ἰόντα, αἴ κ' ἀνὴρ ἢ ἢ παῖς, τριῶν μηνῶν· αἰ δὲ μή, τοῖς Ναυπακτίοις νομίοις χρῆσται. IV Ἐ Ναυπάκτω ἀνχωρέ-
20 οντα ἐν Λοϙροὺς τοὺς Ὑποκναμιδίους ἐν Ναυπάκτω καρῦξαι ἐν τἀγορᾶ κἠν Λοϙροῖς τοῖ(ς) Ὑποκναμιδίοις ἐν τᾶ πόλι ὦ κ' ἦ καρῦξαι ἐν τἀγορᾶ. V Περϙοθαριᾶν καὶ Μυσαχέων ἐπεί κα Ναυπάκτι(ός τι)ς γένητα-
ι, αὐτὸς καὶ τὰ χρήματα τὴν Ναυπάκτω τοῖς ἐν Ναυπάκτω (νομίοις) χρῆσται, τὰ δ' ἐν Λοϙροῖς τοῖς Ὑποκναμιδίοις χρήματα τοῖς Ὑποκναμιδί-
25 οις

νομίοις χρῆσται, ὅπως ἁ πόλις ϝεκάστων νομίζει Λοϙρῶν τῶν Ὑποκνα-
αμιδίων. Αἴ (κα) τις ὑπὸ τῶν νομίων τῶν ἐπιϝοίϙων ἀνχωρέη Περϙοθαριᾶ-
ν καὶ Μυσαχέων τοῖς αὐτῶν νομίοις χρῆσται κατὰ πόλιν ϝεκάστους.
    VI Αἴ κ' ἀδελφεοὶ ἔωντι τῶ 'ν Ναύπακτον ϝοικέοντος, ὅπως καὶ Λοϙρῶ-
30 ν τῶν Ὑποκναμιδίων ϝεκάστων νόμος ἐστί, αἴ κ' ἀποθάνη (τῶν ἀδελφεῶν τις ἄπαις), τῶν χ-
ρημάτων κρατεῖν τὸν ἐπιϝοιϙον τὸ κατνόμενον.   VII
Τοὺς ἐπιϝοίϙους ἐν Ναύπακτον τὰν δίκαν προδίϙον ἁρέσται πὸ(τ) τοὺς δ-
ικαστῆρας (καὶ δόμεν ἐν Ὀπόεντι κατὰ ϝέιαν αὐταμαρόν· καὶ) ἁρέσται καὶ δόμεν ἐν Ὀπόεντι κατὰ ϝέος αὐταμαρὸν Λοϙρὸν τὸν Ὑποκναμίδιον. Προστάταν καταστᾶσαι τὸν Λοϙρὸν τῶπιϝ-
35 οίϙω καὶ τὸν ἐπιϝοιϙον τῷ Λοϙρῷ οἴτινές κα πιστεστευτιμοιες.   VIII Ὅστις κ' ἀπολίπη πατάρα καὶ τὸ μέρος τῶν χρημάτων τῷ πατρί, ἐπεί κ'
ἀπογένηται, ἐξεῖμεν ἀπολαχεῖν τὸν ἐπιϝοιϙον ἐν Ναύπακτον.
    IX Ὅστις κα τὰ ϝεϝαδηϙότα διαφθείρῃ τέχνᾳ καὶ μαχανᾷ κα-
ὶ μιᾷ — ὅ, τι κα μὴ ἀνφοτάροις δοκέη Ὀπωντίων τε χιλίων πλήθ-
40 α καὶ Ναϝπακτίων τῶν ἐπιϝοίϙων πλῆθα — ἄτιμον εἶμεν καὶ χρήματα παματοφαγεῖσται. Τῶνκαλειμένῳ τὰν δίκαν δόμεν τὸν ἀρ-
χὸν ἐν τριάϙοντ' ἀμάραις, αἴ κα τριάϙοντ' ἀμάραι λείπωντ-
αι τᾶς ἀρχᾶς. Αἴ κα μὴ διδῷ τῷ ἐνκαλειμένῳ τὰν δίκαν, ἄτιμον εἶμεν καὶ χρήματα παματοφαγεῖσται τὸ μέρος μετὰ ϝοικιατᾶν. Διομόσαι ὅρϙον τὸν νόμιον· ἐν ὑδρίᾳ τὰν ψᾶφιξ-
45 ξιν εἶμεν. Καὶ τὸ θέθμιον τοῖς Ὑποκναμιδίοις Λοϙροῖς ταῦ-
τὰ τέλεον εἶμεν Χαλειέ(ο)ις τοῖς σὺν Ἀντιφάτᾳ ϝοικηταῖς.

Naupactum secundum hanc legem ducitor colonia Locrorum. Locro Hypocnemidio si Naupactius factus erit, quoad Naupactius erit, liceat, ubicunque Locrorum erit, hospitum iura civilia nancisci et sacrificare, ita ut, si volet sacrificare et iura civilia nancisci, adipiscatur et a populo et a sodalibus, ipse et gens eius in perpetuum. Vectigal coloni Locrorum Hypocnemidiorum ne penduntо in Locris Hypocnemidiis priusquam rursus aliquis factus erit Locrus Hypocnemidius. Si volet redire, liceat ei, relinquenti domi filium puberem vel fratrem, sine vectigali introitus. Si vi expellantur Naupacto Locri Hypocnemidii, liceat redire eo, ubi quisque erat, sine vectigali introitus. Vectigal ne penduntо (sc. Naupacti) nisi id quod ipsi Locri occidentales pendunt. I Iurato coloni Naupactum proficiscentes se non descituros esse ab Opuntiis ulla ratione aut arte sua sponte. Liceat, si volent, triginta annis post iusiurandum centum viris Naupactiorum ab Opuntiis, item Opuntiis a Naupactiis iusiurandum iterum exigere. II Quicunque colonorum Naupacto abscesserit vectigali non penso, seiungitor a Locris quoad pendat Naupactiis quod legitimum est. III Si in domo alicuius ex colonis Locrorum Hypocnemidiorum Naupacti non sit gens cui liceat hereditatem adire, genere proximus capito ubicunque Locrorum est, ipse (sc. Naupactum) demigrans, si vir est sive puer, intra mensem tertium; si minus, adhibentor leges Naupactiae. IV Si quis Naupacto in Locros Hypocnemidios revertetur, pronuntiato Naupacti in foro et in Locris Hypocnemidiis in ea urbe, in qua est, in foro. V Si quis Percothariarum et Mysacheorum Naupactius factus erit, ipse et res familiaris, quae est Naupacti, Naupactiis utuntor legibus; ea autem, quae est in Locris Hypocnemidiis, utitor legibus Hypocnemidiis ut cuique mos est urbi Locrorum Hypocnemidiorum. Si quis colonorum, Percothariarum et Mysacheorum, redierit secundum leges (?), utuntor ipsorum legibus in sua quisque urbe. VI Si fratres sint eius qui Naupactum demigraverit, ut apud quosque Locrorum Hypocnemidiorum ius est, si quis fratrum mortuus erit sine liberis, capito rei familiaris colonus tantum quantum in eum cadet. VII Coloni Naupactum proficiscentes prae caeteris litem instituunto coram iudicibus et contra se permittunto Opunte uno die; et instituito et contra se permittito litem Opunte uno die Locrus Hypocnemidius. Praetor sistito Locrum colono et colonum Locro. VIII Si quis reliquerit patrem et partem rei familiaris patri, quum pater mortuus erit, liceat colono Naupactum profecto eam capere. IX Qui decreta everterit aliqua arte atque ratione — nisi quid utrisque probatum erit, Opuntiorum mille maiori parti et colonorum Naupactiorum maiori parti — infamis esto bonaque eius publicantor. Ei, qui instituit litem, diem dicito magistratus intra triginta dies si triginta dies muneris supererunt. Ni dixerit diem ei qui litem instituit, infamis esto bonaque eius publicantor, pars cum servis (?). Iusiurandum legitimum dator; suffragia ponuntor in urna. Et hoc Locrorum Hypocnemidiorum decretum Chaliensibus, qui cum Antiphata ibi habitant, eodem modo (sc. atque Naupactiis) ratum esto.

Titulum scriptum esse ante Naupactum ab Atheniensibus occupatum (Thuc. I 103) certum videtur esse. Originem eius fingo hanc: Locri Hypocnemidii, quum parati essent Naupactiis petentibus colonos mittere, horum iura atque officia constituerunt in novem paragraphos divisa (vss. 11—46), quarum quae est prima continet caput totius decreti i. e. iusiurandum quod a colonis dandum est Locris Hypocnemidiis, ultima poenae minas si quis decretum abolere audeat. Quibus rebus constitutis ii, qui coloniae interfuturi erant, nomina professi sunt; sed effecerunt ut insuper aliquot aliae leges sancirentur quibus condicio sua stabiliretur (vs. 1 Λοϙρόν usque ad vs. 11). Hae igitur leges quoniam debebant paragraphum nonam praecedere nec placebat eas inserere in paragraphos iam numeris notatas, collocatae sunt ante priorem textum. Quae omnia (vs. 1 ἐν Ναύπακτον usque ad vs. 46 εἶμεν) scripta sunt in tabulis duabus nunc deperditis quarum altera Opunte altera Naupacti servabatur. Deinde Opuntiis et eis colonis, qui iam ante cum Antiphata Opunte Chalium profecti erant et ibi habitabant, placuit eisdem legibus temperare horum condicionem, cum assensu reliquorum Chaliensium. Itaque et Opuntii suae tabulae subiecerunt clausulam qua eaedem leges etiam Chaliensibus colonis ratae esse iubebantur — quamquam paragraphus septima in hos iam non valebat —, et coloni Chalienses apographum conficiendum et item clausulam addendam curaverunt ut hoc exemplar in templo quodam sanctissimo Oeantheae urbis vicinae suspenderent. Id tempus tulit. Scriptura igitur necessario non est Locrorum Hypocnemidiorum (ϝ) sed Locrorum occidentalium (Λ); neque mirum est quod in clausula occurrit dativus tertiae declinationis in οις, qui convenit Locris occidentalibus.

Vs. 1. Primum enuntiatum est mutilum; equidem non vereor aerarium, qui in hac tabula toties peccaverit, etiam hic omissionis arguere. Kirchhoff, Stud.[3] p. 137 not., ea quae hic desiderantur in fine alterius tabulae deperditae scripta fuisse censet; at ne ante legem de colonia scitam, quae in hac tabula incipit, quasdam pactiones Locrorum Hypocnemidiorum et Naupactiorum in tabula eiusdem fere magnitudinis perscriptas fuisse opinemur, clausula tantum ad coloniam pertinente videmur moneri. Praeterea litterae latius diductae ΕΝΝΑΥΠΑΚΤΟΝ produnt aerarium ad scribendum aggredientem et de mensura scripturae etiam tum dubitantem. Nos lacunam explentes ita rem administravimus, ut simul tolleretur offensio, quam praebuerat ἁπιϝοικία pro ἁ ἐπιϝοικία seu ἡπιϝοικία; de ἄγειν pro ἄγειν cf. n. 322. Vs. 2. Ναυπάκτιον ἐόντα, seu Ναυπακτίων ἐόντα, quoad ex Naupactiis erit. Ibid. κ' ἦ omissum esse coniecit Wilamowitz (Zeitschr. f. Gymnasialwesen XXXI p. 637); G. Curtius: ὁπ(λ)όξενον; Cauer: ὅπω(ς) ξένον. Vs. 3.

Dele alterum αἴ κα δείληται. Vs. 4 κή = καὶ ἐ; de ἐ pro ἐκ vide not. ad n. 322. Vs. 7. Interpunctionem male ante ΤΑ posuit scriba quam debebat post ΤΑ ponere. Vs. 8 ἐνετήρια, a verbo εἰσίημι ducta. Vs. 12 ΤΕΚΝΑΙ non dubito collato vs. 38 quin sit error scribae perquam neglegentis. Vs. 14 Nomen Opuntiorum eodem sensu usurpatur atque Locrorum Hypocnemidiorum. Vs. 15 Ἀπόλοκρος, formatum ut ἀπόμαχος. Vs. 16 ἐχεπάμων vox nova. Vs. 17 dele ΕΙ. Vs. 22. Percothariae et Mysachei (α περικαθαίρων et μύσος) fuerint gentes sacerdotum praeditae Opunte fundis sacris quos vendere lege vetabantur. Vs. 23 αὐτός ex soloecismo pro αὐτόν. Vs. 27 ὑπὸ τῶν νομίων obscurum. Vs. 29. De hac paragrapho rectissime disputavit Vischer; sed quae desiderantur verba τῶν ἀδελφεῶν τις ἅπαις non cogitatione supplenda sed a scriba omissa esse in tanta eius incuria est verisimile; quamquam voce ἅπαις possumus carere propter id quod additur ὅπως καὶ Λοκρῶν τῶν Ὑποκναμιδίων Ϝεκάστων νόμος ἐστίν. Vs. 31 dele alterum κρατεῖν. Vs. 32 sqq. Hac lege eae lites, quae tum temporis inter colonos et remanentes Locrorum agebantur, iubentur celeriter (αὐταμαρόν) confici ne illorum iter retardetur. Ad posterum tempus haec lex ideo non potest pertinere quoniam, si coloni facti erunt Naupactii, necesse erit litigent cum Opuntiis eodem modo haud dubie iam multo ante κατὰ συμβολὰς statuto quo caeteri Naupactii. Nec placet quod fuerunt qui proponerent κατὰ Ϝέ(τ)ος; semel tantum quotannis lites Opuntiorum et Naupactiorum diiudicatas esse quis sibi persuaserit? Vs. 32 ἀρέσται = ἀρέσθαι, inf. aor. verbi αἴρω; spiritus vix obstat, cf. e. g. Ὀπωντίων vs. 39. Vs. 34 προστάταν, articulo omittitur ut in altero titulo Locrensi: δαμιωργούς. Ibid. καταστᾶσαι, intellige ἐν δίκαν. Vs. 35. Vereor ne in hoc loco, quem viri docti frustra tentarunt, maior sit neglegentia scribae quam ut verum possit reperiri. Ibid. Littera η iacens, Ι, ornata est lineola transversa ne confunderetur cum littera ξ erecta, Ι. Vs. 36 τὸ μέρος, eam partem, quae patre mortuo pro numero fratrum illi eventura erat; alios patres statim hanc partem discedenti filiorum dedisse consentaneum est. Vs. 40 χρήματα, de articulo omisso cf. supra vs. 34. Vs. 41 παματοφαγεῖται, cf. Homericum δωροφάγος. Ibid. ὁ ἐνκαλείμενος (ab ἐνκάλειμι = ἐγκάλημι = ἐγκαλέω) non potest non esse accusator; neque inauditum hoc medium genus pro activo. Vs. 42. Similes leges vigebant Athenis, cf. Meier et Schoemann, der attische Process, p. 579 et p. 693. Ibid. alterum δόμεν expunxi. Vss. 44. 45 τὸ μέρος μετὰ Ϝοικιατᾶν non intellego; haud scio an scribendum sit: (καὶ τῷ θεῷ εἴμεν) τὸ μέρος μετὰ (τῶν) Ϝοικιατᾶν et dei esto pars legitima cum servis. Vss. 45. 46. In voce ψαφίξειν aut neglegentia scribae agnoscenda est aut conferenda similis scriptura in titulis Boeotiis, cf. n. 150. Vs. 47 ταὐτά, cf. ταυτᾶ n. 79. Ibid. Χαλείοις pro Χαλειεῦσιν ex flexione praecipue vicinis Aetolis usitata; cf. μειόνοις n. 322.

---

322 Lamina aenea utrimque inscripta, reperta Galaxidii (Oeantheae); tum Corcyrae eam possedit Woodhouse, nunc ibi apud Taylorem consulem Britannicum est. Λοκρικῆς ἀνεκδότου ἐπιγραφῆς διαφώτισις ὑπὸ Ἰ. Ν. Οἰκονομίδου, ἐν Κερκύρᾳ 1850; Ross, alte locrische Inschrift von Chaleion oder Oeanthea, 1854; Rangabé n. 356b; Kirchhoff, Philol. XIII p. 1 sqq.; Cauer, del. inscrr. Gr. n. 94. Delineatio, quam hic habes, ex ectypo sumpta praebet veram magnitudinem; ansam laminae bene servatam non totam cepit charta huius libri.

(Textum vide pag. 74.)

(§ 1) Τὸν ξένον μὴ ἄγειν ἐ τᾶς Χαλεΐδος τὸν Οἰανθέα μηδὲ τὸν Χαλειέα ἐ τᾶς Οἰανθίδος μηδὲ χρήματα, αἴ τι(ς) συλῷ· τὸν δὲ συλῶντα ἀνάτο(ς) συλῆν. Τὰ ξενικὰ ἐ θαλά(σ)τας ἄγειν ἄσυλον, πλὰν ἐ λιμένος τῶ κατὰ πόλιν· αἴ κ' ἀδίκω[ς] συλῷ, τέτορες δραχμαί· αἰ δὲ πλέον δέκ' ἀμαρᾶν ἔχοι τὸ σῦλον, ἡμιόλιον ὀφλέτω Ϝό,τι συλάσαι. (§ 2) Αἰ μεταϜοικέοι πλέον μηνὸς ἢ ὁ Χαλειεὺς ἐν Οἰανθέᾳ ἢ Ὠιανθεὺς ἐν Χαλείῳ, τᾷ ἐπιδαμίᾳ δίκᾳ χρήστω. (§ 3) Τὸν πρόξενον, αἰ ψευδέα προξενέοι, διπλείῳ θωέστω.

(§ 4) Αἰ κ' ἀνδιχάζωντι τοὶ ξενοδίκαι, ἐπωμότας ἑλέστω ὁ ξένος ὑπάγων τὰν δίκαν ἐχθὸς προξένω καὶ Ϝιδίω ξένω ἀριστίνδαν, ἐπὶ μὲν ταῖς μναιαίαις καὶ πλέον πεντεκαιδέκ' ἄνδρας, ἐπὶ (δὲ) ταῖς μειόνοις ἐννέ' ἄνδρας. (§ 5) Αἴ κ' ὁ Ϝαστὸς πὸ(τ) τὸν Ϝαστὸν δικάζηται κα(τ) τὰς συνβολάς, δαμιωργούς ἑλέστω τοὺς ὁρκωμότας ἀριστίνδαν, τὰν πεντορκίαν ὁμόσαντας· τοὺς ὁρκωμότας τὸν αὐτὸν ὅρκον ὀμνύειν, πληθὺν δὲ νικῆν.

(§ 1) Ne abducito Oeanthensis peregrinum ex terra Chaliensi neve Chaliensis ex terra Oeanthensi neve quae eius sunt, pignus capiens; si vero ipse peregrinus prior ausus sit pignus capere, liceat impune pignus capere ab illo. Res peregrini ex mari abducere liceat, securum ab retaliatione, praeterquam ex portu prope urbem; si quis iniuste pignus ceperit, quatuor drachmae sunto multa; si longius decem diebus pignus retinuerit, dimidio plus debeto quam quod ceperit. (§ 2) Si diutius quam unum mensem habitaverit aut Chaliensis Oeantheae aut Oeanthensis Chalii, domestico iure utitor. (§ 3) Proxenus si in munere gerendo mendacia commiserit, duplici multa multator. (§ 4) Si rerum peregrinarum iudices inter se different paribus suffragiis, assessores creato peregrinus, qui litem instituerit, praeter proxenum et proprium proxenum ex optimatibus, in litibus, quae mina aut pluris sunt, quindecim viros, in vilioribus novem viros. (§ 5) Si civis civi litem intenderit ex pactione publica, damiurgi creanto iudices ex nobilibus, iurati iusiurandum quintuplum; iudices idem iusiurandum iuranto; maior pars suffragiorum vincito.

Hoc non esse foedus integrum Oeanthensium et Chaliensium vel uno aspectu apparet; sed ne partem quidem ipsius foederis esse has quinque leges putare licet, quoniam materias inter se admodum diversas ita tractant ut nulla absolvatur. Nam e. g. de proxenis plura in tali foedere dicenda erant quam hoc: τὸν πρόξενον, αἰ ψευδέα προξενέοι, διπλείῳ θωέστω, et de civium commoratione in altera civitate plura quam illud: αἰ μεταϜοικέοι — χρήστω. Itaque mihi persuasi has esse leges additicias, foederi — quod periit — ex utriusque civitatis consensu subiectas, postquam variis occasionibus constitutiones, quae illo continebantur, non sufficere cognitum est; qua cum opinione optime congruit, quod leges tres posteriores haud dubie ab alio scriba atque duae priores sunt exaratae et eo quidem, ni fallor, paulo recentiore, cf. Μ et Μ, Ν et Ν. Ansa haec lamina et fortasse aliae prope ipsam foederis tabulam in templo suspensae erant.

Vs. 1 ἐ τᾶς; praepositionis ἐκ malui in hoc titulo Locrensi nec non in eo qui praecedit n. 321 breviorem formam ἐ etiam alibi obviam (cf. Keil, Jahrb. für Philol. Suppl. IV p. 543) admittere, quam statuere litteram finalem semper sequenti consonanti assimulatam, deinde pro gemina littera simplicem positam esse. Quidni haec dialectus utramque formam noverit, ἐ et ἐκ (cf. n. 321 vs. 15 ἐγ Ναυπάκτω), aeque ac Latina lingua e et ex? Vs. 3. Sic haec distinxi, quamquam post συλῆν aerarius non interpunxit; sed quod aliis placuit τὸν δὲ συλῶντα ἀνὰ τὸ συλῆν τὰ ξενικὰ ἐ θαλά(σ)τας ἄγειν ἄσυλον vereor ne nimis contorte sit dictum. Vs. 4. Illud αἴ κα cum optativo potius incuriae scribae quam rudiori Locrorum dialecto tribuere maluit Kirchhoff, cui adstipulor. Vs. 8. Structura neglegens; vel legendum τῶν προξένων αἴ (τις) κτλ. Interpretationem supra propositam verborum ΔΙΠΛΕΙΟΙΘΟΙΕΣΤΟ, quae puto idem valere atque τῷ διπλῷ ζημιούσθω, non is sum qui impense venditem; sed cf. διπλέη Herod. III 42. Oecomonides: διπλεῖ οἱ θηέστω; Kirchhoff: διπλῇ (Ϝ)οι θωΐ' ἔστω; Ahrens, Zeitschr. f. vergl. Sprachforsch. VIII p. 345: διπλεῖ ἰῷ (i. e. ἐκείῳ, Hom. Il. Z 422) Σῷ' ἔστω. Vs. 10 sqq. Multifariae quae inter Chalienses et Oeanthenses et peregrinos fieri poterant lites quomodo deberent institui, expositum fuisse puto in ipsa foederis tabula; ibi igitur sanctum erat ut, si vel Chaliensis Oeantheae vel Oeanthensis Chalii peregrinum accusavissent (cf. Kirchhoff l. l.), rei cognitio esset penes iudices qui ξενοδίκαι vocabantur; iam hoc legis supplemento constituitur, quid sit agendum, si horum iudicum suffragia sint paria. Vs. 14 πὸ(τ) τόν, cf. n. 321 vs. 32 πὸ(τ) τούς; ποί convenit Argivis, cf. Le Bas n. 157a et 159h. Vss. 16. 17. Damiurgi iurant se in neutrius favorem iudices electuros esse.

A

:ΤΟΝ⳨ΕΝΟΝΜΕΗΑΓΕΝ:ΕΤΑΣϝΑΛΕΙΔΟΣ:ΤΟΠΟΙΑΝΘΕΑΜ
ΕΔΕΤΟΝϝΑΛΕΙΕΑ:ΕΤΑΣϜΟΙΑΝΟΙΔΟΣ:ΜΕΔΕϜΡΕΜΑΤΑΑΙΤΙΣϜ
ΛΟΙ:ΤΟΜΕΣϜΝΟΝΤΑΑΘΑΝΑΤΟΣϜΛΕΝΤΑ⳨ΕΠΙΚΑΘΑΓΑΣΗΑΓΕΝ:
ΑΣϜΛΟΜ:ΤΥΑΜΕΛΙΜΕΝΟΣ:ΤΟΚΑΤΑΓΟΓΙΝ:ΑΙΚΑΔΙΚΟΣϜΛΟΙ:ΤΕ
ΤΟΡΕΣΔΡΑΧΜΑΙ:ΑΙΔΕΠΛΕΟΝΔΕΚΑΜΑΡΑΝΕϜΟΙΤΟΣϜΛ ΟΜΕ
ΜΙΟΛΙΟΦΛΕΤΟϜΟΤΙΣϜΛΑΣΑΙ:ΑΙΜΕΤΑϜΟΙΚΕΟΙΠΛΕΟΝΜΕΝΟΣΕ
ΟϜΑΛΕΙΕϜΣϜΟΙΑΝΘΕΑΙΕΟΙΑΝϜΣΕΝϜΑΛΕΙΟΙΤΑΙΕΠΙΔΑΜΙΑΙΔΙΚΑΙΝ
ΡΕΣΤΟ:ΤΟΝΠΡΟ⳨ΕΝΟΝ:ΑΙ⳨ΕϜΔΕΑΠΡΟ⳨ΕΝΕΟΙ::ΔΙΠΑ
ΕΙΟΙΘΟΙΕΣΤΟ

B

ΔΙΚΑΝϜΙΝΑΙΟΝΤΙΤΟΙ⳨ΕΝΟΔΙΚΑΙ:ΕΠΟΜΟΤΑΣ:ΗΕΛΕΣ
ΤΟ⳨ΟΤΕΝΟΣ:ΟΠΑΛΟΝ:ΤΑΝΔΙΚΑΝ:ΕϜΟΣΠΡΟ⳨ΕΝΟ
ΚΑΙϜΙΔΙΟ⳨ΕΝΟ:ΑΡΙΣΤΙΝΔΑΝ:ΕΠΙΜΕΝΤΑΙΣΜΝΑΙΑ
ΙΑΙ⳨ΚΑΙΠΛΕΟΝ::ΠΕΝΤΕΚΑΙΔΕΚΑΝΔΡΑΣ:ΕΠΙΤΑΙΣ
ΜΕΙΟΝΟΙΣ:ΕΝΝΕΑΝΔΡΑΣ:ΑΙΚΟϜΑ⳨ΕΤΟΣΠΟΙΤΟΝΕ
ΣΤΟΝΔΙΚΑΙΟΤΑΤΑ:ΕΠΙϜΟΙΝϜΟΛΑΣ:ΔΑΜΙΟΡΓΟΣ
ΗΕΛΕΣΤΑΙ::ΤΟϜΗΟΡΚΟΜΟΤΑΣΑΡΙΣΤΙΝΔΑΝΤΑϜΤΕ
ΝΤΟΡΚΙΑΝΟΜΟΣΑΝΤΑΣ:ΤΟϜΗΟΡΚΟΜΟΤΑΣ ΤΟΝΑΥΤΟ
ΝΗΟΡΚΟΝΟΜΝΥΕΝ:ΠΛΕΟΝΔΕΝΙΚΕΝ

323 In ansa paterae aeneae, reperta *Oeantheae* (Galaxidii) et in museum societatis archaeologicae Atheniensis illata. Edidit Collignon, rev. arch. 1876 XXXII p. 182.

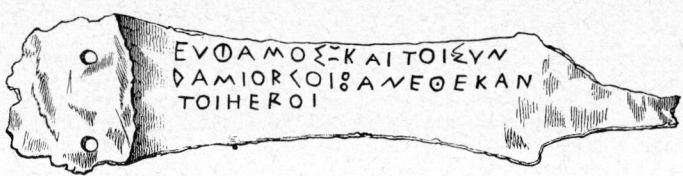

Εὔφαμος καὶ τοὶ συνδαμιωργοὶ ἀνέθηκαν τῷ ἥρωι.
De omisso nomine herois vide n. 29.

XIII.

TITVLI THESSALICI.

324 In parte exteriore cymbali aenei, cuius de origine nihil traditur; exstat Athenis in museo societatis archaeologicae. Typis vulgaribus titulum excudit Oeconomides in ephemeride Clio, d. XIX/I m. Maii a. 1869 et in libro ἐποίκια Λοκρῶν γράμματα, p. 129 sq., ex U. Koehleri delineatione edidit Fraenkel, arch. Zeit. XXXIV p. 31 tab. 5; hinc imaginem deprompsimus. Cf. Kirchhoff, Stud.³ p. 139.

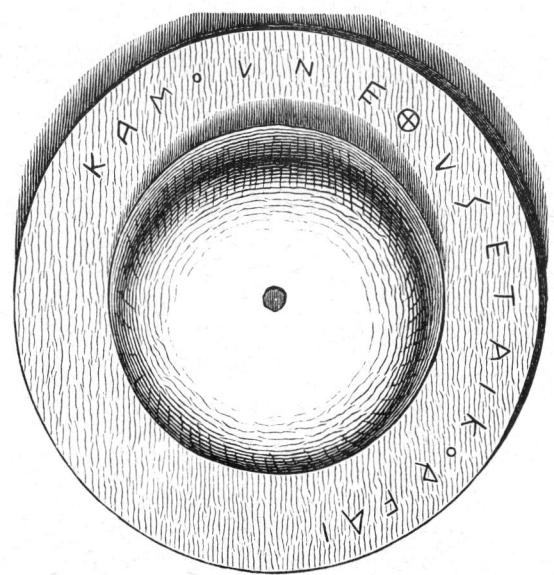

Κάμουν ἔθυσε τᾷ Κόρfᾳ. Propter diphthongum vocis Κάμουν pro Κάμων titulus Thessaliae videtur adiudicandus. Insolens ἔθυσε „dedicavit."

325 In vico Hadji-Amar, qui a *Pharsalo* ad occidentem versus 9000 m. distat, in lapide oblongo, qui in porta ecclesiae dirutae est loco liminis superioris. Ediderunt Heuzey et Daumet, mission archéologique de Macédoine n. 199. Tentaverunt titulum Christ et v. d. Pfordten; cf. Pfordtenii de dialecto Thessalica commentatio p. 5 sqq. et Meisteri recensio, Ien. Litt. Zeit. 1879 p. 454.

OΔΑΜΑΤΕRDIOKΛΕΛIESSTΑSΕVCΝΟ////
////OSϟOTΑΝOROSOΛΕTOOΛΑΓΑΘOS
////ΛΕΛΤΕΟSΑDΕΛΘΕΟSΕSSTΑΓΕΛΟ///
ΛΤΟΙΚΤΙRΑSΑΝDRΑΛΓΑΘΟΝΓΑDITO

[Σᾶμα τ]ὸδ' [ἁ] μάτηρ Διοκλέ[α]ι ἔσστασ' Ἐχ[ε]νο[ία]
[ἐσγόνῳ], ὅς ποτ' ἀνούρ οὕς ὄλετ'(ο) οὔ[ν] ἀγαθός,
[– ⏑⏑ –] ἔλτειος· ἀδελ[φ]εὸς ἔσσταγε λο[ιβάν]·
[πᾶς δὲ κα]τοικτίρας ἄνδρ'[(α) ἀ]γ[α]θὸν πα[ρ]ίτου.

Vs. 1. Nomina in -κλέας collegerunt Ahrens, dial. Dor. p. 562, et Fick, Beiträge zur Kunde der Indogerm. Sprachen V p. 18. Vs. 2 ἀνούρ (= ἀνήρ) Thess. pro ἀνήρ. Ibid. οὕς (= ὥς) pertinet ad anaglyphum, quod Diocleam in pugna occidentem repraesentasse putandum est. Ibid. οὖν = ὧν. Vs. 3 -έλτειος est patronymicum Thessalorum more in ειος exiens. Ibid. ἔσσταγε pro Att. ἔσταξε. Vs. 4 παρίτου = παρίτω.

326 In urbe Thessalica *Melitaea*, quae nunc dicitur Avaritsa. Ussing, inscrr. Gr. ined. n. 51; Keil, Philol. IV 1849 p. 737; Le Bas, voy. arch. n. 1180. Cf. Kirchhoff, Stud.³ p. 138; Dittenberger, Herm. XIII p. 396 sq.

ΑΛΚΙΜΑVΟΥ
.ΕΚΥΟΝΑΘΕΝ

Ἀλκιμάχου [Σ]εκυώναθεν.
Genetivi declinationis secundae apud Phthiotas et Thessaliotas in ου, apud Magnetes in ω, apud Pelasgiotas in οι exierunt (cf. Fick, Beiträge zur Kunde der Indog. Spr. V p. 2). Offensionem habet Σεκυώναθεν pro Σεκυωνόθεν.

327 *Pharsali*, in domo urbis superioris; tabula parva rectangula. Ediderunt Heuzey et Daumet, mission archéologique de Macédoine, n. 201.

ΔΑϜΟΝΤΑΘΙ
ΔΙΤΑΙΤΑΠΕΙΟΣ

Δάϝουν τάφ[ρο]δίτᾳ τᾶ Πει[θοῖ]. Dativus articuli iam privatus est iota muto, quod recentiore aetate ne nominum quidem primam aut secundam declinationem sequentium dativi in dialecto Thessalica servaverunt; cf. n. 503.

328 In domo Turcica oppidi hodierni Turnavi, a Larissa in occidentem et septentrionem versus ad Europum flumen siti, ubi antiquo tempore urbs *Metropolis* fuisse putatur, exstat anaglyphum, in quo effictus est miles clipeo magno rotundo armatus; in latere inscriptus est titulus. Edidit Heuzey, le mont Olympe et l'Acarnanie, p. 484 n. 47; cf. Fick, Beiträge zur Kunde der Indog. Spr. V p. 19.

ΑΔ . ΕΟΑ
ΕΑΣΙΔΑΜΟΣΠΑ ΣΠΕΘΟΝΕΟΣΕΠΑΣ
ΟΙΑΠΕΟΔΝΕΑΡΙΣ ΓΙ ΟΝΤΟΜΣΕΙΙΑΔΟΔ
ϜΙϷΑ

— Ϝασίδαμος πα[ῖ]ς Πειθούνειος ἐπ' ἀϜ[έσλ]ῃ ἀπέ[θα]νε ἀρισ[στεύ]ουν τοῦν [ἐ]ς Ἑλλ]άδο[ς] Ϝιρά[νουν]. Vs. 2. Nomen Asidami saepius obvium esse, vel in hac ipsa regione, monet Fick: Le Bas 1305 (nomen Cyretiensis) ΑΕΙΔΗΜΟΥ leg. ΑΣΙΔΗΜΟΥ; Wescher et Foucart, inscr. de Delphes n. 191 vs. 21, (nomen Amphissensis) Ἀσίδαμος. De littera Ϝ cf. nomina Boeotica Ϝάσανδρος Keil, syll. II vs. 38 et Ϝασίας C. I. G. 1575 vs. 7, Keil, syll. p. 48. Vs. 2 παῖς Πειθούνειος, cf. Le Bas 1269 tit. Lariss.: Πουταλεία κόρα. Vs. 2. 3 ΕΠΑΣ[ΕΘΛ]ΟΙ aut genetivus in οι aut dativus, quem illa aetate in ῳ, non in ω seu ου, exisse verisimile est, cf. τᾶ ΚόρϜα n. 324, Ἀφροδίτᾳ n. 327; dativum, quem structura commendat, praefero. Vs. 3 ἐς Thess. = ἐξ. Vs. 4 ϜιράνουΝ, cf. Hesych. ἴρανες, οἱ εἴρενες. οἱ ἄρχοντες ἡλικιῶται. Λάκωνες.

XIV.
TITVLI ACARNANIAE ET EPIRI.

329 In *Acarnania* septentrionali loco incerto repertus titulus, ab iuvene quodam, cui eius apographum missum erat, communicatus cum Rossio; is edidit in bullett. dell' inst. arch. 1840 p 28; repetiverunt Welcker, Mus. Rhen. nov. ser. I p. 206; Boeckh, C. I. G. 1794*h*; Le Bas, voy. arch. n. 1056; cf. Kirchhoff, Stud.³ p. 95. Rossianum exemplar, nunc deperditum, olim exscripsit Kirchhoff; inde repetimus.

ΠΡΟΚΛΒΙΔΑΣΙΟΛΒΕΑΛΛΑΚΒΚΛ
ΒΕΒΙΑΙΒΜϹΥΣΟΔΟΙΟ
ΘΟΣΠΒΡΙΤΑΣΑΝΤΟΣΑΣ
ΘΑΝΒΜΑΒΜΑΜΒΜΟΣ

Προκλείδας [τ]ό[δ]ε σᾶμα κεκλήσε[τ]αι ἐνγὺς ὁδοῖο,
ὃς περὶ τᾶς α[ὑ]τοῦ γᾶς θάνε βα[ρ]νάμενος.

Scriptura titulum coloniae cuidam Corinthiacae addicit. Vs. 1 nominativum Προκλείδας a suspicione Boeckhii, qui genetivum postulaverat, recte defendit Kaibel, epigrr. Gr. n. 182. Vs. 4. Verbum βαρνάμενος redit in epitaphio Arniadae Corcyraei n. 343.

330 In Vonitzae urbis vico cui nomen Bokali, prope rudera *Anactorii*. Edidit Leake, travels in northern Greece IV tab. XXXIV n. 166, et inde Boeckh C. I. G. 1794*g*, Le Bas, voy. arch. n. 1049.

[Πόντος ◡ — ◡ (τὸν δεῖνα) ἀπ]ώλλυ', ὃς Ἀμ[πρακίαν ποτ' ἔναιεν].

Quamquam tempus imperfectum (ἀπώλλυε) pro aoristo in titulis id genus non frequenter usurpatur (in promptu mihi sunt haec exempla: Kaibel, epigrr. Gr. n. 27 θνήσκομεν, n. 28 θνῆσκον, n. 203 θῦνες ἀνὰ σκιεροὺς Περσεφόνας θαλάμους), tamen satius duxi in versu restituendo periclitari, quam ex litteris traditis nomina propria inaudita aut rara saltem (-όλλυος Ἀμι[άντου]) extorquere. Ultima littera velim iterum in lapide examinetur.

331 In parte occidentali urbis Artae (*Ambraciae*), trecentis metris ab muro, qui antiquam urbem circumdedit, inventus est lapis 1.17 m. long., 0.44 m. lat., 0.09 m. crass.; titulus incisus est in lacuna 0.94 m. long., 0.08 m. lata. Ediderunt Duchesne et Bayet, archives des miss. scient. 1876 p. 331.

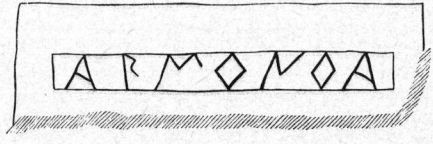

Ἁρμονόα.

332 Hanc laminam plumbeam 0.039 m. long., 0.026 m. alt., aestate a. 1879 Trau Vindobonensis inter alias res antiquas emit a machinatore quodam Graeco, qui Corcyrae domicilium habebat; atque confirmabat Graecus Dodonae se eas effodisse. Servatus est huius laminae margo is qui est inferior si anticam partem *a* contemplaris (idem est superior posticam partem *b* intuenti); item margo dexter, nisi quod in medio paulum est laesus et iacturam fecit anguli superioris; item medius margo superior; ad sinistram plumbum est fractum. Edidit Gurlitt, archaeol. epigr. Mittheil. aus Oesterr. IV p. 61 sq. Imago quarta parte infra veram magnitudinem est.

a   *b*

 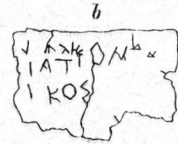

a   [Ἐπικοινῆται -]ασσχ.- (ὁ δεῖνα)
[Διὶ καὶ Διώνᾳ, τί]νι κα θεῶ-
[ν ἢ δαιμόνων ἢ ἡρ]ώων εὐχ[ό]-
[μενος καὶ θύων] ὑγιὴς εἴη.

b Varias manus recentiores distinxit editor.

a Supplementa ministrant complures tituli a Carapano editi in libro: Dodone et ses ruines tab. XXXIV sqq. Vs. 1 ἐπικοινεῖσθαι idem atque Atticum ἐπικοινοῦσθαι vel ἀνακοινοῦσθαι. Vs. 2. Propter spatii angustias brevissimos dandi casus supplevi (cf. Carap. tab. XXXV 2 lat. post.); saepius tituli huius generis praebent formam ampliorem: τῷ Διὶ τῷ Ναΐῳ καὶ τᾷ Διώνᾳ. Vs. 4. Utrumque H labente stilo simillimum evasit signo N. Si titulus oriundus est ex coloniis Corinthiacis, quae erant in illis regionibus (Corcyraeos quidem recentiore aetate hos deos aliquotiens consuluisse demonstrant tituli Carapani tab. XXXIV 4. 5), alphabetum Corinthiacum ibi non iisdem gradibus appropinquavit Ionico, quibus in Sicilia: n. 332 B = ε, H = η, n. 509 E = ε et η.

XV.
TITVLI INSVLARVM MARIS IONII.

333 In fragmento lapidis calcarii, quod in insula *Cephallenia* inter rudera Craniorum repertum in museum Parisinum a. 1860 pertulit Lenormant; idem edidit mus. Rhen. 1866 p. 519 n. 345.

334 Titulus *Cephalleniacus*. Apud Philemonem Atheniensem, qui Aeonem ephemeridem emittit, e lapide calcario exscripsit Schoell. Litterae leviter sunt incisae. Edidit Kirchhoff, Stud.³ p. 156. Utimur Schoellii apographo.

ΔΑΜΑΙΝΕΤΟ
ΤΟΠΑΛΕΟΜ

Δαμαινέτου τοῦ Παλέος. Mortuus civis erat Palae urbis in insula Cephallenia sitae. Alphabetum est Achaicum.

335 In lapide tofino oblongo, reperto Palae (Lixuri) in insula *Cephallenia*; in Britanniam delatus pervenit in collectionem Nogentianam. Editus est titulus a Boeckhio C. I. G. 1928 ex Gellii et Crawfurdi apographis; deinde typis minusculis bis in diario Ἰόνιος Ἀνθολογία V 1835 p. 84 sq. et p. 122 sq., tum a Leakio, transactions of the royal society, nov. ser. I p. 273 et p. 305, unde imaginem mutuamur.

Var. lect. Vs. 1 Gell et Crawf.: ꜱΕΛΙꜱΑΜΜ, ex Crawfurdi exemplo colligit Boeckh ꜱ paenultimum delevisse lapicidam, quod formam dextrorsum currentem per errorem incidarat. Anthol. Ion.: ωναξιας et χαισασμ. Vs. 2 Gell et Crawf.: ꜱΟΙꜱΑꜱΛꜱ, Anthol. Ion.: κλεκκιοσ et καλαχιοσ. Vs. 3 Gell: ꜱΛΟꜱΕꜱΕꜱΤ, Crawf.: ꜱΛΟꜱΕꜱΕꜱ, Anthol. Ion.: σαοστιρπε et σαοσειτε.

Μνασίας Κλεάριος σαοστρεῖ Mnasias, Clearis filius, dedicat pro salute. In voce σαοστρεῖ, quae a nomine σάοστρον (i. e. σῶστρον) ducitur, ipse lapicida errorem correxit.

336 In ea *Ithacae* insulae parte, quae cauro est opposita, ad ripam septentrionalem portus parvi, cui est nomen Polis, est planities non magna, paulum edita. Ibi inter lapides caesos, qui ex aedificio diruto reliqui sunt, repertus est lapis planus inscriptus, qui in duas partes fractus est nec non infra mutilus videtur esse. Titulus in hoc lapide natura friabili rudem in modum incisus tempore et pluvia corrosus est. A. 1868 partem maiorem 0.7 m. alt., 0.5 m. lat. repperit Schliemann, nimis credulus commento accolae cuiusdam narrantis hoc esse fragmentum operculi sarcophagi; vide librum eius: Ithaque, le Pélop., Troie p. 48 sq. Duodecim post annis hanc et insuper alteram partem invenit Stillmann; cum imagine photographica ab illo confecta titulum edidit Comparetti, Accademia dei Lincei, anno CCLXXVIII (1880—81); illam imaginem, in qua aliquot locis (maxime vs. 3 in littera M, vs. 4 in litt. M, vs. 5 in litt. Γ) vulnera a lineis non facile distinguuntur, quanta maxima potui similitudine repetendam curavi, servata etiam ea, quae Stillmanno placuit, collocatione fragmentorum, quamquam persuasum habeo sinistrum fragmentum ad alterum propius admovendum et paululum attollendum esse.

Comparetti. *Schliemann.*

Nota. Vs. 1. Post AM, ubi Schliemann praebet ΞM, in imagine photographica nec vola nec vestigium apparet.

[Τᾶς?] Ἀθάνας, τᾶς Ῥ[έας] καὶ τᾶ]ς Ἥρας τὰ [ἔ]τεια. τοὶ [ἱ]εροπο[ο]ί με ἐ[πό]ησ[αν ——]. Vs. 4. Cf. Hesych. ἔτεια· ἐπέτεια. Vs. 6 ἐμέ sc. pomarium vel agrum.

---

337 In fragmine tibiae lapideae, quod emit Schliemann *Ithacae*; inventum illud esse narrabat rusticus in sarcophago (cf. n. 336). Edidit Schliemann, Ithaque, le Pélop., Troie p. 49, et accuratius idem, Mykenae p. 88. Cf. Kirchhoff, Stud.³ p. 156.

ΗΣΑΡΟΜ

— — ἱαρός.

338 In insula *Leucade*. Le Bas, voy. arch. tab. VII 13 et n. 1040, unde repetimus titulum.

ΜΙΚΥΘΑΜ

Var. lect.: Le Bas, tab. VII 13: M pro Μ.
Μικύθας.

339 Titulus *Leucadius*. In vase aeneo 0.04 m. alto, infra fracto, quod Dodonae prope templum repertum est. Titulus punctis scriptus extrinsecus circumdat cervicem. Edidit Carapanos, Dodone et ses ruines, Paris 1878, p. 40, tab. XXIII 1.

ΦΙΛΟΚΛΕΔΑΟΔΑΜΟΦΙΛΟΥΛΕΥΚΑΔΙΟΣΔΙΝΑΙΩΙ

Φιλοκλείδα(ς) ὁ Δαμοφίλου Λευκάδιος Δὶ Νάῳ. Littera Σ intercidit socordia scribentis.

340 In lapide truncato, qui repertus a. 1819 *Corcyrae* postea erat penes Gangadium. Edidit Boeckh, C. I. G. 20, ex Creuzeri apographo; rectius Mustoxides, delle cose Corciresi, n. CI p. 268, quem Wachsmuth secutus est, mus. Rhen. XVIII p. 578; eundem nos sequimur. Cf. Kaibel, epigrr. Gr. n. 181 a.

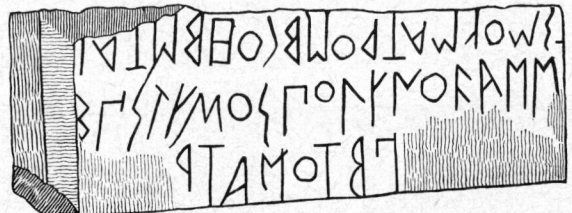

Var. lect. Creuzeri exemplum in angulo dextro inferiore praebet tres litteras, quas a manu recentiore leviter incisas esse Mustoxides affirmat.

[Σᾶμ' Ἐχετ]ίμου ματρὸς ἐγὼ ἕστακ' ἐπὶ τύμῳ
Πουλυνόϝας, σ[τοναχὰ δ' υἱῷ κατελεί]πετο ματρ[ός].
De nomine τύμῳ cf. n. 344. Versum alterum explevit Kaibel.

341 Lamina aenea *Corcyrae* in regione antiquae urbis a. 1837 inventa, 0.13 m. lata, 0.05 m. alta, bene servata, nisi quod in duas partes fracta et altera ansarum mutilata est. Ex collectione Woodhousii pervenit in museum Britannicum. Mustoxides, delle cose Corciresi n. LXIX p. 233; Vischer, mus. Rhen. 1854 p. 385 sq., idem, epigr. u. arch. Beitr. aus Griech. 1854 p. 6 (Archaeol. u. Epigr. aus Korcyra, Meg. u. Athen p. 8) tab. II 1, (kleine Schriften II p. 12 sq.). Exscripsi.

Λόφιός μ' ἀνέθηκε. Nomen Lophii habes etiam n. 411.

---

342 Ineunte mense Octobri a. 1843 *Corcyrae* ad meridiem urbis hodiernae, in suburbio, cui nomen est Castrades, in munitionibus instituendis duo ordines sepulcrorum antiquorum detecti sunt, superior et inferior. In inferiore eoque antiquiore notabile est sepulcrum ex parvis lapidibus calcariis non politis exstructum in formam cylindri, 1.25—1.57 m. alti, diametrum quinque metrorum habentis; imus lapidum ordo 0.2 m. eminet in modum gradus, summus 0.08 m. in modum gisi; superimpositum est tectum cono humili simile. Intra sepulcrum neque cinis neque ossa inventa sunt, sed patera aenea et aliquot vasa parva fictilia. Infra illud gisum a dextra ad sinistram currit inscriptio, 9.8 m. longa, uno versu continuo; litterae 0.04—0.05 m. altae profunde incisae et praeter nonnulla loca, quibus lapis laesus est, optime sunt servatae. Titulum exscripsit F. Orioli et edidit in Ephem. Ion. 1843 n. 668. 669. 673; hoc exemplar repetiit Rangabé, n. 318. Iterum exscriptum edidit Ch. Philetas, διάλεξις περὶ τῆς ἐν Κερκύρᾳ Μενεκρατείου ἐπιγραφῆς, ἐν Κερκύρᾳ 1844; inde fluxerunt editiones Franzii, arch. Zeit. 1846 p. 378 tab. XLVIII 3, Rossii in Iahnii annal. 1854 p. 535, Le Basii, voy. arch. tab. V 14. Tertio exscripsit Mustoxides, delle cose Corciresi n. CIII p. 274. Denuo examinavit Riemann, Corfou, 1879 p. 30 sqq. Ex iis, qui titulo interpretando operam dederunt, nominentur praeter illos: Schneidewin, Goett. Anz. 1845 p. 981 sqq. et Leake, transactions, nov. ser. II p. 1 sqq. Repetimus Philetae exemplum in auxilium vocato ectypo, quod inscriptionem non totam praebet; litteras quasdam dubias ipse in lapide spectavi.

(*Textum vide pag. 80.*)

Potiores varietates lectionis. Post σᾶμα Mustoxides praebet interpunctionem ⋮; et haec semper eius est forma in apographo Corcyraei. Post δαμοσίων δὲ Mustoxides legit ΗΜΟΦΑΚ, Orioli ΨΟΑΚ; in lapide agnovi ΡΗΜΟΦΑΚ. In medio orbe litterae O aliquotiens punctum positum esse hic certum illic ambiguum affirmat Riemann, certum imprimis in vocibus Τλασίαϝο, Οἰανθ-, αὐτῷ (vs. 2), ἐνθών; etiam in ectypo meo punctum conspicuum est in his vocibus: τόδε (vs. 1), Οἰανθ-, αὐτῷ (vs. 2), δαμοσίων (litt. ω).

υἱοῦ Τλασίαϝο Μενεκράτεος τόδε σᾶμα,
Οἰανθέος γενεάν· τόδε δ' αὐτῷ δᾶμος ἐποίει·
ἦς γὰρ πρόξενϝος δάμου φίλος· ἀλλ' ἐνὶ πόντῳ

ὤλετο, δαμοσίων δὲ καφῶν ἐσ[θίον τὸν ἔθαψε].
5 Πραξιμένης δ' αὐτῷ γ[αία]ς ἀπὸ πατρίδος ἐνθὼν
σὺν δάμῳ]ι τόδε σᾶμα κασιγνήτοιο ποιήθη.

Vs. 4 καφῶν pro σκαφῶν, cf. Ahrens II 109. 110. Quod dicendum erat Menecratem, quum in mari non esset inventus, non iacere sub hoc tumulo, tristem rem in modum hilarem ita expressit is, qui epitaphium concepit, ut eum non caruisse beneficio sepulturae, sed sepultum esse praedicaret, si non palis at remis navium rei publicae, quibus Corcyraei in locum naufragii vecti corpus quaesivissent.

343 Cippus e lapide calcario factus, 1.93 m. alt., 0.50 m. lat., 0.15 m. crass., repertus mense Aprili a. 1846 *Corcyrae* prope sepulcrum Menecratis, sed in stratura terrae 0.9 m. minus profunda; inter effodiendum lapis in duas partes est fractus; nunc asservatur in museo collegii. Quatuor foramina ad taenias vel coronas suspendendas utilia videntur fuisse; litterae magnae sunt et fere omnes admodum perspicuae; uniuscuiusque versus litterae duabus lineis, superiore et inferiore, sunt inclusae. Orioli, ephem. Ion. 1846 n. 68, cf. n. 73. 77; Franz, arch. Zeit. 1846 p. 377 sqq., tab. XLVIII 2; Mustoxides, delle cose Corciresi, n. CIV p. 288; Vischer, mus. Rhen. 1854 p. 383 sq., Ross, Iahnii diar. 1854 p. 544 sqq., Vischer, epigr. u. arch. Beiträge aus Griech. p. 10; Le Bas, voy. arch. tab. VI 1; Riemann, Corfou, 1879 p. 42. Sequimur Mustoxidem.

Var. lect. Vss. 2. 3. Riemann bis, in vocibus παρά et Ἀραϑϑοιο, ꟼ et ꝶ, repugnantibus caeteris testibus. Vs. 3. Alterum Θ auctore Vischero paulo minus est quam id quod praecedit.

Σᾶμα τόδ᾽(ε) Ἀρνιάδα· χαροπὸς τόνδ᾽ ὤλεσεν Ἄρης
βαρνάμενον παρὰ ναυσὶν ἐπ᾽ Ἀραϑϑοιο ῥοϝαῖσι,
πολλὸν ἀριστεύοντα κατὰ στονόϝεσ(σ)αν ἀϝυτάν.

Vs. 4. Mendose lapicida ἀριστεύτοντα.

---

344 Fragmentum columnae sepulcralis albae marmoreae simplici capitulo ornatae; inventum est primis diebus mensis Augusti a. 1866 *Corcyrae* haud procul a sepulcro Menecratis; in abaco litteris 0.03 m. altis incisa est inscriptio, deorsum deflexa ubi margini appropinquat. Decharme, comptes rendus 1866 p. 383, Egger ibid. p. 393, Miller ibid. p. 398 sqq., Egger ibid. a. 1867 p. 158 sq.; Bergmann, Herm. II p. 136 sqq., ubi tres litterae male iterantur (cf. Kirchhoff, Stud.[3] p. 92); Schliemann, Ithaque, le Pélop. Troie 1869 p. 7, qui repetit Decharmii exemplum; Engelmann, bullettino dell' inst. arch. 1872 p. 35. Praeterea utimur ectypo, quo litterae novem postremae expressae sunt.

ΥΤΣꟻΜϟꜸΜΦϟΕϟ ϟΒΜΥΦΤΜΦϟꟼΑϟΜΕΛΑΤΜ
ΦϟΣ

Στάλα Ξενϝάρεος τοῦ Μειξιός εἰμ᾽ ἐπὶ τύμῳ. De 'Μ cf. 'Ϝ n. 131. Ἐπὶ τύμῳ habes etiam n. 340.

345 In pila lapidea 1.42 m. altitudine, 0.33 m. crassitudine, *Corcyrae* prope sepulcrum Menecratis inventa; nunc exstat in museo collegii. Inscriptio antiqua integra est; recentiore tempore lapis, ut ad alienum usum idoneus fieret, recepit inscriptionem alteram transverso cursu scriptam ΔΙΟΣΚΟΥΡΩΝ. Primum videntur esse editae in folio nescio quo ephemeridis Ioniae; deinde edd. Franz, arch. Zeit. 1846 p. 378 tab. XLVIII 4; Mustoxides, delle cose Corciresi, n. LXXXII p. 252; Vischer, mus. Rhen. IX p. 384 sq., idem, epigr. und arch. Beitr. p. 10 tab. II 8 (kleine Schriften II p. 18); Wachsmuth, mus. Rhen. XVIII p. 579 not.; cf. Kirchhoff, Stud.[3] p. 93 sq. Lapidem inspexi.

ϟΑΤΑΙΒΕϞΛ

Λεξειάτας s. Ληξειάτας, sc. (sec. Kirchhoffium) ὄρϝος; ex quo nomine illud Λεξειάτας terminatione -άτας sit formatum, difficile est dictu.

---

346 Columna rudi arte ex lapide calcario rubenti sculpta, supra excavata, 0.68 m. altitudine, crassitudine supra 0.38 m., infra 0.45 m., effossa a. 1845 *Corcyrae* in palaeopoli sub colle, in quo monasterium S. Euphemiae situm est, nunc servatur in museo collegii. Inscriptio deorsum currens compluribus laesuris turpata est. Ephem. Ion. 1845 n. 29 sqq., Mustoxides, delle cose Corciresi, n. LXXXIII p. 254; Rangabé n. 356 ex ephemeride; Wachsmuth, mus. Rhen. XVIII p. 575 sqq. ex Mustoxidis libro; Bergmann, Herm. II p. 139; cf. praeterea Kirchhoff, Stud.[3] p. 93. Lapidem contuli; repeto Bergmanni exemplar.

ΜΟΡϹΟϟΗΙΑΡΟϟ
ΤΑϟΑΚΡΙΑϟ

Var. lect. A sinistra vss. 1 et 2 caetera apographa sunt minus accurata. Pro Ϳ ephemeris praebet vs. 1 Ϳ, vs. 2 Ϳ, laesionibus lapidis falso acceptis. Carent vs. 1 apud Mustoxidem omnia Ο, in ephemeride secundum et tertium punctis. Vs. 2. Post Κ ephemeris habet Β, Mustoxides Ρ, ego e lapide enotavi Ε.

Ὄρϝος ἱαρὸς τᾶς Ἀκρίας. Idem cognomen teste Hesychio (s. v. Ἀκρία), apud Argivos compluribus deabus erat.

---

347 In duabus pilis in formam conorum obtusorum sculptis, altitudine 1.14 m., crassitudine infra 0.3 m., supra 0.15 m., erutis *Corcyrae* prope ecclesiam Beatae Virginis cui cognomen est Νεραντζικά, ad rivum in regione templi antiqui. Altera nunc est in museo collegii. Mustoxides, illustrazioni Corciresi, tom. II p. 98; Boeckh, C. I. G. 1877 ex Broendstedii apographo; Franz, arch. Zeit. 1846 p. 379 tab. XLVIII ex exemplari quodam lithographico; Mustoxides, delle cose Corciresi, n. LXXXVI p. 262, unde titulum sumimus.

ΡΟΟϟΓΥΘΑΙΟϟ

Var. lect. Ephem. arch. litt. 1. 2. 3: ▷ Φ ▣.

Ῥόος Πυϑαῖος i. e. rivus Apollinis Pythii sacer.

XVI.
TITVLI THRACIAE.

348 Titulus *Mendaeus*. In basi triangula Victoriae alatae, effossa a. 1875 Olympiae haud procul ab eo Olympiei angulo qui spectat inter septentriones et ortum solis. Litterae superiorum versuum 0.03 m. altae sunt, inferiorum 0.02 m. Edidit E. Curtius, arch. Zeit. XXXIII p. 178 et Ausgrab. zu Olymp. I tab. 32; cf. Schubart, Neue Jahrb. 1876 p. 397 sqq., Michaëlis, arch. Zeit. XXXIV p. 169 sqq., Weil, ibid. p. 229 sq., Schubring, ibid. XXXV p. 26 et p. 59 sqq., Schubart, Neue Jahrb. 1877 p. 379 sqq.

```
ΜΕΣΣΑΝΙΟΙΚΑΙΝΑΥΠΑΚΤΙΟΙΑΝΕΘΕΝΔΙΙ
ΟΛΥΜΠΙΩΙΔΕΚΑΤΑΝΑΠΟΤΩΜΠΟΛΕΜΙΩΝ
    ΠΑΙΩΝΙΟΣΕΠΟΙΗΣΕΜΕΝΔΑΙΟΣ
 ΚΑΙΤΑΚΡΩΤΗΡΙΑΠΟΙΩΝΕΠΙΤΟΝΝΑΟΝΕΝΙΚΑ
```

Μεσσάνιοι καὶ Ναυπάκτιοι ἀνέθεν Διὶ
Ὀλυμπίῳ δεκάταν ἀπὸ τῶμ πολεμίων.
Παιώνιος ἐποίησε Μενδαῖος,
καὶ τἀκρωτήρια ποιῶν ἐπὶ τὸν ναὸν ἐνίκα.

Cf. Paus. V 26. 1: Μεσσηνίων δὲ τῶν Δωριέων οἱ Ναύπακτόν ποτε παρὰ Ἀθηναίων λαβόντες ἄγαλμα ἐν Ὀλυμπίᾳ Νίκης ἐπὶ τῷ κίονι ἀνέθεσαν. τοῦτό ἐστιν ἔργον μὲν Μενδαίου Παιωνίου, πεποίηται δὲ ἀπὸ ἀνδρῶν πολεμίων, ὅτε Ἀκαρνᾶσι καὶ Οἰνιάδαις, ἐμοὶ δοκεῖν, ἐπολέμησαν. Μεσσήνιοι δὲ αὐτοὶ λέγουσι τὸ ἀνάθημα σφίσιν ἀπὸ τοῦ ἔργου τοῦ ἐν τῇ Σφακτηρίᾳ νήσῳ μετὰ Ἀθηναίων, καὶ οὐκ ἐπιγράψαι τὸ ὄνομα τῶν πολεμίων σφᾶς τῷ ἀπὸ Λακεδαιμονίων δείματι, ἐπεὶ Οἰνιαδῶν γε καὶ Ἀκαρνάνων οὐδένα ἔχειν φόβον. Naupactii, quorum mentio apud Pausaniam ipsius aut librariorum culpa desideratur, sunt ea civitatis pars, quae in urbe ab Atheniensibus capta (Thuc. I 103) remanserat et ab Atheniensibus stabat. Quae Messenios de causa donarii tradidisse narrat Pausanias quin summatim fuerint vera, mihi non videtur esse quod dubitemus (cf. Thuc. IV 9 et 36, Paus. IV 26), ita tamen ut non ab hac una victoria gloriosissima, cuius memoriam usque ad Pausaniae aetatem optime tenuerunt Messenii, decimam dedicatam putemus, sed etiam a crebris illis excursionibus, quibus re Sphacteriae bene gesta Messenii ex Pylo proficiscentes agros Lacedaemoniorum per aliquot annos vastabant; cf. Thuc. IV 41: τῆς δὲ Πύλου φυλακὴν κατεστήσαντο (sc. οἱ Ἀθηναῖοι) καὶ οἱ ἐκ τῆς Ναυπάκτου Μεσσήνιοι ὡς ἐς πατρίδα ταύτην (ἔστι γὰρ ἡ Πύλος τῆς Μεσσηνίδος ποτὲ οὔσης γῆς) πέμψαντες σφῶν αὐτῶν τοὺς ἐπιτηδειοτάτους ἐληΐζόν τε τὴν Λακωνικὴν καὶ πλεῖστα ἔβλαψαν ὁμόφωνοι ὄντες. Dixerit quis accuratius ita tempus huius donarii posse definiri, ut ineunte anno 421 aut non multo ante putetur Iovi Olympio esse oblatum; neque enim post foedus aestate a. 421 cum Argivis et Corinthiis factum impedituros fuisse Eleos, quin nomen Lacedaemoniorum in tropaeo inscriberetur; et quod Elei tropaeum poni passi sint, nomen Lacedaemoniorum inscribi vetuerint, in hac re cognosci mentem sociorum ad defectionem pronorum, cf. Thuc. V 31. At vereor, ne ea quae recentiores Messenii de causa nominis hostium in tropaeo omissi narrabant, fide parum sint digna, quandoquidem frequentior fuit haec reticentia, quam ut ad eam explicandam tam singulari opus sit argumentatione, cf. e. g. Add. n. 3 a, bull. de corr. hell. I p. 84, Paus. V 24. 7. — Vs. 4 ἀκρωτήρια non sunt statuae, quae intra fastigia erant collocatae (ἐναέτια), sed monumenta fastigiis superimposita, Paus. V 10. 4: λέβης ἐπίχρυσος ἐπὶ ἑκάστῳ τοῦ ὀρόφου τῷ πέρατι ἐπίκειται, καὶ Νίκη κατὰ μέσον μάλιστα ἕστηκε τὸν ἀετόν, ἐπίχρυσος καὶ αὕτη; his igitur fabricatis non mediocriter gloriatum esse Paeonium hinc discimus. — Patria Paeonii Kirchhoffio auctore (Stud.[3] p. 106) non fuit Mende Eretriensium colonia in paeninsula Pallene sita, sed Mende Ionum Asiaticorum colonia prope Aenum condita; inde intelligitur, cur Paeonio scriptura Ionum Asiaticorum commoda fuerit. Dialectum prioris tituli a Messeniis et Naupactiis concepti Doricam esse consentaneum est; artifex in suo ipsius titulo quanam dialecto usus sit, parum liquet; certe non usus est Dorica (cf. ἐνίκα); sed qua? an Ionica? Ionum enim eos, qui in Asia ad septentrionem habitabant, quoniam alia multa paria aut similia habebant Aeolum dialecto (cf. n. 381. 382), non incredibile est pro νηός dixisse ναός (Aeol. ναῦος). Possunt autem horum Mendaei fuisse coloni.

---

349 Titulus *Abderiticus*. In basi marmoris Pentelici, 0.55 m. longa, 0.445 m. alta, 0.48 m. lata, effossa a. 1866 in Piraeeo prope sex aras magnas marmoreas, litteris pulcherrimis. Edidit Hirschfeld, arch. Zeit. 1873 XXX p. 21, tab. LX n. 7; repetiit Kirchhoff, Stud.[3] p. 14. Utor ectypo.

```
ΠΥΘΩΝΕΡΜΗΙΑΓΑΛΜΑΕΡΜΟΣΤΡΑ
ΤΟΑΒΔΗΡΙΤΗΣΕΣΤΗΣΕΜΠΟΛΑΣ
ΘΗΣΑΜΕΝΟΣΠΟΛΛΑΣ∶ΕΥΦΡΩΝΕ
ΞΕΠΟΙΗΣΕΟΥΚΑΔΑΗΣΠΑΡΙΟΣ
```

Πύθων Ἑρμῇ ἄγαλμ'(α) Ἑρμοστράτου Ἀβδηρίτης
ἔστησεν πολλὰς θησάμενος πόλ(ι)ας.
Εὔφρων ἐξεποίησ' οὐκ ἀδαὴς Πάριος.

Ionica litteratura convenit Abderitae; titulus saeculo quinto non est recentior. Per imprudentiam sculptor exaravit formam Homericam πόληας pro Ionica πόλιας, quam voluerat is qui hos versus panxit, cf. Wilamowitz, Zeitschr. f. Gymn. XXXII p. 281.

XVII.
TITVLVS SARMATIAE.

350 Inter *Maeotidem* et flumen Cara-Cubanum, in urbis magnae parietinis, quae Eski-sheir (urbs vetusta) dicebantur, repperit De la Motraye quum alia tum anaglyphum lapidis cani ex montibus vicinis, ut putabat, petiti. Media est Venus amplexura virum a sinistra eius accedentem, manifesto Martem; ad dextram eius adstat Neptunus tridentem tenens; hi omnes prope nudi. Martis ad sinistram est Amor alatus facem sinistra gestans; pone hunc est Vulcanus sinistra forcipem tenens. Infra est inscriptio. A. de la Motraye, voyages en Europe, Asie et Afrique, à la Haye 1727 tom. II p. 75 sqq. tab. IV 11 et travels through Europe, Asia and into part of Africa, Lond. 1732 tom. II p. 50 sqq. tab. XXVII n. 11; Boeckh, C. I. G. 2133; Kirchhoff, Stud.³ p. 33.

ΘΕ ΑΠΑΤΟΡΟ////ΜΑΞ///ΑΡΜ/ΗΕΔΙ////

Θε[ῷ] Ἀπατούρω[ι —]μαχ[ος Κ]αρι[ειά]δ[εω]? Lacunarum spatia fideliter imitari Motraye non curavit.

XVIII.
TITVLI INSVLARVM MARIS AEGAEI: AEGINAE CECRYPHALIAE EVBOEAE SAMOTHRACES THASI CHII SAMI AMORGI CEAE SIPHNI PARI NAXI MELI THERAE CALYMNAE RHODI CRETAE CYPRI.

351 *Aeginae* in parietibus sepulcri subterranei; apographa Logiotatides cum Gherardo communicavit. Edidit Kirchhoff, Stud.³ p. 101.

Μ[ε]νεκράτ[ης] Φοῖνιχ[ς]. Εὐ[θ]ύμ[α]χος Φοί[ν]ι[ξ].

352 *Aeginae*, in montis, qui S. Eliae vel simpliciter τὸ ὄρος dicitur, parte septentrionali, priusquam ad summum montis culmen ascendas, est parva planities arte effecta, fulta muris e magnis saxis constructis. Eam nunc occupat aedicula Michaëlis archangeli, τοῦ ἁγίου ἀσωμάτου, ex antiquis lapidibus diligenter caesis aedificata, iam semiruta; ibi olim templum Dianae Aphaeae fuisse non sine causa suspicantur. Haud procul inter rudera inde devoluta iacet lapis 1.3 m. longus, 0.7 m. latus; superficiem excavatam circumdat margo editus, ad dextram 0.20 m., in caeteris partibus 0.07 m. latus. Quem lapidem qui viderunt alii aram esse censuerunt nixi eo, quod pars superior non librata est, sed paulum proclivis canaliculoque est instructa, ex quo aquam et sanguinem defluere potuisse putant; alii propter superficiem male levigatam aliquod anathema iudicant impositum fuisse. Margo praebet inscriptionem, litteris 0.06—0.065 m. altis, profunde incisis; sed periit inscriptionis initium non parva marginis parte a canaliculo usque ad primam litteram servatam scalpro in altitudinem deminuta. Exscripsere undecim, quod sciam, viatores: 1) Fourmont, vide Osanni Syllogen II 86 p. 316; 2) Gell, vide C. I. G. 2138; 3) Stackelberg, der Apollotempel zu Bassae p. 107; 4) Mustoxides, Antholog. Ion. I p. 50 sq.; 5) Prokesch, vide Rangabé n. 33 et C. I. G. add. 2138; 6) Virlet, vide Blouet, expédition scientifique en Morée, tab. 46. 4; 7) Le Bas, voy. arch. tab. VI 5; 8) About, archives des missions scientifiques III p. 553; 9) Ross, ex cuius schedis ed. Schoene, Herm. V p. 308, cf. ibid. Hirschfeld p. 469 sqq.; nam in eis Rossii diariis, quae mihi licuit pervolvere, nullum huius tituli apographum exstat; 10) Hirschfeld, arch. Zeitung 1872 p. 19 sq. tab. 60. 4; 11) G. Koerte in schedis. Ectypo utor.

Var. lect. Ante ΚΟΛ in ectypo nihil certi dignoscitur; Fourmont praebet Ι, Gell Μ, Ross Ν. Mox inter Α et Ϲ Stackelberg Prokesch Ross Hirschfeld praebent Ι; Mustoxides Virlet Le Bas About Koerte hanc litteram omittunt, quia fissuram potius quam litteram hoc loco aspicere sibi videbantur; Fourmont et Gell Β et Ϧ pro ΙϹ; ectypi ope hic destituti sumus. Reliqua sunt certa, etiam Λ (aliis Α) in voce ΗΑΒΛΙΟΝ et Μ (aliis ΑΛ seu ΑΔ) in voce ΗΑΛΤΙΜΟ. Post has litteras clarissimas nihil periit, ut errasse iudicandum sit eos, qui hoc loco litteras oculis se assequi existimabant: Gell Τ, Prokesch Ϲ, About Ν, Ross Ϲ.

[Τᾷ Θεᾷ τᾷ ἐν] Κωλιάδαις Ἀβλίων ἐποίησε Ἀλτίμου.

---

353 *Aeginae*, in sepulcro; litterae 0.02 m. altae. Rangabé n. 368.

ΘΕΟΙϹ
ΘΕꟼΟΝΟϹ

Θεσ[τέλης vel sim.] Θήρωνος. Vs. 2. Pro Θ postulaveris Ϙ; littera Ρ haud scio an typothetae vitio apud Rangabeum male expressa sit.

354 *Aeginae*, eodem loco quo titulus n. 352, in columna lapidea 1.5 m. long., 0.50 m. crass., quae, postquam a Finlaio a. 1831 e muro aediculae soluta est, diu prope iacebat humi, tum maceriae est inserta. Wordsworth, Athens and Attica, ed. sec., p. 275; Leake, transactions of the roy. soc. of lit. 1834 vol. II p. 380, usus Finlaii et Wordsworthi apographis; Mustoxides, Anthol. Ion. 1834 I p. 48 sq., Blouet, exp. scient. en Morée tom. III tab. 46. 5 ex Virleti apographo; Rangabé, n. 34 ex Prokeschii apographo; Boeckh, C. I. G. add. 2138 d ex Transactionibus et Prokeschii apographo; Le Bas, voy. arch. tab. VI 6; About, archives des missions scient. tom. III p. 554; exscripsit Koerte. Repetimus titulum ex Le Basii opere.

Var. lect. Clausulam vs. 2, ubi Le Bas praebet ΑΤΟ, correxi ex aliis apographis; reliquam variae lectionis farraginem praetermitto. Boeckh ex litteris a Prokeschio datis exhibet quintum versum: — — —ΕΠΟΙΕϹΕ, nescio quo Prokeschii errore; nam certe in lapide non est.

Ὅς τόδ' ἄγαλμ' ἀνέθηκε, Φιλόστρατός ἐστ' ὄνυμ' αὐτῷ,
πατρὶ δὲ τῷ τήνου Δαμοφόων ὄνυμα.

355 Titulus *Aegineticus*. Basis albae marmoreae, Olympiae collocatae, 0.08 m. altae, in cuius superficie aequa olim titulus incisus erat, nobis servata sunt fragmenta duo, alterum *a* 0.22 m. long., 0.19 m. lat., repertum prope Heraeum, alterum *b* 0.16 m. long., 0.35 m. lat., repertum a templo Iovis ad orientem versus. Quum autem fragmentum *b* infra instructum sit margine eminenti, quo fragmentum *a* caret, apparet ea non ex eodem latere basis superesse et cursus inscriptionum fuisse fere hos ▱. Edidit Kirchhoff, arch. Zeit. XXXVII p. 161. Ectypon contuli.

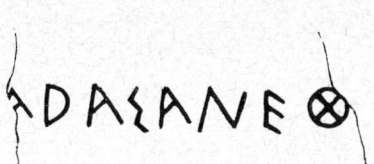

[Εἰκόνα Ϝαλεῖος τάνδ᾽ Ἀγι]άδας ἀνέθ[ηκε]
[πὺξ παῖς νικάσα]ς καλὸν ἀ[γῶνα Διός].
[Σηράμβου τοῦ ἐν Αἰγ]ίνᾳ μ᾽ ἵ[δου ἐνθάδε Ϝέργον].

Cf. Paus. VI 10. 9: Λυκῖνον δὲ Ἡραιέα καὶ Ἐπικράδιον Μαντινέα καὶ Τέλλωνα Ὀρεσθάσιον καὶ Ἠλεῖον Ἀγιάδαν ἐν παισὶν ἀνελομένους νίκας, Λυκῖνον μὲν δρόμου, τοὺς δὲ ἐπ᾽ αὐτῷ κατειλεγμένους πυγμῆς, Ἐπικράδιον μὲν καὶ Ἀγιάδαν, τὸν μὲν αὐτῶν Πτόλιχος Αἰγινήτης ἐποίησε, τὸν δὲ

Ἀγιάδαν Σήραμβος, γένος καὶ οὗτος Αἰγινήτης. Aeginetica huius tituli origo, quam reliquiae videntur indicare, non refutatur ea re, quod hoc in titulo Σ et Θ, in eo qui praecedit n. 354 Ϟ et Θ coniuncta reperiuntur; nam mutationes eius generis non ubique certo ordine factae sunt. — Vs. 2. Cf. C. I. G. 1582: — — νικήσας καλὸν ἀγῶνα Διός et Paus. VI 10. 7: νικήσας ἵπποις καλὸν ἀγῶνα Διός.

---

356 Tabula marmorea caerulea integra, 0.34 m. alta, 0.44 m. lata, reperta *Aeginae*, nunc Athenis in gymnasio Hadriani; litterae 0.08 m. altae sunt. Blouet, exp. scient. tom. III p. 59 n. 3; Rangabé n. 4 et p. 380; Boeckh, C. I. G. add. 2140*b*; Le Bas, voy. arch. n. 1714. Habeo ex ectypo, ex Rossii diario, ex meo apographo.

```
ΕΓΔΕΛ
ΟΤΟΔΕ
ΣΑΜΑ
```

Ἐγδήλου τόδε σᾶμα.

357 In lapide 1.16 m. lato, 0.61 m. alto, *Aeginae* in horto Tzapi reperto; litterarum altitudo est 0.16 m. Blouet, exp. scient. tom. III p. 59 n. 4; Boeckh, C. I. G. add. 2140*a*[7]; Le Bas, voy. arch. n. 1713, quem sequimur.

ΑΡΙΣΤΟΛΛΙΔΑ

Var. lect.: Blouet Σ et ter Λ.
Ἀριστολαΐδα.

358 *Aeginae* in sepulcro subterraneo; exscripsit Logiotatides et cum Gerhardo communicavit.

SOMEΔEOS
EMI

Σωμήδεός εἰμι.

---

359 Titulus *Aegineticus*. Duo marmora alba, reperta Olympiae apud murum septentrionalem periboli, 0.255 m. alta, super levigata; alterum *a* utrimque, alterum *b* dextra ad marmor simile vicinum accommodatum fuisse laterum fabrica testimonio est; *b* sinistra fractum est. Marmor *a* long. 0.8 m., crass. 0.80 m., marmor *b* long. nunc 0.78 m., crass. nunc 0.45 m. Altitudo litterarum 0.045 m. Edidit Kirchhoff, arch. Zeit. XXXVI p. 142. Utor ectypo.

Γλαυκίας Αἰγινάτας ἐ[π]οίησε. Basis, ex qua haec duo supersunt saxa, ex quatuor aut pluribus saxis constructa erat. Donarium igitur, cui subiecta erat, cum maximum fuisse appareat, vix potest aliud fuisse quam id, quod a Gelone Dinomenis filio dedicatum esse tradit Pausanias VI 9. 4—5: τὰ δὲ ἐς τὸ ἅρμα τὸ Γέλωνος οὐ κατὰ ταὐτὰ δοξάζειν ἐμοί τε παρίστατο καὶ τοῖς πρότερον ἢ ἐγὼ τὰ ἐς αὐτὸ εἰρηκόσιν, οἳ Γέλωνος τοῦ ἐν Σικελίᾳ τυραννήσαντος φασὶν ἀνάθημα εἶναι τὸ ἅρμα. ἐπίγραμμα μὲν δή ἐστιν αὐτῷ Γέλωνα Δεινομένους ἀναθεῖναι Γελῷον· καὶ ὁ χρόνος τούτῳ τῷ Γέλωνί ἐστι τῆς νίκης τρίτη πρὸς τὰς ἑβδομήκοντα ὀλυμπιάδας. Γέλων δὲ ὁ Σικελίας τυραννήσας Συρακούσας ἔσχεν Ὑβριλίδου μὲν Ἀθήνησιν ἄρχοντος, δευτέρῳ δὲ ἔτει τῆς δευτέρας καὶ ἑβδομηκοστῆς ὀλυμπιάδος, ἣν Τισικράτης ἐνίκα Κροτωνιάτης στάδιον. δῆλα οὖν ὡς Συρακούσιον ἤδη καὶ οὐ Γελῷον ἀναγορεύειν αὐτὸν ἔμελλεν. ἀλλὰ γὰρ ἰδιώτης εἴη ἄν τις ὁ Γέλων οὗτος, πατρός τε ὁμωνύμου τῷ τυράννῳ καὶ αὐτὸς ὁμώνυμος (!). Γλαυκίας δὲ Αἰγινήτης τό τε ἅρμα καὶ αὐτῷ τῷ Γέλωνι ἐποίησε τὴν εἰκόνα.

360 *Aeginae*, sub monte, qui τὸ ὄρος dicitur, ad septentrionem versus inter alia saxa rudia iacet lapis indiligenter caesus, c. 1 m. longus, 1 m. latus. Exscripsit Koerte; idem annotat versum primum sibi videri integrum, sed secundum et tertium ad sinistram, et item tertium ad dextram mutilos.

```
ΜΕΕΚΤΑΣΗΟΔΟ
ΛΗΑΒΟΝΛΙΘΟΝ
ΣΤΑΣΕΣΣΚΟΠΟΝΑΛ
```

Μὴ ἐκ τᾶς ὁδοῦ (sc. ἴθι). [Τόνδ'] Ἄβων λίθον [ἔ]στατες σκοπὸν ἀγ[ροῦ, ὁδῖτα vel sim.]. Ipse lapis custos agri constitutus esse dicitur. Scriptura ἔστατες σκοπόν pro ἔστασεν σκοπόν defendi potest collata Attica ἐς στήλη pro ἐν στήλῃ.

361 In poro lapide satis rudi *Aeginae* reperto, 0.38 m. lato, 0.32 m. alto; nunc servatur Athenis in gymnasio Hadriani. Litterae 0.10 m. altae atque profunde incisae sunt. Blouet, exp. scient. en Morée, t. III p. 59 n. 5; Boeckh, C. I. G. Add. 2140 a[10]; Le Bas, voy. arch. n. 1715. Exscripsi.

Χοῖρος. Epitaphium.

362 In tabula triangula lapidis calcarii *Aeginae* a. 1854 inventa. Pittakis, ephem. arch. n. 2649.

```
         ΤΟΔΕΣΑΜΡΤΟΚΥΠΡΙΟ
Γ        Μ  ΙΜΟΔ ΙΟ Τ
Λ Τ      ΕΠΕΘΕΚΕ
Ε Ο Α
Υ Σ Λ
Κ Α Λ
Ι Λ Α
Τ Α Μ
Α   Ο
    Σ
    Μ
    Ε
```

Γλευκίτα τόδε σᾶμα τοῦ Κυπρίου τοῦ Σαλαμι[νί]ου· Διότιμός με ἐπέθηκε.

363 *Aeginae*, ex urbe ad meridiem versus, ex orphanotropheo ad orientem versus, effossum est sepulcrum tabulis lapideis tectum. Ex his una, 1.60 m. long., 0.55 m. lat., 0.25 m. crass., in superficie continet titulum *a*; altera, 1.77 m. long., 1.14 m. lat., 0.25 m. crass., in latere angusto titulum *b*. Litterae sunt altitudine 0.18 m. Exscripserunt Loeschcke et Koerte.

a   ΕΠΑΙΝΕΤΟ
b   ΑΡΓΕΙΟ

Ἐπαινέτου et Ἀργείου. Lapides olim sepulcris duorum Aeginetarum impositi aliquanto recentiore tempore ad aliud sepulcrum operiendum sunt adhibiti.

364 *Aeginae* in porta sepulcri. Blouet, exp. scient. tom. III p. 62 n. 21; Boeckh, C. I. G. Add. 2143 *q*; Le Bas, voy. arch. n. 1712.

ΕΥΤΥΧΟ

Εὐτύχου.

365 *Aeginae*. Le Bas, voy. arch. n. 1742.

ΙΑΝ

366 *Aeginae*, in lapide magno calcario. Blouet, exp. scient. tom. III p. 59 n. 7. Le Bas, voy. arch. n. 1743.

ΔΑΜΟ

Var. lect. Le Bas Α.
Δάμου, vel --δάμου, vel Δαμο--.

367 *Aeginae* in templo Minervae exscripsit Ross ex fragmine lapidis pori; litterae digiti longitudinem aequant. Edidit Ross, arch. Aufs. I p. 243; ex diario eius titulum repeto.

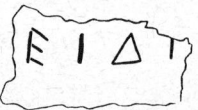

[Μ]ειδί[ας], [Φ]ειδί[ππος], sim.

368 In lapide *Aeginae* invento, 0.72 m. alt., 0.52 m. lat., 0.08 m. crass., qui deinde Athenas delatus penes quendam antiquarum rerum venditorem erat. Ex ectypo edidit Kirchhoff, Actt. menstr. acad. Berol. 1873 p. 265 sqq. Utor ectypo.

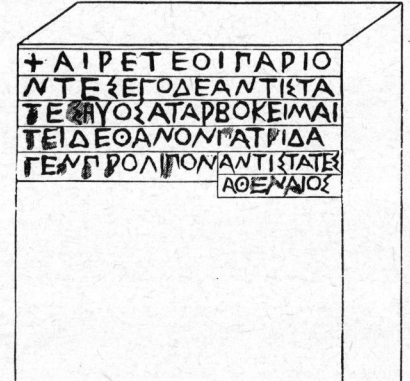

Χαίρετε οἱ παριόντες· ἐγὼ δ' (ἐ) Ἀντιστάτης, υἱὸς Ἀτάρβου, κεῖμαι τῇδε θανών, πατρίδα γῆν προλιπών.
Ἀντιστάτης Ἀθηναῖος.

Epitaphium huius Antistatae Atheniensis, qui relicta patria Aeginae inquilinus videtur habitasse, Attica dialecto conceptum, Aeginetica scriptura exaratum est. Vs. 1. Kirchhoff suspicatur, lapicidae errore litteram Μ intercidisse: χαίρετέ μοι κτλ.

369 In insula cui nunc nomen Angistri (*Cecryphalia*) prope Aeginam sita, in lapide. Gerhardo misit Logiotatides.

ΙΘΔΕΔΦΕΛΕΘΕΤΑΔ

[— — τ]ῶδε[λ]φε[ῶ] ἀ[ν]εϑέτα[ν].

370 Titulus *Euboicus*. In lapide rudi ovato fusco, qui arenaceus fertur esse, 0.68 m. long., 0.33 m. alt., 0.39 m. crass., reperto Olympiae in Pelopio; titulus in fine est integer. Edidit Kirchhoff, arch. Zeit. XXXVII p. 153. Exemplar nostrum inde repetitum aequat quartam partem verae magnitudinis.

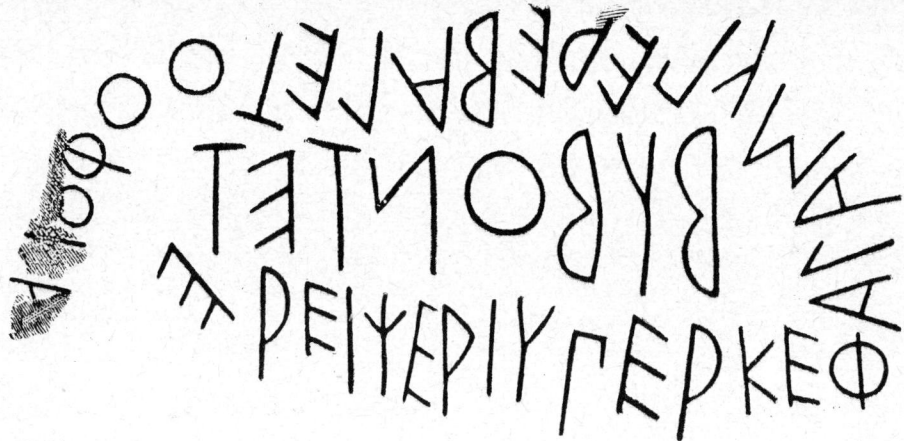

Βύβων τῆπέρη χειρὶ ὑπὲρ κεφαλᾶς ὑπερέβαλε τὸ οὐφό[ρ]α i. e. ὃ ἐφόρα. Bybon ex aliqua Euboeae insulae urbe, praeter Chalcidem, oriundus gloriatur, quod hunc ipsum lapidem, quem spectare ii qui legunt iubentur, altera manu, haud dubie dextra, altius iecit quam hominum sunt capita. Lapidibus magnis athletae Graeci fere utebantur ad robur monstrandum; cf. Aelian. var. histor. VIII 18: Εὔθυμος ὁ Λοκρὸς τῶν ἐν Ἰταλίᾳ πύκτης ἀγαθὸς ἦν, ῥώμῃ τε σώματος πεπίστευται θαυμασιώτατος γενέσθαι· λίθον γὰρ μεγέθει μέγιστον δεικνύουσι Λοκροὶ ὃν ἐκόμισε καὶ ἔθηκε πρὸ τῶν θυρῶν; et Titormus, Miloni demonstraturus quid valeret, lapidem maximum ἦρεν ἕως ἐς τὰ γόνατα, Aelian. var. hist. XII 22. Etymon nominis quod est Bybon docent nos glossae Hesychii βυβά· ταῦτα ἐπὶ τοῦ μεγάλου τάσσεται et Etym. M. 216. 56 τὸ βῦ ἐπὶ τοῦ μεγάλου ἐλέγετο καὶ Σώφρων βύβα ἀντὶ τοῦ μεστὰ καὶ πλήρη καὶ μεγάλα; itaque hoc nomen homini ob ingentem magnitudinem est inditum. Ad ἐφοράω cf. μεθέλη n. 381, κάθοδος n. 500. Titulus inter omnes Ionicos antiquitate excellit, quippe qui littera M pro Σ utatur. — Longe aliter rem administravit Kirchhoff; qui quum legeret ὑπὲρ κεφαλᾶς i. e. super ipsius caput retro, postulavit τήτέρ[α]ι, quae vox ne sic quidem caret dubitatione, quia vix ulla dialectus Aeolica aut Dorica voce ἕτερος (pro ἅτερος) utebatur et eadem ante crasim litteram tenuem neglecto spiritu aspero servabat. Idem: ὑπερέβαλε τὸ Ὀφοία (sc. σῶμα); at — ut silentio praeteream nomen insolens — neque certari potuit saxis tanti ponderis in longinquum iaciendis, neque si certatum esset, nomen victi in lapide scriptum esset, neque eos, qui lapidem intuebantur, ad vires Bybonis recte aestimandas adiuvabat, quod docebantur Ophoeam ab illo superatum esse, quandoquidem nesciebant, quam longe Ophoeas lapidem iecisset.

371 Quarta horae parte in orientem versus a vico Platanisto, qui non longe ab oppido *Carysto* est situs, distat collis, in cuius cacumine invenitur murus saxis constructus. In lapide aliquo huius muri litterae insculptae sunt satis vetustae. Edd. Rangabé, mémoire sur la partie méridionale de l'Eubée p. 238, et Bursian, quaestt. Eub. cap. sel. p. 37. Exscripsit etiam Lolling.

Lolling.   *Bursian.*

ƆΜΕΣΤΕSΑΡΙΑVS   ?ΜΙSΙΕS:ΚΤΙVS
ᒐSΑΤΟ   ᒐSΑΤΟ

— μης τῆς [Ἀ]ρτ[έμιδος? — ἐργ]άσατο.

372 A. 1860 in insula Euboea prope *Styra* intra sepulcrum vase fictili inclusus non exiguus numerus laminarum plumbearum inscriptarum eius quam infra vides magnitudinis inventus est. Harum multae inter litteras integras praebent vestigia priorum litterarum, quae consulto deletae sunt, ut laminae iterum atque tertio esse possent usui; sunt etiam, quae in parte postica scriptura tectae sint anticae partis litteris non deletis. Quae laminae cui fuerint usui dubitaveris; facile in eam labaris opinionem, ut eas esse sortes vel tesseras iudiciarias putes. Primam earum notitiam pervulgavit Cumanudes in actis diurnis Ἀθηνᾶ, a. 1860 mensis Septembris die X et XI; deinde ex centum quadraginta quinque laminis, quas societas archaeologica Atheniensis emerat, nonaginta octo edidit Rhusopulos, ephem. arch. nov. ser. I n. 245—342, tab. 38 et 39 n. 1—98; hunc editorem infra littera *R* indicat. Idem ex permultis, quas P. Lampros rerum antiquarum venditor acquisiverat, expressit viginti tres, ibidem n. 354—376, tab. 45 n. 99—121. Sexaginta sex laminas Waddingtonium Parisios attulisse, ducentas undecim se a Lampro accepisse praedicat Lenormant, sed haec praefatus in Mus. Rhen. 1867 p. 276 sqq. publici iuris fecit inscriptiones ducentas undeoctoginta, e quibus septuaginta septem signat littera *W* (i. e. Waddington), quatuor nulla, reliquas littera *L* (i. e. Lenormant). Quarum inscriptionum Lenormantianarum de fide difficile est iudicium; nam quum Vischer ex apographis centum nonaginta tribus, quae a Lampro accepit, pleraque a laminis postmodum Lenormantio venditis descripta esse et cum editione eius comparata saepe lectionis differentias praebere — quod aliter fieri non potest in huiusmodi titulis — testatus sit, hae quidem inscriptiones quin sint antiquae non licet dubitare. Sed quia Vischer has enumerare supersedit, ne nunc quidem scimus, quaenam inscriptionum Lenormantianarum stent auctoritate unius editoris, hominis suspectae fidei, et haeret metus, ne ille ficticias genuinis miscuerit. Quinquaginta duas alias laminas nactus est Vischer (*V*), e quibus triginta unam foras dedit libello singulari, Basileae 1867 (kleine Schriften II p. 116 sqq.), omissis caeteris lectu difficilibus. Praeterea illas viginti tres, quas antea Rhusopulos ediderat, Vischer, cuius in possessionem etiam hae pervenerant, repetiit admodum congruenter, paucis locis accuratius; ideo ex Vischeri libello eas depromo. Denique unius laminae in museo Berolinensi servatae mentionem fecit Friedrichs in catalogo n. 1318*a*; eam diligentius exscripsi.

1. ΑΛΑ
2. ΑΛΛΑΝΙΚΟΣ
3. ΑΙΝΕΘΟΣ / ΛΙΑΝΝΙΚΥΙ
4. ΑΙΣΚΡΑΟΣ
5. ΙΣVΙΝΕΣ
6. ΑΙΣVΡΙΟΝ
7. ΑΙΣVΛΙΟΝ
8. ΑΙΣVΛΙΟΝ / ΕVΠΟΛΙΣ
9. ΑΚΕΣΤΙΡΙΔΕΣΩ
10. ΑΜΕΙΜΟ+ΕΝΟΣ
11. FΜVΝΙVΟΣ
12. ΑΝΑ..ΝΦΙΣ
13. ΑΝΑSVΕΤΟΙ
14. ΑΝΑSVΕΤΟΣ
15. ΑΝΘΕΜΙΟΝ
16. ΑΝΤΕΓΟΡΙΟΝ
17. ΑΝΤΙΛΟΣ / ΟΝΙ
18. ΑΝΤΙΜΑΧΟΣ
19. ΑΝΤΟΚΜΑVΟ / ΑΡΙΣΤΙ ΜΟΣΚΟ
20. ΑΝΤΙΝΟΘΟΣ / ΟΑΝΔΡΟ
21. ΑΝΤΙSΘΕΙΙ
22. ΑΠΟΛΛΟΝΟΡΟ / ΝΙΔΠΟSΑΠ
23. ΑΡΕΤΙΔΙΚΟΣ
24. ΑΡΙSΤΑΡVΙΔΕS
25. ΑΡΙSΤΑΡV / ΑΡΙSΑΡVΟΣ
26. ΑΡΙSΤΟ
27. ΑΡΙSΧΟΔΕΜΟ / Ε ΘΙΒΟΛΟΣ
28. ΑΡΗSΤΟΚΛΕΔ-Ι / ΙΙΕΑ
29. ΑΡΙSΤΟΚΛΙΔΕS
30. ΑΡΙSΤΟΚΛΙ
31. ΑΡΙSΤ ΛΙΔΕS
32. ... / Α S
33. ΑΙΙSΤΟΜΑVΟS / ΜΙΕ
34. ΑΡΙSΤΟΜΕΝΕS
35. ΑΡΙSΟΜ
36. SΟΝΕ+ΟΤSΑΑ
37. ΑΡΙSΤΟS / ΓΟΚΓΟS

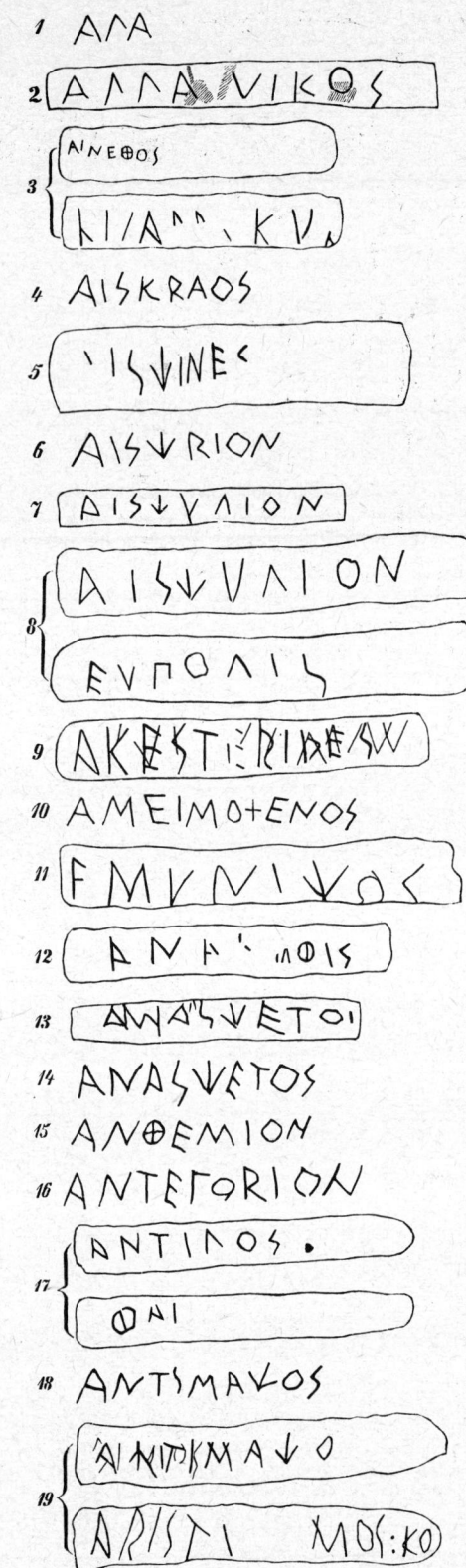

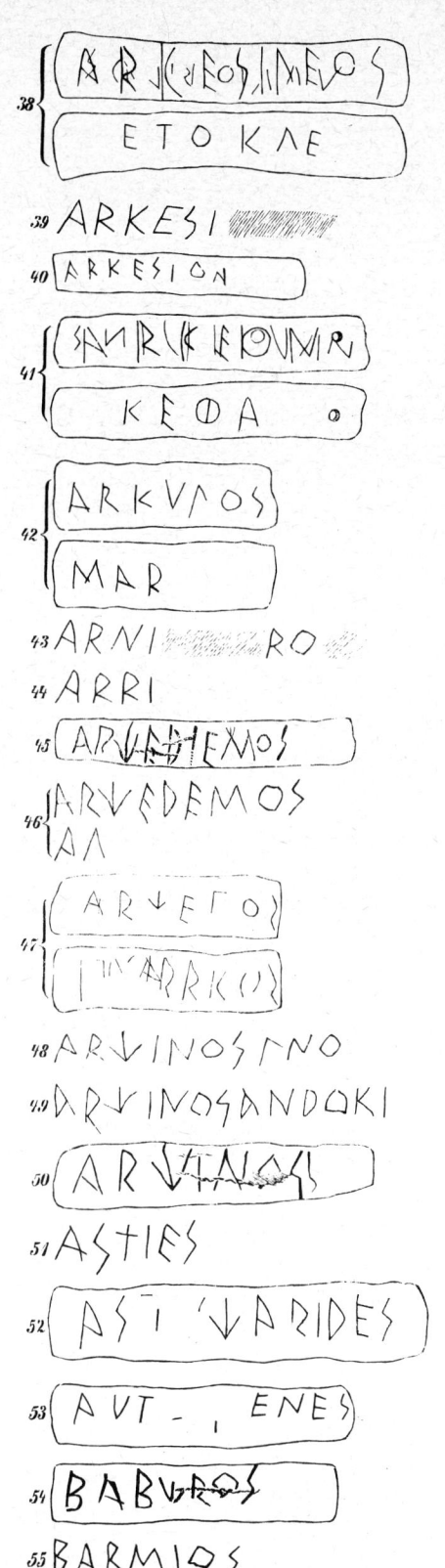
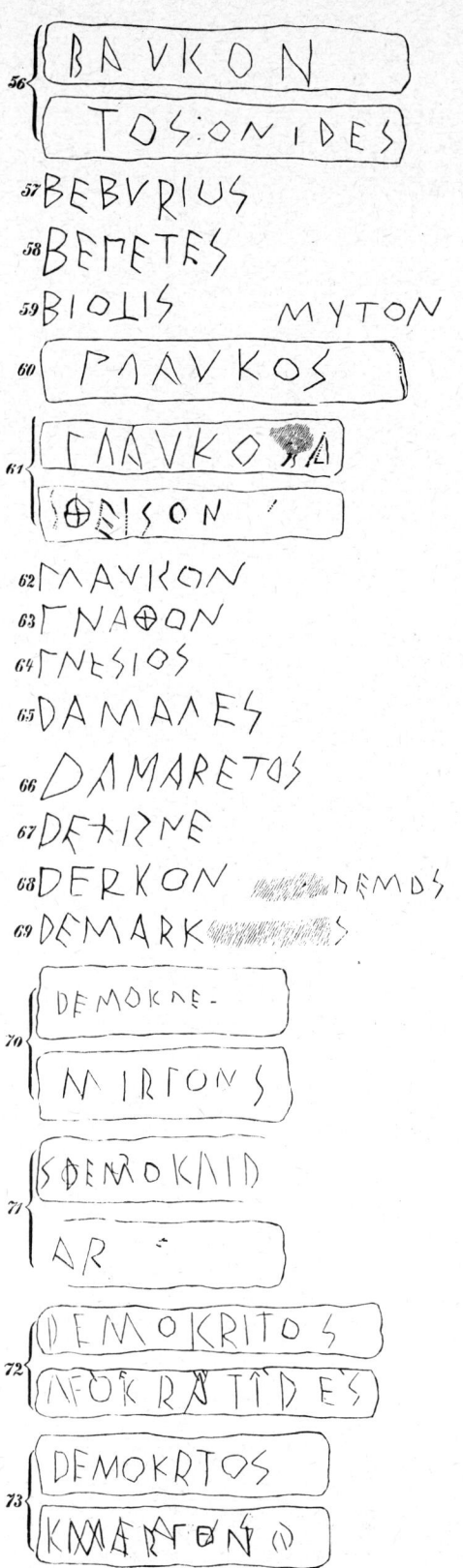

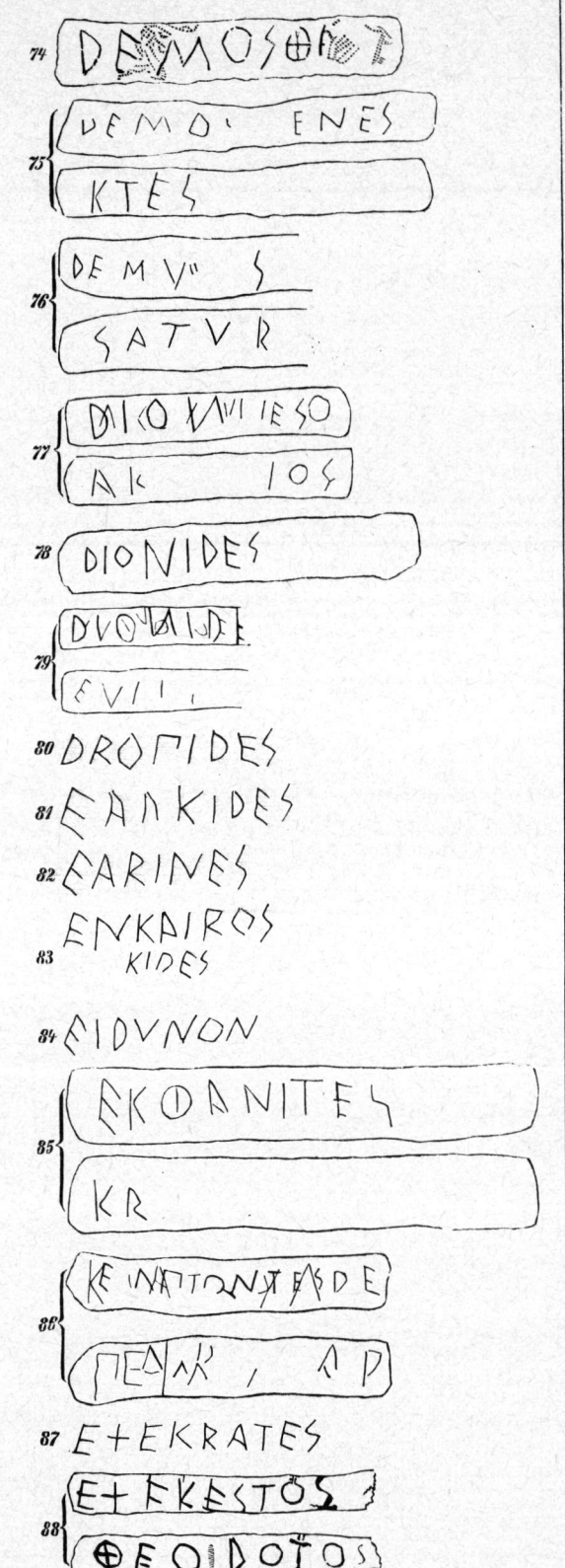

106 ΕΡΙΚΛΕΕΣ
107 ΕΡΜΟΚΡΙΤΟΣ
108 ΕΣΝΕΑΣ
109 ΗΕΣΥΛΤΙΟΝ
110 ΕΥΗΑΓΕΣ
111 ΕΥΒΟΕΥΣ
    ΓΕΟΡΓΙΜΟΣ
112 ΕΥΓΕΝΕΣ
113 ΕΠΙΟΥΜΑΥ ΣΕΙ
    Τ.Υ.Γ.Β.Σ.Α.Σ.
114 ΕΘΥΜΑΥΟΣ
    ΣΕ
115 ΕΥΘΥΝΕΙΔΕΣ
    ΤΕΝΙΟΝ
116 ΕΥΛΑΒΕΣ
    ΛΥΣ   ΙΑΥΟΣ
117 ΕΥΝΟΑΠΙ
118 ΕΥΞΕΝΙΔΕΣ
119 ΥΡΥΜΑΥΟΣ
    ΟΦΑΝΙΟΣ
120 ΕΥΡΥΜΑΥΟΣ
    ΚΤΕΖΙΝΟΣ
121 ΕΥΤΡΟΠ
122 ΥΘΕΜΙΟ
    ΞΤΑΘ

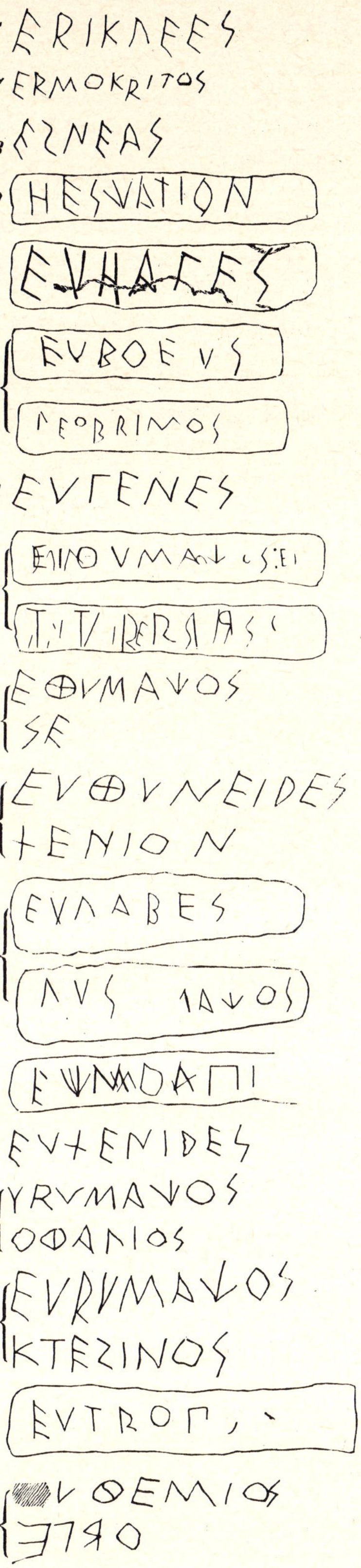

123 ΙΑΡΕΚΙΑΔΕΣ
    ΜΑΙΟΣ
124 ΙΕΥΤΙΣ
125 ΗΓΕΜΟΝΕΥΣΚΝ
126 ΘΑΝΙ   ΟΣ
127 ΘΑΛΛΙΔΕΣ
    ΕΝΔΟΚΟΣ
128 ΘΑΡΩΝ   Ο
              Ν
129 ΘΑΥΜΑΣΙΟ
130 ΘΑΥΣΜΟΝΕΣ
131 ΘΕΟΔΟΚΟΣ
132 ΘΕΟΔΟΤΟΣ
133 ΘΡΟΚΛΕΣ
134 ΘΟΛΟΚΕΣ
    ΘΑΝΟΠΟΛΙΣ
135 ΘΕΟΚΛΙΔΕΣ
    ΚΑΜΜΗΔΕΣ
136 ΘΕΣ ΙΣΤΟΣ
137 ΘΕΟΤΙΜΟΣ
138 Θ
139 ΘΕΣΤΙΕΣ
    ΤΙΜΟΛΕΩΝ
    ΝΙΝΟΣ
140 ΘΕΡΙΟΝ
141 ΘΙΜΟΝΟΘΟΣ
142 ΘΟΔΙΟΝ

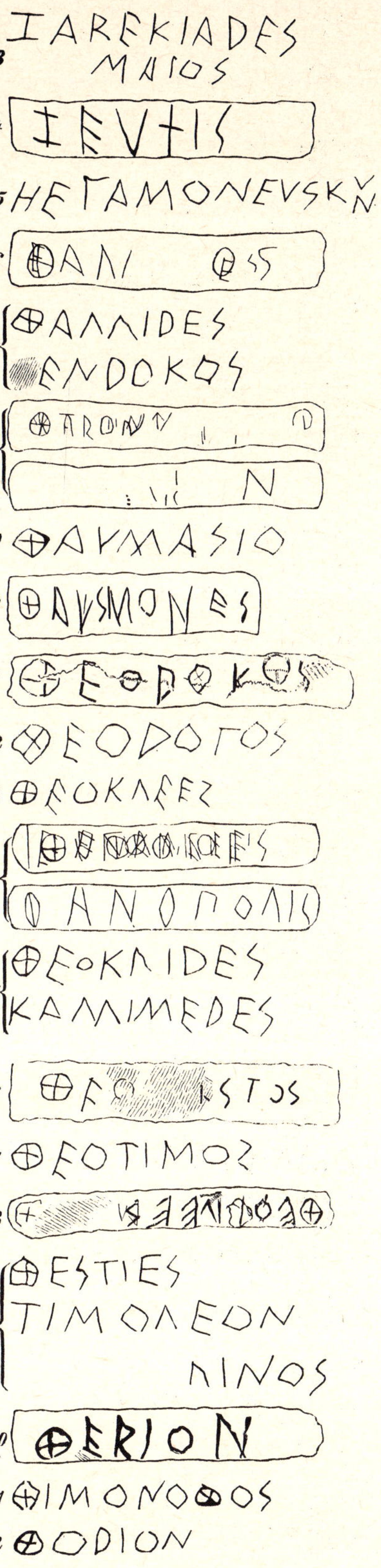

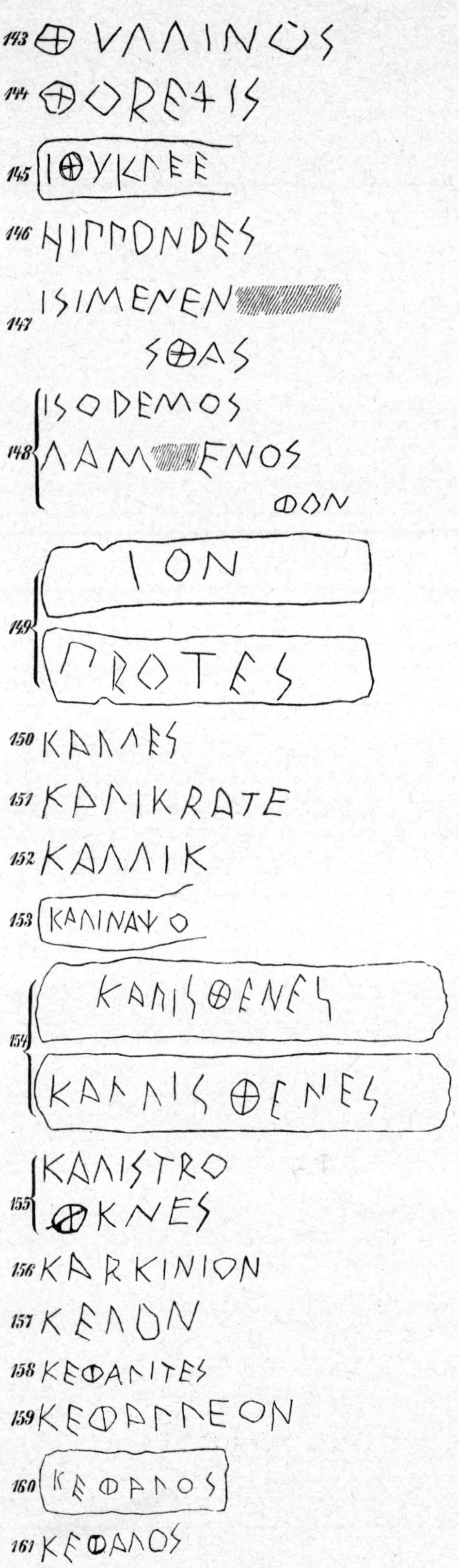

143 ⊕ϒΛΙΝΟϒ	162 ΚΕΦΑΛΟΣ
144 ⊕ΟΡΕ4ΙΣ	163 ΚΕΦΑΓΟΣ Μ
145 ΙΘϒΚΛΕΕ	164 ΚΕΘΑΛΟΣ ΜΙΣ
146 ΗΙΠΠΟΝDΕΣ	165 ΚΕΦΑΛϒΤΟ▒
147 ΙΣΙΜΕΝΕΝ▒ ΣΘΑΣ	166 { ΚΕDΙDΕΣΜΟΣ / ΜΑΡ... }
148 { ΙΣΟDΕΜΟΣ / ΛΑΜ░ΕΝΟΣ }	167 { ΚΙΚΡΙΟΣ / ΟΙ⊕ΙΟΝΝΕΑ }
149 { ΦΟΝ ΙΟΝ / ΓΡΟΤΕΣ }	168 ΚΙΝΑDΕΣ
150 ΚΑΛΛΕΣ	169 ΚΙΣΑ▒
151 ΚΑΛΙΚΡΑΤΕ	170 ΚΙΣϒΣ
152 ΚΑΛΛΙΚ	171 { ΚΙΤΤΙΕΣ / ΠΟ }
153 ΚΑΛΙΝΑϒΟ	172 ΚΛΕΑΝDΡΟΣ
154 { ΚΑΛΙΣΘΕΝΕΣ / ΚΑΛΛΙΣΘΕΝΕΣ }	173 { ΚΛΕΟΓΕΛΤΟ / ΚΛΟΝΕΑΣΕΣ }
155 { ΚΑΛΙΣΤΡΟ / ΘΚΝΕΣ }	174 ΣΟΛΙΕDΟΙΚ
156 ΚΑΡΚΙΝΙΟΝ	175 { ΚΛΕΟDΡΟΣ / ΛΑΠΓΡΟΝ }
157 ΚΕΛΟΝ	176 { ΚΛΕΟΜΑϒΟΣ / ΑϒΚΟΘΝΟΧΛΙΛΝΙ }
158 ΚΕΦΑΛΙΤΕΣ	177 ΚΛΕΟΜΕDΟΝ ΚΕΟ
159 ΚΕΦΑΓΛΕΟΝ	178 ΚΑΛΟΝΙΟΝ
160 ΚΕΦΑΛΟΣ	179 ΚΟΙΝΟΣΝ
161 ΚΕΦΑΛΟΣ	180 ΚΛΑΝΟΣΝΕ

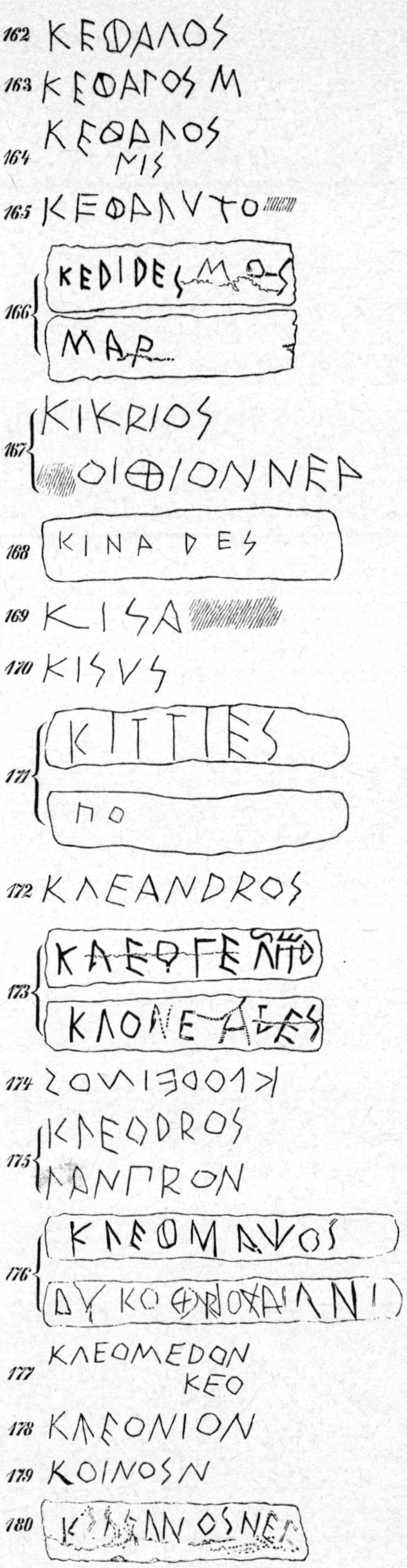

181 KOKODON
182 KOMADEZ
183 KON...
184 {KOΠΡI ΞS | / TRVBON N}
185 KORCΛOS
186 KDRVDOS
187 KORYΘION
188 KORON
189 KOSVBOS
190 {KRABASON / +ENO·}
191 KRATES
192 KRATINOS
193 {KRIBON / MP}
194 KRIIΘ
195 {KPITIES / DE}
196 {KRITON / ΠVΘODEMOS}
197 {KTEKTON / SIMONIDA}
198 KTESIMOS
199 KTESINOS

200 {KTESINOS / MEDON}
201 SKTESIS
202 KTESION
203 KTESION
204 KTESION
205 KTESION
206 KTESION
207 KTESPON
208 {KTESION / OSIΛI}
209 {KVDADESE / VARESI}
210 {KVKNOS / ΠARAMENON VA}
211 KOΛEON
212 ΛAKON
213 ΛAMIADES
214 ΛAM...XTOS
215 ΛANDRON
216 {ΛANNISEI / ΛEONN}
217 ΛAOKRATEZ
218 {ΛAΠERDIES / ATI...IOV.ONO}

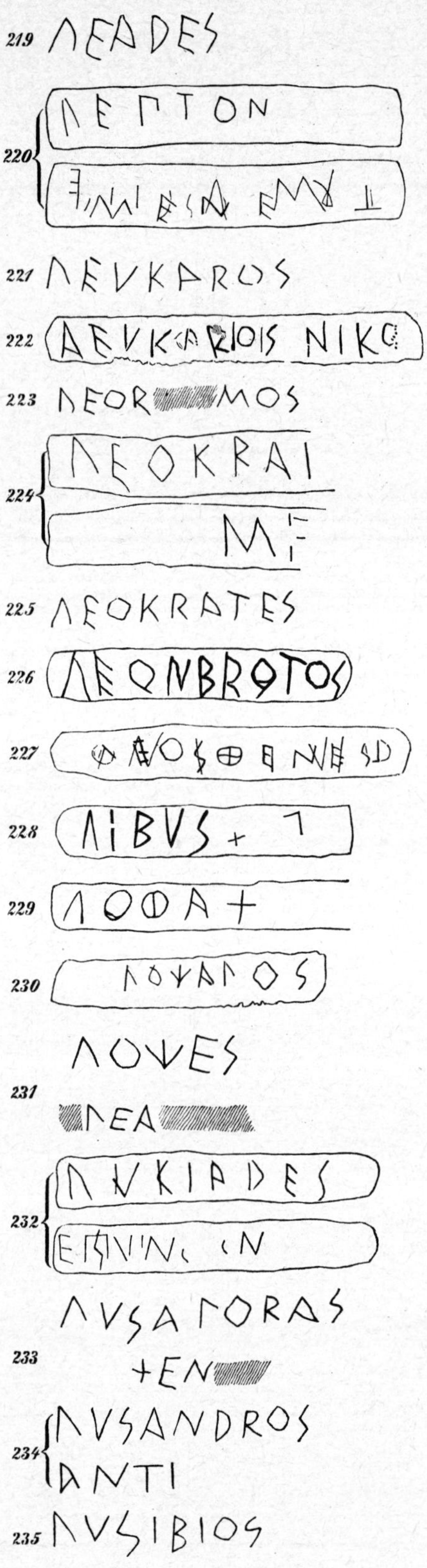

219 ΛΕΑΔΕΣ
220 { ΛΕΠΤΟΝ
    ΞΝΝΕΣΑ ΕΜΥ

221 ΛΕΥΚΑΡΟΣ
222 ΛΕΥΚΑΡΙΟΣ ΝΙΚΟ
223 ΛΕΟΡ...ΜΟΣ
224 { ΛΕΟΚΡΑΙ
    Μ.
225 ΛΕΟΚΡΑΤΕΣ
226 ΛΕΟΝΒΡΟΤΟΣ
227 ΦΑΟΣΘΕΝΗΣ D
228 ΛΙΒΥΣ + 1
229 ΛΟΦΑ +
230 ΛΟΥΑΡΟΣ
231 { ΛΟΥΕΣ
    ΛΕΑ
232 { ΛΥΚΙΑΔΕΣ
    ΕΠΝ΄Ν΄ ΙΝ
233 { ΛΥΣΑΓΟΡΑΣ
    +ΕΝ
234 { ΛΥΣΑΝΔΡΟΣ
    ΑΝΤΙ
235 ΛΥΣΙΒΙΟΣ

236 ΛΥΣΙΚΡΑΤΕΣ
237 ΛΥΣΙΚΡΑΤΕΣ
238 { ΛΥΣΙΚΡΑΤΕΣ
    ΟΙΚΟΡΙΟΝΟΣ
239 { ΛΥΣΙΚΡΑ...
    ...ΡΜΕΝΙΟΝΟΣ
240 ΛΥΣΙΜ...ΟΣΙΝ
241 ΛΥΣΙΣΤΡΑΤΟΣ
    ...ΟΤΕΡΑ
242 ΛΥΣΩΝ
243 ΜΑΚΡΩΝ
244 ΜΑΝΝΙΟΣ
245 { ΜΑΝΤΕ
    ΙΤΟΝ
246 ΜΑΝΤΙΑΔΕΣ
247 { ΜΑΝΤΙΤΕ
    ΤΕΛΕΣ
248 ΜΑΡΕΣΤΩ
249 ΜΕΓΑΛΟΦΝ
250 ΜΕΔΩΝ
251 ΜΕΙΔΥΛΙΟΣ
252 ΜΕΙΔΩΝΜΕΙ
253 ΜΕΛΑΝΕΣ
254 ΜΕΛΑΝΕΣ

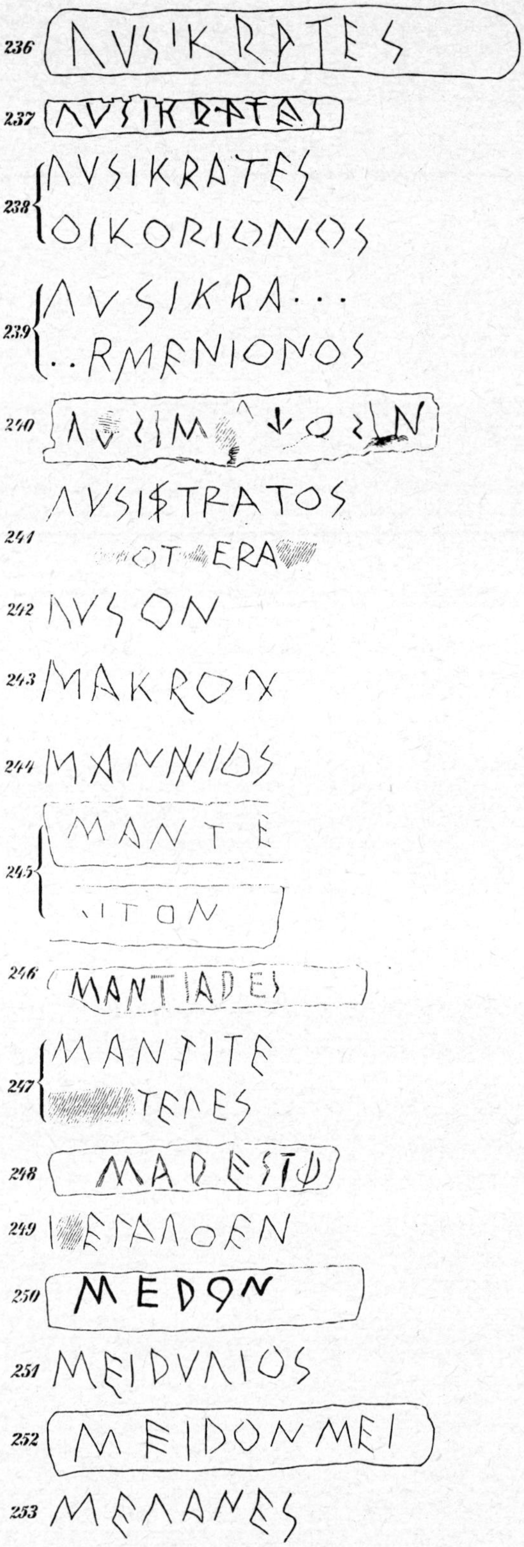

255 ΜΕΛΛΝΘΙΑΔΕΣ / ΦΕΙΔΙΕΣ
256 ΜΕΛΑΝΘΙΟΣ
257 ΜΕΛΑΝΘΙΟΣ
258 ΜΕΛΙΝΔΕΣ
259 ..ΝΕΔΕΜΟΣ
260 ΜΕΤΥΙΚΟΣ
261 ΜΙΚΡΙΕΣ
262 ΜΙΚΡΙΕΣ
263 ΜΙΚΡΙΕΣ
264 ΜΙΚΡΙΕΣ / ΚD
265 ΜΙΚΥΘΙΟΝ
266 ΜΙΚΥΘΟΣΑΣ
267 ΜΝΕΣΙΚΛΕΣ / ΕΣ▨
268 ΜΝΕΣΙΜΝΟΣ
269 ΜΟΘΣΙΔΕΣ
270 ΜΥΛΑΥΡΟΣ
271 ΜΥΤΩΝ
272 ΝΑΥΣΤΕΡΕΣ
273 ΝΕΑΡΥΙΔΕΣ
274 ΝΕΟΚΛΕΔΕΣ
275 ΝΕΟΚΛΙΔΕΣ
276 ΝΙΚΑΔΕΣ
277 ΝΙΚΕΤΕΣ

278 ΝΙΚΙΣ / ΥΡΙΔΕΜ
279 ΝΙΚΙΟΝ
280 ΝΙΚΟΚΛΕΕΣ
281 ΝΙΚΟΛΕΙΔΕ
282 ΝΙΚΟΜΑΥΟΣ
283 ΝΙΚ Λ Ι) / †ΕΜΟΥΑΡΕΣ
284 ΒΟΥΕΤΟΝΙΚ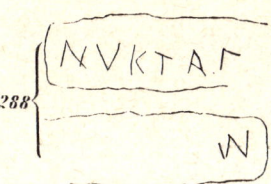
285 ΝΙΚΩΝ
286 ΝΙΚΩΝ
287 ΝΙΚΩΝΜΕΑ
288 ΝΥΚΤΑΓ / W
289 †ΑΝΘ / ΓΑΡΑΜ
290 †ΑΝΘΙΕΣ
291 †ΕΝΑΙΝΟΣ / ΚΡ⌣
292 †ΕΝΕΣ
293 †ΕΝΙΟΣ
294 †ΕΝΙΩΝ

295 {ΞΕΝΟΚΛΙΔΕΣ / ΞΕΘΙΟΝΟΣ}
296 ΧΕΝΟΣ
297 ΧΕΝΟΥΑΡΕΣ
298 {ΧΕΝΥΣ / ΦΙΛΟΝ}
299 ΧΕΝΟΧΤΙ
300 {ΙΧΛΙΟΝ / ΣΙΣ}
301 ΧΕΝΟΝ
302 ΛΙΓΙSΤΟS
303 ΙΗΟΜΕΡΙΟΣ
304 ΡΑΜΒΙS
305 {ΠΑΡΑΚΛΕΘΟS / Α ΚΡΙΙΟΦΟ}
306 {ΠΑΡΑΜΕΙ / Κ ΙΊSΚΑΝ}
307 ΓΑΥΙΟΝ Μ
308 ΓΕΛΑΔΕ
309 ΡΕΝΡΤΙSΚΥΝ
310 ΠΕΡΙΛΕΙΔΕ
311 ΜΙΚΡΟS

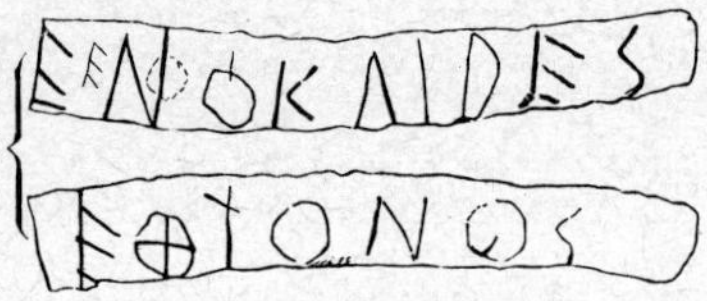

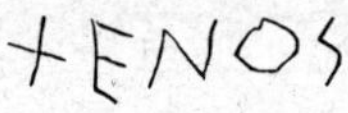

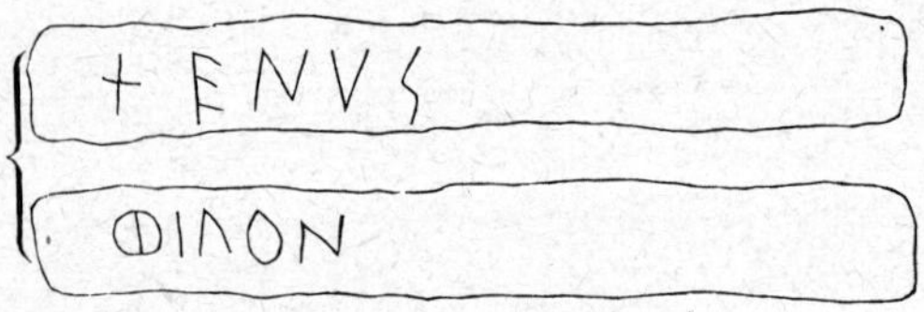

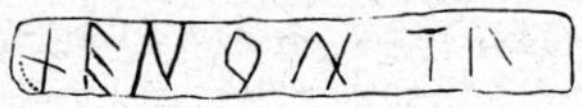

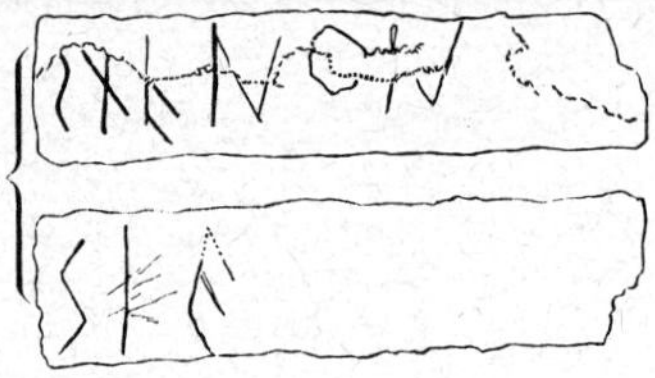

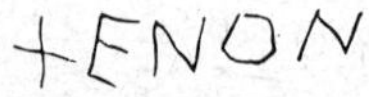

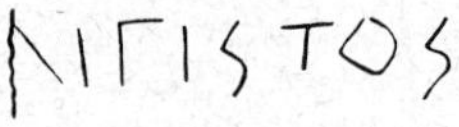

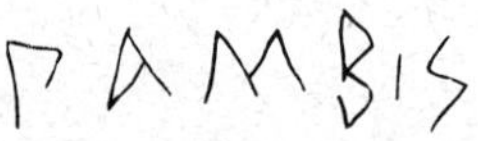

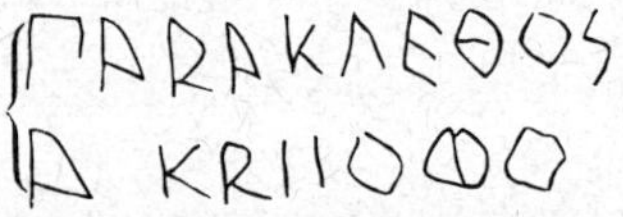

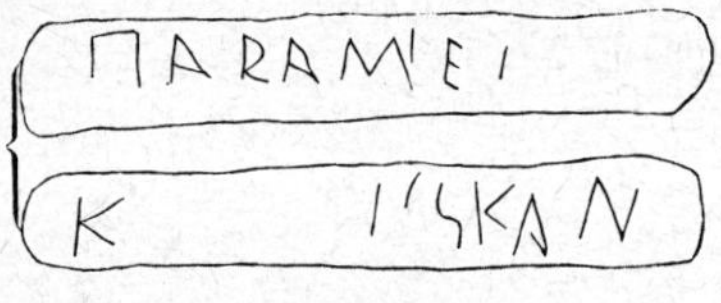

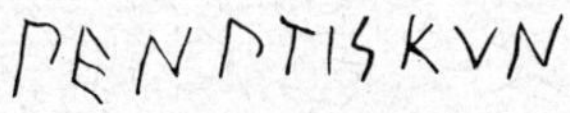

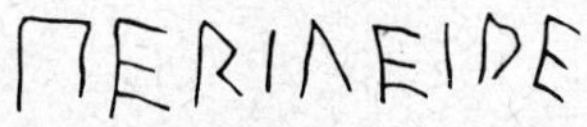

312 ΠΙΡΙΘΟS
313 ΠΙΤΤΑΚΟS
314 {ΠΟΛΥRIDES / ΔΡΟ}
315 VARKE
316 ΠΟΛVARKES
317 ΠΟΛΥΔΟΡΟS
318 ΠΟΛΥΧΑΝΘΕS
319 ΠΟΜΑΔΕS
320 ΠΟΠΙS
321 ΡΙΝΥΟS
322 ΠΡΟΧΕΝΟS
323 ΠΥΡ
324 ΡΥΡΑΙΜΕΝΕS
325 ΠΥΡΕΙΟS
326 {ΠΥΡΡΑΝΔΡΟS / Κ ΟΝ}
327 ΠΥΡΡΙΕS
328 {ΠΥΡΡΙΕS / Ν ΦΟSΝ}
329 ΠΥΡΡΙΝΟS
330 ΠΥΡΡΙΝΟS
331 ΠΥΡΙΝΟSΤΕΡΟ
332 {ΠΥΡΡΟS / ΠΥΡΡΟS}
333 {ΡΑΙΒΟS / Λ}

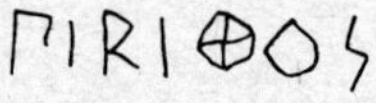

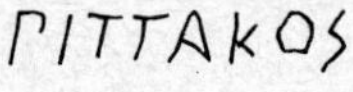

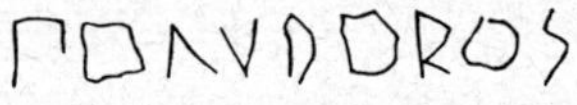

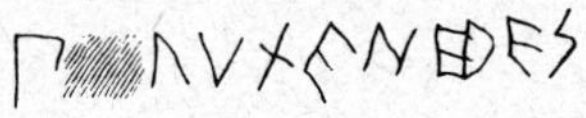

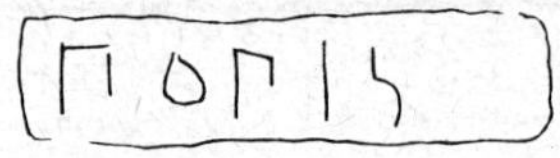

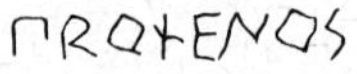

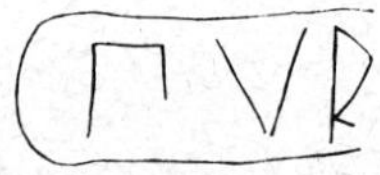

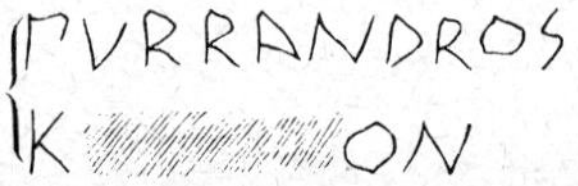

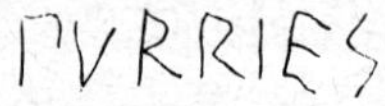

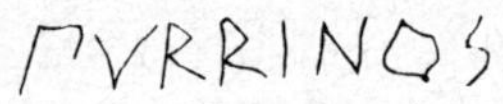

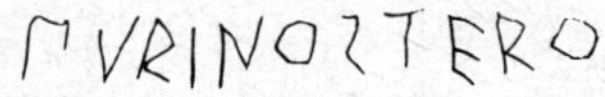

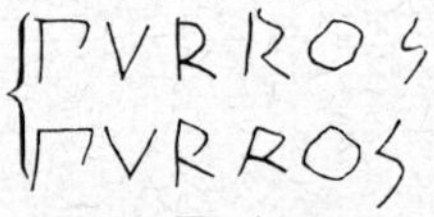

334 ϹΑΒΥϹ
335 ϹΙΒΥΤΙΟϹ
336 ϹΑΙΤΥΒΙΟΝ
337 ϹΑΤΥΡΟϹ
338 ϹΑΤΥΡΟϹ
339 ϹΕΥΡΩΝ
340 ϹΕΝΟϹΑΘ
341 { ϹΕΜΩΝ / ΥΑΡΓΗϹ
342 { ϹΙΔΩΝ / ΑΓ
343 ΣΙΛΩΝ ΝΕΔ
344 ϹΙΜΑΔΕϹ
345 ϹΙΔΑΜΙϹ
346 ϹΙΜΥΛΟϹ
347 { ϹΙΜΥΛΟϹ / ΜΕ
348 { ϹΙΜΥΛΟϹ:ΘΕΟ / ΙΟΥ ΥΛ Μ
349 { ϹΚΑΦΩΝ / ΘΕΙΝ
350 ϹΚΟΠΑΝΩΡ

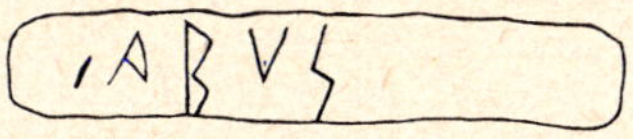

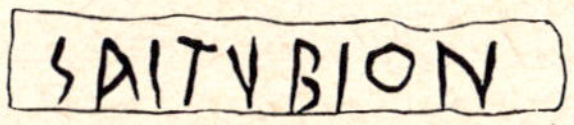

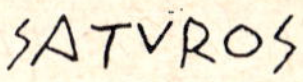

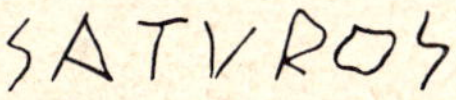

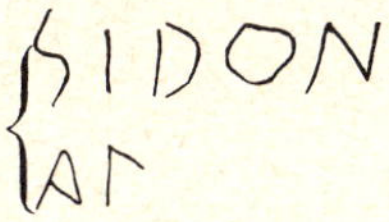

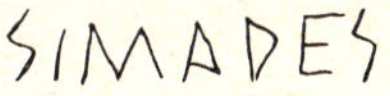

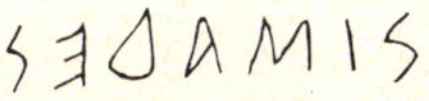

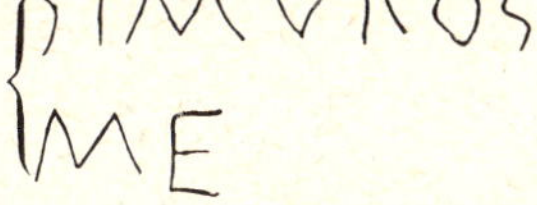

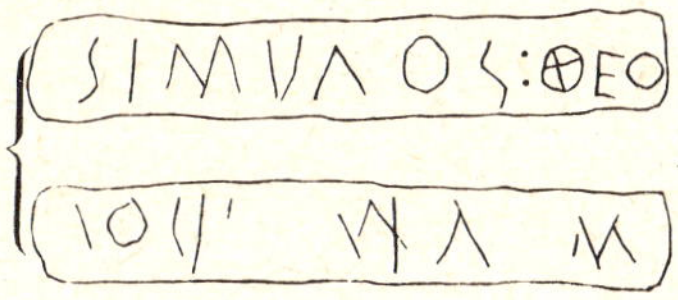

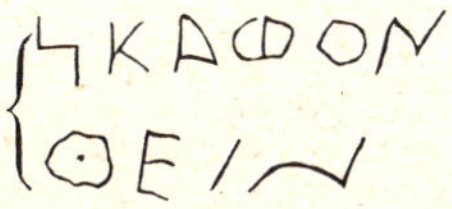

351 ϹΠΙΝ ΡΕΚΟ
352 ΛΕϹΟΑΛΝΟϹ
353 ϹΤΟΜΙΡΟϹ
354 STRATON
355 TROVΘIEϹ
356 { ϹΟΚRATEϹ / ΕΛΑΔΕϹ
357 ϹΟΟϹ
358 { ϹΟϹΙΜΕΝΕ / ΟΙΡΟϹ
359 ΤΕΜΑΡΥΟϹΝΕ
360 ΤΕΙϹΑΡΥΟϹ
361 ΤΕΛΛΕϹ
362 ΤΕΛΕΦΑΝΕϹ
363 ΤΙΤΟϤ
364 { ΤΙΜΑΡΥΙΔΕϹ / ΚΛΟΚ
365 ΤΙΜΑΡΥΟϹ
366 ΤΙΜΟΚRATEϹΟ
367 { TIMOKRATEϹ / TIMNIEϹ

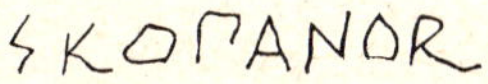

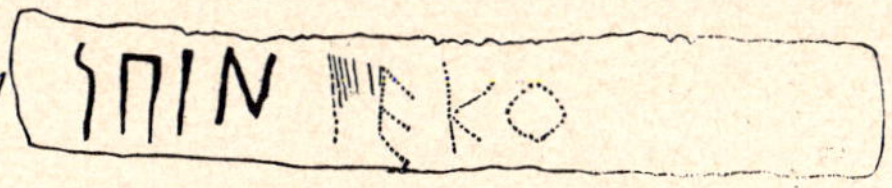

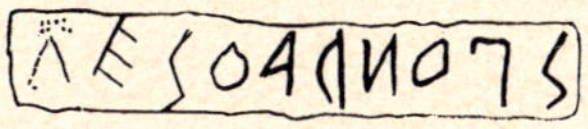

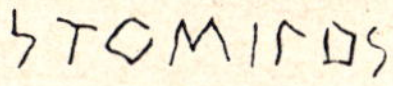

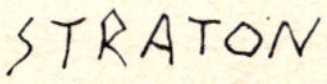

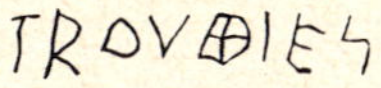

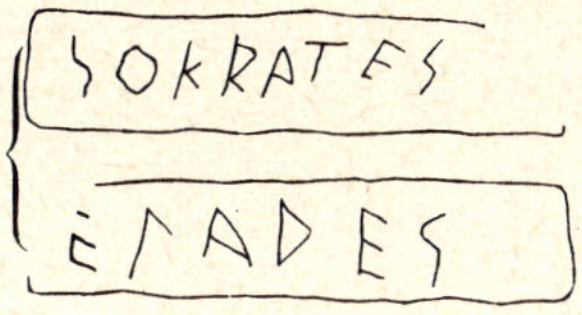

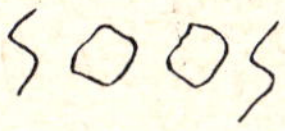

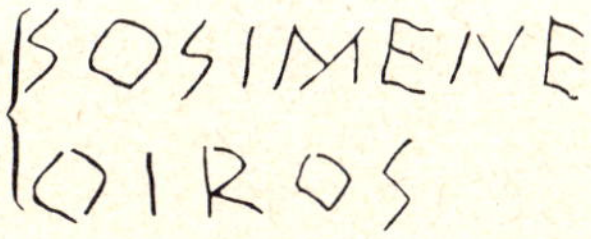

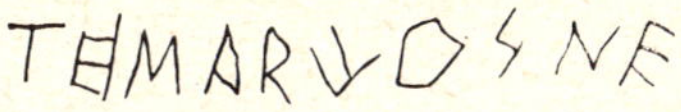

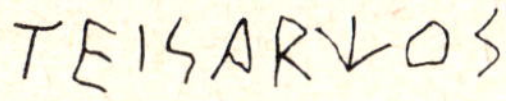

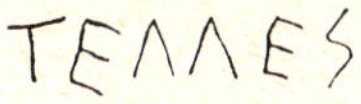

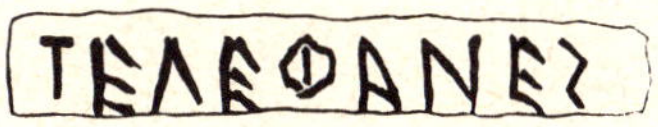

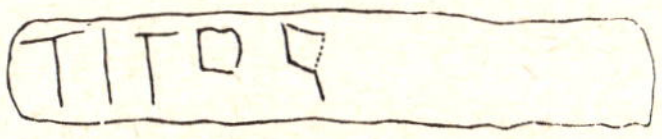

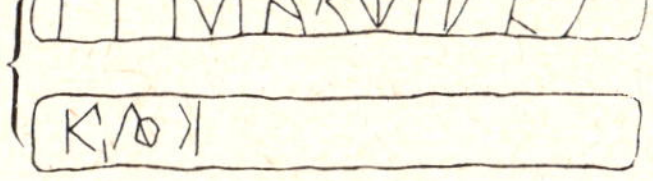

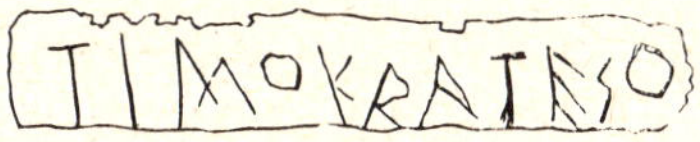

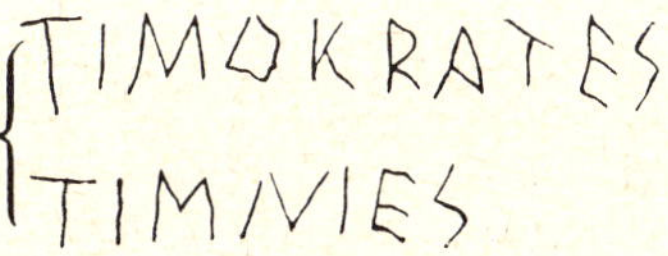

368 ΤΙΜΟΛΟΦΟS / MAR
369 ΤΙΜΟΤΕΝΟS
370 ΤΙΜΩΝ
371 ΤΙΜΩΝDESKIN
372 ΤΛΕSΙΒΙΟS
373 ΤRΙΒΩΝ
374 ΗVΜΕDΩΝ
375 ΦΑΙDΙΜΟS
376 ΦΑΙDΙΜΟS
377 Φ▬▬ΤRΤΟS / ΦΑΝSΤRΑΤΟ
378 ΦΑΝVΛΟS
379 ΦΑΝVΛΟS / MAR
380 ΦΕΛΛΟVRΟS
381 ΦΕRΕDΩRΟS
382 ΦΙΛΙΠΠΙRΕS
383 ΦΙΛΑΝDRΟS
384 ΦΙΛΙΤΕS
385 ΦΙΛΟ... / SΟVΙRΙΚΝ

386 ΦΙΛΟΤΕΝ
387 ΦΙΛVS
388 ΦΙΛVSΑΜ
389 ΦΙΛVΤΕS
390 ΦΟΙΝΙΚΑDΕS
391 ΦΟΙΝΙΧ
392 ΦRΙΚΩΝ
393 ΦRVΝΙΩΝ
394 ΦVΛΑΚΟS / ΚVΙΦΕ
395 ΦVΛΑ+
396 ΦΟΚVΛΟS
397 ΦΩΤΕRΙS
398 VΑΙΤΙS / VΑRΙΝΟ
399 VΑRΙΑΝΘ / ΝΟΝSΟ
400 VΑRΙDΕΜΟS
401 VΑRΙDΕΜΟΣ
402 VΑRΙΛΛΟS
403 VΑRΙΛΟΓΟS / VΑΝΟΦΑΝΑ
404 VΑRΙΝΟS

405 ΥΑΡΙΣΘΕΝΕΣ
406 ΥΑΡΟΠΙΕΣΝ
407 {ΥΑΡΟΠΙΝΟΣΚΟ / ΜΑ
408 {ΥΑΡΟΠΙΝΟΣ / ΟΚΛΙΔΕΣ
409 {ΝΔΑΝΡΟΝ / ΑΛΝΛΝ
410 ΥΙΜΑΡΟΣ
411 ΥΡΕΜΥΛΟΣ
412 ΥΡΩΜΥΛΟΣ
413 ΑΙΤΙΟΣ
414 ....ΑΝΔΡΟΣ
415 {.ΑΝΝ MEΔΕΣ / MEN / .ΛΟΣΥΣ
416 {.. ΑΝΤΙΔΑ / .. ΦΙΝΙΟ
417 ▓▓▓ΔΕΜΟΣ
418 ....ΕΙΝΟΣ
419 ▓▓▓ΕΡΑΤΟΣ
420 ....ΦΙΟΝΛΕ

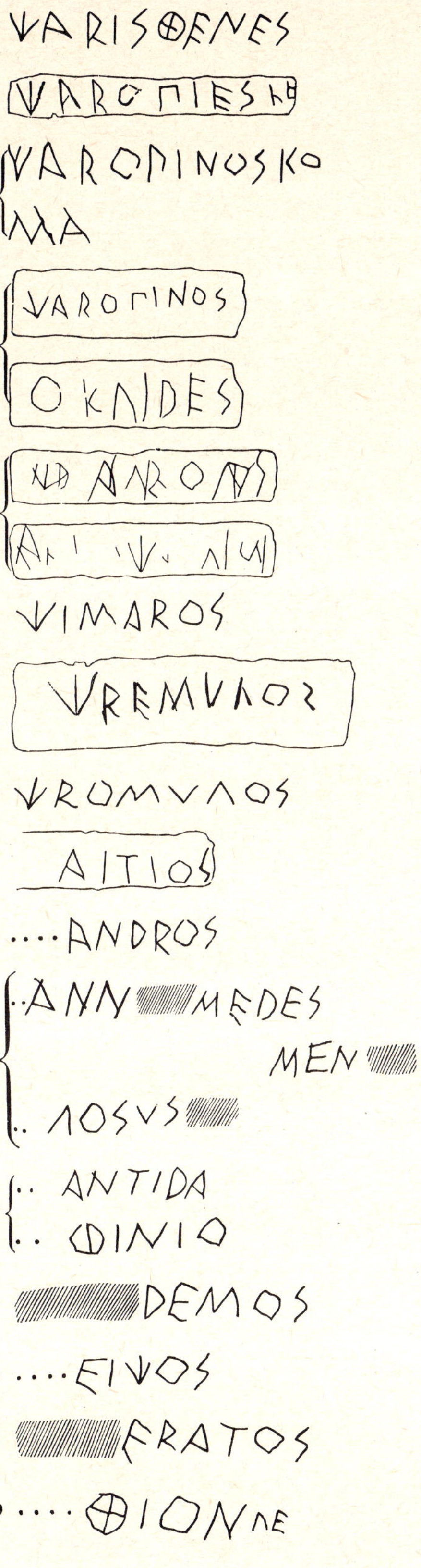

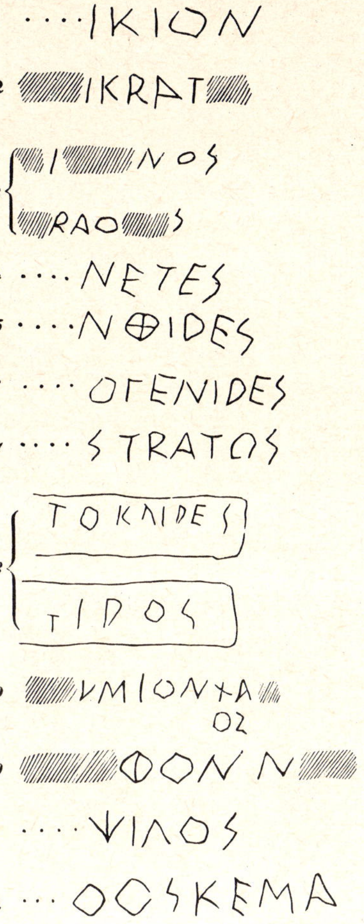

421 ....ΙΚΙΟΝ
422 ▓▓▓ΙΚΡΑΤ▓
423 {Ι▓ΝΟΣ / ΡΑΟ▓Σ
424 ....ΝΕΤΕΣ
425 ....ΝΘΙΔΕΣ
426 ....ΟΓΕΝΙΔΕΣ
427 ....ΣΤΡΑΤΟΣ
428 {ΤΟΚΛΙΔΕΣ / ΤΙΔΟΣ
429 ▓▓▓ΝΜΙΟΝΤΑ▓ / ΟΣ
430 ▓▓▓ΦΟΝ Ν▓
431 ....ΥΙΛΟΣ
432 ...ΟΟΣΚΕΜΑ

1 Ἀγα-- L 1
2 Ἀγλα(ό)νικος mus. Berol.
3 Αἴνηθος R 342 (98)
4 Αἴσκραος L 2. Exscripsit Lampros.
5 [Α]ἰσχίνης R 245 (1)
6 Αἰσχρίων L 3
7 Αἰσχυλίων R 246 (2)
8 Αἰσχυλίων, Εὔπολις R 325 (81)
9 Ἀκεστηρίδης R 311 (67)
10 Ἀμει[ν]όξεινος L 4
11 [Ἀ]μύνιχος R 247 (3)
12 Ἀνα-φις R 248 (4)
13 Ἀνάσχετο[ς] R 354 (99) V 1
14 Ἀνάσχετος W 5
15 Ἀνθεμίων L 6
16 Ἀντηγορίων W 8
17 Ἀντίλος (?), Φαι-- R 310 (66)
18 Ἀντίμαχος L 7
19 Ἀντίμαχο[ς], Ἀριστ[όδη]μος Κο. R 323 (79)
20 Ἀντίνοθος, -ανδρο[ς] L 229b
21 Ἀντισθέ[νης] R 249 (5)
22 Ἀπολλό[δ]ωρος, Νίαλος (?) Λε. R 318 (74)
23 Ἀρετίδικος L 9
24 Ἀρισταρχίδης L 14
25 Ἀρίσταρχ[ος], Ἀρίσ[τ]αρχος L 230

26 Ἀριστο- L 10
27 Ἀριστόδημο[ς], Ἐ..θίβουλος L 231
28 Ἀριστοκλείδ[ης] R 290 (46)
29 Ἀριστοκλίδης L 11. Exscripsit Lampros.
30 Ἀριστοκλή[δης] L 12. Exscripsit Lampros.
31 Ἀριστ[οκ]λίδης L 13. Exscripsit Lampros.
32 Ἀριστόκριτος, Μαντικλέης R 333 (89)
33 Ἀ[ρ]ιστόμαχος R 329 (85)
34 Ἀριστομένης L 15
35 Ἀρισ[τ]ομ[ένης] L 16
36 Ἀρ(ι)στόξεινος L 18
37 Ἄριστος, Γόργος W 232
38 Ἀρκεσίλεως, Λυκοῦργος, Ἐτ(ε)οκλέ[ης] R 322 (78)
39 Ἀρκεσί[ων] vel sim. L 17
40 Ἀρκεσίων R 250 (6)
41 Ἀρκέων, Κέφα[λος] R 299 (55)
42 Ἀρκύλος, Μαρ-- R 281 (37)
43 Ἀρνί[ανδ]ρο[ς] L 20
44 Ἀρρι-- L 19
45 Ἀρχέδημος V 2
46 Ἀρχέδημος, Ἀλ-- W 233
47 Ἀρχηγος R 275 (31)
48 Ἀρχῖνος Γνω. W 22
49 Ἀρχῖνος Ἀνδοκί(δεω) W 21
50 Ἀρχῖνος V 3
51 Ἀστίης L 23. Exscripsit Lampros.
52 Ἀστ[υ]χαρίδης R 251 (7)
53 Αὐτ[ομ]ένης R 252 (8)
54 Βάβυρος R 355 (100) V 4
55 Βάρμιος L 24
56 Βαύκων, Ὀνίδεστος(?) vel --ονίδης R 227 (83)
57 Βεβύριος W 25
58 Βηπήτης(?) L 26
59 Βίοτις (titulus inversa lamina sinistrorsum legendus est); vestigia nominis deleti: Μύτων L 27
60 Γλαῦκος R 356 (101) V 5
61 Γλαῦκο[ς], Θείσων V 6
62 Γλαύκων W 28
63 Γνάθων L 29
64 Γνήσιος L 30
65 Δαμάλης L 31
66 Δαμάρετος L 32. Lampr.: DEMARETOS
67 Δέξις Νε. L 34
68 Δέρκων, vestigia nominis deleti: -δημος W 35
69 Δημαρχ....ς W 33
70 Δημοκλέ[ης] vel Δημοκλεί[δης], Μίργων Σ. R 315 (71)
71 Δημοκλίδ[ης], -αρ- R 336 (92)
72 Δημόκριτος, Λεωκρατίδης R 331 (87)
73 Δημοκρ(ί)τος, Μίργων R 291 (47)
74 Δημοσθένης V 7
75 Δημο[σθ]ένης, Κτησ- R 326 (82)
76 Δημύ[λο]ς, Σάτυρ[ος] R 287 (43)
77 Δίων, Ἀκ--ιος R 296 (52)
78 Διωνίδης R 253 (9)
79 Διωνίδη[ς], Εὐ-- R 277 (33)
80 Δροπίδης vel Δρωπίδης L 36
81 Ἐαλκίδης, pro Εὐαλκίδης fortasse non vitio scribae sed pronuntiatione mala, L 37
82 Ἐαρίνης L 38
83 Ἔνκαιρος; vestigia nominis deleti: -κίδης L 40
84 Εἰδύνων L 39
85 Ἐκφανίτης, Κρ-- R 319 (75)
86 Ἕλπων; olim --της Δη. R 308 (64)
87 Ἐξε(?)κράτης L an W? 41

88 Ἐξήκεστος, Θεόδοτος V 9
89 Ἐπαίνετος L 42
90 Ἐπαίνετος, del. alterum N, Μελάνθιος W 234
91 Ἔπαινος W 43
92 Ἐπιγέν[ης] R 254 (10)
93 Ἐπίζηλος R 255 (11)
94 Ἐπίζηλος R 306 (62)
95 Ἐπίκουρο[ς], Σίμων R 294 (50)
96 Ἐπικράτης W 44
97 Ἐπικράτης Ἀν. L 45
98 Ἐπιθρήθεος (Ϙ?) an Ἐπιορήθεος? V 8
99 [Ἐ]πίτιμος, -τεμ- R 283 (39)
100 Ἐρανίδης L 46
101 Ἐράτων L 47
102 Ἔργαστος W 48
103 Ἐργόθεμις L 49
104 Ἐργο(ό)ξειν[ος], Πέταλος W 258
105 Ἐργοτέλης R 288 (44)
106 Ἐρικλέης L 50
107 Ἑρμόκριτος W 51
108 Ἑσνέας(?) (Lenorm.: fortasse Ἐ[ί]νέας) L 52
109 Ἐσχατίων V 12
110 Εὐάγης V 10
111 Εὐβοεύς, Λεώβριμος R 286 (42)
112 Εὐγένης L 53
113 Ε[ὐθ]ύμαχος Εἰ. R 300 (56)
114 Ε(ὐ)θύμαχος, Σ-- L 236
115 Εὐθυνείδης, Ξεινίων L 237
116 Εὐλάβης, Λυσ[ί]μαχος R 295 (51)
117 Εὐμολπ-- R 297 (53)
118 Εὐξεινίδης W 54
119 [Ε]ὐρύμαχος, [Τρ]οφάλιος? L 273
120 Εὐρύμαχος, Κτησῖνος L 245. Exscr. Lampr.
121 Εὔτροπος R 256 (12)
122 [Ε]ὐφήμιος, Ὀργε- L 235
123 Ζαρηκιάδης; vestigia nominis deleti -μαιος L 55
124 Ζεῦξις V 11
125 Ἡγ[ε]μονεύς, Κυν. L 56. Lampr.: ΗΕΓΕ-ΜΟΝΕVS
126 Θάλ[αμ]ος(?) R 305 (61)
127 Θαλλίδης, [Ξ]ειν(ό)δοκος L 238
128 Θάρ(ρ)ων R 332 (88)
129 Θαυμάτι[ς] L 59
130 Θαύμων, olim -σ--ης V 14
131 Θεόδοκος V 15. Κ Vischero certum videbatur.
132 Θεόδοτος L 60
133 Θεοκλέης W 61
134 Θεοκλέης, Φανόπολις R 335 (91)
135 Θεοκλίδης, Καλλιμήδης L 239
136 Θεό[μν]ηστος V 16
137 Θεότιμος W 62
138 Θεοφιλέης V 17
139 Θεστίης, Τιμολέων et vestigia nominis deleti desinentis in -λινος, L 267
140 Θηρίων R 358 (103) V 18
141 Θιμόνοθος W 63
142 Θοδίων vel Θωδίων W 64
143 Θυλλῖνος L 66
144 Θώρηξις L 65. Lampros: ΘΟΡΕϞ
145 Ἰθυκλέη[ς] R 257 (13)
146 Ἱππώνδης W 57
147 Ἰσμην--(?); ex altera parte --σθασ- L 67
148 Ἰσόδημος, Λαμ..ενος; vestigia nominis deleti: --φῶν W 248
149 Ἴων, Πρώτης R 321 (77)
150 Κάλλης W 68

151 Καλ(λ)ικράτη[ς] L 69
152 Καλλικ[ράτης] L 70
153 Καλ(λ)ί[μ]αχο[ς] R 258 (14)
154 Καλ(λ)ισθένης, Καλλισθένης R 320 (76)
155 Καλ(λ)ίστρο[τος]?, -κνης L 240
156 Καρκινίων L 71
157 Κέλων vel Κήλων W 72
158 Κεφαλίτης L 73
159 Κεφαλέων L 74
160 Κέφαλος R 259 (15)
161 Κέφαλος L 75. Exscripsit Lampros.
162 Κέφαλος L 76. Exscripsit Lampros.
163 Κέφαλος Μ. L 77. Exscripsit Lampros.
164 Κέφαλος; nom. del.: -νις L 78. Exscripsit Lampros.
165 Κεφάλυτο[ς] L 79. Lampr.: ΚΕΦΑΛVΤΕΣ
166 Κηδίδης, olim --μος, Μαρ-- R 376 (121) V 19
167 Κίκριος, -οιθίων Νεα. L 241
168 Κινάδης R 260 (16)
169 Κισά[μιος] vel Κισ(τ)α[ῖος] W 80
170 Κίσυς W 81
171 Κιττίης, Πο- R 303 (59)
172 Κλέανδρος L 82
173 Κλεογενίδης, Κλο...δης R 360 (105) V 20
174 Κλ(ε)οθεινος L 85
175 Κλεοθ(ώ)ρος, Λάνπρων L 242
176 Κλεόμαχος, Λυκόφρων R 359 (104) V 21
177 Κλεομέδων Κεο. L 83
178 Κλεωνίων L 84
179 Κοῖνος, Ν. L 86. Lampros: ΚΟΝΝΟΣ
180 Κ[οί]ρανος Νεα. V 22
181 Κοκωίδων(?) R 261 (17)
182 Κομάδης L 88
183 Κον... non amplius quam tres litterae perierunt, V 23
184 Κοπσ[ώτ]ης, Τρυβωνί[ω]ν R 302 (58)
185 Κόρολος L 90
186 Κόρυδος W 89
187 Κορυθίων L 92
188 Κόρυν W 91
189 Κόσ(τ)υβος L 93
190 Κραβάτων, Ξεῖνος R 337 (93)
191 Κράτης L 94
192 Κρατῖνος L 95
193 Κρίβων, Μα-- R 284 (40)
194 Κρίθ[ων] L 96
195 Κριτίης, Δη-- R 301 (57)
196 Κρίτων, Πυθόδημος L 243. Exscr. Lampros.
197 Κτεισίων, Σιμωνίδη[ς], litteras ΙΣ certas esse testis est Vischer, V 41
198 Κτήσιμος R 262 (18)
199 Κτησῖνος L 98. Exscripsit Lampros.
200 Κτησῖνος, Μέδων L 244. Exscr. Lampros.
201 Κτῆσις V 24
202 Κτησίων R 263 (19)
203 Κτησίων R 264 (20)
204 Κτησίων L 97. Exscripsit Lampros.
205 Κτησίων L 99
206 Κτησίων W 100
207 Κτησίων R 293 (49)
208 Κτησίων, Ὀσιλι- L 246. Lampros: SIDIS
209 Κυδάδης Ἐ., Χαρήσιος (vel Χαρείσιος?) R 292 (48)
210 Κύνος, Παραμένων Χα. R 328 (84)
211 Κωλέων L 87
212 Λάκων L 101
213 Λαμιάδης W 104

214 Λααμ[πρ..]τος (?) W 103
215 Λάντρων L 102. Exscripsit Lampros.
216 Λαυνιτει-, Νεουν- L 276
217 Λαοκράτης W 105
218 Λαπερδίης(?), Ἀτι...ου.οιο[ς] s.--ων Ο. L 249
219 Λεάδης L 106
220 Λέπτων, Μενε- R 314 (70)
221 Λεύκαρος W 109
222 [Λ]ευκ[α]ριος Νικο. V 26
223 Λεω[βρι]μος W 108
224 Λεωκρα[της] R 304 (60)
225 Λεωκράτης W 107
226 Λεών βροτος R 361 (106) V 25. Cave legas [Κ]λεόνβροτος
227 Λ[ε]ωτ⸢ε⸣]νης R 313 (69)
228 Λίβυς R 362 (107) V 27
229 Λόφαξ R 265 (21)
230 Λόχαγος V 28
231 Λόχυς; vestigia nom. del. -γεα- L 110
232 Λυκιάδης R 307 (63)
233 Λυσαγόρας, vestigia nom. del. Ξειν- L an W? 111
234 Λύσανδρος, Ἀντι- L 252
235 Λυσίβιος L 112
236 Λυσικράτης R 266 (22)
237 Λυσικράτης R 363 (108) V 29
238 Λυσικράτης Οἰκουρίωνος L 250. Exscripsit Lampros.
239 Λυσικρά[της] [Πα]ρμενίωνος L 251
240 Λυσίμ[α]χος Ν. V 30
241 Λυσίστρατος; ex altera parte .οτ.ερα. L 113
242 Λύσων W 114
243 Μάκρων L 115
244 Μάνιος L 116
245 Μαντε-, -ίτων R 317 (73)
246 Μαντιάδης V 32
247 Μαντίτη[ς] (?), -τέλης W 253
248 Μάρης Τι. Si initium sit mutilum, conieceris [Εὐ]μάρης; at secus videtur. V 31
249 [Μ]εγαλο- L 224
250 Μέδων R 364 (109) V 33
251 Μειδύλιος W 117
252 Μείδων Μει. R 312 (68)
253 Μελάνης L 118. Exscripsit Lampros.
254 Μελάνης R 365 (110) V 34
255 [Μ]ελανθιάδης, Φειδίης R 309 (65)
256 Μελάνθιος L 119
257 Μελάνθιος L 120
258 Μελίνδης W 121
259 [Με]νέδημος L 214
260 Μέτυικος i. e. Μέτοικος R 267 (23)
261 Μικρίης L 122. Exscripsit Lampros.
262 Μικρίης L 123. Exscripsit Lampros.
263 Μικρίης L 124. Exscripsit Lampros.
264 Μικρίης, Κο-- L 255. Lampros: KV
265 Μικυθίων, vestigia nom. del.: --ος L 125
266 Μίκυθος Ἀσ. L 126
267 Μνησικλῆς, Ἐτ-- L 254
268 Μνήσιμος L 127
269 Μοψίδης L 128. Hae laminae Styrenses consonantem ψ bis significant litteris ΓS, cf. titt. 341. 409; contra Chalcidensibus inscriptionibus propriae sunt litterae ΦS. Suspicio falsi hinc adversus titulum Lenormantianum orta nobis crescit quum videamus fere idem illud nomen in vase Chalcidensi (catalogo etc. del principe di Canino p. 59 n. 530; Mus. étr. n. 530; Gerhard, rapp. volc. p. 154 n. 418 a; Archaeolog. XXIII p. 169sq., Réserve étrusque p. 17 n. 60; Gerhard, auserles. Vasenb. III tab. CCXXXVII; Iahn, Vasensamml. tab. IV n. 125) occurrere: ΜΑΟΦSΟS. Simillimo enim casu seu simillima fraude Megaricus titulus Lenormantii (vide supra n. 14) praebet ΗΥΨΙΚΛΕΟΣ quum in nummis coloniae Megaricae iam dudum lectum sit nomen fluminis ΗΥΨΑS, cf. Kirchhoff, Stud.³ p. 99. Quod autem in lamina Lenormantiana scriptum esse dicitur ΜΟΦS-, in vase Chalcidensi scriptum est ΜΑΟΦS-, ea re tantum abest ut suspicio nostra refutetur, ut etiam augeatur. Nam littera A, quae desideratur apud Lenormantium, errore deest in Kirchhoffii libro, quem quin tractet nemo falsarius titulorum antiquissimorum facere potest.

270 Μύλαυρος V 35
271 Μύτων W 129
272 Ναυττείρης L 130
273 Νεαρχίδης W 131
274 Νεοκλείδης L 132
275 Νεοκλίδης L 133
276 Νικιάδης L 134
277 Νικήτης W 135
278 Νῖκις, Χ(α)ριδήμ[ος] L 256
279 Νικίων L 136
280 Νικοκλῆς L 137
281 Νικολείδ[ς] L 138
282 Νικόμαχος W 139
283 Νικ[ομη]δ[ης] seu Νικ[ο]λ.[εί]δ[ης], Ξεινοχάρης R 289 (45)
284 Νικόξεινος R 366 (111) V 36
285 Νίκων L 140
286 Νίκων L 141
287 Νίκων Νεα. L 142
288 Νυκταγ- R 316 (72)
289 Ξανθ-, Παραυ- R 280 (36)
290 Ξανθίης L 143. Exscripsit Lampros.
291 Ξείνανος, Κρ-- R 282 (38)
292 Ξείνης W 144
293 Ξείνιος R 268 (24)
294 Ξεινίων W 145
295 [Ξ]εινοκλίδης, -ηθίων. Litterae ΟS admodum tenues utrum cum litteris, quae antecedunt, distincte exaratis coniungendae sint necne, Vischer dubitat. V 37
296 Ξεῖνος L 147
297 Ξεινοχάρης L 148
298 Ξείνυς, Φίλων R 324 (80)
299 Ξείνων Τλ. V 38
300 Ξείνων, Σκε- V 39
301 Ξείνων L 146
302 [Ὀ]ρίγιστος (?) L 222
303 Ὁμήριος W 58
304 Πάμβις L 149
305 Παράκληθος (?) L 257
306 Παραμέ[νων] R 330 (86)
307 Παχίων Μ. W 150
308 Πελάδη[ς] L 151
309 Πέντπις Κυν. L 152
310 Περιλείδ[ς] L 153
311 Πίκρος L 154

312 Πίριθος L 155
313 Πιττακός W 156
314 Πο.λυρίδης, Δρα-- L 259
315 [Πολ]υάρκη[ς] W 229
316 Πολυάρκης L 157
317 Πολύδωρος L 158
318 Π[ο]λυξεν[ί]δης W 159
319 Ποπάδης vel Παπάδης W 160
320 Πόπις vel Πῶπις R 269 (25)
321 Πρῖλυς (?) L 161
322 Πρόξεινος L 162
323 Πυρ-- R 270 (26)
324 Πυραμένης W 163
325 Πυρεῖος L 164
326 Πύρρανδρος, Κ....ων L 247
327 Πυρρίης L 168. Exscripsit Lampros.
328 Πυρρίης, .υν..φος Ν. W 260
329 Πυρρῖνος L 165
330 Πυρρῖνος L 166
331 Πυρ(ρ)ῖνος Τηρο. W 167
332 Πύρρος, Πύρρος L 261. Exscripsit Lampros.
333 Ῥαῖβος R 341 (97)
334 [Σ]άβυς R 271 (27)
335 Σ[α]βύτιος R 272 (28)
336 Σαιτυβίων R 367 (112) V 40
337 Σάτυρος L 169
338 Σάτυρος W 170
339 Σεύρων L 172
340 Σή[υ]ος Ἀφ. W 171
341 Σήμων, Χάρσ↓ R 338 (94)
342 Σίδων, Ἀλ-- L 262
343 Σίλων Νεα. L 173
344 Σιμάδης L 174
345 Σιμάδης W 175
346 Σιμύλος R 273 (29)
347 Σιμύλος, Με-- L 263
348 Σιμύλος Θεο. R 298 (54)
349 Σκάφων, Θειν- L 264
350 Σκοπάνωρ W 176
351 Σπιν.εκο. V 42
352 Σπόνδαος R 368 (113) V 43
353 Στομίλος W 186
354 Στράτων W 177
355 [Σ]τρουθίης L 189
356 Σωκράτης, --ελαδής R 339 (95)
357 Σῶος L 185
358 Σασιμένη[ς], [Χ]οῖρος L 265
359 Τει(?)μαρχος Νε. L 181
360 Τείταρχος L 178
361 Τέλλης L 179
362 Τηλεφάνης R 369 (114) V 44
363 Τίγος (?) V 45
364 Τιμαρχίδης R 334 (90)
365 Τίμαρχος L 180
366 Τιμοκράτης Ὀ. R 370 (115) V 46
367 Τιμοκράτης, Τιμνίης L 266. Exscr. Lampr.
368 Τιμόλοφος, Μαρ-- L 268. Exscr. Lampr.
369 Τιμόξεινος L 182
370 Τίμων W 184
371 Τιμ[ω]ήδης Κιν. L 183
372 Τλησίβιος W 187
373 Τρίβων W 188
374 Ὑπέδων vel Ὑπήδων; monet Vischer ne Ὑπέρων conicias. R 357 (102) V 13
375 Φαίδιμος L 190
376 Φαίδιμος L 191
377 Φ[ανό]στρ(α)τος, Φαν(ό)στρατο[ς] L 269

378 Φανύλος W 192
379 Φανύλος, Μας-- R 276 (32)
380 Φελλουρός W 193
381 Φερέδωρος L 194
382 Φιλαιγίρης R 371 (116) V 47. Cf. inscr. Acraephiensem n. 298
383 Φίλανδρος L 195
384 Φιλίτης L 196. Lampros: ΦΙΛVΤΕS
385 Φιλο-, -ίριχος V 48
386 Φιλόξεν[ος] L 197
387 Φίλυς L 198. Exscripsit Lampros.
388 Φίλυς Ἀμ. L 199. Lampros: ΑΜΟ
389 Φιλύτης R 372 (117) V 49
390 Φοινικάδης R 373 (118) V 50
391 Φοῖνιξ L 200
392 Φρίκων W 204
393 Φρυνίων L 205
394 Φύλακος L 285 (41)
395 Φύλαξ L 203

396 Φωκύλος L 201
397 Φωτήρις L 202
398 Χαῖτις, Χαρῖνο[ς] L 271
399 Χαριάνθ[ης], Νο-- L 270. Exscripsit Lampros: VARIANΘ, in altera parte ΟS
400 Χαρίδημος V 51
401 Χαρίδημος W 206
402 Χαρίλαος W 207
403 Χαρί[μ]ολπος, Χα[ρ]οφάνη[ς] V 52
404 Χαρῖνος W 208
405 Χαριτθένης W 209
406 Χαροπίνης Κε. R 374 (119) V 53
407 Χαροπῖνος Κο., Μα-- W 272
408 Χαροπῖνος, Ὀκλίδης (?) R 278 (34)
409 Χάροψ R 340 (96)
410 Χίμαρος L 210
411 Χρημύλος R 375 (120) V 54
412 Χρωμύλος L 211
413 -αίτιος, e. g. [Παν]αίτιος R 274 (30)

414 -ανδρος W 225
415 ..ανν..μήδης, ..λοτυσ.. L 274
416 ...αντίδα[ς], ...φίνιο[ς] L an W? 275
417 -δημος L 218
418 -ειχος L 213
419 -ήρατος L 219
420 -θίων Λε. W 228
421 -ικίων L 221
422 -ικρατ[ης] W 226
423 .ι....νος, ..ραο..ς L an W? 277
424 -νέτης L 215
425 -νθίδης L 220
426 -ογενίδης L 212
427 -στρατος L 216
428 -τοκλίδης, -τιδος R 279 (35)
429 -υμίων, Χα..ος W 229 a
430 -φων Ν-- L 223
431 -χιλος L 217
432 -ῶος Κεμα. W 227

Nomini principali interdum in eodem latere additur nomen patris decurtatum, cf. e. g. tit. 366 *R* V O, tit. 19 *R* KO, tit. 252 *R* MEI, tit. 222 *V* NIKO, tit. 49 *W* ANDOKI. Ubi alterum latus paucas praebet litteras, apographa nos non docent, utrum hae sint primae litterae genetivi decurtati an reliquae ex nominativo deleto, cf. e. g. tit. 171 *R* ΠΟ, tit. 42 *R* MAR; atque fortasse ne archetypa quidem, si quis iterum ea adierit, huius rei diiudicationem facilem reddent. — Item dubitari potest, genetivusne integer in aliquot laminis agnoscendus an addita littera σ in nominativum mutandus sit. Atque certe in tit. 19 *R* legendum videtur Ἀντίμαχο[ς], non Ἀντιμάχου, quoniam primae litterae patris Aristodemi Κο in altero latere perscriptae sunt; considerans igitur quum hoc exemplum, tum tot laminas utrimque nominativis inscriptas hunc casum revocavi ubique, i. e. in uno titulo Rhusopuli n. 95, in sex Lenormantianis n. 20. 27. 218. 377. 398. 416. Contra si quis genetivum tueri volet, nitetur duobus exemplis Lenormantianis, tit. 238 Λυσικράτης Οἰκουρίννος, tit. 239 Λυσικράτης Παρμενίννος, quorum alterum Lampri apographo confirmatur. Pauca tot nominum sinistrorsum conversa sunt: titt. 36 *L*, 59 *L*, 122 *L*, 138 *V*, 174 *L*, 284 *R*, 345 *W*, 352 *R*, 385 *V*; accedunt aliquot nomina deleta. Sunt quae discedant ab Iade Euboica: tit. 155 *L* Καλλίστρο[τος]?, tit. 217 *W* Λαοκράτης, tit. 233 *L* an *W*? Λυσαγόρας, tit. 267 *L* Μνησικλῆς (nisi Ε vitio intercidit; reliquae laminae Styrenses -κλέης, titt. 32 *R*, 106 *L*, 133 *W*, 134 *R*, 145 *R*, 280 *L*; Asiatici tituli -κλῆς), tit. 350 *W* Σκοπάνωρ, tit. 402 *W* Χαρίλαος, tit. 416 *L* an *W*? -αντίδα[ς], alia minus certa.

---

373 Titulus *Eretriensis*. In basi 3.06 m. longa, constructa ex duobus saxis marmoris Parii 0.28 m. crassitudine, 1.18 m. latitudine, et imposita fundamento lapidis calcarii, eruta Olympiae e regione eius anguli Olympiei qui inter septentriones et orientem solem spectat. Titulus legitur in margine superficiei aequae litteris 0.055 m. altis. Edidit Fraenkel, arch. Zeit. XXXIV p. 226. Ectypum contuli.

ΦΙΛΕΞΙΟΣΕΓΟΙΕ
ΕΡΕΤΡΙΕΣΤΟΙΔΙ

Φιλήσιος ἐποίει. Ἐρετριεῖς τῷ Δί. Paus. V 27. 9: Βοῶν δὲ τῶν χαλκῶν ὁ μὲν Κορκυραίων, ὁ δὲ ἀνάθημα Ἐρετριέων, τέχνη δὲ Ἐρετριέως ἐστὶ Φιληςίου. In ipsa basi huius bovis inventa est auris dextra, prope eam cornu.

---

374 Titulus *Chalcidensis*. Lamina aenea subtilis, reperta Olympiae a prytaneo ad occidentem et meridiem, in octo frusta fracta, ex quibus septem inter se certa ratione aptari potuerunt; unius, quod propter litterarum magnitudinem ad versus priores pertinuisse videtur, locus inveniri nequit; hoc in imagine supra ad dextram seorsum positum est. Fracturae et fissurae saepius litterarum ductum secutae sunt; clavo magno quadrangulari aes contumeliose perforatum est. Edidit Kirchhoff, arch. Zeit. XXXVII p. 51 sq. ex Furtwaengleri apographo. Imago tertia parte infra veram magnitudinem est.

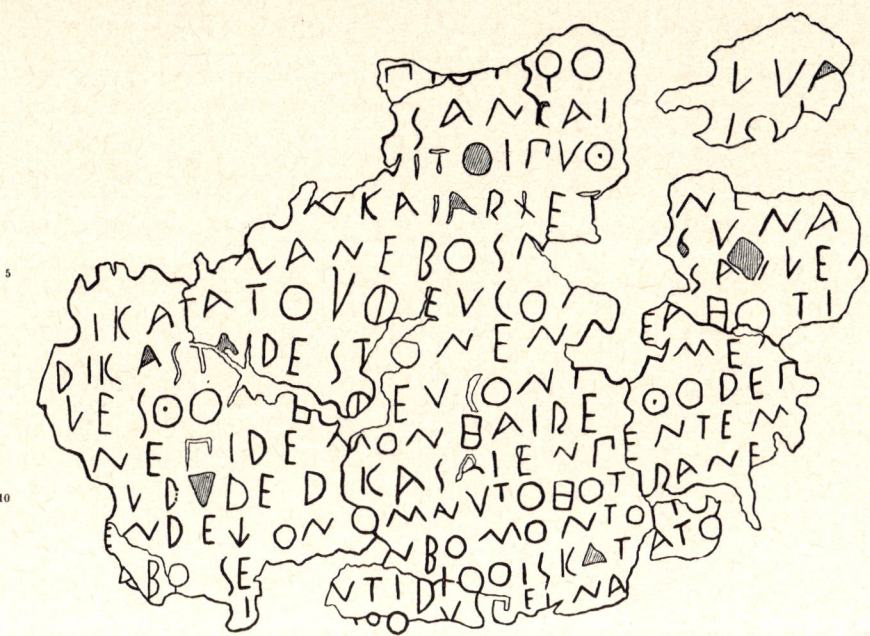

Vs. 1 --πίοις ᾳο(ου ω)--. Vs. 2 --οσαν καί. Vs. 3 [Ἀπόλλω]νι τῷ Πυθ[ίῳ]. Vs. 4 --ον καὶ ἄρξε(η)τ[αι] νε--. Vs. 5 --εν ἀνήβους (vel ἀνήβοος) ν....γυνα[ικ--]. Vs. 6 --σι(ῳ) κατὰ τοῦ φεύγο[ντο]ς ἀλλη[ν]--. Vs. 7 δικασταὶ δ' ἔστων ἐννέα. ὅ,τι [δ' ἂν]. Vs. 8 [ἐ]λέσθω-(?) ὁ φεύγων τῶν μέν. Vs. 9 --ν ἐπίδημον. αἱρείσθω δὲ π--. Vs. 10 --δὲ δικάσαι ἐν πέντ' ἡμέ[ρ]--. Vs. 11 --ην δ' ἔχων ὀμνύτω. ὅ,τι δ' ἂν ἐ--. Vs. 12 --α βοῦς ἐ[πὶ τὸ]ν βωμὸν τὠπό[λλωνος τοῦ Πυθίου]. Vs. 13 [το]ῖ[ς ἀ]ντιδί-[κ]οις κατὰ το--

Titulus Chalcidi aut eius coloniis tribuendus est.

375 In fragmine tabulae undique mutilo, reperto *Chalcide* prope castellum. Pittakis, ephem. 3581; Kirchhoff, Stud.³ p. 104.

```
      ΑΛΡΑΥΛΟΣ
      ΔΙΟΑΕΙΝΑΥΤ
      ΜΟΣΚΛΕΑΡ..
      ΥΡΟΟΡΟΒΙΕ
5     ΔΑΤΥΟΣΟΡΟΙ
      ΒΑΛΑΡΙΔΟ
      ΟΝΑΘΑΙΝΑ
```

Var. lect. In annotatione editor Graecus formam eius litterae, quae vs. 6 est prima, affirmat esse hanc: Θ.

— — Ἄγραυλος — — —
— δίου. ἀειναῦτ[αι] — —
— μος Κλεαρ — — —
— ὑρου Ὀροβιή[της] —
5 — δάτυος Ὀρο[β]ιήτης —
— Φαλαρίδο[ς] — —
— [Γ]νάθαινα? — — —

Vs. 2. De Milesiorum factione, cui erat nomen ἀειναῦται, narratiunculam tradit Plutarchus quaestt. gr. p. 298 C; ex qua non multum utilitatis redundat ad hunc titulum intellegendum. Vs. 4. Ὀροβιή[της] vel Ὀροβιε[ύς].

376 Titulus *Euboicus*. In gemma olim collectionis Badeigtsii de Laborde, nunc musei Britannici, „en caractères archaïques, très-fins et très-espacés." Edidit Froehner, mélanges d'épigraphie et d'archéologie, p. 14.

ΔΟΡΙΕΣΕΠΟΙΕΣΕ

Δουρίης ἐποίησε. Titulus, nisi forte simulatae antiquitatis est incusandus, non potest non esse oriundus aut ex Euboea aut ex eius coloniis.

377 Inter figuras Agamemnonis, Talthybii caduceum tenentis et Epei in anaglypho candido marmoreo, quod in ruderibus antiquissimis in septentrionali insulae *Samothraces* parte repperit a. 1790 Choiseuil-Gouffier. Anno 1816 Dubois lapidem deportavit Parisios, ubi nunc exstat in museo publico. Edd. Dubois, catalogue d'antiquités de la collection de Choiseuil-Gouffier, n. 108; Rose, inscrr. Gr. vet. p. 25 tab. IV 1; O. Mueller, in Boettigeri Amalth. tom. III p. III p. 35 tab. 3; Millingen, ancient unedited monuments, ser. II p. 1 tab. 1; Boeckh, C. I. G. 40; Clarac, musée de sculpture II tab. 116 n. 238; Inghirami, galleria Omerica, vol. I tab. XX; Stackelberg, annali dell' inst. arch. 1829 p. 220, tab. C 2; omitto alios; nostra memoria Kirchhoff, Stud.³ p. 31; Froehner, les inscriptions grecques du musée impérial du Louvre, n. 69. Delineavi titulum ex ectypo gypseo quod est in museo Berolinensi.

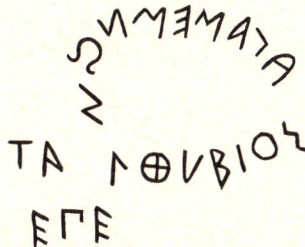

Ἀγαμέμνων Ταλθύβιος Ἐπε(ιός).

In nomine Agamemnonis litteram a suprema proximam re vera esse Ω, qua de re fuerunt qui dubitarent litteram O se cognoscere arbitrati, et ectypum haud dubie probat et Froehner affirmat lapide accuratissime examinato.

378 Titulus *a* legitur in insulae *Thasi* parte septentrionali in saxo 3.3 m. longo, 1.6 m. alto, quod etiam nunc antiquo muro urbis ruinosae insertum est; tit. *b* in saxo minore, quod haud procul ab illo ex muro decidit. Edidit Conze, Reise auf den Inseln des thracischen Meeres p. 12 tab. IV 14 et 15. Cf. Kirchhoff, Stud.³ p. 71.

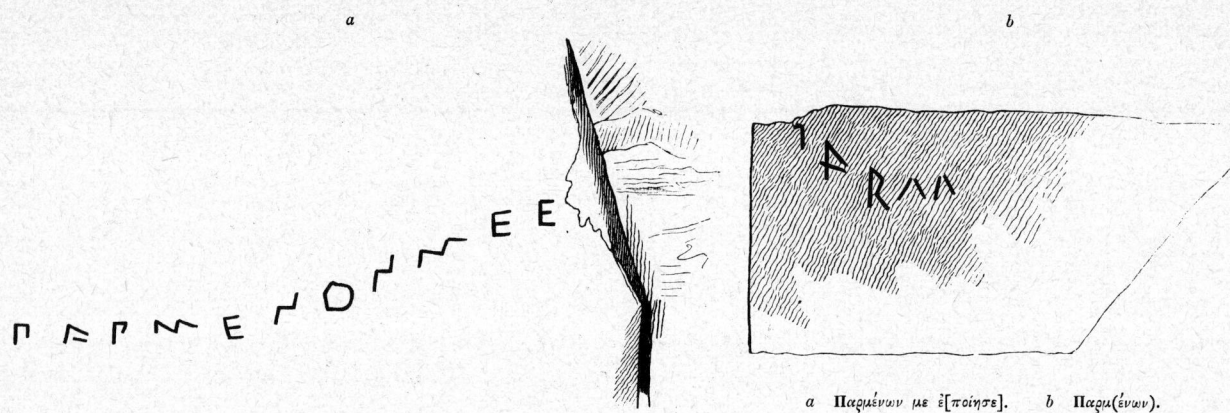

a Παρμένων με ἐ[ποίησε].   *b* Παρμ(ένων).

379 In anaglypho tripartito, quod E. Miller *Thasi* a. 1864 invenit et in museum Parisinum intulit. In media parte quatuor nymphae et Apollo citharoedus sculpti sunt circumstantes aediculam, supra quam incisa est inscriptio *a*; duae partes illi ad sinistram et dextram contiguae continent altera tres nymphas, altera unam nympham et Mercurium subiecto titulo *b*. Miller, archives des missions scientifiques 1865 p. 511 sq., idem, rev. arch. 1865 II p. 438 sqq., idem, comptes rendus de l'acad. des inscr. et b. l. 1865 p. 405 sqq. et 1866 p. 167 sq., Adert et Miller, rev. arch. 1866 I p. 419 sqq., Michaëlis, arch. Zeit. 1867 p. 1 sqq. tab. CCXVII. Beneficio insigni Heuzei et Perroti Gallorum doctorum fit, ut ectypo luculento possim uti.

a ΝΥΜΦΗΣΙΝΚΑΠΟΛΛΩΝΙΝΥΜΦΗΛΕΤΗΙΘΗΛΥΚΑΙΑΡΣ
ΕΝΑΜΟΓΗΙΠΡΟΣΕΡΔΕΝΛΙΝΟΥΘΕΜΙΣΟΥΔΕΧΟΙΡΟΝ
ΟΥΠΑΙΟΝΙΞΕΤΑΙ

b ΧΑΡΙΣΙΝΑΙΓΑΟΥΘΕΜΙΣΟΥΔΕΧΟΙΡΟΝ

a Νύμφησιν κἀπόλλωνι νυμφηγέτῃ θῆλυ καὶ ἄρσεν, ἄμ (i. e. ᾆ ἄν) βούλῃ, προσέρδειν. οἶν οὐ θέμις οὐδὲ χοῖρον. οὐ παιωνίζεται.
b Χάρισιν αἶγα οὐ θέμις οὐδὲ χοῖρον.

Verbum compositum προσέρδειν hic primum occurrit. Etiam prope caput Mercurii dicuntur esse litterarum vestigia satis incerta: Miller praebet ΛΩ Λ, Bergmann se dignoscere putabat vocem ΑΠΩΓΓΟΝ, cui lectioni vereor ne non possit fides haberi. Potius opinor hominem otiosum seriore aetate hoc quidquid est adscripsisse.

380 Titulus *Thasius*. Basis marmorea alba, Olympiae effossa, a templo Iovis ad meridiem et orientem versus, 0.53 m. lat., 0.295 m. alt., 0.78 m. crass. Edd. Dittenberger, arch. Zeit. XXXV p. 189; Treu, ibid. XXXVII p. 212 sq. Lapis quadruplo maior est quam haec imago.

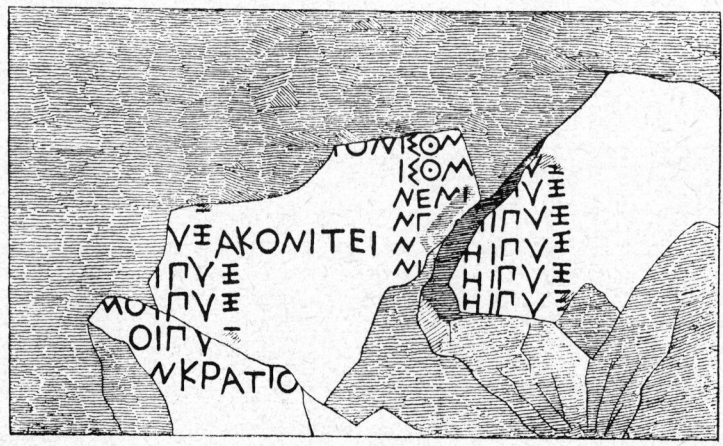

Nota. Col. 2 vs. 12 editio prior ᴨ\.

[Θεαγένης Τιμοσθένεος]	[Ἰσθμοῖ πύξ]
[Θάσιος ἐνίκησε τάδε·]	[Ἰσθμοῖ πύξ]
[Ὀλυμπίῃ πύξ]	[Ἰσθμοῖ πύξ]
[Ὀλυμπίῃ παγκράτ]ιον	Ἰσθμ[οῖ π]ύξ 5
5 [Πυθοῖ πύξ]	Ἰσθμ[οῖ π]ύξ
[Πυθοῖ πύξ]	Νεμ[έῃ π]ύξ
[Πυθοῖ π]ύξ ἀκονιτεί	Ν[εμέ]ῃ πύξ
[Ἰσθμο]ῖ πύξ	Ν[εμέ]ῃ πύξ 10
[Ἰσθ]μοῖ πύξ	[Νεμέ]ῃ πύξ
10 [Ἰσθμ]οῖ πύ[ξ]	[Νεμέη πύξ]
[καὶ πα]γκράτιο[ν]	[Νεμέη πύξ]
	[Νεμέη πύξ]
	[Νεμέη πύξ]. 15

TITVLI INSVLARVM 105 MARIS AEGAEI

Cf. Paus. VI 11. 2: Τῶν δὲ βασιλέων τῶν εἰρημένων ἕστηκεν οὐ πόρρω Θεαγένης ὁ Τιμοσθένους Θάσιος, et ibid. 4 sq.: ὅσα μὲν δὴ ἔργων τῶν Θεαγένους ἐς τὸν ἀγῶνα ἥκει τὸν Ὀλυμπικόν, προεδήλωσεν ὁ λόγος ἤδη μοι τὰ δοκιμώτατα ἐξ αὐτῶν, Εὐθυμόν τε ὡς κατεμαχέσατο τὸν πύκτην (Ol. 75, cf. Paus. VI 6. 5) καὶ ὡς ὑπὸ Ἠλείων ἐπεβλήθη τῷ Θεαγένει ζημία. — τὴν δὲ ὀλυμπιάδα τὴν ἐπὶ ταύτῃ παγκρατιάζων ὁ Θεαγένης ἐκράτει.

γεγόνασι δὲ αὐτῷ καὶ Πυθοῖ νῖκαι τρεῖς, αὗται μὲν ἐπὶ πυγμῇ, Νεμείων δὲ ἐννέα καὶ Ἰσθμίων δέκα παγκρατίου τε ἀναμὶξ καὶ πυγμῆς. Lacunas sufficere iis supplementis quae supra vides et imago docet et expresse affirmat Treu, qui ea re a nobis dissentit quod ille nomen victoris et victorias Olympicas tribus versibus perscripta fuisse censet, nos quatuor versibus.

---

381 In marmore albo, 1.27 m. altitudine, 0.54 m. latitudine, 0.26 m. crassitudine, supra mutilo, in quatuor lateribus scriptura tecto, eruto *Chii* in campo Βουνάκι ad occidentem castelli Turcici; nunc ibi servatur in aula gymnasii. Infra scripturam in tribus lateribus (*a b c*) spatium 0.60 m., in quarto (*d*) spatium 0.80 m. vacuum relictum est. Typis minusculis titulus editus est in diario Ἀμαλθεία, n. 2555, et in libro qui inscribitur μουσεῖον καὶ βιβλιοθήκη τῆς εὐαγγελικῆς σχολῆς, περίοδος δευτέρα, ἐν Σμύρνῃ 1876 p. 37 sqq., typis maiusculis a Papadopulo Kerameo in diario Παρνασσῷ vol. II fasc. 2, febr. 1878, p. 134 sqq., et ab Haussoullierio in bull. de corr. hell. III 1879 p. 230 sqq. Cf. Cauer, delect. inscrr. Gr. n. 133 et Blass, miscell. epigr. p. 11 sqq. Utor ectypis tribus.

a

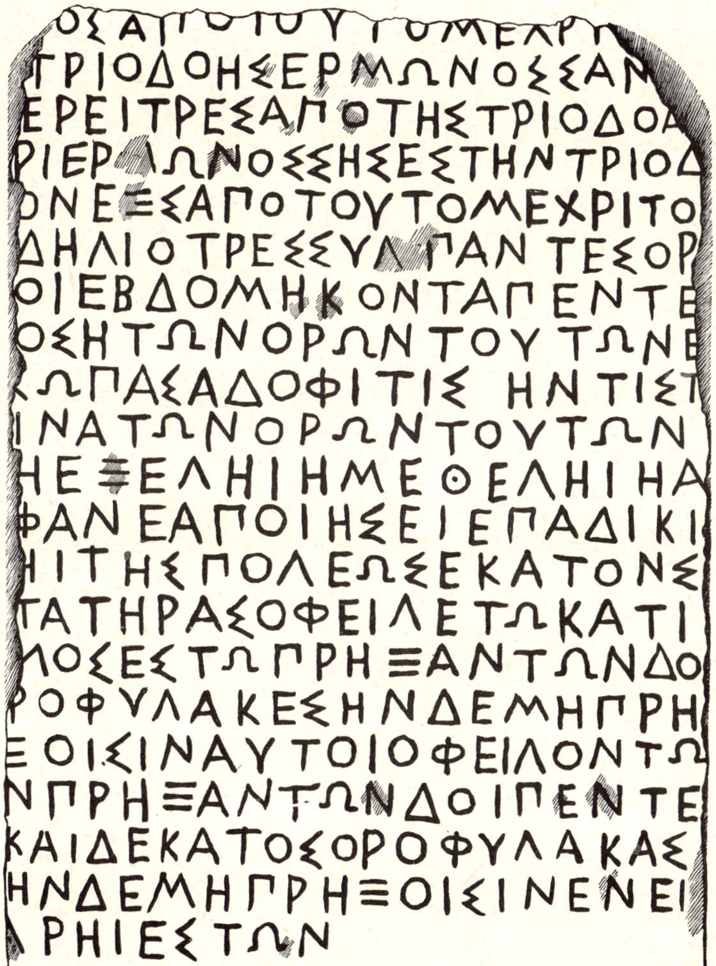

ΟΣΑΠΟΤΟΥΤΟΜΕΧΡΙ
ΤΡΙΟΔΟΗΣΕΡΜΩΝΟΣΣΑΝ
ΕΡΕΙΤΡΕΣΑΠΟΤΗΣΤΡΙΟΔΟ
ΡΙΕΡΩΛΝΟΣΣΗΣΕΣΤΗΝΤΡΙΟ
ΟΝΕΣΑΠΟΤΟΥΤΟΜΕΧΡΙΤΟ
ΔΗΛΙΟΤΡΕΣΣΥΛΑΝΤΕΣΟΡ
ΟΙΕΒΔΟΜΗΚΟΝΤΑΠΕΝΤΕ
ΟΣΗΤΩΝΟΡΩΝΤΟΥΤΩΝΕ
ΩΠΑΣΑΔΟΦΙΤΙΣΗΝΤΙΣΤ
ΙΝΑΤΩΝΟΡΩΝΤΟΥΤΩΝ
ΗΕΞΕΛΗΙΗΜΕΘΕΛΗΙΗΑ
ΦΑΝΕΑΠΟΙΗΣΕΙΕΠΑΔΙΚΙ
ΗΙΤΗΣΠΟΛΕΩΣΕΚΑΤΟΝΣ
ΤΑΤΗΡΑΣΟΦΕΙΛΕΤΩΚΑΤ
ΜΟΣΕΣΤΩΓΡΗΞΑΝΤΩΝΔΟ
ΡΟΦΥΛΑΚΕΣΗΝΔΕΜΗΓΡΗ
ΕΟΙΣΙΝΑΥΤΟΙΟΦΕΙΛΟΝΤΩ
ΝΓΡΗΞΑΝΤΩΝΔΟΙΠΕΝΤΕ
ΚΑΙΔΕΚΑΤΟΣΟΡΟΦΥΛΑΚΑΣ
ΗΝΔΕΜΗΓΡΗΞΟΙΣΙΝΕΝΕΙ
ΡΗΙΕΣΤΩΝ

b

ΤΕΚΑ
ΔΕΣΒΟΛΗ
ΕΙΚΑΝΤΩ
ΓΕΝΤΗΜΕΡ
ΣΙΝΤΟΣΔΕΚ
ΡΥΚΑΣΔΙΑΓΕ
ΜΥΑΝΤΕΣΕΣΤ
ΑΣΧΩΡΑΣΚΗ
ΥΣΣΟΝΤΩΝΚΑ
ΙΔΙΑΤΗΣΓΟ
ΕΝΣΑΔΗΝΕΩΣ
ΓΕΓΩΝΕΟΝΤΕ
ΣΑΓΟΔΕΚΝΥΝ
ΤΕΣΤΗΝΗΜΕΡ
ΗΝΑΝΛΑΒ
ΙΣΙΝΚΑΙΤΟΓ
ΡΗΧΜΑΓΡΟΣΚ
ΗΡΥΣΣΟΝΤΩΝ
ΟΤΙΑΜΜΕΛΛΗ
ΙΓΡΗΞΕΣΘΑΙ
ΚΑΓΩΙΚΑΣΑΝ
ΤΩΝΤΡΙΗΚΟΣ
ΙΩΝΜΗΛΑΣΣΟ
ΝΕΣΑΝΗΡΙΘ
ΥΤΟΙΕΟΝΤΕΣ

Var. lect. a. Vs. 5 et saepius Haussoullier falso excudit Ξ pro Ξ quam formam in lapide esse et ipse agnovit p. 235. Vs. 6 editores Graeci ΣΥΜ. Vs. 9 init. Keram. Σ. Vs. 21 init. Graeci Α. *b.* Supra versum 1 Graeci praebent hunc versum .... ΟΙ. Vs. 1 Graeci ΤΕΚ. Vs. 10 fin. Graeci Λ. *c.* Vs. 1 Graeci ΓΔΙΚ, non recte. Vs. 2 Iidem ΓΟΜ pro ΙΟΜ quod certum videtur. Vs. 8 Graeci ΕΥΣ, Hauss. ΕΟΣ, quae lectio ectypis probatur. Vs. 15 Graeci ΗΡΟΔΟΤΟ. Vs. 16 Graeci ΘΑΡ, Hauss. ·ΑΙ, in ectypis Θ evanidum est, Ρ oculis mihi videtur posse usurpari. Vs. 17 init. Graeci ΦΙΛ, Hauss. ΤΙΜ; ectypa hic non ita clara sunt. Vs. 18 fin. Graeci Ε. Vs. 21 fin. Post Ν in ectypis nihil dignosco. Vss. 24/25 ectypa nos deficiunt; Graeci ΒΙΑ·|ΑΣΙΩ, Hauss. Β·Α·|ΑΣΙΩ. *d.* Vs. 1 Keram. ΙΟΝ, Hauss. ΙΟΙ. Vs. 14 pro interpunctione : Graeci Κ. Vs. 15 init. Graeci Κ. Vs. 16 fin. Graeci ΤΙ. Vs. 19 init. Graeci ΟΣ.

a ·ος ἀπὸ τούτου μέχρι [τῆς] τριόδου ἢ 'ς Ἑρμώνοσσαν [φ]έρει τρεῖς· ἀπὸ τῆς τριόδου ἄ[χ]-
5 ρι Ἑρμωνόσσης ἐς τὴν τρίοδ-
ον ἕξ· ἀπὸ τούτου μέχρι τοῦ Δηλίου τρεῖς· σύμπαντες οὐρ-
οι ἑβδομήκοντα πέντε. Ὅση τῶν οὔρων τούτων ἔ-
σω, πᾶσα Δοφῖτις. Ἤν τίς τ-
10 ινα τῶν οὔρων τούτων ἢ ἐξέλῃ ἢ μεθέλῃ ἢ ἀ-
φανέα ποιήσει ἐπ᾽ ἀδικί-
ῃ τῆς πόλεως, ἑκατὸν σ-
τατῆρας ὀφειλέτω κἄτι-
15 [μ]ος ἔστω, πρηξάντων δ᾽ οὐ-
ροφύλακες· ἢν δὲ μὴ πρή-
ξωσιν, αὐτοὶ ὀφειλόντω-
ν, πρηξάντων δ᾽ οἱ πεντε-
καίδεκα τοὺς οὐροφύλακας·
20 ἢν δὲ μὴ πρήξοισιν, ἐν ἐ[π]-
αρῇ ἔστων.

b .... οἱ [π]-
1 [εν]τεκ[αίδεκ]-
α ἐς βουλ[ὴν ἐν]-
εικάντων [ἐν]
πέντ᾽ ἡμέρῃ[ι]-
5 σιν· τοὺς δὲ κή-
ρυκας διαπέ-
μψαντες ἐς τ-
ὰς χώρας κη[ρ]-
υσσόντων κα-
10 ὶ διὰ τῆς πόλ-
εως ἀδηνέως γεγωνέοντε-
ς, ἀποδεικνύν-
τες τὴν ἡμέρ-
15 ην ἣν ἂν λάβω-
ισιν, καὶ τὸ π-
ρῆχμα προσκη-
ρυσσόντων ὅ,τι ἂμ μέλλη-
20 ι πρήξεσθαι· κἢν δικασάν-
των τριηκοσ-
ίων μὴ ᾽λάσσο-
νες, ἀνηρίθε-
25 υτοι ἐόντες.

c
[— — — — ἦν δέ τι]-
[ς τοὺς πριαμένους ἀποκλήι]-
[η] ἢ δικάζηται, τοὺς ἀποκλ-
[η]ιομένους ἢ [πό]λις δεξαμ[έ]-
[ν]η δικαζέσθω, κἂν ὄφλη, [ὑ]-
περαποδότω· τῷ δὲ πριαμ[έ]-
5 νῳ πρῆχμα ἔστω μηδέν· [ὅ]-
ς ἂν τὰς πρήσις ἀκρατέα[ς]
ποιῆι, ἐπαρίσθω κατ᾽ αὐτ[οῦ]
ὁ βασιλεύς, ἐπὴν τὰς νομ[α]-
ίας ἐπαρὰς ποιῆται.
10 Τὰς γέας καὶ τὰς οἰκί(del. ε)α[ς]
ἐπρίαντο τῶν Ἀννικῶ πα[ί]-
δων Ἰκέσιος Ἡγεπόλιος π-

εντακισχειλίων τριηκ[ο]-
σίων τεσσ[ερ]ακόντων, Ἀθ[η]-
15 ναγό[ρ]ο[η]ς Ἡροδότου χειλί[ω]-
ν ἑπτακοσίων· Θαργηλέο[ς]
Φιλοκλῆς Ζηνοδότου ταν [Ε]-
ὐάδησιν δισχειλίων ἑ[π]-
τακοσίων, Θεόπροπος κο[ί]-
20 νοπίδης ταν Καμινὴν χ[ε]-
ιλίων καὶ ὀκτακοσίων [ἐπ]-
τὰ· Κήφιος τὰ ἐμ μελαίνη[ι]
ἀκτῇ τρισχειλίων ἑπτα-
κοσίων ἐνενηκόντων Βία[ς]
25 Ἀσίω (spatium vacuum).

d
[χ]ειλίων ἐνα-
κοσίων· Λεύκ-
ιππος Πυθῶ τ-
ὴν οἰκίην τ[ὴ]-
5 ν Ἀνδρέως π[ε]-
ντακοσίων π-
εντήκοντων
δυῶν· Ἀσμιος
10 Θεόπομπος Ἀ-
γυαίου ταν Οἴ-
ῳ χειλίων τ-
ριηκόσιων δ-
έκων δυῶν· Ἰ-

15 κεσίου τοῦ Φίλ-
ωνος Στράτι-
[ο]ς Λυσῶ τοιη-
[ό]πεδον διηκ-
οσίων ἑνός.

Magnam partem lapidis supra eam, quae servata est, apparet periisse. Diphthongorum scriptura, *a* vs. 12 ποιήσει pro ποιήσῃ (cf. n. 497. 499) vss. 17. 20 πρήξοισιν pro πρήξωσιν, simili inconstantia ne in Atticis quidem titulis quarti saeculi rara affatim illustratur. Ipsa coniunctivorum terminatio ωσι (adde *b* vs. 15 λάβωσιν ad illa exempla) satis singularis cum aliis quibusdam formis, quas hic titulus suppeditat, haud parvi momenti est ad dialectum Ionicam recte iudicandam. Neque enim, teste Herodoto, I 142, una erat dialectus Ionica, sed quatuor exstabant τρόποι vel χαρακτῆρες γλώσσης; itaque formae -ωσι δέκων -κόντων πρῆχμα πόλεως ἀνηρίθευτοι -ῶ in genetivo sing., qui a nominibus in έης descendit, inter Iones Chiorum et Erythraeorum fuerint propriae, atque eas quidem, quas priores posuimus, a vicinis Aeolibus mutuati videntur esse. — *a*. Vs. 5 οὐροφύλακες = οἱ οὐροφύλακες. *c*. Vs. 1 et ea quae praecedunt supplevit Blass. Vs. 8 βασιλεός pro βασιλεύς, qualia in titulis Ionicis passim inveniuntur. Vss. 21. 22 Blass putat post vocem ὀκτακοσίων duarum litterarum sedes vacare, deinde legendum esse τὰ Κήφιος; at neque spatium relictum neque articulus genetivo praeter consuetudinem huius catalogi additus placet.

Argumentum inscriptionis hoc est. Chii aliquo modo potiti erant terra Dophitide, quae in septentrionali insulae parte videtur fuisse sita,

si modo μέλαινα ἀκτή (*c* vs. 23) est μέλαινα ἄκρα Strabonis (XIV 645), hodiernus κάβο μελαντιός. Ex populiscito, quo huius terrae fines constituti sunt servarique sunt iussi, superest titulus *a*. Paulo post populus Dophitidis terrae singula praedia singulis civibus vendenda esse decrevit, ea lege ne privarentur ullo iure, quo cives Chii fruerentur. Itaque quum aliae res tum hae duae constituuntur: si quam litem habebunt, quindecimviri et illis ruri per praecones diem et rem indicunto et quantum opus erit (ἀδηνέως = ἀδήν) in urbe per praecones proclamanto; si quis emptorem fundi ab urbe venditi vi aut lite conabitur possessione excludere, urbs eum tuetor et ipsa pro eo litem agito et, si damnata fuerit, pecuniam debitam solvito (ὑπεραποδότω *c* vs. 3). Haec lex ab alio scriba atque prius populiscitum de finibus exarata est in lateribus *b* et *c* litteris minoribus et accuratius dispositis, ductu paulum diverso; idem in lateribus *c* et *d* statim subiecit indicem eorum qui hac lege sancta fundos emerunt (Ἰκέσιος Ἀθηναγόρης Φιλοκλῆς Θεόπροπος Οἰνοπίδης Βίας — — Λεύκιππος Θεόπομπος Στράτιος). Adicitur pretium solutum; fundi significantur nominibus eorum qui antea possidebant (οἱ Ἀννικῶ παῖδες Θαργηλεὺς Κῆφις — — Ἀνδρέως Ἄσμις Ἰκέσιος ὁ Φίλωνος) et nominibus regionum (ἐν Εὐάδησιν ἐν Καμινήν, ἐμ μελαίνη ἀκτῇ ἐν Οἴῳ).

---

382 *Chii*, in vico Curunia in insulae parte septentrionali, penes G. Cotzatum exstat lapis subniger ad sinistram fractus, 0.70 m. alt., 0.36 m. long., 0.065 m. crass. Edidit Haussoullier, bull. de corr. hell. III 1879 p. 316 sq.

```
    ΕΣΛΗ ΤΟΙΟΙΥ
    ΝΑΙΚΣΕΟΔΟΝΠ
    ΑΡΑΤΙΝΔΕΤΟΣ
    ΙΜΑΛΕΩΦΟΡΟΝ
  5 ΑΣΠΑΣΙΗΣΕΣ
    ΙΚΑΤΑΡΘΟΙΜ
    ΗΣΟΡΓΗΣΔΑ
    ΑΓΑΘΗΣΕΥΩ
    ΔΗΣΤΟΔΕΜΝ
 10 ΙΑΛΥΤΗΕΠΕΣ
    ΤΗΣΕΝΤΟΠΑΡΑ
    ΚΟΙΤΙΣΕΗΝ
```

Nota. Ad formas litterarum annotat editor litteras Ω Σ Μ late esse apertas, hastas litterae Η leniter curvatas.

Ἐσλή[ς] τοῦ[τ]ο [γ]υναικὸς ὁδὸν παρὰ τ[ή]νδε τὸ σ[ῆ]μα
λεωφόρον Ἀσπασίης ἐσ[τ]ὶ καταπθυμ[ένης]·
ὀργῆς δ᾽ ἀ[ντ]ὶ ἀγαθῆς Εὐω[π]ίδης τόδε μν[ῆμ]α
αὐτῇ(ι) ἐπέστησεν, τοῦ παράκοιτις ἔην.

Vs. 1. Haud scio an vox ἐσλός sapiat aeolismum. ΤΟΤΟ pro ΤΟΥΤΟ, cf. C. I. A. I 128. 133. Versus 5 et 6 denarum videntur fuisse litterarum, fortasse propter marginem lapidis iam antiquo tempore laesum. Vs. 6. Ad πθ cf. ἄπθιτον n. 314. Vs. 10. Ad iota mutum in dativo omissum cf. haec exempla Ionica: Μάνη in tit. Cyziceno n. 491, τῇ βουλῇ in tit. Erythraeo non multo post a. 394 scripto, Le Bas n. 39, δημοτίη in tit. Mylaseno a. 355/4, C. I. G. 2691*e*, Le Bas n. 379. Cf. praeterea huius fasciculi n. 327 et n. 503.

---

383 Tabula parva marmorea ad sinistram paulum laesa *Sami* in vico Mylio, qui ex antiquo Heraeo inter septentriones et occasum solis est positus, pavimento aediculae inserta. Edidit C. Curtius, Mus. Rhen. XXIX p. 160 et in programmate Luebeckensi a. 1877 p. 3. Cf. Kirchhoff, Stud.[3] p. 29. Apographum ex diario suo in hunc usum diligenter descriptum misit C. Curtius.

```
ϟΡͰΤΟΦΑΡΙΟϟ
ϽΤΟ4ΔΥΛΜΒͰ
```

Δημ[ά]νδρου τ[οῦ Π]ρωτοχάριος. Epitaphium videtur esse.

384 *Sami* prope Heraeum circa annum 1875 reperta est statua Iunonis 1.92 m. alta; subter est basis humilis ex eodem marmore facta; est penes Leonidam Kydonieum in vico Pagonda. In veste incisa est inscriptio sub cingulo deorsum currens, litteris 0.01 m. altis, 0.02 m. inter se distantibus. Edidit Girard, bull. de corr. hell. IV 1880 p. 483 sqq.

ΧΗΡΑΜΥΗΣΜΑΝΕΘΚΕΝΤΗΡΗΙΑΓΑΛΜΑ

(Ἐνθάδε?) Χηραμύης μ' ἀνέθ[η]κεν τῇρῃ ἄγαλμα. Primam vocem versus hexametri utrum is qui inscripsit an is qui descripsit titulum omiserit, nunc in medio relinquo.

385 In lepore parvo aeneo scite facto quasi mortuo et ex prioribus pedibus dependente, qui *Sami* emptus est; inscriptio est in collo et in altero latere et in ventre; lepus a Cockerellio in Britanniam allatus servatur nunc in museo Britannico. Edd. Rose, inscrr. Gr. vet. p. 326. tab. 41. 2; Broendsted, Itin. Gr. lib. I p. 109 tab. XXXI; Leake, transactions of the roy. soc. of lit. vol. I part. II p. 2; Voelkel, archaeol. Nachlass, fasc. I p. 163 sqq., Boeckh, C. I. G. 2247; cf. Kirchhoff, Stud.[3] p. 30. Exscripsi; litterae tam perspicuae sunt, ut nusquam dubitatio relinquatur.

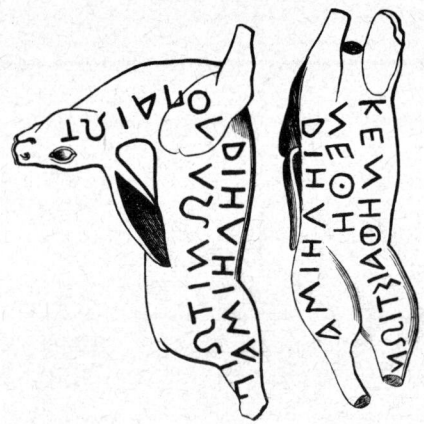

Τῷ Ἀπόλλωνι τῷ Πριη[ν]ῇῖ μ' ἀνέθηκεν Ἡφαιστίων. Male is, qui incidit dedicationem, in littera N vocis Πριηνῇῖ unam lineolam omisit.

386 Lapis *Sami* asservatur in vico Colonna distante a vetere Heraeo iter quartae partis horae; sinistra est fractus. Edidit C. Curtius, Mus. Rhen. XXIX p. 160, et in programmate Luebeckensi, a. 1877 p. 3. Cf. Kirchhoff, Stud.[3] p. 29. Utor Curtii apographo.

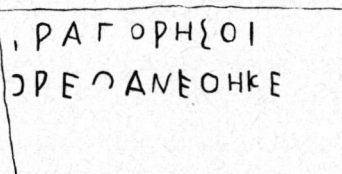

[Ἡ]ραγόρης ὁ [Ἡραγ]όρεω ἀνέ[θ]ηκε.

387 *Sami* in coenobio S. Trinitatis ad septentrionem veteris urbis in lapide 0.42 m. alt., 0.34 m. lat., 0.10 m. crass., supra ita mutilo, ut nullus versus videatur intercidisse. Edidit C. Curtius, Mus. Rhen. XXIX p. 160 et in programmate Luebeckensi, 1877 p. 3. Cf. Kirchhoff, Stud.[3] p. 29. Curtius apographum misit.

```
   ΟΜΠΙΟΣΕΜΙ
 ΤΟΔΙΜΟΚΡΙΝΕ
   ΟΣ
```

[Π]όμπιός εἰμι τοῦ Δημοκρίνεος. Videtur esse epitaphium viri cui nomen Pompis.

388 Titulus *Samius*. Basis marmorea alba, effossa Olympiae e regione eius anguli Olympiei qui inter septentriones et orientem solem spectat, in parte antica 0.84 m. lata; litt. alt. 0.02 m. Edidit E. Curtius, arch. Zeit. XXXVI p. 82 sq. Cf. Kaibel, mus. Rhen. XXXIV p. 203 n. 940*a*. Utor ectypo.

```
ΕΥΘΥΜΟΣΛΟΚΡΟΣΑΣΤΥΚΛΕΟΣΤΡΙΣΟΛΥΜΠΙΕΝΙΚΩΝ
ΕΙΚΟΝΑΔΕΣΤΗΣΕΝΤΗΝΔΕΒΡΟΤΟΙΣΕΣΟΡΑΝ

ΕΥΘΥΜΟΣΛΟΚΡΟΣΑΠΟΙΕΦΥΡΙΟΑΝΕΘΗΚΕ
ΠΥΘΑΓΟΡΑΣΣΑΜΙΟΣΕΠΟΙΗΣΕΝ
```

Εὔθυμος Λοκρὸς Ἀστυκλέος τρὶς Ὀλύμπι' ἐνίκων,
εἰκόνα δ' ἔστησεν τήνδε βροτοῖς ἐσορᾶν.

Εὔθυμος Λοκρὸς ἀπὸ Ζεφυρίου ἀνέθηκε.
Πυθαγόρας Σάμιος ἐποίησεν.

Tertio Olympia vicit Euthymus Ol. 77, cf. Paus. VI 6. 6; Pythagoram inter eos fuisse Samios, qui Ol. 71 ex Asia in Siciliam vecti Zanclen occupaverunt (cf. Herod. VI 23), non sine probabilitate coniecit Curtius. Titulus στοιχηδόν scriptus est nisi quod in exeunte versu secundo deleta priore scriptura altera manus exaravit duodeviginti litteras latius dispositas; eadem manus vs. 3 adiecit litteras ΑΝΕΘΗΚΕ, quae et ipsae maioribus intervallis separatae sunt. Ita factum est, ut tres primi versus aeque longi evaderent. Neque vero persuadere mihi possum hanc aequabilitatem fuisse causam correcturae et additamenti; sed ratione habita inconcinnae structurae, quae nunc deprehenditur in verbis ἐνίκων et ἔστησεν, rem in hunc modum explicandam arbitror: statuam faciendam curavit principio non Euthymus, sed alius quidam, e. g. populus Locrorum seu pater Euthymi, et subscribi iussit titulum fere talem:

Εὔθυμος Λοκρὸς Ἀστυκλέος τρὶς Ὀλύμπι᾽ ἐνίκων,
εἰκόνα δ᾽ ἕστησεν πατρὶς ἀγαλλομένη sive παιδὶ φίλῳ γενέτωρ.

Εὔθυμος Λοκρὸς ἀπὸ Ζεφυρίου.
Πυθαγόρας Σάμιος ἐποίησεν.

Sed opere perfecto ipse Euthymus sumptus praestitit sive ut patriam iuvaret sive quod pater mortuus erat; ideo versum pentametrum correxit et infra adiecit verbum ἀνέθηκε. — Vs. 4. In nomine artificis nota terminationem ab Ionica tituli dialecto discrepantem.

388 a Titulus *Samius*. Tabula marmoris Pentelici, Olympiae effossa, 0.07 m. crass., 0.23 m. alt., 0.24 m. lat., infra integra, a caeteris partibus fracta, in parte postica polita cavisque rotundis instructa; unde effici videtur illa aetate, qua monumenta antiqua parvi ducebantur, eam ex basi desectam et nescio quem ad usum praeparatam esse. Litterae paulo maiores et latiore ductu incisae sunt quam in titulo n. 388. Exscripsit Purgold. Forma ad decimam partem reducta est.

[Πυ]θαγόρ[ας Σάμιος] ἐποίει.
[— ⏑⏑ — ⏑⏑ —]ι τῷ Δὶ νι[κῶν ἀνέθηκεν].

389 In insulae *Amorgi* litore occidentali, inter parietinas Aegiales, in lapide oblongo supra portam aediculae S. Nicolai. Edd. Ross, inscrr. ined. II 119; Boeckh, C. I. G. Add. 2263 b; Rangabé 2223; Kirchhoff, Stud.³ p. 30. Habemus ex diario Rossii, qui bis exscripsit.

Var. lect. R.² ⌐ pro ⌐; cf. n. 390.
Genet. Ἀγλωχάρους pro Ἀγλωχάρεος? (cf. arch. Zeit. XXXVII p. 185 Φάνους pro Φάνεος?) An nomin. Ἀγλώχαρος?

390 *Amorgi*, ad viam quae ab urbe hodierna Aegialen fert, prope ecclesiam S. Mammae, litteris c. 0.06 m. altis in saxo neglegenter polito; titulus *a* traditur esse integer nisi quod fissura ad dextram primi versus duas litteras, non plures, possit hausisse. Habemus apographa Rossii et R. Weilii inter se prorsus congruentia; edidit Ross, Inselreisen II p. 54; cf. Kirchhoff, Stud.³ p. 31. Titulum *b*, qui in eodem saxo a titulo *a* sinistrorsum fere 1.5 m. spatio incisus est maioribus litteris, unus R. Weil exscripsit.

a
EΔΑΣΙΜΕΕϴΔΟΙΕΣ
EUΑΜΕΙΝΟΝ

b
ΑΒΙΔΕΣΙΗΓ

a Ἐρασίς με ἐ[π]οίει. Ἐπ᾽ Ἀμείνον[ι]. Vix licet nulla littera suppleta legere Ἐπαμείνων, quoniam Ionum Asiaticorum litteratura prius usurpavit Ω pro O quam Σ pro S.
b αβγδεϝ[ζ]η[θ]. Littera Ι = γ Weilio, quum hanc formam in hoc loco mirans lapidem examinaret, certa videbatur; cf. n. 389 et tit. Amorg. ΑΙΛΩΘΕΣΤΗΣ Rang. 2001, Ross inscr. ined. 142. Dubitabat Weil an linea, quae cernitur post Ϲ, esset fissura lapidis. In fine Γ fuerit littera ⊞ vel □ inchoata.

391 *Amorgi* in rupe prope vicum cui nomen Brutzi; apographum Logiotatides misit Gerhardo.

                                     ΦΑΙ
ΕΣΤΛΙΘΕΣΡΟΤΣΚΑΓΛΣΥΒΑΚΗΝΣΙ᾽ΜΑ
ΟΘΚΙΙΘΑΙΣΙΛΛΜΛΜΑ

392 In insula *Amorgo*, Arcesinae in marmore albo; litterae nulla arte scriptae sunt. Exscripsit R. Weil.

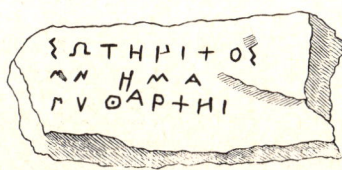

Σωτήριχος μνῆμα Πυθάρχη.

393 Iulide (ubi nunc est Tzia), in insula *Cea*, hunc lapidem invenit Ross infixum parieti in domo Iacobi Pancali qui tum erat ab epistolis in consulatu Austriaco. Ex Rossii diario edidit et explevit titulum Kirchhoff, Actt. menstr. acad. Berol. 1868 p. 1 sqq. Ex eodem diario nostra imago repetitur. Scatet mendis Manthi apographum, quo usus est Pittakis, ephem. 3031.

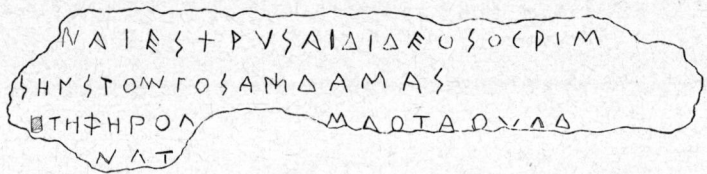

Varias lectiones ex Manthi apographo non annoto nisi has: vs. 1 ΣΑΒΛΙΘΕΟΣ, vs. 3 PON.
[Εἰκόνα Ἀθη]ναίης χρυσαιγίδ(del. ε)ος ὀβριμ[οπάτρης]
[τήνδ᾽ ἐ]θέτην τός[τ]ην Στω[μύ]λος Ἀ[λκι]δάμας.

[ὧδε θεῶν προῦσ]τη, φηρῶν [δὲ με]μαότα φῦλα
[ἔγχει γηγενέων δά]μνατ᾽ [ἀλεξομένη].
Vs. 2 Kirchhoff: [ἄνθετο τὴν χρύ]σην Στώ[λι]ος Ἀ[ντι]δάμας.

---

394 *Ceae* prope urbem, cui hodie nomen est Πόλαις, inter rudera Carthaeae. Veteris arcis pars orientalis fulcitur muro cyclopio ex magnis lapidibus constructo, e quibus unus 6 m. longus, 1.15 m. altus, litteris 0.06 — 0.08 m. altis inscriptus praebet hunc titulum. Quinque numero apographa: primum in Ἑρμῇ λογίῳ 1819 p. 56, typis vulgaribus; secundum Viduae, in inscrr. ant. p. 47 tab. XLVIII 1; tertium Broendstedii, in libro Reisen und Untersuch. in Griech. tom. I tab. XXV, cf. C. I. G. 41, ephem. arch. 1843 tab. XIII p. 628, Le Bas n. 1779; quartum Prokeschii apud Rangabeum n. 32 et Le Basium tab. VI 4; quintum Rossii in diario, unde repetimus.

ΟΡΡΛΙΟΣ
ΕΝΚΑΙΡΟΣ
ΣΤΕΝΗΡΕΤΟΣ
ΕΥΔΗΜΟΣ

Var. lect. Vs. 1. Litt. 1 Prok. D; litt. 3 Herm. Broend. Prok. Α, Vid. Λ; litt. 4 Broend. Prok. Ν pro ΝΙ; fin. Broend. Prok. Σ et sic etiam in fine reliquorum versuum. Vs. 3. Litt. 2 Herm. Τ; litt. 8 Herm. Broend. Prok. Ι.

Οὐράλιος, Ἔνκαιρος, [Ξ]εινήρετος, Εὔδημος. Nomen Uralii a vento et mari ductum esse iudico. Vs. 3 S+ lapicida male videtur collocasse pro +S (cf. C. I. A. I 353 add.), quamquam ne sic quidem nomen caret offensione.

---

395 *Ceae*, in urbe Tzia (i. e. Iulide) inventus est lapis in antica parte, quae cymatio conspicua est, et in dextro latere et in postica parte litteris στοιχηδὸν collocatis perscriptus, infra mutilus; nunc servatur Athenis in museo publico. In parte antica (*a*) aliquot locis, maxime ad dextram, superficies est corrosa et detrita, ut litterae ibi non possint agnosci; versus septimus decimus rescriptus est litteris angustioribus, fortasse ut insererentur verba antea casu omissa καθαρὴν εἶναι τὴν οἰκίην καί; etiam in versu quinto decimo duae litterae in una sede deprehenduntur et eadem res haud scio an occurrerit in lacuna quae nunc exstat vs. 14 fin. et vs. 15 init. In dextro latere (*b*) non plus quam unum versum, sextum decimum, periisse verisimile est; versus longitudine inter se discrepant. Pars postica (*c*) adeo est laesa ut pauca elementa certo legantur. Edidit Pittakis, ephem. arch. 3527. 3528. 3529, tractavit Bergk, mus. Rhen. 1860 p. 467 sqq. Iterum exscripsit et explicavit, omisso titulo *c*, Koehler, Mittheil. des deutschen arch. Inst. zu Athen I p. 139 sqq., cf. Roehl, ibid. p. 255, Dareste, nouvelle revue historique de droit français et étranger, II n. 3—5, Dittenberger, Herm. XV p. 225 sqq. Latera *a* et *b* ex Koehleri apographo repetimus, *c* ex ephemeride haurimus.

(*Textum vide pag. 111.*)

Var. lect. Pittakis: vs. 12 fin. ΤΑΓ, vs. 13 ΑΠΟΤΟΥΣ, vs. 17 fin. ΕΦΙ, vs. 27 ΤΑΥΤΑ, vs. 28 ΣΔΕ, ubi litteram Δ etiam Koehler se agnoscere in nota dicit. *b* vs. 1 ΟΞΕΝ, vs. 3 ΩΙΔΗΜΩΙ, vs. 12 ΟΙΚΙΑΝ, vs. 13 ΗΝΕΙΝΑΙ, vs. 14 ΙΑΝ, vs. 15 fin. ΣΕΑΕΥ.

a   Οἵδε νό[μ]οι περὶ τῶν καταφθι[μέ]νω[ν· κατὰ]
[τά]δε θά[πτ]ειν τὸν θανόντα ἐν εἱμ[ατ]ίοις τρ[ι]-
[ι]σὶ λευκοῖς, στρώματι καὶ ἐνδύματι [καὶ]
[ἐ]πιβλήματι (ἐξεῖναι δὲ καὶ ἐν ἐλάσ[σ]οσ[ι], μ[ή]
5 [ἢ] πλέονος ἀξίοις τοῖς τρισὶ ἐκ[ατὸ]ν δ[ρα]-
[χμ]έω[ν]· ἐκφέρειν δὲ ἐγ κλίνῃ σφ[η]νό[ποδι κ]-
[α]ὶ μὴ καλύπτειν, τὰ δ᾽ ὁλ[ο]σχερ[έα τ]οῖ[ς εἱματ]-
ίοις· φέρειν δὲ οἶνον ἐπὶ τὸ σῆ[μα μ]ὴ [πλέον]
τριῶν χῶν καὶ ἔλαιον μὴ πλ[έ]ο[ν] ἑ[ν]ό[ς, τὰ δὲ]
10 [ἀγ]γεῖα ἀποφέρεσθαι. τὸν θανό[ν]τα [φέρειν]
[κ]ατακεκαλυμμένον σιωπῇ μέ[χ]ρ[ι ἐπὶ τὸ]
σῆμα. προσφαγίῳ [χ]ρῆσθαι κ[α]τ[ὰ τὰ π]άτρ[ι]
[α. τ]ὴν κλίνην ἀπὸ τοῦ σ[ήμ]α[τ]ο[ς κ]αὶ [τὰ] σ[τρώ]-

[μ]ατα ἐσφέρειν ἔνδοσε· τῇ δὲ ὑστεραί[ῃ δι]-
15 [α]ρραίνειν τὴν οἰκίην [ἐ]λε[ύ]θ[ε]ρον [θα]λ[άσση]-
[ι] πρῶτον, ἔπειτα [ἀλ]υ[κ]ωτ[ῷ] ὅ[ξ]εϊ, τη[λοῦ στ]-
[ά]ντα· ἐπὴν δὲ διαρανθῇ, καθαρὴν εἶναι τὴν οἰκίην καὶ θύη θύειν ἐφ[ίστι]-
[α]. τὰς γυναῖκας τὰς [ἰ]ούσ[ας] ἐπιτοκηδ...
[ἀ]πιέναι προτέρας τῶν [ἀν]ανδρῶν (?) ἀπὸ [τοῦ]
20 [σ]ήματος. ἐπὶ τῷ θανόντι τριηκόστ[ια μὴ]
[π]οιεῖν. μὴ ὑποτιθέναι κύλικα ὑπὸ τ[ὴν κλί]-
[ν]ην μηδὲ τὸ ὕδωρ ἐκχεῖν μηδὲ τὰ καλλύ[σμα]-
τα φέρειν ἐπὶ τὸ σῆμα. ὅπου ἂν [θ]άνῃ, ἐπὴν ἐ]-
ξενε[χ]θῇ, μὴ ἰέναι γυναῖκας πρ[ὸ]ς τ[ὴν οἰ]-
25 κίην ἄλλας ἢ τὰς μιαινομένας, [μ]ια[ίνεσθ]-
[α]ι δὲ μητέρα καὶ γυναῖκα καὶ ἀδελφεὰς κ[α]-
[ὶ] θυγατέρας, πρ[ὸ]ς δὲ ταύταις μὴ [πλέον π]-
[έ]ντε γυναικῶν, παῖδας δὲ [οἱ ἂν] ὑ[πάρχωσι]
[ἀ]νεψιῶν, ἄλλον δὲ μη[δ]έ[ν]α. [τ]οὺς [μ]ι[αινομέ]-
30 [νους] λουσαμένο[υς] π[ερὶ πάντα τὸν χρῶτα]
[ὕδατ]ος [χ]ύσι κα[θαρ]οὺς εἶναι ———

a
```
        ΟΙΔΕΝΟ.ΟΙΠΕΡΙΤΩΓΚΑΤ/ΦΘΙ.ΝΩ
        ΔΕΟΑ. ⌐ΕΝΤΟΝΘΑΝΟΝΤΑΕΝΕΜ/.ΙΟ
        ΣΙΛΕΥΚΟΙΣΣΤΡΩΜΑΤΙΚΑΙΕΝΔΥΜΑΤΙ
        ⌐ΙΒΛΕΜΑΤΙΕΞΕΝΑΙΔΕΚΑΙΕΝΕΛΛ͘ΟΣ
     5  ⌐ΛΕΟΝΟΣΑΞΙΟΙΣΤΟΙΣΤΡΙΣΙΕΚ/..ΝΔΙ
        ΜΕΩΝΕΧΦΕΡΕΝΔΕΕΓΚΛΙΝΗΙΣΦ.ΝΟΓΩ
        ΛΙΜΕΚΑΛΥΠΤΕΝΤΑΔΟΛ.ΣΧΕΡ..⌐ΟΙ
        ΙΟΙΣΦΕΡΕΝΔΕΟΙΝΟΝΕΠΙΤΟΣΗ.Λ.Ε
        ΤΡΙΩΝΧΩΝΚΑΙΕΛΑΙΟΝΜΕΠ⌐Ο.Σ.Ο
    10  ⌐ΓΣΙΛΑΠΟΦΕΡΕΣΘΑΙΤΟΝΘΑΝΟ.ΤΑ
        ΑΤΑΚΕΚΑΛΥΜΜΕΝΟΝΣΙΩΠΗΙΜΣ/ΡΙ
        ΗΜΑΠΡΟΣΦΑΓΙΩΙ.ΡΕΣΘ..ΙΑ⌐Λ.ΑΠ
        ΗΓΚΛΙΝΗΝΑΠΟΤΟ.ΣΙ.Λ.Ο..ΛΙ⌐.Σ
        ΙΛΤΛΕΣΦΕΡΕΝΕΝΔΟΣΕΤΗΙΔΕΥΣΤΕΡΑΙ
    15  ΡΡΑΙΝΕΝΤΗΝΟΙΚΙΗΝ⌐ΛΣΥΟΕΡΟΝΟΛΛ
        ΠΡΩΤΟΝΕΠΕΙΤΑΛ.Υ<ΩΤ..Ο...ΙΤΗ
        ΝΤΑΕΓΗΝΔΕΔΙΑΡΑΝΘΗΚΑΘΑΡΗΝΕΝΑΙΤΗΝΟΙΚΙΗΝΚΑΙΘΥΗΟΥΕΝΕΦ
        ΤΑΣΓΥΝΑΙΚΑΣΤΑΣ.ΟΥΣ.Σ.ΠΙΤΟΚΗΔ
        ΛΠΙΕΠΑΙΠΡΟΤΕΡΑΣΤΩΝ/ΙΑΝΔΡΩΝΑΠΟ
    20  ΗΜΑΤΟΣΕΠΙΤΩΙΘΑΝΟΝΤΙΤΡΙΗΚΟϹ⌐
        ΟΙΕΝΜΕΥΠΟΤΙΘΕΝΑΙΚΥΛΙΚΑΥΠΟΤΙΙ
        ΙΙΝΜΕΔΕΤΟΥΔΩΡΕΚΧΕΝΜΕΔΕΤΑΚΑΛΛΥ
        ΤΑΦΕΡΕΝΕΠΙΤΟΣΗΜΑΟΠΟΥΑΝΟΑΝΗΙΣΓ
        ΞΕΝΙΧΘΕΙΜΕΙΕΝΑΙΓΥΝΑΙΚΑΣΠ...ΣΤ
    25  ΚΙΗΝΑΛΛΑΣΕΤΑΣΜΙΑΙΝΟΜΕΝΑΣ.ΙΛ
        ΙΔΕΜΗΤΕΡΑΚΑΙΓΥΝΑΙΚΑΚΑΙΑΔΕ
        ΙΟΥΓΑΤΕΡΑΣΠΡ.ΣΔΕΤΑΥΤ.ΙΣΜΕι
        ΝΤΕΓΥΝΑΙΚΩΝΠΑΙΔΑΣΑΣ....ΥΓ
        ΝΕΥΙΩΝΑΛΛΟΝΔΕΜ.Δ..ΛΙΟΥΣ.ΙΛ
    30  ΛΟΥΣΑΜΕΝΟ..Π.Ι../....ΙΙ
        Οϛ.ΥΣΙΚΛ...ΟΥΣΕΝΛΙϹ
        Η.ΝΥ......Τ
                  Τ
```

b
```
        ...ΞΕΝΤΗΙ
        .ΟΥΛΗΙΚΑΙ
        ..ΙΔΗΜΩΙ
        ...ΙΤΡΙΤΗΙ
     5  ...ΙΤΟΙΣΕΝΙ
        ..Σ.ΟΙΣΚΑ
        .ΑΡΟΥΣΕΙ
        .ΛΙΤΟΥΣΠΟΙ
        ..ΝΤΑΣΕΣΙ
    10  .ΡΟΝΔΕΜΗΙ
        .ΝΑΙΚΑΙΤΗΝ
        .Ι..ΙΑΝΚΑΘΑ
        ..ΕΙΝΑΙΜΙ
        ...ΛΝΕΚΤΟΥ
    15  .ΗΜΛ.ΟΣΕΛ
```

c
```
        ..ΟΞΕΝΤΗΙΒΟΥΛΗΙΚΑΙΤΗΙΕΚΚΛΙ......
        ...Λ.ΟΝ...ΠΟΔΙΝΕΣΘΥ........
        ..ΝΩΣΙΕ..............
        ....ΙΕΟΝΤΑΙ.........ΑΣΙ...
     5  ...Η.ΙΝ...............
        .................ΙΑΝΤΗΙ......ΕΞΩΤ..
        .ΔΕΔΟΧΘΑΙ......ΕΧΕΙΝΕΙΣ.ΡΕ..ΕΙΣΤΑΣ
        ...ΤΑΣ..............
    10  ..................
        ..................
        ..................
        ..................
        ..................
    15  ..................
        ..................
        ..................
        ..................
        ................Οϛ..
    20  ..............ΠΕΡΙΦΕ....
        .............ΝΤΑΣΙ..ΟΤΙ..
        ................ΟΠΛΟ..
        ...............ΚΥΡΙΟΝΠΑ..
        ................ΟΙΤΑΣΙΕΥ.
    25  ..............ΛΥΣΙΑΣΚΑΙ.
        ..............ΑΙΑ....ΚΛ..
        ................ΔΟΜ.ΕΙ...
        ...............ΑΠΑΡΧΟΝ..
        ................ΠΕΜΙΟΝΣΕ...
    30  .......ΙΟΥΛΙΗΤΑΙ......
        ......ΟΥΘΑΝΟΝΤΟΣ.....
        ............ΟΝ......
```

Vs. 15. Aquae marinae seu salsae frequens erat usus in lustrationibus, cf. e. g. Eur. Iph. Taur. vs. 1191 sqq.: Ἰφ. ἁγνοῖς καθαρμοῖς πρῶτά νιν νίψαι θέλω. ΘΟ. πηγαῖσιν ὑδάτων ἢ θαλασσίᾳ δρόσῳ; Ἰφ. θάλασσα κλύζει πάντα τἀνθρώπων κακά; Athen. II p. 43 d: Ἀριστόβουλος δ᾽ ὁ Κασανδρεὺς φησιν ἐν Μιλήτῳ κρήνην εἶναι Ἀχίλλειον καλουμένην, ἧς τὸ μὲν ῥεῦμα εἶναι γλυκύτατον, τὸ δ᾽ ἐφεστηκὸς ἁλμυρόν· ἀφ᾽ ἧς οἱ Μιλήσιοι περιρραίνεσθαι φασι τὸν ἥρωα, ὅτε ἀπέκτεινε Τράμβηλον τὸν τῶν Λελέγων βασιλέα; Menander in Disidaem. (Clem. Alex. Str. VII p. 303; Meineke IV p. 101): ἀπὸ κρουνῶν τριῶν ὕδατι περίρραν᾽ ἐμβαλὼν ἅλας, φακούς; Theocr. XIX (XXIV) vs. 97: ἔπειτα δ᾽ ἅλεσσι μεμιγμένον, ὡς νενόμισται, θαλλῷ ἐπιρραίνειν ἐστεμμένῳ ἀβλαβὲς ὕδωρ; oraculum Callipolitanis datum ad pestilentiam avertendam (Kaibel, epigrr. Gr. 1034 vss. 28. 29): καὶ [μ]ὲν πυρκαιὴν χρὴ ἀφ[αγνίζ]αι [α]ἴθοπι [ο]ἴνῳ καὶ πολιῷ [πε]λάγει. Koehler supplevit: θαλ[λοῖσι]. Vs. 18 sqq. Koehler: τὰς γυναῖκας τὰς [ἰ]οὐσ[α]ς [ἐ]πὶ τὸ κῆδ[ος ἀ]πιέναι προτέρας τῶν ἀνδρῶν ἀπ[ὸ τοῦ σ]ήματος. Cui quominus accedam, hae impediunt causae: in vs. 18 exeunte unius litterae spatium praeter huius lateris a usum vacuum relictum et vs. 19 duae litterae / · a Koehlero expunctae et κῆδος pro σῆμα (cf. a vss. 8. 12. 13. 20. 23, b vs. 15) usurpatum. Ego quid lateat non dispicio; litteras ΚΗΔ in lapide esse Koehler, postquam mea gratia titulum denuo inspexit, diserte affirmavit. Vs. 20 τριηκόστια i. q. τριηκοσταῖα. Vs 25 μιαίνεσθαι squalere, cf. Herod. VI 58 καταμιαίνεσθαι, Plut. Inst. Lac. p. 238 D μιασμός. — In hoc titulo (cf. etiam n. 300. 396 sqq., 407 sq.) in vocali η scribenda haec exercetur lex, ut ea vocalis η, quae ex ε oritur, exprimatur littera E, ea, quae ex ᾱ seu ex ε et α contractis oritur, exprimatur littera H; hanc igitur legem ita servavit scriba ut bis tamen ab ea recederet: vs. 17 διαρανθHι, vs. 23 θάνHι. Recessit autem ille inconsulte; neque enim quidquam ad alteram harum exceptionum explicandam valet, quod in versu rescripto ideoque recentiore legitur, quoniam hunc versum non aliquot annis, postquam reliquum latus a scriptum erat, sed continuo exaratum esse ipsa additamenti natura docet. Supplementum igitur, quod vs. 16 proposui, τH[λοῦ], a scriptura non addubitandum esse iudico, quia etiam hoc in numero exceptionum habere licet, si modo opus est propter originem vocis obscuram.

b [Ἔδ]οξεν τῇ [β]ουλῇ καὶ [τ]ῷ δήμῳ· [τῇ]ι τρίτῃ [ἐπ]ὶ τοῖς ἐν[αυ]τ[ί]οις καθαροὺς εἶ[ν]αι τοὺς ποι[οῦ]ντας, ἐς ἱ[ε]ρὸν δὲ μὴ ἰ[έ]ναι. καὶ τὴν οἰκίαν καθα[ρ]ὴν εἶναι, μι[αρ]ίαν ἐκ τοῦ [σ]ήμα[τ]ος ἐλευ[θερ-]?

c [Ἔδ]οξεν τῇ βουλῇ καὶ τῇ ἐκκλη[σία] — δεδόχθαι — κύριον — Λυσίας — Ἰουλιῆται — θανόντος. Has leges additicias aliquanto recentiores esse quam eam, quae in antica parte inscripta est, scriptura et dialectus produnt.

---

396 Lapis *Ceus*, qui nunc exstat in museo publico Atheniensi. Edidit Koehler, Mittheilungen des deutschen arch. Inst. in Athen I p. 147. Exscripsi.

ΚΛΕΝΟΓΕΝΕΣΚΥΔΙΓΕΝΕΟΣ
ΙΣΤΙΗΙ:ΑΝΕΘΕΚΕΝ

Κλεινογένης Κυδιγένεος Ἱστίῃ ἀνέθηκεν.

397 Basis ex lapide albo facta, reperta *Ceae* in pariete meridionali ecclesiae S. Symeonis; servatur in museo publico Atheniensi. Ediderunt Pittakis, ephem. arch. 3022, Rangabé n. 1184, Koehler, Mittheilungen des deutschen arch. Inst. in Athen I p. 146. Exscripsi.

ΘΕΟΚΥΔΕΣ:ΑΡΙΣΤΑΙΧΜΟΥ
ΑΦΡΟΔΙΤΗΙΑΝΕΘΗΚΕΝΑΡΞΑΣ

Θεοκύδης Ἀρισταίχμου [Ἀ]φροδίτῃ ἀνέθηκεν ἄρξας. Debebat lapicida scribere ΑΝΕΘΕΚΕΝ.

398 Lapis *Ceus*, quem olim in museo publico Atheniensi exscripsit Koehler; nunc videtur ibi iam non exstare.

spatium vacuum Ο
ΚΥΔΕΣΑΡΙΣΤΑΙΧΜΟΥΑΣΚΛ

sp. vacuum.

[Θεο]κύδης Ἀρισταίχμου Ἀσκλ[ηπιῷ]. Cf. n. 397.

Signis quibusdam recentioris aetatis motus hic omitto titulum Ceum a Boeckhio C. I. G. 2363 b editum, cuius duo alia apographa sub oculis habeo, alterum Rossianum in diario mancum illud quidem sed satis accuratum, alterum Manthi pessimum in ephem. n. 3016. Quamquam etiam in hoc titulo litterae Ε et Η ratione priorum titulorum variant: ΞεινοκράτΕς ΜΕνοφάνΕς (seu Κλεινοφ-) -φάνΕς ΔιειτρέφΕς -ίδΗς (ter) -σίΗς -νίτΗς ἩγέΕς ἩγεσικλἈριμνΗστος ΕὐκτΗμων; aliis locis lectio est dubia.

---

399 *Siphni* ad vivum saxum in antro quodam e regione Seriphi, quod Καμάραι vel Κορακιαί appellatur; a. 1837 exscripserunt Ross et Finlay, ex quorum schedis edidit Boeckh, C. I. G. add. 2423 c; deinde ipse Ross, inscrr. ined. III p. 5; Le Bas, voy. arch. tab. VI 14; Kirchhoff, Stud.³ p. 67. Utor Rossii diario.

ΝΥΦΕΟΝ
ΗΙΕΡΩΝ

Var. lect. Apud Le Basium in littera Θ desideratur punctum.
Νυφέων ἱερόν.

400 In lapide tofino 0.40 m. longo, 0.30 m. lato; reperto a. 1860 *Pari* in oppidulo Παροικίᾳ, in muro ecclesiae SS. Anargyrorum. Litterae bene conservatae sunt, lapis ad dextram est integer, ad sinistram paulum laesus. Edd. Rhusopulos, annali dell' inst. arch. 1862 p. 52 sq., Lenormant, comptes rendus 1866 p. 166 sq., melius Olympios, Athenaei V p. 4 sqq. tab. n. 1, quem sequimur. Cf. Kirchhoff, Stud.³ p. 69.

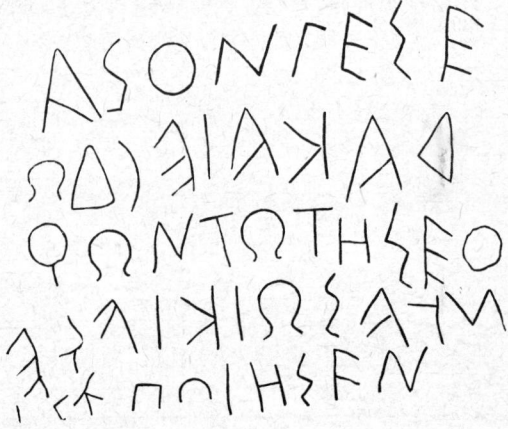

Ἄσων [τ]ες(σ)εράκαιεβδο[μη]κοντούτης ἐὼν [τ]ὰς οἰκί[ας] ἐ[ξε]ποίησεν. Cave tentes nomen altero exemplo confirmatum, cf. Athen. V p. 6.

401 *Pari*; in lapide 0.30 m. lato, 0.90 m. alto, qui Spelaei quatuor horarum via ab urbe in meridionali insulae parte insertus est muro ecclesiae S. Ioannis Theologi Spelaeotae; edidit Olympios, Athenaei V p. 8, tab. n. 3. Cf. Kirchhoff, Stud.³ p. 69.

```
ΔΗΜΟΚΥΔΗΣΤΩΔΑΛΑΓΜΑΤΕ
ΓΕΣΤΩΔΙΚΗΤΑΓΟΚΩΙΝΟΝ
ΕΥΧΣΑΜΕΝΟΙΣΤΗΣΑΝΠΑΡ
ΘΕΝΟΙΑΡΤΕΜΙΔΙ
ΣΕΜΝΟΙΕΝΙΣΑΓΕΔΟΙΚΩ
ΡΗΙΔΙΟΣΑΙΛΙΩΧΩΙΟ
ΤΩΝΛΕΝΕΗΝΣΙΩΤΟΝΤΑ
ΥΧΣΕΝΑΓΗΜΩΣΥΝΗΙ
```

Δημοκύδης τόδ' ἄγαλμα Τελεστοδίκη τ' ἀπὸ κοινῶν
εὐξάμενοι στῆσαι παρθένῳ Ἀρτέμιδι
σεμνῷ ἐνὶ ζαπέδῳ κούρῃ Διὸς αἰγιόχοιο.
τῶν γενεὴν βίοτόν τ' αὖξ' ἐν ἀπημοσύνῃ.

Vs. 3 ζάπεδον i. q. δάπεδον; cf. Hesych. ζάπεδον· μέγα ἔδαφος.

---

402 Titulus *Parius*. Fragmentum columnae, ex Peloponneso, ut fertur, vel certe e finitimis locis, a. 1738 (falso C. I. G.: a. 1783) a mercatoribus Graecis Anconam delatum, ubi qui emit marmorarius cum impolitis saxis sub divo in via ad portum publica locavit coenique et aëris maritimi edacitate litteras consumi viginti per annos passus est, donec id Hannibal Oliverius Pisaurum in museum suum deferret. Litterae 0.02 m. sunt altae, aequabili et forti ductu incisae, ad dextram valde corrosae et lectu difficiles. Paciaudi, monumm. Pelop. p. 77 sqq., unde petiere alii; Boeckh, C. I. G. 24; Kaibel, epigrr. Gr. n. 750; ectypum adhibuit Kirchhoff, Stud.³ p. 65 sq. Utor altero ectypo.

```
ΑΡΤΕΜΙΣΩΙΤΟΔΕΑΛΑΓΜ΄ΕΙΕ///Ο////
ΑΣΦΑΛΙΩΜΗΤΗΡΘΕ//Σ//ΡΩ///Γ//ΤΗΡ

ΤΩΠΑΡΙΩΓΩΙΗΜΑΚ//,//Ο//ΔΕΟΕΥΓ//
```

Nota. Litteras punctis notatas, quas equidem nunc in ectypo oculis non usurpo, debeo editioni Kirchhoffianae; sed operae pretium variam lectionem Paciaudii ascribere:

```
ΑΡΤΕΜΙΣΩΙΤΟΔΕΑΛΑΕΜΑΙΕΡΕΣΙΩΛΙ
ΑΣΦΑΛΙΩΜΗΤΗΡΘΕΔΣΙΣΓ,Ω ,,ΛΑΓΗΡ
ΤΩΠΑΡΔΙΩΓΩΙΗΜΑΚ         ΙΑΕΟΕΥΓΩΛΙ
```

Ἄρτεμι, σοὶ τόδ(ε) ἄγαλμα (‿)‿ — ‿‿ — ‿‿ — ‿,
Ἀσφαλίου μήτηρ, Θ[ερ]σι[λόχ]ου [θυ]γάτηρ.
Τοῦ Παρίου ποίημα Κ--ίδεω εὐ[χ]ο[μαι εἶναι].

Post vocem ἄγαλμα vestigia nominis feminae quandam similitudinem quamvis incertam habent cum nomine Telestodicae n. 401.

---

403 *Pari*, in basi rotunda marmorea infixa parieti aediculae S. Cyriacae, in regione horti Melagardi. Edidit Olympios, Athen. V p. 34, tab. n. 32.

ΕΘΗΚΕΝ

— — [ἀν]έθηκεν.

404 *Pari*, in marmore parvo, in domo Mavrogenis. Edidit Olympios Athen. V p. 34, tab. n. 33.

ΩΣΚΥΝΘΙΣ

Ὀσκυνθίς?

405 *Pari,* in lapide qui inditus est supra portam ecclesiae S. Eliae, in cacumine Cunadis montis. Typis minusculis edidit Olympios, Athen. V p. 34.

Ἀφρωδίτης

i. e. Ἀφροδίτης.

406 *Pari* in vico, cui nomen Marmara, in parte superiore marmoris 1.46 m. alti, 0.43 m. lati, quod pro limine est in ecclesia Panagiae Septembrianae. Haud procul in agro exstat alter lapis eandem continens inscriptionem. Edidit Olympios, Athen. V p. 33 tab. I n. 27; cf. Kirchhoff, Stud.³ p. 70 not. Habemus etiam in schedis Cumanidis, quae inter Franzianas inventae sunt; neque vero ille ipse vidit hos lapides.

ΗΟΡΟΣ
ΤΟΙΕΡΟ

Var. lect. Sched. Cum.: Ϛ.

Ὅρος τοῦ ἱεροῦ. Titulus aut exeuntis saeculi quinti aut incuntis quarti.

---

407 Titulus *Naxius.* In femore dextro statuae lapideae muliebris, repertae Deli; altitudo litt. 0.02 m. Edd. Homolle, bull. de corr. hell. III a. 1879 p. 3 sqq. tab. I; Fraenkel, arch. Zeit. XXXVII a. 1879 p. 85 sqq., usus Homollii ectypo; Iebb, journal of hellenic studies I a. 1880 p. 59 sqq.; cf. Dittenberger, Herm. XV p. 229. Repeto titulum ex diario archaeologico; ectypa duo inspexi.

ΝΙΚΑΝΔΡΕΜΑΝΕΘΕΚΕΝΒΚΑΣΟΓΟΙΙΟΧΕΑΙΡΘΙΥΟΡΘΔΕΙΝΟ
ΔΙΚΕΟΤΟΑΝΑΞΙΟΕΧΣΟΣΑΛΛΟΝΛΕΝΟΝΛΛΦΙΝΕΟΒΙΑΣΟΧΟΣΕΔΟΚΒΑΨΤΟΘΚΙΑ
ΦΘΛΑΘΣΟΔΑΛΟΧΟΣΝ

Nota. In altero ectypo a Purgoldio confecto litterae Ϙ circulus totus atque integer cernitur. Post extremum Μ neque in ectypis neque, teste Homollio, in lapide litterarum vestigia conspiciuntur.

Νικάνδρη μ' ἀνέθηκεν (ἑ)κηβόλωι ἰοχεαίρηι,
Ϙούρη Δεινοδίκεω τοῦ Ναξίου, ἔξοχος ἀλ(λ)έων,
Δεινομένεος δὲ κασιγνήτη, Φράξου δ' ἄλοχος μ[ήν].

Singulare scripturae genus: vocales ε et η, si ex ᾱ ortae sunt, = Ε; eaedem, si aliunde originem ducunt, = Ε; spiritus asper = Η; ξ = ΒΣ et ΒΣ; σ = Σ et Ϛ; φ = ΦΕ; ω = Ο. Ad Phraxi nomen novum cf. Χάραξ Χάραξος Φάραξ. Ut extremum hexametrum tertium expleret, poëtria addidisse videtur vocem redundanter positam μήν.

---

408 In parte superiore plinthidis, quae subiecta est statuae aeneae Apollinis 0.18 m. altae, repertae *Naxi* et in museum Beroliuense delatae. Edidit Fraenkel, arch. Zeit. XXXVII a. 1879 p. 84 sq.

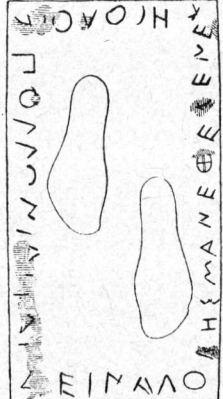

Nota. Annotat editor litteram Ρ prope certam esse, post ΝΙ tertiam litteram facile esse Κ. Ipse post versum hexametrum in aere legi ΛΡΚΑΙ, post haec vestigia spatium sufficit ad unam litteram supplendam.

Δειναγόρης μ' ἀνέθηκεν ἑκηβόλωι Ἀπόλλωνι. [δὲ]κά[τη]. Litteratura huius tituli consimilis est praecedenti.

409 In insula Delo prope templum Apollinis iacet basis quadrata marmorea 5.18 m. long., 3.50 m. lat., 0.75 m. alt., in qua olim collocata erat praegrandis statua Apollini a *Naxiis* dedicata. Basis in tres partes nunc dissoluta est, quae in situ permanserunt. In medio summo lapide est foramen, de quo haec tradunt testes, Tournefort, relation d'un voyage du Levant I p. 358: le marbre est percé au milieu, comme si l'on avait voulu le vuider pour le rendre plus leger; Le Bas, inscriptions grecques et latines, fasc. V p. 108: le creux pratiqué dans la partie supérieure du piédestal, à une profondeur qui varie de 63 à 83 centimètres, était évidemment destiné à recevoir le tenon laissé au-dessous du colosse comme moyen de consolidation; Purgold: die Mitte der Basis zeigt gegenwärtig ein grosses, unregelmässiges Loch, welches jedoch nicht zu irgend einem bestimmten Zweck ausgearbeitet, sondern vielmehr bei der Zerstörung des ganzen Monuments durch gewaltsamen Bruch entstanden ist. Margo superior undique in circuitu recenti tempore est circumcisus. Inscripta est basis in duobus lateribus angustioribus, in orientali et in occidentali. Atque orientalis quidem lateris, quod continet titulum antiquum, angulus sinister ita est fractus, ut frustum 0.42 m. latum perierit et fractura sinistrum litterae Ο semicirculum sequatur; titulum occupat 2.5 m.; post ultimum Σ spatium vacuum est 0.58 m.; infra titulum conspicitur stratura lapidis colore diverso. Alter titulus recentior in latere occidentali incisus, cuius verba ΝΑΞΙΟΙΑΠΟΛΛΩΝΙ a vetustioribus peregrinatoribus lecta sunt, magis magisque, nuper maxime superne, mutilatus est ita ut hodie tantum imae litterarum partes supersint; is haud dubie inscriptus est, quum in locum prioris statuae casu deletae (cf. Plut.

Nic. c. 3) altera substitueretur. Tituli antiquioris quatuor publici iuris facta sunt apographa: primum Tournefortii, l. l.; alterum Stuarti, antiquities of Athens, vol. III p. 57; tertium Le Basii, voy. arch. tab. VI 13, ubi quatuor litterae extremae desiderantur. Ex his alii hauserunt quos omitto; quartum apographum est Homollii, bull. de corr. hell. III a. 1879 p. 2. Etiam eos, qui tractaverunt titulum, enumerare longum est; instar omnium sint Bentley, in actis societatis litterariae Rheno-Traiectinae II a. 1795 p. 16 sqq.; Boeckh, C. I. G. 10; Kirchhoff, Stud.³ p. 71 sqq. Repraesento Purgoldii apographum decimae parti verae magnitudinis par, summa cum diligentia confectum; contuli ectypum, quod Homollii beneficio debetur. Linea punctis notata significat pristinum marginis locum, qui latere orientali et superficie aequa productis inventus est.

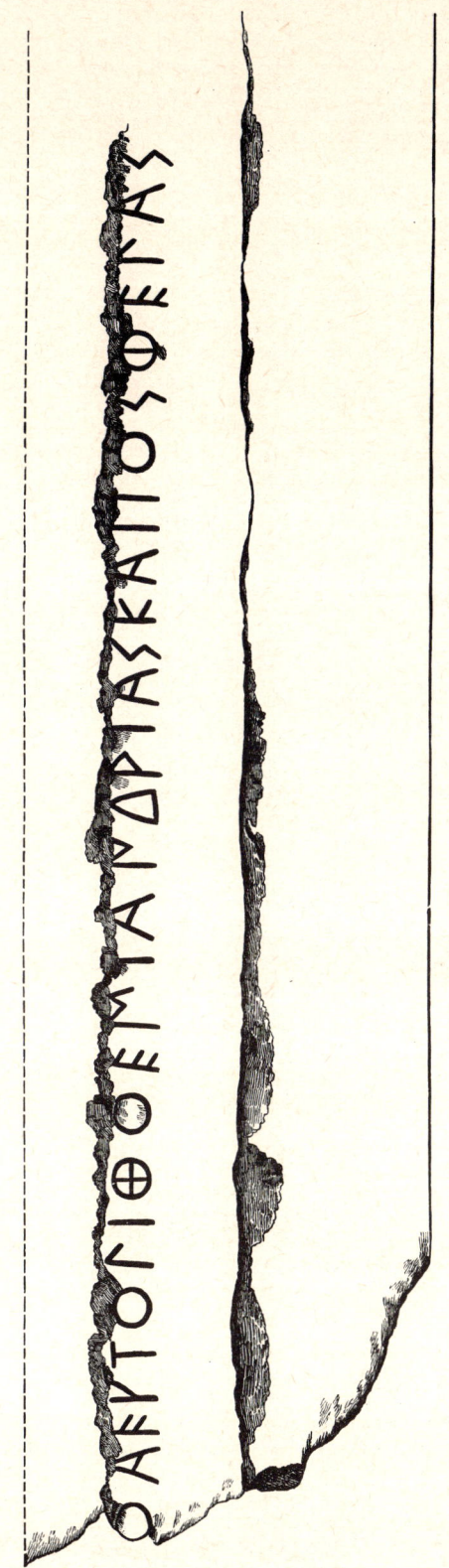

Var. lect. Litt. 24 priora apographa Τ.

Nota. Utrum titulus ad sinistram iacturam fecerit necne, ex hodierna lapidis condicione diiudicari manifesto nequit; quod autem priorum editorum nonnulli titulum incolumem esse praedicaverunt (Payne-Knight, an analytical essay on the greek alphabet, p. 72: I have been assured by those who have seen the stone, that the letters are precisely as in the annexed plate, qua in tabula repetit exemplum Tournefortianum; Stuart l. l.: the inscription is entire) et figura rectangula circumscriptum expresserunt: ei rei cave vim iusto maiorem tribueris; nam dubito an id fecerint, non quo etiam tum ad sinistram spatium vacuum esset, sed pro incuria illi tempori propria. In servata autem lapidis parte, praecipue ad sinistram, quaenam incisae sint litterae, iam certo scimus et reliquorum apographorum consensu propemodum perfecto — nisi quod apud Homollium littera quarta non recte sic delineata est: Ρ — et testimonio Purgoldii testis locupletis. Omnes igitur litterae sunt certae, vel maxime littera Ϝ; nam fractura tanto intervallo abest, ut, si tertia ansa supra exarata fuisset, particula eius superatura fuerit.

Quod Bentley — nam reliquorum commenta silentio praetereamus — proposuit et quum aliis tum Boeckhio persuasit, legendum esse versum trimetrum [τ]οῦ ἀϜυτοῦ λίθου εἰμὶ ἀνδριὰς καὶ τὸ σφέλας, improbandum videtur et propter litteram Ϝ in Ionico titulo huius aetatis et in hac voce admodum miram et propter eam litterae Ϝ collocationem, quae non patiatur syllabas τοῦ ἀϜυ in prima sede versus coniungi. Equidem quum litteras incisas intellegi nequire et marmorarium erroris crimine incusandum esse censeam, coniecerim: (Θ)ά(ε)υ, τοῦ λίθου εἰμὶ ἀνδριὰς καὶ τοῦ σφέλας, aspice, ex quali (τοῦ = οὗ) lapide sim statua et ex quali basis. Formam Θάευ flexam a Θάομαι aegre admitto, quia verbum in Iade novum est, nisi forte inde derivanda est forma Homerica Θησαίατο σ 191, Abderitica Θησάμενος n. 349.

410 Titulus *Naxius*. In vico Boeotio Petromagula prope vicum Scripu (Orchomenum) sito reperta est stela sepulcralis ex marmore cano Boeotio sculpta, 1.95 m. alta, 0.6 lata. Tum in vicum Rhomaïcum, qui unius horae itinere abest a Scripu in via Capurnam ferente, delata est ibique exstat in sepulcreto inter monumenta christiana. Imago ectypa oculis proponit virum qui cani locustam porrigit. In margine inferiore ad dextram laeso incisa est inscriptio litteris 0.015 m. altis. Anaglyphi primus mentionem fecit Clarke, travels in various countries of Europe, Asia and Africa, part. II, sect. 3, p. 148 sqq., titulum exscripsit pessime Dodwell, classical and topographical tour through Greece I p. 243 sqq., melius Conze et Michaëlis, annali dell' inst. arch. 1861 p. 81, tab. E 3. Explicavit Kirchhoff, Stud.³ p. 73 sqq. Cf. praeterea Michaëlis, arch. Zeitung 1865 p. 118 sqq. et arch. Anzeiger 1867 p. 110; Conze, Beiträge zur Geschichte der griech. Plastik, p. 31 sqq. tab. XI 1; Koerte, Mittheil. d. deutsch. Inst. zu Athen III a. 1878 p. 316. Repetimus titulum ex apographo Lollingii collato ectypo gypseo musei Berolinensis.

| ΑΛΧΣΗΝΟΡΦΡΙΙΣΕΝΗΟΝΑΧΣΙΟΣΑΛΛΕΣΙΔΕΣ |

Var. lect. Primam litteram, quam Conzii et Michaëlis exemplar laesam praebuerat Ρ, esse Α cum Lollingio affirmat Koerte, ut haec dubitatio iam sublata videatur; in ectypo haec littera parum evidens est.

Mox Koerte Ρ, Conze et Michaëlis cum Lollingio Ρ. Post Ρ Conze et Michaëlis Ϝ.

'Αλξήνωρ [ἐ]π[ο]ί[η]σεν ὁ Νάξιος. ἀλλ' ἐπίδεσ[θε].

411 In insula *Naxo*, prope urbem Naxiam. Exscripsit Gell testatus has inscriptiones esse in contrariis lapidis lateribus; huius apographum edidit Rose, inscrr. Gr. vetust. praef. p. VIII n. 6; Gellii et Koehleri apographis usus est Boeckh, C. I. G. 2422. Repetiit Le Bas, voy. arch. n. 2157, tractavit Kirchhoff, Stud.³ p. 77. Exhibemus Gellii exemplar quale exstat apud Rosium.

a ΕΦΟϘΩΔ
b ϘΑΡΙϘΑΚ
ΗΛΟΦΙΟ

Var. lect. Tit. *a*. Pro Ϙ Koehl. Ι habet. Formam Ⴒ pro Gelliana Ε Boeckh ex Koehleri apographo sumpsisse putandus est. Ad sinistram ante Ε Koehler praebet Α Κ Α, ex quibus elementis id Α, quod est ad dextram, etiam in Gelliano apographo deprehendisse videtur Boeckh, quum dicat: „ΚΑ abest a Gell." Igitur apud Rosium ad sinistram littera Α interciderit.

a Δωρο[θ]έα. Quum Koehlerianae litterae Α Κ desint in Gellii exemplari, vereor ne Koehler male coeperit inscriptionem alterius lateris uno tenore huic subiungere, detecto errore neglexerit illas litteras expungere. Kirchhoff proposuit Δωρο[θ]έα Κα[ρίωνος]. Notabile nomen, ut videtur, Ionicum in ᾱ desinens.

b Καριώνη Λοφίου. Nomen feminae a nomine masculo in -ων formatum est ut Ἀρτεμώνη Δαμώνη Διώνη Ἑρμιόνη Κλεώνη Λευκώνη Σιμώνη; nomen viri innotuit antiquo titulo Corcyraeo, n. 341. Kirchhoff lacunam suspicatus legere voluit: Καρίων --ηλοφίου, at nomen in -ηλόφιος exiens offendit.

---

412 Inscriptio exarata est in canaliculis columnae striatae, marmoris Parii, 1.5 m. longae. Monumentum a. 1755 ex insula *Melo* in museum Nanianum illatum, recentiore aetate in aedes Tiepolanas transportatum est. Post Zanettium, qui primus edidit in libro: due antichissime greche iscrizioni, Venet. a. 1755, permulti certatim ediderunt et explicare contenderunt, quorum antiquiores enumeravit Boeckh, C. I. G. 3; recentiorum nomino hos: Keil, Philol. suppl. II p. 564; Welcker, mus. Rhen. VI a. 1848 p. 383; Bergk, Jahn's Jahrb. a. 1859 I p. 190 sq.; Kirchhoff, Stud.³ p. 54 sq.

Παῖ Διός, Ἐκφάντῳ δέξαι τόδ' ἀμεμφὲς ἄγαλμα·
σοὶ γὰρ ἐπευχόμενος τοῦτ' ἐτέλεσσε γρόφων.

Arrogantiam, quam in se admittit Ecphantus artifex, quum monumentum nescio quod huic columnae impositum appellat omni vitio vacuum, temperare studet addens auxilio ipsius numinis, quod oranti (ἐπευχομένῳ) annuisset, sibi contigisse, ut sculpens (γρόφων i. e. γράφων, cf. n. 12) tale opus conficeret. Quod auxilium quamquam ab unoquoque deorum Iove genitorum peti et praestari potuisse fateor, tamen aptissime a numine sculpendi gnaro petitum esse iudico, e. g. a Minerva.

Lapides sepulcrales *Melii*, n. 413—419, n. 421—435, omnes, quod sciam, reperti sunt in valle cui nomen Κλῖμα ad orientem antiqui oppidi vel in vicis propinquis qui vocantur Τρυπητή, Πλάκα, Κάστρο. Hae stelae ex lapide subnigro vulcanio factae, magnam partem simplici aëtomate ornatae litteris impletae sunt magnis, profunde incisis, antiquitus miniatis.

413 Lapis *Melius*, in vico Trypete repertus, 0.59 m. alt., 0.23 m. lat., 0.09 m. crass.; litterae 0.06 m. altae sunt. Nunc in museo Berolinensi asservatur. Edidit Ross, inscrr. ined. III n. 226; Inselreisen III p. 17. Exscripsi.

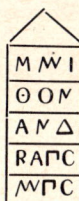

Σμίθων Ἀνδραπόμπου.

414 Lapis *Melius*, repertus in vico Trypete, 0.66 m. alt., 0.3 m. lat., 0.09 m. crass.; litterae 0.08 m. altae sunt; exstat in museo Berolinensi. Ross, inscrr. ined. III 227; Inselreisen III p. 17. Exscripsi.

```
ΤΥΧΑ
ΡΕΤΑ
ΜΡΣΥ
ΚΙΟΜ
 CM
```

Τυχαρέτα Βρουκίωνος. Nomen Brucionis a βροῦκος ductum est, cf. Τέττιξ, Τέττιχος, Τεττίχων.

415 Lapis *Melius*, ibidem repertus et in idem museum translatus atque ei qui antecedunt, 0.66 m. alt., 0.34 m. lat., 0.09 m. crass.; litterae 0.1 m. altae sunt. Edidit Ross, inscrr. ined. III 228. Exscripsi.

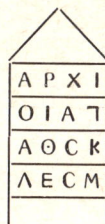

Ἀρχιώ Ἀγαθοκλέος.

416 Lapis *Melius*. Edidit Rangabé n. 2229, ex apographo Vlasti Melii.

```
ΘΕC
ΝΟΛΑ
ΤΙΜ
  D
```

Θεο[ν]νώ (?) Λατίμ[ου].

417 Lapis *Melius*. Edidit Rangabé n. 2230, ex apographo Vlasti Melii.

```
C‹O
CΛA
ΛΥΚ
CΦR
CNCM
```

Ὀ[ρθ]όλα Λυκόφρονος.

418 Lapis *Melius*. Edidit Rangabé n. 2236, ex apographo Vlasti Melii.

```
OIC
MKC
RΘOC
```

--υἱὸς Κορύθου.

419 Lapis *Melius*, repertus ad Κλῖμα; litterae 0.065 m. altae sunt. Ediderunt Baumeister, Philol. a. 1854 IX p. 393 et eius schedis usus Kirchhoff, Stud.³ p. 56; et ipse eas schedas contuli.

Ἀριστοκρίτα Ἀρχ--.

420 Magna basis sive ara marmoris fusci, reperta inter parietinas urbis *Meli*. Postquam ab uno ex comitibus Turneri in navem est imposita, iam nusquam visa est. Turner, journal of a tour in the Levant, a. 1820, I p. 34; Boeckh, C. I. G. 2434, usus praeterea duobus apographis, altero Pittakiano, altero Koehleriano, quae ex uno fluxerunt fonte. Inde repetiit Ross, inscrr. ined. III p. 2. Exprimo exemplar Turneri.

ΔΑΜCΚΡΕΟΝ
ΑΝΕΘΗΚΕ

Var. lect. Formam litterarum ΚΡΘ Boeckh rectius repraesentat, haud dubie ex apographis. Sed pro Μ, quod est apud Turnerum, Pittakis habet ΜΙ, Koehler Μ.

Δαμοκρέων ἀνέθηκε.

421 Lapis *Melius*; edidit Kirchhoff, Stud.³ p. 57. Exscripsi Athenis in museo publico; praeterea ectypo utor.

Κύδρις Δωρ--.

422 Lapis *Melius*; in vico Trypete apud Nic. Tsuliam exscripsit R. Weil; edidit idem, Mittheil. d. deutsch. arch. Inst. in Athen I a. 1876 p. 248.

Ἐχετίμα Λυσι--.

423 Lapis *Melius*, indidem oriundus, ab eodem ibidem editus.

Εὔδαμος Λάμπωνος.

424 Lapis *Melius*, repertus in vico Κάστρο. Ediderunt Leake, travels in northern Greece III, tab. XXIV n. 115, et minus accurate Rangabé n. 2231, ex apographo Vlasti Melii. Sequimur Leakium.

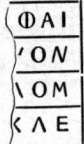

Φαί[ν]ων [Σ]ωσ[ι]κλέ[ος].

425 In parte inferiore cippi *Melii*; exscripsit Ross, ex cuius diario titulum repetimus.

--σίσκου.

426 Lapis *Melius*, repertus in vico Κάστρο. Ediderunt Ross, inscrr. ined. III 233 et ex apographo Vlasti Melii Rangabé n. 2235. Habemus titulum in Rossii diario.

```
ΕΠΙΛC
ΓCΥC
ΥΚΟ
```

Var. lect. Rang. vs. 2 Υ pro Υ; vs. 3 Λ ante Υ, ibid. C pro O. Ἐπιλόγου τοῦ Λύκου s. Λύκω[νος].

427 Lapis *Melius*. Edidit Rangabé n. 2233, ex apographo Vlasti Melii.

```
ΓC
ΓΑ
ΝΥΚΡ
ΑΤΕC
```

--πο[ς] Πανυκράτεο[ς].

428 Lapis *Melius*, repertus ad Κλῆμα; litterae 0.065 m. altae sunt. Ediderunt Baumeister, Philol. IX p. 393 et accuratius ex eius schedis Kirchhoff, Stud.³ p. 58; has nos quoque inspeximus.

```
ΦΥΛ
ΕCΤ
ΟΛ
```

Φυλεοτ-- --.

429 Lapis *Melius*, qui nunc est Athenis in museo publico. Edidit Koehler, Herm. II p. 454. Exscripsi.

Δαμαγόρα Τεμβριάου.

430 Lapis *Melius*, repertus in vico Trypete. Ross, inscrr. ined. III n. 229. Ex Rossii diario.

```
ΜΕΛ
ΕΓΓ
CΣΕ
ΥΧΕ
Λ Α
```

Nota. Vs. 2 litt. 1 Ross ascripsit: „undeutlich." Μέλιππος Εὐχέλα.

431 Lapis *Melius*, repertus in vico Trypete. Ross, inscrr. ined. III 230. Ex Rossii diario.

```
ΕΙϜ
ΓΕΤΑ
ΣΑΛΕ
ΞΙΓC
ΙCΣ
```

Ε[ὐ]ε[ρ]γέτας Ἀλεξιπό[λ]ιος.

432 Lapis *Melius*, repertus in vico Κάστρο. Ross, inscrr. ined. III 231. Ex Rossii diario.

Ἀριστ[ο]μήδης Φιλέωνος.

433 Lapis *Melius*. Edidit Rangabé n. 2227, ex apographo Vlasti Melii.

```
MENE
KKAT
OIΔE
INC
```

Μενεκ[ρ]άτω Δείνου vel Δεινο--.

434 Lapis *Melius*. Edidit Rangabé n. 2234, ex apographo Vlasti Melii.

```
MCIK
AΛCR
Λ<k
```

Μοι[ρ]αγόρ[ας] K--.

435 Lapis *Melius*. Edidit Rangabé n. 2022, ex apographo Vlasti Melii.

```
ΓPCΔ
AMC
```

-- Προδίκου.

436 In ea insulae *Therae* parte, quae inter ortum brumalem et meridiem spectat, promontorium μέσα βουνό cum maioribus insulae montibus cohaeret iugo S. Stephani 372 m. alto, in quo olim urbs Thera erat sita; ex eo ad orientem et ad occidentem fauces profundae scrupeae decurrunt; ei loco nunc ex antiqua imagine serpentis in rupe incisa nomen est ἡ ὄχενδρα. Quibus in faucibus reperiuntur sepulcra sat multa in terra aut rupe excavata, quorum ea quae videntur esse vetustissima tecta sunt saxis lapidis vulcanii rudi opera caesis. Titulorum, qui et in his operculis et in vivo saxo sunt inscripti, quum recentiores haud paucos tum viginti antiquiores exscripserunt Prokesch et Ross, alios uterque, alios alteruter. Ex eorum apographis edidit Boeckh in actt. acad. Berol. a. 1836 p. 41 sqq. n. 1—20.

In faucibus occidentalibus. Boeckh l. l. n. 6.

```
MOTATA1ꓱ
ꓱϟO1ꓱ
```

Ἐπάγατος ἐποίει.

437 *Therae*, in saxo. Boeckh l. l. n. 9.

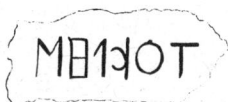

438 *Therae*, in saxo faucium occidentalium. Boeckh l. l. n. 11.

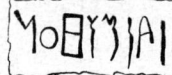

Ἰάρων.

439 *Therae*, in rupe ad meridiem versa. Boeckh l. l. n. 17. Exhibemus Prokeschii et Rossii apographa, illud ex Actt. acad., hoc ex diario.

Prokesch: *Ross:*

--ν[ρ]ίωυ?

440 *Therae*, in vivo saxo. Boeckh l. l. n. 18. Nos ex Rossii diario.

[Ἰ]Ε[ρ]μᾶς?

441 *Therae* ad viam quae ex vico Megalochorio ad portum Athenium fert, in lapide nigro rudi qui insertus est sepimento vineti. Ephem. arch. a. 1840 n. 429; Ross, inscrr. ined. II n. 199; Rangabé n. 3; Keil in Iahnii diariis a. 1844 tom. XL p. 293; Le Bas, voy. arch. tab. V 7. Exhibemus Rossii apographum ex diario depromptum.

Κερδύνους.

442 In lapide rudi reperto *Therae* supra montem Mesavunum, deinde Syram in museum deportato. Ross, inscrr. ined. II n. 201a; Rangabé n. 355. Habemus titulum in Rossii diario.

Κριτοφύλου.

443 In lapide rudi reperto *Therae* supra montem Mesavunum, deinde Syram in museum deportato. Ross, inscrr. ined. II n. 201*b*; Rangabé, n. 355. Ex Rossii diario.

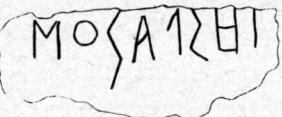

Var. lect. Purgoldii apographum litterae ⊓ ansam superiorem ex parte servatam subministrat: ⊞'I; ad sinistram post M idem \. Φίλαιος.

444 *Therae*, in rupe ad Mesavunum. Edidit R. Weil, Mittheil. des deutsch. arch. Inst. in Athen II a. 1877 p. 73.

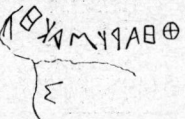

Θαρ(ρ)υμάχ[α]. Litteram Σ ad nomen superius non pertinere annotat Weil.

445 *Therae*, in vivo saxo, in meridionali parte montis Mesavuni. Ephem. arch. a. 1840 n. 437; Rangabé n. 2; Le Bas voy. arch. tab. V 6; R. Weil, Mittheil. des deutsch. arch. Inst. in Athen II a. 1877 p. 72. Exhibemus apographum Weilii et Rossianum ex diario haustum et Cigallianum ex litteris ad Henzenium datis.

Cigalla: 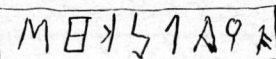 *Ross:* 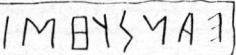 *Weil:*

Var. lect. Eph. Rang. Le Bas: MBΚΜΑΜ. [Λ]ανίκης? cf. Keil, Syll. p. 193.

446. 447 Titulus litteris 0.03 m. longis scriptus in scabello oblongo quadrangulo infra tribus parvis pedibus instructo, ex lapide vulcanio duro impolito cano; eius generis scabella in sepulcris capitibus mortuorum solebant subici. Repertum est *Therae* ad montem Mesavunum; deinde servabatur in domo Cigallae. Ross, bull. dell' inst. arch. a. 1842 p. 173; Welcker in Museo Rhen. a. 1843 p. 443; Ross, inscrr. ined. III n. 247; idem, arch. Aufs. I p. 52; Ahrens, Philolog. I p. 184; Le Bas, voy. arch. tab. V 2. Ex Rossii diario.

Ἀπρωνός ἠμι, vel, si lapicidam errasse ponas, ἠμί.

448 *Therae*, in agro vici cui nomen Camari. Michaëlis, annali dell' inst. arch. a. 1864 p. 261 tab. R 4 usus apographo Cigallae; Le Bas, voy. arch. tab. V 15. Repeto titulum ex annalibus.

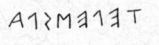

Τελεσιλ(λ)α, femina; an sepulcrum est Τελεσίλα, i. e. viri cui nomen erat Telesilas?

449 Lapis *Therae* repertus ad locum cui nunc nomen Ἄνω Γωνία, deinde Cigalla eum transtulit domum suam. Ediderunt Hogg, transactions of the roy. society of lit. nov. ser. V p. 27 ex pessimo apographo Leycesteri, et Michaëlis, annali dell' inst. arch. 1864 p. 259 tab. R 3, quem sequor; ectypum contuli.

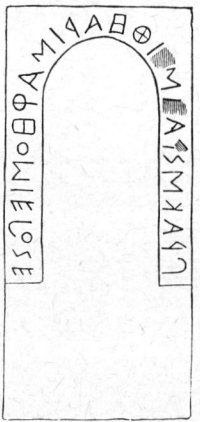

Var. lect. In voce Θαρ(ρ)υμαχος Leycester recte habet Ψ; nec non etiam ectypum vestigium ansae servavit.

Πραξίλα ἠμ[ί]· Θαρ(ρ)υμαχος ἐποίει. De interpunctione I cf. not. ad n. 478.

450 *Therae*, in monte sepulcrali; exscripsit Ross, e cuius diario repetimus.

--ς [']ο Γλαύϟου —.

451 Lapis nigrescens 1 m. longus, 0.6 m. latus, 0.3 m. altus, in quinque lateribus inscriptus. Repertus est *Therae* ad imum iugum Mesavunum, quo ex aliquo superiorum sepulcrorum videtur decidisse. Athenas eum deportandum curavit Ross; asservatur nunc in museo publico. Ediderunt Boeckh l. l. n. 1 (cf. C. I. G. II p. 1084); Rangabé n. 1; Le Bas, voy. arch. tab. I n. 4. Ad quatuor laterum inscriptiones repraesentandas adhibitum est ectypum gypseum musei Berolinensis; in quinto latere Prokesch ⟩|, Iatrides (apud Rangabeum) ◁ agnoscere sibi visi sunt.

a

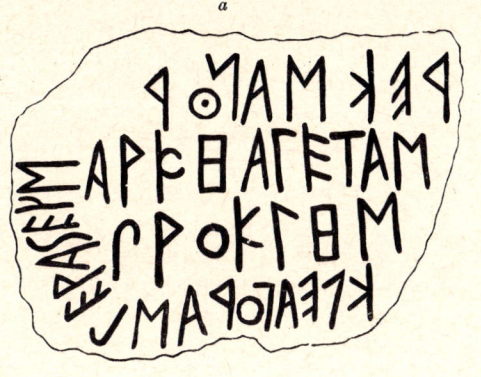

b

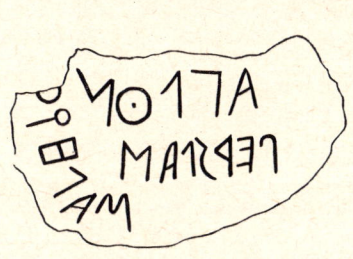

c

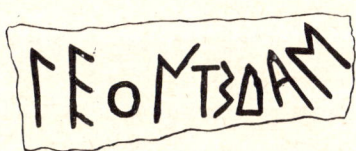

d

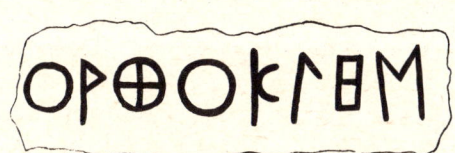

Nota. In titulo *b* Rangabé ex Iatridis apographo praebet M O Ϙ. — Reliquam variam lectionem fas est omittere.

a Ῥηξάνωρ, Ἀρχαγέτας, Προκλῆς, Κλεαγόρας Περαιεύς.
b Ἀγλῶν, Περίλας, Μάλη9ος.

c Λεοντίδας.
d Ὀρθοκλῆς.

Gentem horum virorum olim regnum obtinuisse indicio sunt nomina in ea retenta Ἀρχαγέτας Μάλη9ος (i. e. rex). Cleagoras Peraeam Theraeorum nescio ubi sitam videtur incoluisse.

452 *Therae* in duobus lapidibus, ni fallor olim continuis, et docet Rossii diarium eos uno atque eodem loco esse repertos in iugi parte meridionali. Boeckh l. l. n. 4 et 15; repetimus Boeckhii exemplar ex Rossiano et Prokeschiano commixtum.

453 *Therae* in saxo, in meridionali parte iugi. Boeckh l. l. n. 5. Nos ex Rossii diario.

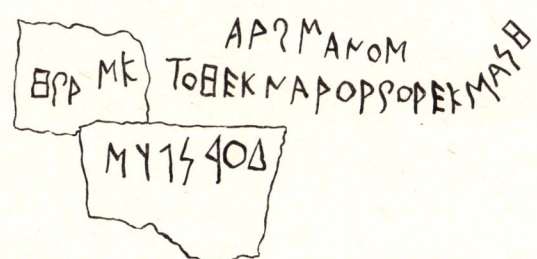

[Μ]ίτων Δέλφις, Π[ολ]υκλέος ἀδελ[π]ηε[οί]. Additur quo fratre Miton et Delphis usi sint, non quo patre sint geniti, fortasse ideo quod Polycles frater superstes illos sepeliverat.

454 *Therae*, in rupe ad meridiem spectante, litteris fere 0.6 m. altis. Boeckh l. l. n. 8. Nos ex Rossii diario.

Ἰατροκλῆς.

Var. lect. ex Rossii diario petita: vs. 1 Ϙ deest; vs. 2 litt. 5 Ϝ pro Κ; ibid. M pro N; ibid. A S Θ deest; vs. 3 Θ pro O; ibid. Ɛ pro Ⴈ.
Ἀρίσα[μ]ος Λα[ρ—]του ἐξα[π]ό[λ]ιος ἐξ αἴ[ας], Δωριεύς. De vestigio rhotacismi nolui addubitare.

455 *Therae*, in saxo. Boeckh, l. l. n. 12. Nos ex Rossii diario.

..ΔϞϞΖΔϞϞΒϞ
ϹΟΡΝΟΜ

Φειδιπ(π)ίδ[ας] πόρνος.
Vox πόρνος, quam peioribus litteris neglegenter incisam esse tradit Ross, addita est ab irrisore vel ab amatore repudiato.

---

456 *Therae* in saxo. Boeckh l. l. n. 13. Utimur Rossii diario.

ΓΜΑΟΜΤ
ϞΜΟΚΡΒ
ΜΘΤΖΦΟΑϞ

Var. lect. Apud Boeckhium vs. 2 litt. 3 O; ibid. litt. 5 A.
Ἴσαος Τιμοκ[λείδα] παοῦ Θετ[ό]ς. Quae Boeckh proposuit, Ἰσάος τ[οῦ] Ἰσοκ[λείδ]αο Θετ[ό]ς, propter articulum τοῦ et terminationem αο non libera sunt offensione.

---

457 *Therae* in lapide calcario rudi. Boeckh l. l. n. 19. Utor Rossii diario.

ϞΑϞΤΟΝΟ
ΑΥ

Var. lect. Boeckh praebet Κ pro Υ.
[Δ]αιτονό[μ]α?

---

458 *Therae* in lapide nigro. Boeckh l. l. n. 2. Kirchhoff, Stud.[3] p. 51. Repraesentamus apographum Rossii ex eius diario petitum et Weilianum.

Ross: 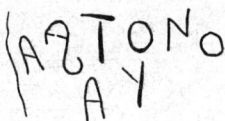 Weil:

ϟόϝυνος s. ϟώϝυνος (?)

---

459 *Therae* in lapide nigro. Boeckh l. l. n. 3. Nos ex Rossii diario.

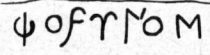

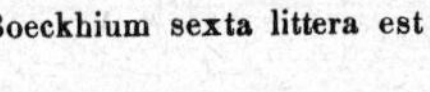

Var. lect. Apud Boeckhium sexta littera est S.
Πολυτίμα.

---

460 *Therae*, in saxo vivo, litteris duorum pedum. Boeckh l. l. n. 7. Nos ex Rossii diario.

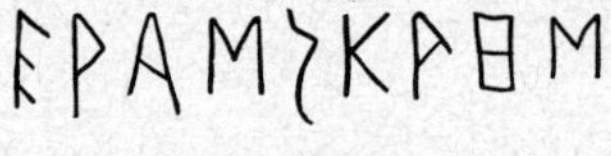

ΕΡΑΜϞΚΡΒΜ

Var. lect. Apud Boeckhium septima littera est Ρ.
Ἐρασικλῆς.

---

461 *Therae*, in meridionali parte iugi. Boeckh l. l. n. 10. Nos ex Rossii diario.

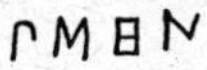

ΓΜΒΝ

Ψήν. Primitus nomen bestiolae, tum viro inditum.

---

462 *Therae* in saxo. Boeckh l. l. n. 14. Utor Rossii diario.

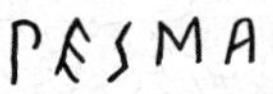

ΡϞϟΜΑΓ

Var. lect. Apud Boeckhium litt. sexta est I.
Πεισαγ[όρας].

---

463 *Therae*, in sepulcro. Boeckh l. l. n. 16. Kirchhoff, Stud.[3] p. 51. Utimur Rossii diario.

Θαρ(ρ)υπτόλεμος.

---

464 *Therae* in saxo. Boeckh, l. l. n. 20, quem sequimur.

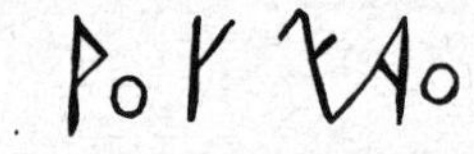

ΡΟΥϜΑΟ

Haec non tento.

---

465 *Therae* in lapide oblongo vulcanio, qui nunc exstat in muro vineti prope Ἅγιον Νικόλαον; sed ex Mesavuno eo ablatus videtur. Weil, Mittheil. des deutsch. arch. Inst. in Athen II p. 76.

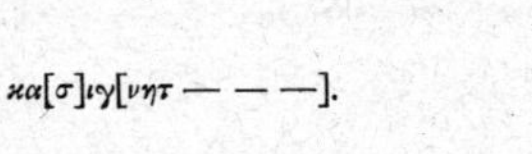

ΥΜΕΝϞΧΑΜΚΑΓϞΝ

[— Ε]ὐμεν[ίδ]ας κα[σ]ιγ[νητ— — —].

466 *Therae* in vineto, lapis in formam coni ovati rotundatus; exscripsit Ross, ex cuius diario titulum depromimus.

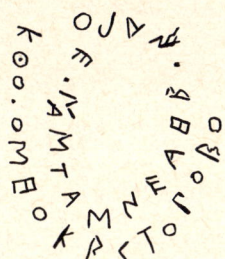

Κω[θι]ος ὁ Κριτο[β]ου[λ]ου ἀπ' (ὁ) Ε[ὐμ]νάστας νε α[ρ]ηβῶν. Ross, quem fugeret titulum uno versu in cochleae speciem retorto esse scriptum, videtur descripsisse primum ea quae ante conum stanti in fronte et ad sinistram et ad dextram apparebant, deinde partem posticam. Ita factum est, ut in apographo eius vox ΑΠΟ a voce ΚΡSΤΟΠΟΒΟ spatio interiecto separaretur et cum voce ΒΒ·Μ arte coniungeretur.

467 *Therae*; „questa trovasi incisa su una rupe basaltica tra i dirupi delle sponde occidentali dell' isola di Santorino: e siccome è di difficilissimo accesso non ho potuto io stesso trascriverla." Cigalla in epistola ad Henzenium data.

468 *Therae*; „questa trovasi incisa su una lapide marmorea trovata alcuni anni sono (ante a. 1864) in quest' isola di Santorino." Cigalla in epistola ad Henzenium data.

469 *Therae*, paucis passibus supra ochendram, ad sepulcrum in rupe incisum; litterae admodum magnae sunt et facillimae ad legendum. Ross, Reisen auf den griech. Inseln I p. 181, annali dell' inst. arch. 1841 p. 18, monumenti vol. III tab. XXV 5, arch. Aufs. II p. 420, inscrr. ined. II n. 200; Boeckh, C. I. G. 2476 *i*; Rangabé n. 2224; Kirchhoff, Stud.³ p. 54. Depromimus titulum ex Rossii diario.

⊕ Ε Ο ⊕ Ε Μ Ι Ο Σ

Θεοθέμιος, videtur genetivus esse.

470 *Therae* in vico Contochorio; lapis ex Mesavuno eo videtur delatus esse. Edidit R. Weil, Mitth. des deutsch. arch. Inst. in Athen II p. 76.

ΔΑΙΦΙΟΝ

Δαΐφ[ρ]ων.

471 Hunc titulum *Therae* in vico Megalochorio prope ecclesiam SS. Anargyrorum ex columna 1.58 m. longa, quae in circuitu inferiore 0.99 m., in superiore 0.83 m. complectebatur, exscripsit Ross, ex cuius diario eum repetimus. Columna ex marmore Pario facta, duodeviginti striis planis instructa olim tota scriptura tecta fuisse videbatur; sed litterae tantum in parte tertia inferiore legi poterant. Unde columna Megalochorium devenisset, Ross ex incolis comperire non potuit. Versus 1 vicinus est versui 18; vs. 9 est evanidus.

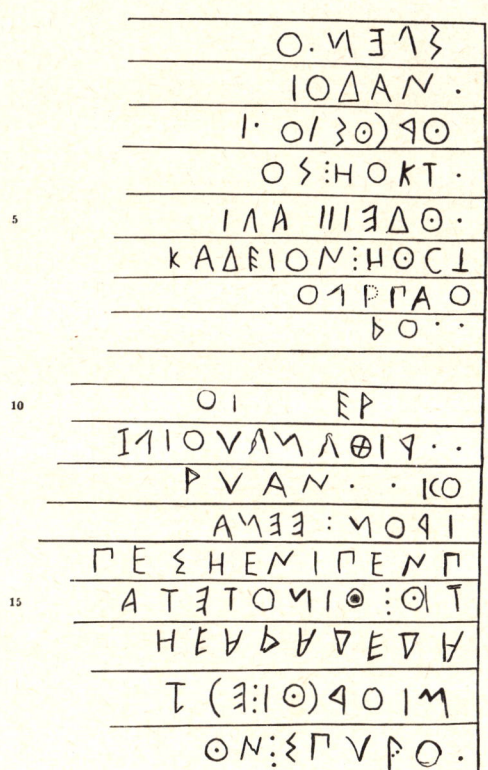

Vss. 2. 3 [']ο δα[μι]ουργός. Vss. 4. 5 [μὴ μεῖον?]ος ἢ ὀκτ[ώ. ']ο δέ. Vs. 6 κάδειον? Vs. 11 [κ]ριθ[ᾶ]ν [δ]υοῖ[ν]. Vs. 12 [κά]ρυα. Vss. 14. 15 ἢ ἑνὶ πέμπτω[ι], οἴνου τεταρτ-]. Vss. 16. 17 [τὰ ν]εαρὰ δὲ δαμιουργοί. Vs. 18 σπυρο-? Syracusani quidem σπυρός pro πυρός dixerunt.

472 Prope urbem *Calymnam* in marmore, quod infixum est muro ecclesiae semirutae τοῦ Χριστοῦ τῆς Ἱερουσαλήμ. Edidit Ross, Inselreisen II p. 98. Repetimus titulum pleniorem ex eius diario.

```
    ƷAIƷΚΕΛΛΛΠ
  -ΣΠΑΝΑΚΕΙΑΣ-
```

Πανακείας. [ἱερὸ]ς (vel sim.) Πανακείας.

473 In amphora a. 1867 in insula Rhodo in necropoli urbis *Camiri* effossa; litterae in imo ventre acumine incisae sunt. Edidit Froehner, mélanges d'épigraphie et d'archéologie, Paris 1873 p. 8 sqq., hinc repetiit Rhusopulos, Athenaei tom. II p. 320. Cf. Kirchhoff, Stud.³ p. 43.

ϘΟΣΜΙΑΗΜΙΛϹΕΔΕΜΕΚΛΙΤΟΜΙΑΣ

Nota. Addit Froehner: la lecture en est assez difficile, parce que le burin, conduit par une main peu exercée, a souvent glissé, ou bien n'a pas pénétré assez profondement pour laisser une empreinte nette de la forme des lettres. Néanmoins il ne subsiste de doute que sur le Ρ qui pourrait au besoin être un Ρ mal fait.

Ϙοτμία ἠμί, ἄγε δέ με Κλιτομίας. Insuetum ἄγε „advexit" pro ἔδωκε.

474 Fragmentum lapidis supra leve et convexum, infra ad similitudinem carinae formatum, ut olim lapis integer navem videatur repraesentasse; in latere legitur inscriptio nunc ab initio mutila. In litore orientali insulae *Cretae* prope Eremopolim in urbis parte septentrionali inter sepulcra hoc monumentum invenit Spratt et dono dedit museo Cantabrigiensi a Fitzwilliamo constituto. Edd. Babington in Cambridge Journal of classical and sacred philology, II 1855 p. 108 sq., Spratt, travels and researches in Crete, I p. 197, II p. 421 tab. I 20. Typus, quem ex diario Cantabrigiensi petimus, par est tertiae parti verae magnitudinis.

- - μων ἔγραφέ με.

475 Tabula marmoris admodum duri exempti ex lapicidinis, quibus etiam nunc nomen est labyrinthus, a *Gortynis* parietinis horae itinere distantibus, 0.51 m. alt., 1.29 m. lat., 0.22 m. crass., superne integra, a reliquis partibus fracta. Reperta est in alveo canalis molas versantis inter vicos Metropolim et Hagios Deca; deinde inserta muro domus Manolakis in vico Hagiis Deca. Litterae profunde diligenterque incisae atque bene conservatae sunt; supra versum primum spatium 0.04 m. vacuum relictum est. Edidit Haussoullier, bull. de corr. hell. IV 1880 p. 461 sqq.

Col. *a* [ἀ]ποδόντανς — ματρὶ δ' υἱύς —
Col. *b* l. 2 Τὸνς ἐπιβ[αλλόντανς ἐξῆμεν, αἴ κα θανών τις πα]τρωιῶχον κα-
3. 4 ταλίπη, ἢ αὐ[τὸνς πρίασθαι τὰ χρήματα ἢ πὰρ τὸ]νς ματρωιαν-
5. 6 ς καταθέμεν, [ἆς κα ὀπυίηται ἁ πατρωιῶχος, καὶ] δικαίαν ἤμεν τ-
7. 8 ὰν ὠνὰν καὶ τὰν κ[ατάθεσιν. αἰ δ' ἄλλος πρί]αιτό τις χρήματα ἢ
9. 10 καταθεῖτο τῶν τᾶς πα[τρωιῶχω, τὰ μ]ὲ[ν χρή]ματα ἐπὶ τᾷ πατρωιῶχ-
11. 12 ῳ ἤμεν, ὁ δ' ἀποδόμενος ἢ καταθὲνς τῷ πριαμένῳ ἢ καταθε-
13. 14 μένῳ, αἴ κα νικαθῇ, διπλῆ καταστασεῖ· καὶ τί κ' ἄλλα τᾶς ἤ (?), τ-
15 ὸ ἁπλόον ἐπικαταστατεῖ.

Col. c 1. 2 [—σ]τέγαμ μὲν, αἴ κ' ἦ ἐν πόλι —
3. 4 —ι ἐν τᾶι στέγαι, τὸν δ' ἄλλο[ν —] vel τῶν δ' ἄλλω[ν —]
5. 6 [—ἄ]λλω ὀπυίε(σ)θαι τᾶς φυλᾶ[ς —]
7. 8 [—ἀ]ποδατεῖ(σ)θαι δὲ τῶν χρημάτ[ων —]
9. 10 —ἔτται παῖ(ς τᾶ?) πατρωώχωι —
11. 12 —αις τᾶς φυλᾶς ὀπυίε(σ)θ[αι —]
13. 14 —μή τι μ(έ)λῃ οἱ [ὀπυ]ίεν τ[ὰν πατρωῦχον —].

Codex iuris hereditarii Gortyniorum. Col. a. Vs. 13. Terminatio acc. plur. III ανς in his antiquissimis titulis Creticis frequens ne in recentioribus quidem rara est, cf. φοινίκανς in titulo a Bergmanno (Brandenburgi 1861) edito vs. 23, Κρηταιέανς et πάντανς apud Waddingtonem in opere Le Basiano inter inscriptiones Cariae n. 383, χαρίτανς bull. de corr. hell. IV 1880 p. 352 vs. 23. Vs. 14. Ad vocem υἱύς cf. n. 54. — Col. b. Vs. 1 ἐπιβάλλοντες sunt propinqui; vss. 2. 9. 10 πατρῳώχος filia heres, cf. πατροῦχος (quae forma haud scio an mendo antiquo orta sit ex πατρωϊοῦχος) apud Herodotum VI 57 res Laconicas describentem, a quo illam vocem mutuati sunt lexicographi et grammatici; vs. 4 μάτρωες propinqui a matre; vss. 5. 12 καταθέμεν cautione accepta collocare, vss. 9. 12 καταθέ(σ)θαι cautione data conducere, qua in re meminisse expedit ea, quae de Atheniensium more bona pupillorum collocandi et cautiones a conductoribus exigendi tradunt oratores et grammatici. Haec Gortyniorum lex cavet ut bona eius, qui moriens nullos liberos nisi filiam reliquerit, genti serventur. Quem ad finem vss. 1—7, si hoc loco sententiam legis assecutus sum, propinqui superstites illius, quos tutelam filiae heredis gerere consentaneum est, bona relicta — i. e. agrum domum supellectilem servos pecus naves alia, ex quibus ut fructus percipiatur maior opus est opera atque cura, quam quae a filia herede praestari aut a tutoribus iure postulari possit — iubentur aut ipsi emere aut propinquis a matre cautione accepta collocare, ut futuro puellae marito serventur. Vs. 5 [ᾶς κα], cf. n. 478. Vss. 8—14. Ne bona filiae heredis in perpetuum aut etiam in certum spatium in alienas manus perveniant, tutores aliis ea vendere aut collocare vetantur; si quis tutorum aliter fecerit, bona ab emptore aut conductore filiae heredi restituentur; illi autem, quod ex possessione aut conductione cedere cogetur, tutor, qui legem neglexerit, compensabit damnum soluto — neque enim alia vis hic verbo καθιστάναι videtur posse subesse — duplici pretio aut cautione. Vs. 13 αἴ κα νικαθῇ sc. in iudicio, filia herede bona sua vindicante. Vs. 14 ἀλλᾶ i. q. ἄλλως, cf. n. 79 vs. 4, n. 321 vss. 46. 47; τᾶς i. q. τέως, cf. ᾶς n. 478, n. 480. Si quid interea immutatum erit, filia heres non modo rem immutatam, sed etiam insuper ab eo tutore, qui venditione aut locatione non legitima auctor damni factus erit, pretium, quod erat rei integrae, accipiet. Vs. 15. Alpha, quod cernitur ad sinistram eadem magnitudine qua reliquae litterae, aut initium est novi enuntiati aut index paragraphi; gamma quidem maius, quod est inter columnas b et c, hoc munere videtur fungi. — Col. c. Vs. 5 ὀπυίε(σ)θαι nubere, sc. filiam heredem; eadem igitur continuatur materia. Vs. 13 notabis S pro Σ.

476 Tabula marmoris paris 0.60 m. longa, 0.50 m. alta, *ibidem* reperta et muro molendini infixa. Ibi a. 1857 vidit Thénon et in museum publicum Parisinum detulit. Litterae 0.03 m. altae sunt, non multas ad dextram periisse affirmatur. Thénon, rev. arch. 1863 II p. 441 sqq. tab. XVI; Kirchhoff, Stud.³ p. 62 sqq; Froehner, les inscriptions grecques du musée impérial du Louvre n. 93 p. 180; Savelsberg, de digammo p. 54 sqq.; Voretzsch, Jahrb. für class. Philol. 1869 p. 665 sqq., Savelsberg, ibid. p. 679 sqq., Bréal et Caillemer, journal des savants 1878 p. 496 et rev. arch. n. s. XIX (1878) p. 346 sqq., Bréal, comptes rendus de l'acad. des inscr. 1878 p. 139 sq., Caillemer, études sur les antiquités juridiques d'Athènes; le droit de succession légitime à Athènes, 1879 p. 130 sqq. Utor imagine photographica admodum luculenta.

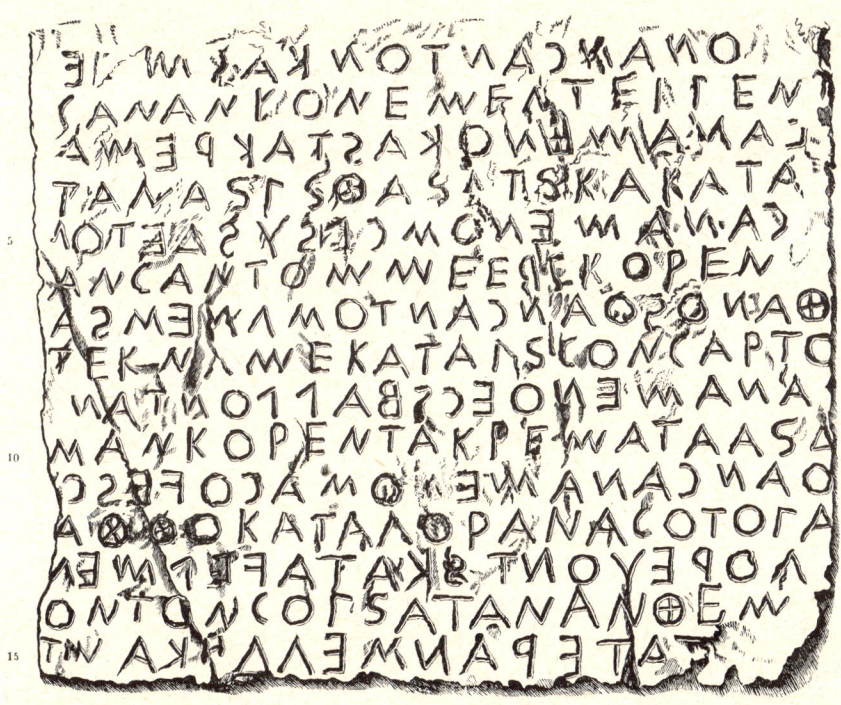

Nota. Vs. 5 ea littera, quae est inter S et C, Brealio videbatur esse ϙ, vix recte; etiam Haussoullier, qui denuo lapidem examinavit (bull. de corr. hell. IV 1880 p. 463 not.), agnovit ᴧ. Vs. 15 ΔΛƎ an ΔΔƎ?

1. 2 [... τ]ὸν ἀνφαντὸν καὶ μ[ὴ] ἐπάναν[κ]ον ἤμεν τέλλεν τ[ὰ (?) τ-]
3. 4 [ὦ ἀν]φαναμένω καὶ τὰ χρήματα ναιλι(Ϟ)Ϟαι (?) α(ἰ) τί κα καταλίπη-]
5. 6 [ι(?) ὁ ἀν]φανάμενος· πλιυι (?) δὲ τὸν ἀνφαντόμ μὴ ἐπιχωρῆν. [Αἰ δὲ]
7. 8 [ἀπο]θάνοι ὁ ἀνφαντὸς γνήσια τέκνα μὴ καταλιπών, πὰρ τὸ[νς τ-]
9. 10 [ῶ ἀνφ]αναμένω ἐπιβαλλόντανς ἀνχωρῆν τὰ χρήματα. Αἰ δ[ὲ Ϟέ-]
11. 12 [λοι] ὁ ἀνφανάμενος, ἀποϝειπάϞϞω κατ' ἀγορὰν ἀπὸ τῶ λᾶ[ϝος],
13. 14 [ἀφ' ὦ ἀ]γορεύοντι, καταϝελικένων τῶν πολιατᾶν· ἀνϞέμ[εν ..]
15. 16 [.... σ]τατήρανς ἐγ (vel ἐδ) δικαστ[ηρίω — — — — —]

Haec tabula superest ex eodem corpore iuris hereditarii atque n. 475. Ὁ ἀνφαντός (i. e. ἀναφαντός) est heres a testatore liberis orbo praeteritis propinquis pronuntiatione publica institutus, ὁ ἀνφανάμενος (i. e. ἀναφηνάμενος) est testator. Vss. 1—6. Videtur eiusmodi latere sententia, ut post mortem testatoris heredi instituto permittatur aut pecuniam ab illo debitam solvere et hereditatem adire (ἐπιχωρῆν) aut neutrum facere; sed obscuritate involvunt hanc paragraphum vs. 5 vox πλιυι et vs. 4 infinitivus ναιλι(Ϟ)Ϟαι; qui quamquam vix potest recte scriptus esse, tamen maiore cum probabilitate verba dividi videntur χρήματα ναι- quam χρήματ' ἀναι-, quoniam terminationes eorum nominum, quae flexionem admittunt, in soluta oratione antiquo tempore non solent elidi. In reliquis non est quod haereas: vs. 2 vocem ἐπάναγκον pro ἐπάναγκες non inauditam esse probavit Savelsberg collato titulo Pergameno C. I. G. 3562; τέλλευ fuerit i. q. τελεῖν; vs. 4 utrum legendum sit ἆ τί κα an omiserit scriba litteram ι ut n. 475b vs. 14, ubi errorem correxit, diiudicabitur, si infinitivus, qui praecedit, explanatus fuerit. Vss. 6—10. Statuitur, ut si heres institutus decesserit liberos legitimos non relinquens, hereditas recidat in propinquos testatoris; vss. 10—14, ut testatori, si velit, repudiare liceat heredem institutum in foro e lapide, ex quo orationes solent haberi, coram concione. Vs. 11 ἀποϝειπάϞϞω i. q. ἀπειπάσϞω. Vs. 13. Perfectum καταϝελμένων fuerunt qui ductum esse putarent a κατα-ϝέλω, nescio quo iure arbitrati reduplicationem hic neglegi potuisse. Rectius fortasse καταϝελμένων flexum existimatur de κατ-αϝέλω, cf. ἀολλής ἁλής ἁλίζω ἠλιαία.

---

477 Tabula marmoris paris, 0.305 m. alt., 0.245 m. lat., 0.21 m. crass., supra et ad sinistram integra; reperta est *ibidem* et deposita in molendino. Litterae profunde incisae sunt, sed minore diligentia quam n. 475; in sulcis litterarum haerent vestigia coloris rubri. Edidit Haussoullier, bull. de corr. hell. IV 1880 p. 463 sqq.

Vss. 1. 2 ἐδδίηται (pro ἐκδίηται?) τὸμ μὴ πρ-. Vss. 3. 4 μὲμ μὴ διακάδδε(Ϟ)Ϟ[αι]. Vss. 5. 6 [ϝε]κάστω ἐπιβάλλει. Origo, crassitudo, scriptura, causa quae tractatur iudicialis probant titulum eiusdem collectionis legum hereditariarum fuisse partem atque n. 475 et n. 476. Quum versus ad dextram inter se cohaereant, non cohaereant ad sinistram et quum vs. 2 ante T spatium, quod Haussoullerio auctore sufficiebat ad unam litteram recipiendam, vacuum relictum sit, licet putare scripturam ea ratione, quam illustrat imago apposita, in quatuor lapidibus dispositam fuisse. Casu igitur factum est, ut fractura ad dextram inter sex versus in quinque versuum extremos fines incideret.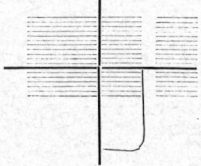

478 Ad ruinas *Lytti*, supra portam domus in vico Xidhia. Spratt, travels and researches in Crete, I p. 98, et Babington ibidem II p. 418 n. 11, tab. I 11.

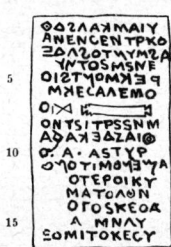

Procul dubio plura interierunt quam linea a Sprattio circumscripta videtur indicare. Pauca dispiciuntur, neque ea certo, adiuvante lectionem interpunctione ǀ, qualem habes etiam in titulis n. 64, n. 449, n. 479, n. 480. Vs. 1 ἇς κα [δ]ιδῶ[ι] vel [δ]ιδῶ[ντι], quamquam Cretensibus Ahrens II p. 200, nisus ille maxime Hesychii glossa: τάως· τέως, Κρῆτες, potius solutam formam ἆως addicit. Vs. 2 -ανεν vel -αν ἐν πεντ[ή]κο[ντα]. Vs. 3 αἰ σὺν τῷ [ἀ]δε[λφεῷ]. Vs. 4 [σ]ὺν τοῖσιν. Vs. 5 ϝήξωντι. Vs. 6 ἐφαγήσω[νται]. Vs. 8 -ωντι vel -οντι τρί[α]νς (= τρεῖς)? Vs. 9 αἰ δέ κα. Vs. 11 -άμενος. Vs. 12 -οτέρω.

479 *Lytti*. Spratt l. l. I p. 98, Babington ibidem II p. 418 n. 12, tab. I 12.

Vs. 1 [δαμ]όσιοι vel [δαμ]οσίω.

480 *Axi* ad fontem in tabula nigra marmorea. Quum mulieres lintea super hunc lapidem dispassa inter lavandum tudibus pulsare soleant, litterae valde detritae lectuque difficiles sunt. Spratt l. l. II p. 77, Babington ibidem II p. 424 sq. n. 5, tab. II 5. Cf. Kirchhoff, Stud.³ p. 64.

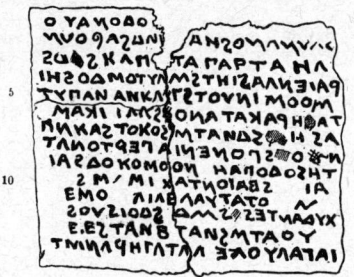

Lapis ad dextram aperte non parvam iacturam fecit. Vss. 2. 3 ἱα-ϱὸ[υς τῶ Ͽ]ιῶ, [α]ἴ κ[α] π[ϱά]τα πὰϱ τάν v. τᾶν. Vss. 4. 5 [στατῆ]ϱα ἔν[α], αἰ ἤ τις [α]ὑτὸς δοίη [αἴ]τ᾽ ὑπ᾽ ἀνάνκ[ας —]σόος. Vs. 6 [ἕνα σ]τα[τ]ῆϱα καὶ(τ) τὰ νό[υ]μ[α, ἄς] κα. Vs. 7 καὶ τόκοις τάν (τᾶν) vel τόκῳ ἱστάν[α]ι. Vss. 8. 9 πονὴν (?) ἄπεϱ (vel ἄπεϱ) τὸν (vel τῶν) — αἰ δ[ὲ] κ᾽ ὁ σόο[ς] ἤ ἀποδῷ ἤ. Vs. 10 [ἐπ]ιβα(λ)[λ]όντα[νς]. Vs. 11 αὐτά. Vs. 12 [τ]ὶς δίδω[τ]ι. Vs. 14 [δ]ύο [δ]ὲ στ[ατ]ῆϱ[α]νς.

481 In pila, quam a. 1862 in *Cypri* insulae oppidulo, cui est nomen Athieno, prope Citium sito repperit M. de Vogüé; deinde in museum Parisinum illata est. Formatur duobus leonibus supra globum Aegyptium alatum inter se acclinatis. In altero latere plinthi incisus est titulus Graecus, in altero Cyprius. De Vogüé, revue arch. 1862 p. 247, journal Asiat. 1868 tab. III n. 1; Kirchhoff, Stud.³ p. 46; M. Schmidt, Sammlung Kyprischer Inschriften tab. IX n. 9; Rodet, revue de philologie III p. 8, cuius exemplar repeto. Cf. praeterea Rob. Mowat, comptes rendus de l'académie des inscr. et b. l. 1878 p. 27.

KADVΞ EMI

Κάϱυξ εἰμί. His verbis notionem symboli hieratici, cui adscripta sunt, exprimi probabiliter conicitur.

XIX.
TITVLI ASIAE IONICAE
CVM INSCRIPTIONIBVS MERCENARIORVM PSAMMATICHI.

482 In *Nubia* ad locum *Abu-Simbel*. Inscriptiones a—h ante templum leguntur in crure sinistro colossi, qui ab oriente est secundus, *i* infra genu alterius colossi; his intermixtae sunt inscriptiones Phoeniciae, Caricae, recentiores Graecae. Titulum *a* ediderunt York et Leake, transactions of the roy. soc. of lit. T. I P. I Lond. 1827 p. 223 et inde Franz, C. I. G. 5126; titulos a—i Lepsius, Denkmäler aus Ägypten und Äthiopien tom. XII fasc. VI fol. 98 n. 515. 516. 517. 519. 528. 529. 530, fol. 99 n. 531. 534/6. Cf. Kirchhoff, Stud.³ p. 34 sqq., F. Blass, Herm. XIII p. 381 sq., A. Wiedemann, Mus. Rhen. XXXV p. 364 sqq.

a

ΒΑΣΙΛΕΟΣΕΛΘΟΝΤΟΣΕΣΕΛΕΦΑΝΤΙΝΑΝΨΑΜΑΤΙΧΟ
ΝΑΥΤΑΕΓΡΑΨΑΝΤΟΙΣΥΝΨΑΜΜΑΤΙΧΟΙΤΟΙΘΕΟΚΛΟΣ
ΕΠΛΕΟΝΗΛΘΟΝΔΕΚΕΡΚΙΟΣΚΑΤΥΠΕΡΘΕΙΝΙΣΟΠΟΤΑΜΟΣ
ΑΝΙΗΑΛΟΓΛΟΣΟΣΔΕΗΠΟΤΑΣΙΜΤΟΑΙΓΥΠΤΙΟΣΔΕΡΜΑΣΙΣ
ΕΓΡΑΦΕΔΑΜΕΑΡΧΟΝΑΜΟΙΒΙΧΟΚΑΙΠΕΛΕΡΟΣΟΥΔΑΜΟ

b
ΕΓΕΣΙΒΥΣΟΤΘΙΟΣ

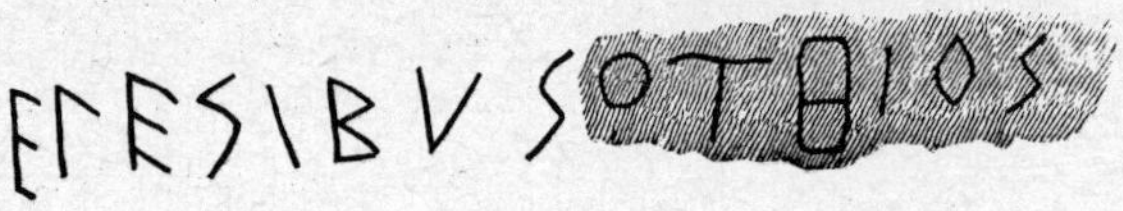

c
ΤΘΓΕΦΟΣΜΕΓΡΛΦΘΟΙΑΓΥΣΙΟΣ ΗΣ ΛΕΥ

d
ΓΥΘΟΝΑΜΟΙΒΙΧ

e
ΓΑΒΙΣΟΦΟΛΟΦΟΝΙΟΣ
ΣΥΝΥΑΜΜΑ

f
ΘΑΓΕΣΕΡΜΟ

g
ΓΑΣΙΔΟΝΟΙΓΠΟΥ

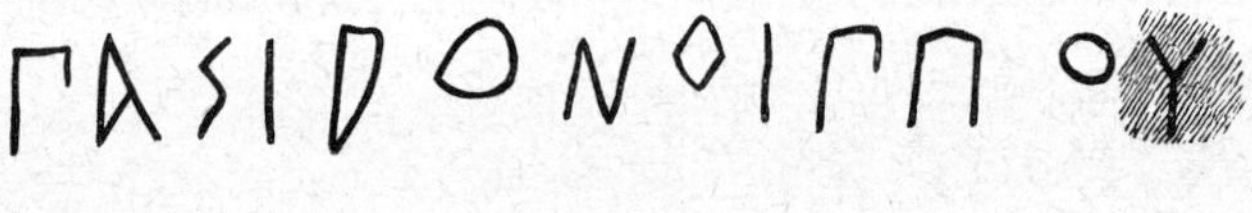

h
ΚΡΙΘΙΣΕΓΡΑΑΝ

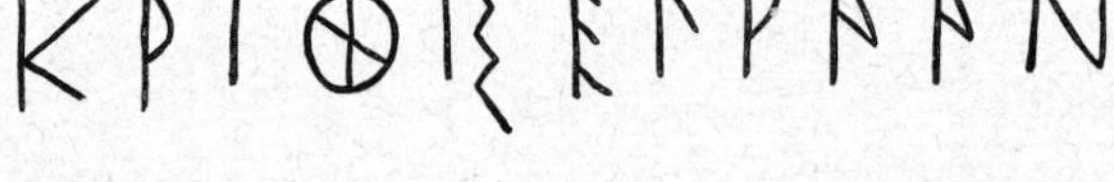

i
ΘΟΜΛΥΣΟΒΘΟΚΑΒΑΖΙΛ
ΠΥΣΒΕΛΣΕΤΟΜΣΤΡΑΤΟΝ ΙΟΤΑΠΟΙ
ΧΙΤΑΜΑΥΑΗ

Nota. Horum exemplarium sex *b c d e f g* aequant octavam partem, duo *a i* duodecimam partem verae magnitudinis; de titulo *h* non constat. Ex ectypis, quae mihi inspicienda liberaliter concessit Lepsius, annoto haec: *a.* Lineae latae atque profundae. Vs. 3. Linea obliqua, quae post ΚΑΤΥΠΕΡΘΕ exstat, in ectypo satis perspicua tribuenda videtur errori scribae, qui sinistrum crus litterae V incidere coeperit eo fastigio, quod proprium est dextro. Vs. 5 fin. ΟΥΔΑΜΟ certum est. — *b.* Sic tituli exemplar repraesentandum curavit Lepsius; post Β in ectypo nihil cognosco nisi lineam pronam; sed Lepsius, quum ipsum lapidem spectaret, in diario notavit ΕΛΕSΙΒΙΟS; idem in tabula parva adiecta, quae monstrat titulorum in cruribus dispositionem, edidit ΕΛΕΞΙΒΙΟS. — *c.* Lineae tenues. — *d.* Litterae ΘΟ admodum parvae. — *e.* Litteram Α, quam Lepsius praebet supra Τ, etiam in ectypo oculis percipere mihi visus sum. — *f.* Ectypum perobscurum. — *g.* Post ΓΓ nihil discerno. — *h.* Ectypum non vidi. — *i.* Post ΟΒ Lepsius Η, ectypum Β ni oculi me fallunt; mox litterae ΙΙΒ certae sunt; in fine Lepsius inter Τ et Μ non recte praebet ΕΙ pro Α; in extremo versu addidi Ͻ.

a Βασιλέος ἐλθόντος ἐς Ἐλεφαντίναν Ψαμ(μ)ατίχου
  ταῦτα ἔγραψαν, τοὶ σὺν Ψαμματίχωι τῶι Θεοκλ(έ)ος
  ἔπλεον. ἦλθον δὲ Κέρκιος κατύπερθε, ὑὶς ὁ ποταμὸς
  ἀνίη. ἀλ(λ)ογλώσ(σ)ους δ' ἦχε Ποτασιμτό, Αἰγυπτίους δὲ Ἄμασις.
5 ἔγραφε δ' ἀμὲ Ἀρχων Ἀμοιβίχου καὶ Πέλεφος Οὐδάμου.

Vs. 1. Psammatichum regem Wiedemann non accipiendum censet primum, hunc enim in has regiones pervenisse neque probari Herodoti (II 28. 30) testimonio fide parum digno neque omnino credi posse propter nomen eius nusquam Elephantinae aut Philis more principum Aegyptiorum inscriptum; sed indicari secundum, qui ab ineunte anno a Chr. n. 594 usque ad medium annum 589 regnaverit. Atque sane constat hunc Elephantinam venisse et insunt praeterea in his titulis quaedam res, quae in eum cadere videantur, cf. not. ad *g i*. Vs. 2. Hic Psammatichus dux Wiedemanno est idem, qui in titulo statuae Aegyptiae musei Parisini concepto primis annis Apriae, successoris Psammatichi secundi, vocatur Hor, cognomine Psemtek-mench praefectus Aegypti meridionalis et qui in titulo quodam Abusimbeliano Phoenicio dicitur dux Hor. Quae coniectura, quamvis blande in aures influat, tamen ea re refellitur, quod nostri Psammatichi patri est nomen Theocles, illius patri Aufrer; Wiedemann quidem etiam hanc dubitationem conatur tollere. Audi ipsum: „die Griechen setzten an Stelle von ägyptischen Eigennamen, die sie nicht aussprechen konnten oder mochten, andere, die bald an das Ägyptische anklingende reingriechische, bald solche mit ganz allgemeiner Bedeutung wie unser Theocles waren;" at neque in libro, quem Wiedemann in partes vocat (Brugsch, demotische Urkunden p. 33 sqq.), invenio exempla quibus Theocles cum Aufrero mutatus defendi possit, et omnino talis licentia nominis prorsus diversi supponendi supra fidem est. Vs. 3. Wiedemann suspicatur in lapide non ΚΕΡΚΙΟS sed ΚΕΡΤΙΟS legi, Kerti enim in scriptis Aegyptiis vocari fluvii spatium, quod est inter Elephantinam insulam et cataractam primam; at de lapide erravit, nam alterum Κ in ectypo est certissimum. Ibid. υἷς = quo, invenit Blass, collatis adverbiis υἷ οἷς πῦς, quae Doricis hominibus usitata erant. Vs. 4 ἀλ(λ)ογλῶσ(σ)ους (item mox Αἰγυπτίους) δ' ἦχε et Πότας Ἴμτου Blass; utramque lectionem et ipse invenaeram atque illam quidem teneo, licet bis desideretur articulus τούς, hanc rursus reiecaram in nomine barbaro acquiescendum ratus, cf. tit. *i*. Vs. 5. Ἀμοιβίχου i. e. ὁ Ἀμ. et Οὐδάμου i. e. ὁ Εὐδ. Blass; craseos opinio quum in voce Ἀμοιβίχου non pugnet cum usu dialecti Doridis (cf. n. 21), tum in voce Οὐδάμου diphthongum in credibilem modum explicat.

b Ἐλεσίβιος ὁ Τήιος.
c Τήλεφός μ' ἔγραφε ὁ Ἰαλύσιο[ς ——].
d Πύθων Ἀμοιβίχ[ου].
e Παβις ὁ Ϙολοφώνιος σὺν Ψαμματᾶ[ι]?
f Ἀγέσερμο[ς].
g Πασίδων ὁ Ἴππο-- vel ὁ ἱππο[ϙόμος], ἱππο[δρόμος], ἱππο[μαχος]

Pasidonem fuisse natione Phoenicem Wiedemann iudicat propter nomen ita formatum, ut Sidonio praemitteretur articulus Aegyptius pa; et fidem facit huic origini ascriptis aliis nominibus similiter compositis. Quum autem reliqui mercenariorum Phoeniciorum vernacula scriptura uterentur, hic miles eruditionis non expers Graecis litteris nomen suum insculpsit. De Semiticis Psammatichi II in hac expeditione auxiliaribus Wiedemann affert testimonium Aristeae (de legis div. translatione, ed. Schardius p. 4): ἤδη μὲν καὶ πρότερον ἱκανῶν εἰσεληλυθότων σὺν τῷ Πέρσῃ καὶ πρὸ τούτων ἑτέρων συμμαχιῶν ἐξαπεσταλμένων πρὸς τὸν τῶν Αἰθιόπων βασιλέα μάχεσθαι σὺν Ψαμμητίχῳ, qui intellegendus est secundus. Kirchhoff coniecerat Πατι[φ]ῶν, at δ est certum. Quodsi Pasidon est Phoenix, nomen patris eius vix potuit initium sumere ab Ἴππο-; itaque proposui ἱππο--.

h Κρίσις ἔγρα[φε]ν.
i Ὀμυστοβ, ὅκα βασιλεὺς ἤ(del. Ε)λασε τὸν στρατὸν [τ]ὸ πρᾶτο[ν] ἐνθάδε, ἅμ[α] Ψαμ(μ)ατίχω[ι ἦλθον]. Primum huc pervenisse regem dicit miles, quoniam neque Psammatichus I neque Necho superiores reges haec loca viserant.

---

483 Ad viam sacram, quae a portu Panormo *Didyma* ducebat, leonem marmoreum, cuius in tergo hic titulus exaratus est, Newton repperit et in museum Britannicum detulit. Litterarum multae temporis iniuria admodum detritae lectueque difficillimae sunt. Edidit C. T. Newton, transactions of the royal society of literature, nov. ser. VI a. 1859 p. 487, actt. menstr. acad. Berol. 1859 p. 660, history of discoveries at Halicarnassus, Cnidus and Branchidae, tom. II p. 777 tab. XCVII 66. Cf. Kirchhoff, Stud.³ p. 26. Exscripsi.

ΤΑΑΓΑΛΜΑΤΑΤΑΔΕΑΝΕΘΕΣΑΝΟΙΩΡ
ϹΒΛΑΘΟΙΒΧϘΑϟΤϟΕΔΙΑΠϟΟΥΠΟΙ
ΚΑΙΠΑϚΙΚΛΒϚΚΑΙΒΓϚΑΝΔΡΟΣΚΛΙΕΥ
ΑΙΟϹΜΒΓ ΙΕΔϟΟΕΙΞΑΝΑΙΑΚϟΟΙΒ
ΠΟΛΩΝΙ

Τὰ ἀγάλματα τάδε ἀνέθεσαν οἱ Ὠρίωνος παῖδες [τ]οῦ ἀρχηγοῦ, Θαλῆς
καὶ Πασικλῆς καὶ Ἡγήσανδρος κ[α]ὶ Εὔβιος καὶ Ἀναξίλεως, δε[κά]την τῷ Ἀ-
5 πόλ(λ)ωνι.

484 In basi ex lapide calcario *ibidem* reperta, quae ipsa quoque nunc in museo Britannico asservatur; altitudo lapidis est 0.45 m., latitudo 0.81 m., longitudo quae superest mutila 2.1 m.; titulus *a* nunc 1.23 m. longus in antica, *b* in postica parte legitur. Newton, transactions of the roy. soc. of lit., nov. ser. VI p. 487, actt. menstr. acad. Berol. 1859 p. 661, discoveries, tom. II p. 583 et 781, tab. XCVII 67. 68. Cf. Kirchhoff, Stud.³ p. 26. Repraesento utrumque titulum ex Newtonis delineatione quae est in libro Discoveries; tituli *a* ectypum contuli.

a Οἱ Ἀναξιμάνδρου παῖδες τοῦ Μανδρομάχ[ου (nomina) τῷ Ἀπόλλωνι τὸ δεῖνα ἀνέ]θεσαν· ἐποίησε δὲ Τερψικλῆς.
b Fragmenta eiusdem inscriptionis repetitae.

485 In ancone sellae figurae sedentis *ibidem* repertae, tum in museum Britannicum illatae. Edidit Newton, actt. menstr. acad. Berol. 1859 p. 662, discoveries tom. II p. 783, tab. XCVII 71. Cf. Kirchhoff, Stud.³ p. 25. Exscripsi.

ΕΧΔΕΜΟΣΜΕΕΠΟΙΕΝ

Εὔδημός με ἐποίειν.

486 In statua mulieris solio insidentis, quae *ibidem* reperta est; dextrum sedis latus continet titulum. Ille ter exscriptus est: unum apographum exstat in Antiquitatum Ionicarum editione altera, tom. I in tab. ad init. cap. III p. 29 (Lond. 1821), unde deprompsit Rose, inscrr. Gr. vet. p. 23 tab. III 4 (vide infra *a*). Alterum confecit Cockerell, quod expressit idem Rose l. l. (vide infra *b*). Tertium est Gellii varie repraesentatum a Leakio, journal of a tour in Asia minor, p. 240 (vide infra *c*), a Rosio l. l. (vide infra *d*), ab O. Muellero quum in Boettigeri Amaltheae tomo III p. 40 typis recentibus tum in eo exemplari (vide infra *e*), quod sibi missum Boeckh paucis lineolis ex Rosii apographo correctis exprimendum curavit, C. I. G. 39, cf. praef. p. XXVI sq. Frustra nuper quaesivit monumentum Newton, quum illas regiones accuratissime perscrutaretur. Cf. praeterea Kirchhoff, Stud.³ p. 25.

['Ερ]μησιάναξ ἡμέας ἀνέθηκεν [ὁ --]ίδεω τὠπόλλωνι. Kirchhoff: [ὁ Ἀπ]ολ(λ)[ων]ίδεω; paulo propius ad lineolas traditas accedunt [ὁ Εὐμ]ολ[π]ίδεω vel [ὁ Τ]ολ[μ]ίδεω.

487 Haud procul a *Didymis*, ad viam sacram prope vicum, cui nunc nomen est Ohra, ex crure statuae descripsit comes de Aberdeen; inde duo verba publici iuris fecit Walpole, memoirs relating to european and asiatic Turkey, p. 458 IX; repetiit Boeckh C. I. G. 2861. Newtonis beneficio fit, ut ipso comitis de Aberdeen diario inspecto titulum iam pleniorem praebere possim.

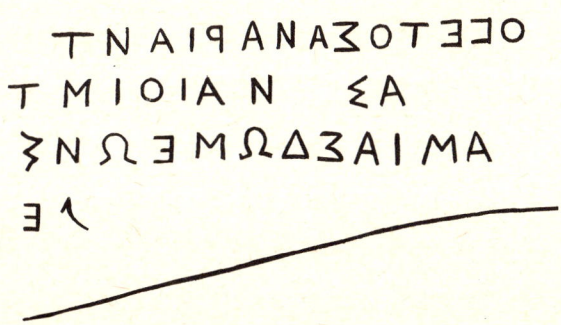

— τοὺς ἀν[δ]ριάντ[ας — — Λά]τμιοι ἀν[έθε]σα[ν νέας τρεῖς Κερ]αμιέες Δω[ρι]έων σ[υλήσαντ]ε[ς], vel simile quid.

488 In sella figurae sedentis prope *Didyma* ad viam sacram repertae, quae nunc in museo Britannico servatur. Versus prior in eo anticae partis margine, qui aspectanti laevus est, litteris sinistrorsum versis ab imo sursum currit, versus alter in vicino margine lateris laevi, litteris dextrorsum spectantibus a summo deorsum pertinet. Edidit Newton, transactions VI p. 487, actt. menstr. acad. Berol. 1859 p. 661, discoveries tom. II p. 784 tab. LXXIV et XCVII 72. Cf. Kirchhoff, Stud.³ p. 17 sq. Exscripsi titulum e marmore et ectypon gypseum contuli, quod est in museo Berolinensi.

Χάρης εἰμὶ ὁ Κλείσιος Τειχιούσ(σ)ης ἀρχός, ἄγαλμα τοῦ Ἀπόλλωνος.

---

489 *Didymis* prope parietinas templi in vico hodierno Γέροντας lapis truncus muro domus insertus; litterae 0.02 m. altae sunt. Post Rossium, cuius apographum a. 1840 confectum excusum est in Archaeol. Aufs. II p. 660, exscripserunt et ediderunt Le Bas, voy. arch. III n. 221 tab. V 5, et Newton, discoveries tom. II p. 782 tab. XCVII 70; cf. Kirchhoff, Stud.³ p. 16. Exprimimus *a* Rossii apographum, quod ex eius diario depromimus, *b* exemplum quod apud Le Basium est typis excusum, *c* exemplum quod apud eundem exstat aeri incisum, *d* Newtonis delineationem ex eius notis, disc. II p. 783, correctam.

.. ημστοιφ ⏑⏑ — ⏑⏑ — ⏑⏑ δ(ε) εἶπε(ν) δί[κ]αιον
ποιεῖν — ⏑⏑ — — ⏑⏑ ὡς πατέρες.

---

490 Lapis in vico Γέροντας (*Didymis*) ad viam sacram parieti domus infixus. Listovii, qui primus repperit, apographum expressit Ussing, actt. acad. Havn. tom. II graeske og latinske Indskrifter p. 36 n. 4. Iterum examinavit lapidem Newton, discov. tom. II p. 787 n. 72 *a*. Cf. Kirchhoff, Stud.³ p. 15 sq.

Listov:	Newton:
ΙΣΤΙΑ	ΛΙΤΣΙ
ΩΤΕΚΗ	ΗΚΕΤΩ
ΠΟΛΛΩ	ΩΛΛΟΠ

Ἱστια[ῖος ἀνέθ]ηκε τὠπόλλω[νι].

491 Marmor 0.5 m. altum, 0.65 m. latum, supra detruncatum, repertum a. 1874 in parietinis *Cyzici*, postmodo Constantinopolim in museum societatis Graecae philologicae delatum. Titulos illud marmor gerit duos: alterum antiquissimum mutilum scriptum litteris 0.025—0.035 m. altis, alterum recentiorem integrum litteris 0.015 m. altis. Infra, ubi lapis titulum recentem recepit, superficies paululum, c. 0.005 m., recedit, proinde ac si haec pars lapidis olim ita fabricata sit eo consilio, ut terra obrueretur. Edidit I. H. Mordtmann, Herm. XV p. 92 sqq. Utor ectypo.

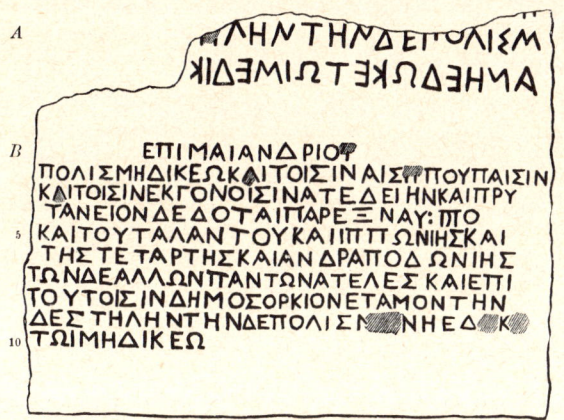

Nota. Tit. *B*. Vs. 2 littera laesa quin fuerit H, vix dubium est. Vs. 3 ΑΤΕΔΕΙΗΝ sic. Vs. 4 fin. sic in lapide; post O nihil videtur scriptum fuisse.

A. [— — τὴν δὲ στή]λην τήνδε πόλις Μάνη ἔδωκε τῷ Μεδίκ[εω].

B. Ἐπὶ Μαιανδρίου πόλις Μηδίκεω καὶ τοῖσιν Αἰσήπου παισὶν καὶ τοῖσιν ἐκγόνοισιν ἀτεδείην καὶ πρυτανεῖον δέδοται, παρὲξ ναυ..ο καὶ τοῦ ταλάντου καὶ ἱππωνίης καὶ τῆς τετάρτης καὶ ἀνδραποδωνίης· τῶν δὲ ἄλλων πάντων ἀτελές. καὶ ἐπὶ τούτοισιν δῆμος ὅρκιον ἔταμον, τὴν δὲ στήλην τήνδε πόλις [Μά]νη ἔδ[ω]κ[ε] τῷ Μηδίκεω.

Titulum *A* satis vetustum, ex quo nunc duo versus decurtati supersunt, quinque fere saeculis postquam scriptus erat, ii, quorum intererat haec iura ab oblivione vindicare, in imo lapide repetendum curaverunt ea scriptura, qua id aetatis homines consueti erant. At repetitus est parum accurate. Vs. 2 post vocem πόλις deest Μάνη τῷ vel sim. Ibidem male ΜΗΔΙΚΕΩ, cf. tit. *A* vs. 2. Vs. 3 ΑΤΕΔΕΙΗΝ, in tit. *A* fuit ΑΤΕΛΕΙΗΝ. Vs. 4 ΠΡΥΤΑΝΕΙΟΝ, in tit. *A* haud dubie ΠΡΥΤΑΝΗΙΟΝ. Ibid. ΔΕΔΟΤΑΙ pro ΔΕΔΩΚΕ. Ibid. fin. lapicida recentior, quum scripturam antiquam laesam non intellegeret, satis habuit lineas et puncta, quae oculis usurpare sibi videbatur, imitari; haud scio an in tit. *A* fuerit ΝΑΥΠΗΓΙΟ. Vs. 7 ΑΤΕΛΕΣ pro ΑΤΕΛΕΑΣ, praeterea infinitivus ΕΙΝΑΙ omissus est. Vs. 8 post ΔΗΜΟΣ deest ΚΑΙΑΡΙΣΤΕΕΣ vel. sim. Vs. 10 ΜΗΔΙΚΕΩ pro ΜΕΔΙΚΕΩ.

Optimates a plebe expulsi, quum revertissent et cum plebe in gratiam redirent, videntur effecisse, ut universa civitas, πόλις, liberis et posteris duorum virorum, Medicae et Aesepi, qui nobilium partes secuti in his tumultibus mortem occubuerant, immunitates praecipuas daret; quae condicio in iusiurandum, quod utrique in foedere icendo iuraverunt, est recepta.

Tit. *A* vs. 2. Μάνης, nomen Phrygium et Paphlagonium, cf. Strab. VII p. 304, XII p. 553, praeterea Μανία — ὄνομα φρυγιακόν, apud Machonem in Athen. Deipn. p. 578 *b*; de praetermissione iota subscripti, quam etiam recentior scriba imitatus est, cf. not ad n. 382. — Tit. *B* vss. 1. 2. Nomen Maeandrii convenit archonti eponymo coloniae Milesiae; item Cyziceno nomen Aesepi, quod etiam flumini est urbi propinquo. Vss. 3. 4 πρυτανήιον breviter dictum erat pro σίτησιν ἐν πρυτανηίῳ. Vss. 4. 5 ναυπήγιον et τάλαντον eis pendenda erant, qui navali et libra publica uti volebant. Vss. 5. 6 ἱππωνίη et ἀνδραποδωνίη vectigalia in emptione equorum et servorum solvenda.

492 Marmor alt. 2.31 m., lat. in basi 0.48 m., in fastigio 0.46 m., crass. in basi 0.27 m., in fastigio 0.13 m. In summo lapide propius marginem anticum quam posticum incisum est foramen c. 0.08 m. long., 0.06 m. lat., 0.06 m. alt. Versus primus a summo margine distat 0.47 m., versus ultimus ab imo margine 0.69 m.; litterae sunt 0.03 — 0.04 m. altae. Superiorem lapidis partem 0.42 m. a margine superiore et inferiorem 0.59 m. a margine inferiore olim pictas fuisse colligi potest ex superficie in illis partibus optime servata. Quae inter has est media pars lapidis lineis transversis (Loeschckio visis, quum meos oculos fugerint) in sex spatia aequalia c. 0.21 m. divisa est: prima linea est paulo supra tit. *a*, secunda inter tit. *a* vss. 3 et 4, tertia inter tit. *a* vss. 7 et 8, quarta infra tit. *a*, quinta inter tit. *b* vss. 2 et 3, sexta inter tit. *b* vss. 7 et 8, septima paulo infra tit. *b*. Tribus a Sigeo promontorio miliariis, quo loco olim oppidum *Sigeum* stetit, repperit Sherard hunc lapidem, qui Graeculis villae pauperculae, quam Turcis primum Ienihissar, mox Gaurkioi nominasse placuit, sedili olim fuit ante templi fores otiantibus: ex quo inscriptiones transcripserunt Homerus Graecus, interpres, cui id negotii Sherard mandaverat, et Sam. Lisle ac deinceps Bern. Mould Britanni; ex his apographis edidit Chishull in libello: inscr. Sigea, Lond. 1721 et Lugd. Bat. 1727, et in Antiqq. Asiat. p. 1 sqq. Exemplar, quod ex Mouldii apographo exscripserat, van der Horst donavit Dukero et ex huius schedis excudit Hessel, append. praef. ad inscrr. Gud. XXVIII. Ex Revetti deinde delineatione dedit Chandler, inscrr. antiqu. 1774 P. I p. 3. Qui post hos editores titulum ex illorum libris repetiverunt et explicare studuerunt, omnes enumerare non attinet. Lapis, qui per ultima saeculi XVIII decennia a sedentibus admodum detritus erat, circa annum 1799 Elgino auctore a praefectis militum Britannicorum in museum Britannicum deportatus est. Boeckh, C. I. G. 8 et add., G. Hermann, über Boeckhs Behandlung der griechischen Inschriften, p. 21, p. 37 sq., p. 190 sqq., Kirchhoff, Stud.[3] p. 19 sqq., Loeschcke, Mittheil. des deutschen arch. Inst. in Athen IV p. 297 sq. Sequor Revetti delineationem, quae est apud Chandlerum, adhibito ectypo et forma lapidis, quem dimensus sum, rectius repraesentata.

(*Textum vide pag. 134.*)

Nota. *a* vs. 6 interpunctionem et *b* vs. 7 tertium punctum interpunctionis ex ectypo addidi. Variarum lectionum digna, quae ascribatur, nulla nisi haec videtur esse: vs. 2 Chishull, inscr. Sig., ꝗ pro Ɂ. — Ectypum praebet litteras plerasque in marginibus lapidis, et in sinistro et in dextro, satis perspicuas, quum eae quae in medio lapide fuerunt evanuerint. Inter formas notabiles vox Συκεεῦσι *a* vss. 11. 12 in ectypo non potest cerni, vox Σιγευεῦσι *b* vss. 6. 7 videtur certa.

a Φανοδίκου εἰμὶ τοὐρμοκράτεος τοῦ Προκοννησίου· κρητῆρα δὲ καὶ ὑποκρητήριον καὶ ἠ[θ]μὸν ἐς πρυτανήιον ἔδωκεν Συκεεῦσιν.

b Φανοδίκου εἰμὶ τοῦ Ἑρμοκράτεος τοῦ Προκον(ν)ησίου· κἀγὼ κρατῆρα κἀπίστατον καὶ ἠθμὸν εἰς πρυτανεῖον ἔδωκα μνῆμα Σιγευεῦσι. Ἐὰν δέ τι πάσχω, μελεδαίνειν με, ὦ Σιγεῖης. Καί μ᾿ ἐποί(η)σεν Αἴσωπος καὶ ἀδελφοί.

Lapidem oculis collustrans multo angustiorem esse intellexi quam qui protomen lapide sculptam aut craterem et basim crateris et colum sustineret, sed esse forma prorsus pari cippo sepulcrali. Eandem opinionem video etiam Loeschckium animo imbibisse, praeterea monentem foramini insertum fuisse aëtoma ornatum, quale proprium est cippis eius generis. Quodsi tituli sunt sepulcrales, ad eos explicandos hac fere opus est sumptione: Phanodicus, qui Proconneso fugerat et Sigei, quod oppidum tum Athenienses tenebant, inquilinus habitabat, ut Sigeensium voluntatem sibi vivo et mortuo conciliaret, iis in usum senatorum donavit craterem et basim crateris et colum. Qui quum mortuus esset, uxor vel filius cippum pictura ornatum, aëtomate et basi instructum per complures artifices inter se propinquitate et fabrica coniunctos conficiendum curaverunt et titulum, qui mortui nomen et patriam et in Sigeenses merita praedicaret, Ionice et Attice iusserunt inscribi. Itaque titulus Ionicus *a* a Phanodici propinquis conceptus et versio eius Attica, *b* vss. 1—7, ab artificibus Atticis composita congruunt argumento, differunt scriptura flexione vocabulis; quod vero praeterea in hac scriptum est κἀγώ pro δέ et ἔδωκα pro ἔδωκεν et additum est μνῆμα, hanc discrepantiam nolo abstrusioribus causis explicare, sed arbitrio artificum tribuo. Propinquorum autem iussu titulo Attico subiecerunt additamentum, quo Sigeenses monerentur, ut monumentum, si quid ei accidisset, consulerent; quae admonitio, quippe quae Atticos homines alloqueretur, Attico sermone composita est et in Ionico titulo *a* potuit omitti; opus autem ea videtur fuisse, quia verendum erat, ne violaretur sepulcrum peregrini oriundi ex civitate Sigeensibus fortasse inimica; similis memoria beneficiorum et petitio tutelae in inscriptionibus recentioribus non est rara, cf. C. I. G. 2826. 3754. 3916. 3919. 9546. Denique artifices Attici Attice suum titulum subiunxerunt, in quo per imprudentiam in voce ἐποίησεν duas litteras transposuerunt. Sic eodem tempore hi duo tituli incisi sunt iis locis lapidis eaque magnitudine litterarum, ut a praetereuntibus facile legi possent; sed Atticus exaratus est litteris paulo minoribus et artioribus, aut ut aequabilitatem servaret totidem versus occupans quot Ionicus, aut potius quia ab alio illorum artificum scriptus est; eodem pertinent quaedam differentiae in ductu litterarum.

---

493 In columnarum toris mutilis ex marmore subrubro sculptis, quos *Ephesi* repertos in museum Britannicum detulit Wood. Exscripsi. Ob formam lapidum diversam non licet haec fragmenta inter se coniungere.

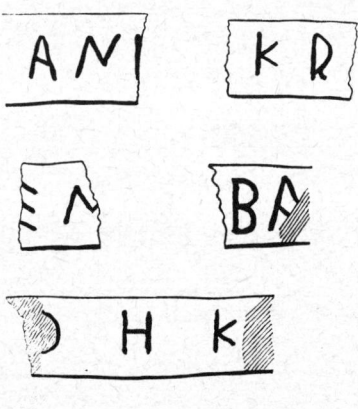

ἀν[έθηκε]   [ἀνέθηκ]εν   [ἀνέθ]ηκ[ε].

494 *Erythris*, in lapide rubro, 2 spitham. alt., 4 spith. lat., 1 spith. crass. Ex Spyridonis Soteropuli praeceptoris apographo et ectypo titulus editus est in libro μουσεῖον καὶ βιβλιοθήκη τῆς εὐαγγελικῆς σχολῆς, περίοδος τρίτη 1878/79 καὶ 1879/80, ἐν Σμύρνῃ 1880, p. 148, typis minusculis.

Ἀριστοκλέο[ς]
γυναικὸς
τῶ Τηλεφάνεος
Ἑκαταίης τῆς
Δεσυύδος.

Nota. Forma litterarum И Σ V.

495 In marmore 0.46 m. alt., 0.31 m. long., 0.20 m. crass., quod *Erythris* delatum est in museum Smyrnaeum; litterarum altitudo 0.035 m. Editus est titulus in libro μουσεῖον καὶ βιβλιοθήκη τῆς εὐαγγελικῆς σχολῆς, περίοδος δευτέρα, 1878 ἐν Σμύρνῃ, p. 60. Cf. Kaibel, mus. Rhen. XXXIV p. 183 n. 229 a. Sequimur Lollingii apographum.

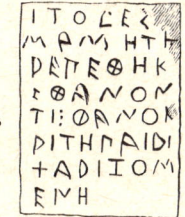

— — τόδε σ[ῆ]μα μήτηρ ἐπέθηκε θανόντι Φανο[κ]ρίτη παιδὶ χαριζομένη. Voluit, ni fallor, Phanocrita versus pangere hos:
— ⏑⏑ — ⏑⏑ — τόδε σῆμ' ἐπέθηκε θανόντι
Φανοκρίτη, μήτηρ παιδὶ χαριζομένη,
quos turbavit lapicida transposita voce μήτηρ.

496 In gutto parvo vitreo caeruleo forma delphini; *Camiri* repertus venit in museum Britannicum. Circum os vasis scriptus est titulus litteris incisis. Edidit Hirschfeld, arch. Zeitung 1873 p. 108; cf. Kirchhoff, Stud.³ p. 42 sq. Exscripsi.

ΓΥΘΕΩΕΜΙ

Πυθέω εἰμί. Pytheae sum, hominis Ionici.

497 Hae Teiorum dirae in vicinia *Tei* inter sepulcreta Turcica ad oppidulum Eraki octo horis a Smyrna distans, una hora a Sigazik, extra viam eo ducentem litteris male incisis perscriptae sunt in stelis, ut videtur, duabus (cf. *B* vs. 35 τὰς στήλας), quas Sherard, qui bis a. 1709 et 1716 exscripsit, in apographo coniunxit ordine inverso. Huius et Samuelis Lisle, qui eodem anno 1716 lapidi operam dedit, apographis usus titulum edidit Chishull, Antiqq. Asiat. p. 96 sqq.; variam lectionem ex Sherardianis p. 44 in Boeckhii usum enotavit O. Mueller. Eius stelae, quae infra signatur littera *A*, praeterea exstant apographa tria: unum (vss. 1—8) Hochepiedi, quod 'ab illo accepit Duker et ex Dukeri schedis habet Hessel, append. praefat. ad inscrr. Gud. n. 2; alterum (vss. 1—8) in append. cod. Askevii II (ex cod. Chish. II, 75), quod exscripsit O. Mueller; tertium (vss. 1—12) Le Basii, voy. arch. III n. 59. Totam inscri-

ptionem post Chishullum edidit et interpretatus est Boeckh, C. I. G. 3044; cf. Kirchhoff, Stud.³ p. 12 sq.

Praebemus titulum *A* ex fide apographi Le Basiani, titulum *B* ex libro Chishullii correctis formis litterarum. Quibus in exprimendis paulo diligentior quam reliqui, qui saeculo XVIII titulum exscripserunt, fuit Sherard, qui praebet И Γ Σ; in his congruit editio Le Basiana, quae praeterea suppeditat litteras Μ et Ξ. Sherardianam autem litteram Θ recentiori formae Θ fas erat cedere, non tam propter reliquorum apographorum consensum, quam quia Waddington, explic. p. 28, inspecto ectypo hanc testatur: la pierre porte partout Θ et non ⊗.

```
A    ΟΣΤΙΣ:ΦΑΡΜΑΚΑ:ΔΗΛΗΤΗ
     ΡΙΑ:ΠΟΙΟΙ:ΕΠΙΤΗΙΟΙΣΙ
     Ν:ΤΟΞΥΝΟΝ:ΗΕΠΙΔΙΩΤΗΙ:Κ
     ΕΝΟΝ:ΑΠΟΛΛΥΣΘΑΙ:ΚΑΙΑ
  5  ΥΤΟΝ:ΚΑΙΓΕΝΟΣ:ΤΟΚΕΝΟ:
     ΟΣΤΙΣ:ΕΣΓΗΝ:ΤΗΝΤΗΙΗΝ:Κ
     ΩΛΥΟΙ:ΣΙΤΟΝ:ΕΣΑΓΕΣΘΑΙ:
     ΗΤΕΧΝΗΙ:ΗΜΗΧΑΝΗΙ:ΗΚΑΤ
     ΑΘΑΛΑΣΣΑΝ:ΗΚΑΤΗΠΕΙΡΟ
 10  Ν:ΗΕΣΑΧΘΕΝΤΑ:ΑΝΩΘΕΟΙΗ:ΚΕΝ
     ΟΝ:ΑΠΟΛΛΥΣΘΑΙ:ΚΑΙΑΥΤ
     ΟΝ:ΚΑΙΓΕΝΟΣ:ΤΟΚΕΝΟ

B    . . ΑΠΟΝΟΣ. . . . . . .
     ΞΥΟΙ:ΕΝΑΥΤΩΙ. . . . . . . .
     ΟΣΤΙΣ:ΤΗΙΩΝ:Ε. .ΥΝΩΙ
     ΗΑΙΣΥ.ΝΗΤΗΙ:. . . .ΗΙ:Η
  5  ΕΠΑΝΙΣΤΑΙΤΟ:ΗΔΙ. . .
     ΧΗΤΑΙ:ΑΠΟΛΛΥΣΘΑΙ:ΚΑΙ
     ΑΥΤΟΝ:ΚΑΙΓΕΝΟΣ:ΤΟΚΕΙΝ
     Ο:ΟΣΤΙΣ:ΤΟΛΟΙΠΟ:ΑΙΣΥΜ
     ΝΩΙ:ΕΝΤΕΩΙ:ΗΓΗΙ:ΤΗΙΤΗ
 10  ΙΗΙ:. . . . . .ΟΣΑΝ:Κ. Σ Α . . Τ
     ΕΝΕΙ:. . . .ΑΡΟΝ:ΝΑ . . .
     ΩΣ:ΠΡΟΔΟ. . . . .ΤΗ.ΠΟ
     Λ. . . . . . . . . .ΤΗΝΤΗΙ
     ΩΝ:ΗΤΟ. .ΑΝΔΡΑΣ . . .
 15  ΗΣΩΙ:ΗΘΑ. . . . . . .ΤΟ
     ΜΕΤΕ. . . . . . . . . .ΕΝ
     ΑΡΟ.ΗΙ:ΠΕΡΙΓ. . . . .
     . . . .ΝΟ:ΠΡΟΔΟ. . . . . .
     ΛΛΕΥΟΙ:ΗΚΙΞΑΛΛΑΣ:ΥΠΟ
 20  ΔΕΧΟΙΤΟ:ΗΛΗΙΞΟΙΤΟ:ΗΛ
     ΗΙΣΤΑΣ:ΥΠΟΔΕΧΟΙΤΟ:ΕΙ
     ΔΩΣ:ΕΚΓΗΣ:ΤΗΣΤΗΙΗΣ:Η*
     ΑΛΛΑΤΗΣ:ΦΕΡΟΝΤΑΣ:Η***
     ΑΚΟΝ:ΒΟΛΕΥΟΙ:ΠΕΡΙΤ**
 25  ΩΝ:ΤΟΞΥΝΟ:ΕΙΔΩΣ:ΗΠ***
     ΕΛΛΗΝΑΣ:ΗΠΡΟΣΒΑΡΒΑΡΟ
     ΥΣ:ΑΠΟΛΛΥΣΘΑΙ:ΚΑΙΑΥ
     ΤΟΝ:ΚΑΙΓΕΝΟΣ:ΤΟΚΕΝΟ:
     ΟΙΤΙΝΕΣ:ΤΙΜΟΧΕΟΝΤΕΣ:
 30  ΤΗΝΕΠΑΡΗΝ:ΜΗΠΟΙΗΣΕΑ
     Ν:ΕΠΙΔΥΝΑΜΕΙ:ΚΑΘΗΜΕΝ
     Ο:ΤΩΓΩΝΟΣ:ΑΝΘΕΣΤΗΡΙΟ
     ΙΣΙΝ:ΚΑΙΗΡΑΚΛΙΟΙΣΙΝ:
     ΚΑΙΔΙΟΙΣΙΝ:ΕΝΤΗΠΑΡΗ
 35  Ι:ΕΞΕΣΘΑΙ:ΟΣΑΝΤΑΣ*ΘΗΛ     sic
     ΑΣ:ΕΝΗΙΣΙΝ:ΗΠΑΡΗ:ΓΕΓΡ
     ΑΠΤΑΙ:ΗΚΑΤΑΞΕΙ:ΗΦΟΙΝ
     ΙΚΗΙΑ:ΕΚΚΟΥΕ:ΓΗΑΦΑΝΕ
     ΑΣ:ΠΟΙΗΣΕΙ:ΚΕΝΟΝ:ΑΠΟΛ
 40  ΛΥΣΘΑΙ:ΚΑΙΑΥΤΟΝ:ΚΑΙΓ
     ΕΝΟΣ
```

Varia lectio. Tit. *A.* In erroribus Askev. Hochep. Sherard. non moror. Vs. 10 fin. Chish. ΚΕΝ omittit; vs. 11 init. Chish. ΟΝ omittit; vs. 11 fin. Chish. ΑΥΤΟΝ:Κ; vs. 12 Chish. ΟΝΚ omittit; ibid. fin. ΤΟΕΚΕΙΝΟ. — Tit. *B.* Varia lectio Sherardiana deperditis Muelleri schedis ex Boeckhii textu et notis depromenda est. Vs. 3 Λ..ΥΝΩΙ; vs. 4 ΗΑΡΣΥΝΗΤΗΙ:....Η:Η; vs. 5 Ο:ΙϞΙΑΙ; vs. 6 ΝΗΙΗΙ; vs. 8 ΑΚΕΥΜ; vs. 9 ΕΝΤΕΑΙ:ΗΓΗΙ:ΤΗ (puncta post ΓΗΙ in Chishullii textu operarum vitio omissa ex Corrigendis recepi); vs. 10 ΙΝ:...:; vs. 12 ΩΣ:ΠΡΟΔΟΚΕΝ:ΤΗΑΠΟ; vs. 13 init. ΛΗ; vs. 15 ΗΣΩ:; vs. 17 ΟΔΗ et in fine ΓΟ; vs. 18 init. ΛΟΙ pro... et in fine ΔΟ; vs. 19 Ι pro Η; vs. 20 ΔΕΧΟΜΟ; vs. 23 ΑΛΑΤΗΣ quod Chish. minoribus litteris scripsit tanquam incertum, diserte est ap. Sher.; vs. 24 fin. Τ.Ν; vs. 25 ΞΥΝΩ; vs. 28 ΚΕΝΟΣ; vs. 29 ΤΙΜΟ.Χ; vs. 33 ΗΡΑΚΛΕΟΥΣΙΝ; vs. 35 ΤΑΣ ΤΗΑ; vs. 36 ΕΝ. ΗΙΣΙΝΗΠΑΡΝ:

A Ὅστις φάρμακα δηλητή-
   ρια ποιοῖ ἐπὶ Τηΐοισι-
   ν, τὸ ξυνὸν ἢ ἐπ' ἰδιώτῃ, κ-
   εῖνον ἀπόλλυσθαι καὶ α-
 5 ὐτὸν καὶ γένος τὸ κείνου.
   Ὅστις ἐς γῆν τὴν Τηΐην κ-
   ωλύοι σῖτον ἐσάγεσθαι,
   ἢ τέχνῃ ἢ μηχανῇ, ἢ κατ-
   ὰ θάλασσαν ἢ κατ' ἤπειρο-
10 ν, ἢ ἐσαχθέντα ἀνωθεοίη, κεῖνον ἀπόλλυσθαι καὶ αὐτ-
   ὸν καὶ γένος τὸ κείνου.

B — ἀπὸ νόσ[ου?] —
   -ύοι ἐν αὐτῷ
   Ὅστις Τηΐων ε[ὐ]θύνῳ
   ἢ αἰσυ[μ]νήτῃ [ἀπειθεοί]η, ἢ
 5 ἐπανισταῖτο [τῶ]ι αἰ[συμ-]
   νήτῃ, ἀπόλλυσθαι καὶ
   αὐτὸν καὶ γένος τὸ κείνου. Ὅστις τοῦ λοιποῦ αἰσυμ-
   νῶ[ν] ἐν Τέῳ ἢ γῇ τῇ Τη-
10 ίῃ — — —

ὡς (s. --ως) προδο-- τη[ν] πό-
λ[ιν καὶ γῆν] τὴν Τηΐ-
ων, ἢ τού[ς] ἄνδρας [ἐν ν]-
15 ήσῳ ἢ θα[λάσσῃ ἢ] τού[ς]
μετέ[πειτα? —] ἐν
ἀρού[ρ]ῃ περιγ[ενομένους]
λοι[μ]οῦ(?), προδο[ίη, ἢ κιξα-]
λλεύοι ἢ κιξάλλας ὑπο-
20 δέχοιτο ἢ ληΐζοιτο ἢ λ-
ηϊστὰς ὑποδέχοιτο εἰ-
δὼς ἐκ γῆς τῆς Τηΐης ἢ [θ-]
αλά[σσ]ης φέροντας ἢ [τι κ-]
ακὸν βουλεύοι περὶ Τ[ηΐ-]
25 ων τοῦ ξυνοῦ εἰδὼς ἢ π[ρὸς]
Ἕλληνας ἢ πρὸς βαρβάρου-
(del. Υ) ς, ἀπόλλυσθαι καὶ αὐτὸν καὶ γένος τὸ κείνου.
Οἵτινες τιμουχέοντες
30 τὴν ἐπαρὴν μὴ ποιήσεια-
ν ἐπὶ δυνάμει, καθημέν-
ου τὠγῶνος Ἀνθεστηρίο-
ισιν καὶ Ἡρακλείοισιν
καὶ Διΐοισιν, ἐν τῇπαρῇ
35 ἔχεσθαι. Ὃς ἂν τὰ(ς) στήλας, ἐν ᾗτιν ἡπαρὴ γέγς-
απται, ἢ κατάξει ἢ φοιν-
ικήϊα ἐκκόψ[ει] ἢ ἀφανέ-
ας ποιήσει, κεῖνον ἀπόλ-
40 λυσθαι καὶ αὐτὸν καὶ γ-
ένος.

Ad Ol. 76. 77 hunc titulum pertinere docuit Kirchhoff l. l. Multa supplementa in tituli *B* priore parte aut misere habita aut misere descripta incerta sunt ac fallacia, maxime voces morbi vs. 1 et pestilentiae vs. 18. Vss. 22. 23. In lapide esse iudico Θ|ΑΛΑΤΗΣ i. e. θαλάσσης, cf. n. 500. Vs. 37 κατάξει, vs. 38 ἐκκόψε[ι], vs. 39 ποιήσει pro -ῃ, cf. n. 381, n. 499.

---

498 In statuae aeneae basi marmorea, 0.70:0.90 m., effossa Olympiae e regione eius anguli Olympiei, qui inter septentriones et orientem solem spectat. Titulus in superficie aequa litteris 0.03 m. altis incisus est, *a* ante statuam, *b* ad laevam spectantis. Edidit Fraenkel, arch. Zeit. XXXIV p. 227. Utor ectypo.

a

ΚΑΛΛΙΑΣΔΙΔΥΜΙΟ:ΑΘΗΝΑΙΟΣ
ΠΑΓΚΡΑΤΙΟΝ

b

ΜΙΚΩΝ:ΕΠΟΙΗΣΕΝ:ΑΘΗΝΑΙΟΣ

a Καλλίας Διδυμίου Ἀθηναῖος παγκράτιον. *b* Μίκων ἐποίησεν Ἀθηναῖος. Cf. Paus. VI 6. 1: Καλλίᾳ δὲ Ἀθηναίῳ παγκρατιαστῇ τὸν ἀνδριάντα ἀνὴρ Ἀθηναῖος Μίκων ἐποίησεν ὁ ζωγράφος. Hanc victoriam a Callia reportatam esse Ol. 77 docet idem V 9. 3, quo de Callia vide C. I. A. I n. 419 et ibi notam. Miconem, qui hoc in titulo Ionica scriptura usus est et in alio, C. I. A. I n. 418, scripturae Atticae Ionicas admiscuit litteras, fuisse origine Ionica, deinde ab Atheniensibus civitate receptum esse credi potest.

TITVLI   **137**   ASIAE IONICAE

499 Lapis caeruleus, 0.78 m. latus, 0.31 m. altus, undique truncus, nisi quod ad sinistram pars marginis est servata, nunc in duo fragmina dissolutus, tectus litteris 0.025—0.03 m. altis; repertus est *Ephesi* (Aiasuluk) in arce intra portam ad sinistram; servatur in museo Britannico. Exscripsit et edidit Pococke, inscrr. ant. II 10 p. 19 n. 9; repetiit Boeckh, C. I. G. 2953, usus praeterea apographis Prokeschii e Forchhammeri. Exscripsi; utor ectypo.

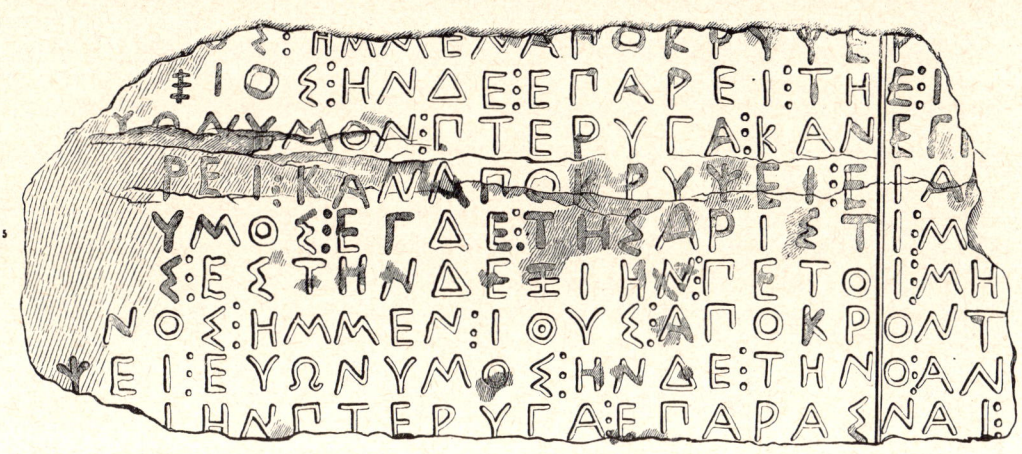

Potiores varietates lectionis. Col. *a.* Vs. 3 Forchh. ΥΩΝ. Vs. 9 Poc. et Forchh. ⁻ ante I. Mox Poc. N.Π, ut solet ille pro ternis punctis singula ponere, Prok. N⋮Π, Forchh. NΠ; fuisse igitur illo loco olim interpunctionem Pocockio et Prokeschio, quorum temporibus lapis paulo minus saucius erat, facile credo, quum nunc nihil nisi umbra incerta puncti supremi restet. Col. *b.* Vs. 1 Poc. IAE. Vs. 2 Poc. ΕΥΣ. Vs. 3 Poc. ΕΣΗ, Prok. ΕΗ. Vs. 4 fin. Poc. ΑΛ. Vs. 5 Poc. IΜΗΣ.

[. . . . . . .]ἐγ μὲν τῆς δεξι-
[ῆς ἐς τὴν ἀριστερὴν πετ]-

1 [όμεν]ος, ἢμ μὲν ἀποκρύψε-
[ι, δε]ξιός, ἢν δὲ ἐπάρει τη-
[ν ε]ὐώνυμον πτέρυγα, κἂν
[ἐπά]ρει κἂν ἀποκρύψει, ε-
5 [ὐών]υμος· ἐγ δὲ τῆς ἀριστ-
[ερῆ]ς ἐς τὴν δεξιὴν πετό-
[με]νος, ἢμ μὲν ἰϑὺς ἀπος-
[ύ]ψει, εὐώνυμος, ἢν δὲ τὴν
[δε]ξιὴν πτέρυγα ἐπάρας

De coniunctivis ἐπάρει, ἀποκρύψει cf. n. 381, n. 497.

---

500 In tabula marmorea, 1 m. alt., 0.48 m. lat., 0.12 m. crass., in duas partes dissecta, quae olim in oppido Budrun locum antiquae *Halicarnassi* obtinente in domo quadam pro postibus fenestrae erant, postmodum a Newtonio in museum Britannicum sunt deportatae. Pars antica (*a*) et latus sinistrum (*b*) scriptura tecta sunt; sed in hoc litterae maximam partem evanuerunt. Edidit Newton, discoveries tom. II p. 23 sqq. p. 671 sqq. tab. LXXXV, et accuratius in Transactions of the roy. soc. of lit. IX p. 183 sqq. Cf. Sauppe, Goett. Nachr. 1863 p. 303 sqq.; Kirchhoff, Stud.³ p. 4 sqq.; Bauer, actt. acad. Vindob. 1878 vol. 89 p. 405 sqq. Utor apographo meo et ectypo.

(*Textum vide pag. 138.*)

Nota. His maxime locis exemplar in Transactionibus expressum a lapide discrepat: vs. 16 fin. Ξ falso; vs. 20 ante Δ omittuntur vestigia litterae Σ, quae sunt certa; vs. 42 med. et vs. 45 init. Ο pro Ω, sed vs. 44 recte Ω; praeterea punctum in littera Θ passim non recte deest. — Vs. 7 inter E et K lineola brevis cernitur: EIK, quasi scriba corrigere voluerit Θεικ- (cf. vs. 10); neque tamen certa res mihi est visa. Vs. 45 med. utrum Ο an Ω fuerit in lapide, dubito.

INSCR. GRAEC. ANTIQ.   18

[T]άδε ὁ σύλλο[γος ἐβου]λ[εύσατ]-
ο Ἁλικαρνασσ[έω]ν καὶ Σαλμακι-
[τ]έων καὶ Λύγ[δα]μις ἐν τῇ ἱερῇ[ι]
ἀγορῇ, μηνὸ[ς Ἑ]ρμαιῶνος πέμ-
πτῃ ἱσταμέ[νου ἐ]πὶ Λέοντος πρυ-
ταν[εύον]το[ς τ]οῦ Οασσάσσιος κα-
[ὶ] Σα[ρυσσώ]λλ[ου τ]οῦ Θεκυιλώνε[ω].
[ἔ]θ[εντο, τοὺς] μ[νή]μονας μὴ παρ[α]-
διδό[ναι] μή[τε] γῆν μήτε οἰκ[ί]-
[α] τοῖς μνήμ[οσ]ιν ἐπὶ Ἀπολλωνίδεω τοῦ Λυ[γδα]μιος μνημον[ε]-
ύοντος καὶ [Παν]αμύω τοῦ Κασβώ-
λλιος καὶ Σ[αλμ]ακιτέων μνη-
μονευόντω[ν Μ]εγαβάτεω τοῦ Ἀ-
φυάσσιος καὶ [Φο]ρμίωνος τοῦ Π[α]-
νυάσσιος. ἢν δ[έ τι]ς θέλῃ δικάζ[ε]-
σθαι περὶ γῆ[ς ἢ] οἰκίων, ἐπικαλ[εί]-
τω ἐν ὀκτωκαι[δε]κα μησίν, ἀπ' οὗ τ-
ὁ ἆδος ἐγένε[το], νόμῳ δὲ κατάπ[ε]-
ρ νῦν, ὅρκῳ 'ς [τοὺς] δικαστάς· ὅ,τι
ἂν οἱ μνήμ[ονες ε]ἰδέωσιν, τοῦτο
καρτερὸν εἶνα[ι. ἢν] δέ τις ὕστερον
ἐπικαλῇ τοῦ[του] τοῦ χρόνου τῶν
ὀκτωκαίδεκα [μη]νῶν, ὅρκον εἶναι τ-
ῷ νεμομένω[ι τ]ὴν γῆν ἢ τὰ οἰκ-
[ί]α· ὁρκοῦν δὲ τ[οὺς] δικαστὰς ἡμί-
[σ]εκτον δεξαμ[ένου]ς. τὸν δὲ ὅρκον εἶ-
[ν]αι παρεόντος [τοῦ ἐ]νεστηκότος· κ-
αρτεροὺς δ' εἶναι γ[ῆς κ]αὶ οἰκίων, οἵτινες
τότ' εἶχον, ὅτε [Ἀπολ]λωνίδης καὶ Παναμύης ἐμνημό[νευ]ον, εἰ μὴ ὕστερο-
ν ἀπεπέρασα[ν. τὸν] νόμον τοῦτον
ἤν τις θέλῃ [συγ]χέαι ἢ προθητα-
[ι] ψῆφον ὥστε [μὴ ε]ἶναι τὸν νόμο-
ν τοῦτον, τὰ ἐό[ντα] αὐτοῦ πεπρῆσθω
καὶ τἀπόλλω[νος] εἶναι ἱερὰ καὶ α-
ὐτὸν φεύγειν α[ἰεί]· ἢν δὲ μὴ ᾖ αὐτ-
ῷ ἄξια δέκα [στα]τήρων, αὐτὸν [π]-
επρῆσθαι ἐπ' [ἐξα]γωγῇ καὶ μη[δ]-
αμὰ κάθοδον [εἶν]αι ἐς Ἁλικαρν-
ησσόν. Ἁλικαρ[νη]σσέων δὲ τῷς σ-
υμπάντων τ[οῦτ?]ῳ ἐλεύθερον εἶναι, ὃς ἂν ταῦτα [μὴ πα]ραβαίνῃ κατό-
περ τὰ ὅρκια ἔτα[μον] καὶ ὡς γέγραπτ-
αι ἐν τῷ Ἀπολλ[ωνί]ῳ, ἐπικαλέιν.

b

ἐμνη[μόνευον] — ὁ νόμος.

Rerum gestarum seriem construo hanc si non omni ex parte veram — nam veram certo indagari posse diffido — at tamen cum singulis tituli locis congruentem. Pisindelis Artemisiae filius Halicarnassi tyrannus imperium bello Graeco labefactum prudentissime servare sciebat severitate tyrannidis remissa et iuribus quibusdam populo redditis. Ita factum est, ut anno quodam Ol. 80, quo Pisindelis diem supremum obiit, quum in aliis collegiis tum in mnemonum collegio interessent et amici tyranni (nam summa cum probabilitate Kirchhoff statuit Apollonidem Lygdamis filium, cuius in hoc titulo fit mentio, fuisse fratrem Artemisiae Lygdamis filiae et avunculum Pisindelidis) et homines populi causam sequentes (e. g. Panyassis poëtae filius). Pisindelide autem mortuo Lygdamis filius admodum iuvenis, qui cum imperio patris non acceperat hereditate patris continentiam, cancellorum impatiens adversarios alios expulit, alios — inter eos Panyassim — interfecit, bona eorum amicis suis distribuit, muneribus homines sibi gratos praefecit. Sed male res verterunt; nam seditione orta ipse cedere coactus est. Tum libertatis propugnatores victoriam primo non temperantes prioribus magistratibus loco motis novos substituerunt; sed haud magno spatio interiecto, ne tyrannus neque ab omnibus amicis desertus neque opibus destitutus libertatem aegre partam in discrimen vocaret, is turbis finis impositus est, ut tyrannus se posthac non conaturum esse rerum potiri polliceretur, cives utriusque partis priorum iniuriarum oblivionem sancirent, mixta illa collegia, quae ante hos tumultus muneribus functa erant, restituerentur. Tabula, in qua haec et alia eius generis scripta erant, in templo Apollinis collocata est (cf. vss. 44. 45). Deinde iisdem diebus ab iisdem, qui hanc pacem fecerant, i. e. ab incolis Halicarnassi et Salmacidis urbium artissime coniunctarum et a Lygdami, haec altera lex, quae ad nostram aetatem pervenit, scita est, qua irritae fierent possessionum mutationes, quae per turbidum tempus iniuste erant factae. Utrum autem aliquis, qui tum agrum domumve obtinebat, nanctus esset emptione vel hereditate an in perversione reipublicae, cognosci poterat a mnemonibus, quia horum magistratuum erat tabulas censorias administrare, in quibus perscribebatur, quantum vectigal de suo quisque fundo vel domo deberet solvere. Sed mixto illi collegio, quippe in quo essent propinqui et amici tyranni non expertes praedae, haec diiudicatio non videbatur posse committi. Itaque qui tum erant mnemones a popularibus instituti in munere permanent — aliter atque caeteri magistratus — et vetantur priori collegio tabulas censorias totamque agrorum et domorum custodiam tradere (τοὺς μνήμονας μὴ παραδιδόναι μήτε γῆν μήτε οἰκία τοῖς μνήμοσιν ἐπὶ Ἀπολλωνίδεω κτλ.). Iam eis, qui se vi atque iniuria bonis suis privatos esse praedicant, denuntiatur ut in iudicium adducant (ἐπικαλεῖν ἐς τοὺς δικαστάς) eos, qui illa obtinent, ea ratione, quae iam priore lege constituta est (νόμῳ κατάπερ νῦν), addito iureiurando; diiudicatio pendebit ex testimonio mnemonum (ὅ,τι ἂν οἱ μνήμονες εἰδέωσιν, τοῦτο καρτερὸν εἶναι) tabulis censoriis nitente. Spatium autem duodeviginti mensium, intra quod lites instituantur, designatur, ut etiam iis, qui in illis motibus civilibus in alienas terras emigraverunt, tempus sit domum redeundi et sua vindicandi. Si quis spatio duodeviginti mensium iam circumacto litem instituere volet, ne tum quidem iure suo excludetur; sed iureiurando uti ad suam rem confirmandam tum licebit ei, qui eo tempore in possessione agri vel domus erit; et iudices, qui tam sero huius rei disceptationi operam navare cogentur, priusquam accusatum ad iusiurandum adegerint (ὁρκοῦν sc. αὐτόν), quae est prima actio in lite, recipient nescio unde pecuniam quandam statam. Adesse autem in iurisiurandi adactione licebit accusatori, quo magis huius praesentia ille a periurio deterreatur. Vincet is, qui iudicibus probare potuerit, se agrum vel domum obtinuisse Apollonide et Panamye mnemonibus, i. e. ante tumultus ortos, neque postea vendidisse.

Ad singula haec annoto. Vss. 2. 6. 16. Signum T, quod nonnunquam in Graecorum usum ex Asiaticis alphabetis, ubi eius forma solet esse Ψ seu Υ, irrepsit (cf. Ramsay, journal of Hellenic studies I 1880 p. 247 sq.), aut eundem exprimit sonum atque duo sigmata Graeca aut certe simillimum: cf. vs. 2 ἉλικαρναΤ[έω]ν, vss. 40. 41 Ἁλικαρ[ν]ηΣΣόν et Ἁλικα[ρνη]ΣΣέων; deinde vs. 16 Π[α]νυάΤιος et in titulo Halicarnassio paulo recentiore, quem ediderunt C. T. Newton, on a greek inscription at Halicarnassus, et Haussoullier, bull. de corr. hell. IV p. 295 sqq., vss. 19. 41. 49. 61. 141. 196. 224 ΠανύαΣΣις; tum tit. n. 497 B vs. 23 [Θ]αλάΤ(leg. Τ)ης, ibid. A vs. 9 θάλασσαν; denique inscr. nummorum Mesembrianorum META et ΜΕΤΑΜΒΡΙΑΝΩΝ. Vs. 7. Σα[ρυσσώ]λλου, cf. eundem illum titulum recentiorem vss. 42 et 101. Vs. 15. Phormio quidam Halicarnassensis, fortasse huius nepos, Ol. 97 Olympia vicit, cf. Paus. V 21. 3. Vs. 19 τὸ ἄδος populiscitum, cf. Hesych. ἄδημα· ἄδος· ψήφισμα, δόγμα (Bergk, mus. Rhen. XIX p. 604). Vs. 20 ὅρκῳ 'ς, cf. n. 381 b vs. 20 ἦ 'ς. Vs. 32 ἀποπεράω i. q. περάω. Vs. 41 sqq. Eum, qui hanc legem abolere studebit, in ius vocare licitum esto (ἐπικαλεῖν ἐλεύθερον εἶναι) cuique omnium Halicarnassensium qui ipse iureiurando et foedere steterit.

---

501 Fragmentum paterae marmoreae admodum planae, cuius in ambitu titulus incisus est. *Cyzici* repertum Dawkins Oxonium detulit. Edidit Chandler, marm. Oxon. II 15, repetiit Boeckh, C. I. G. 3695. Lapis denuo ita truncatus est, ut supersint litterae a fine quinque. Has ex meo apographo do, in prioribus septem Chandleri editionem secutus.

― ― ― ΓΗΔΕΣΠΟΝΗΣΙΝ

― ― ― πη δεσπόνησιν, i. q. Attice δεσποίνας. Cereri et Proserpinae hanc pateram in usum sacrificiorum dedicasse videtur femina quaedam.

502 In tripode aeneo Dodonae prope templum effosso; titulus incisus est in margine exteriore. Edidit Carapanos, Dodone et ses ruines, Paris 1878, p. 40, tab. XXIII 2.

ΤΕΡΨΙΚΛΗΣ:ΤΩΙΔΙΙΝΑΙΩΙ:ΡΑΨΩΙΔΟΣ:ΑΝΕΘΗΚΕ

Τερψικλῆς τῷ Δὶ Ναΐῳ ῥαψῳδὸς ἀνέθηκε.
Terpsicles ex Asia Ionica vel ex insulis vicinis Ionicis oriundus fuit.

XX.
TITVLI ASIAE AEOLICAE.

503 Lapis 2.06 m. long., 0.73 m. alt., 0.11 m. crass., non ita diligenter caesus, in antica parte levigatus, in postica rudis, repertus a Calverto consule ad montem Tschalydagh, ubi antiqua *Cebrene* sita fuisse existimatur. Quam originem quum ipse Calvert Hirschfeldio et Lollingio in colloquio, mihi in litteris testatus sit, non audiendus est Sayce in Schliemanni libro, qui inscribitur Ilios, p. 781 referens lapidem in necropoli Thymbrae, ubi nunc Akschikoei, esse inventum. Nunc servatur ad Hellespontum in vico, cui nomen est Tschanakkalessi, ante domum quandam. Titulus scriptus litteris 0.03—0.04 m. altis, quas manu huius negotii insueta incisas esse censet Lolling, in parte antica ita sequitur marginem superiorem, ut ad dextram neglegentia scribae paulatim deorsum versum labens longius ab illo distet quam ad sinistram; ab utraque parte striae ad perpendiculum directae incisae sunt, quae vereor ut antiquae sint, quia altera litteram ultimam I totam hausit, paenultimam O truncavit, quum altera a prima littera aliquanto spatio absit. Edd. Waddington, cui Calvert ectypum miserat, in opere Le Basiano n. 1743 *m*.; deinde Kirchhoff, actt. acad. Berol. 1879 p. 493 sqq., ex apographo Hirschfeldii; tum Lolling, qui ipse lapidem contuitus est, Mittheil. des deutschen arch. Inst. in Athen VI 1881 p. 118 sqq. Repeto Hirschfeldii exemplar, omissa adumbratione lapidis parum accurata; addo alterum e fide picturae, quam liberalitate acceptissima Calvert in charta ectypo imposita in usum meum delineavit; in ea prima littera Π ab ultima O distat 1.06 m.

Hirschfeld.

ΙΣ Ν ΛΙΣΘΕΝΕΙΑΙΕΜΜΙΤΟΝΙΚΙΑΙΟΙΤΟΓΑΥΚΙC

Calvert.

ΠΙ ΣΘΕΝΕΙΑΙΕΜΜΙΤΟΝΙΚΙΑΙΟΙΤΟΓΑΥΚΙΟ

Var. lect. Initio Wadd. ..ΛΙΣ, Lolling , annotans sigma non indubium esse; in reliquo titulo, cuius lectionem praeter alterum M certissimam esse Waddington affirmat, etiam haec duo exempla cum imaginibus supra propositis bene congruunt.

Σ[τάλ]α ᾽πὶ Σθενείᾳ ἔμμι τῶ Νικιαίω τῶ Γ(λ)αυκίω[ι]. Haec praeter initium debentur Kirchhoffio. Sthenias igitur, cuius cum nomine conferri possunt Ἀνθείας Θαρσέας Κλέας Κρατέας Μενέας Τελέας, fuit Niciae filius (Νικίαιος), Glauci nepos (Γλαύκιος). Iota mutum, quod posteriore aevo dialectus Aeolica in omnibus omisit dativis, hic deest in articulo, haeret in nominibus, cf. tit. Thess. n. 327 Ἀφροδίτᾳ τᾷ; ex Ionicis titulis exempla litterae iota neglectae congessi ad n. 381.

---

504 Tabula marmorea mediocris crassitudinis, effossa *Thymbrae*, ubi nunc Akschikoei vel Khanitepe, inter sepulcra antiqua; deinde servabatur Tschanakkalessiis in collectione Calverti. Edd. Newton, travels and discoveries in the Levant I p. 135 et p. 355; Waddington in opere Le Basiano n. 1743 *l*. Praebemus apographum Hirschfeldianum cum Waddingtonii exemplari, quod haustum est ex ectypo, plane congruens.

ΓΥΘΑ:ΑΠΕ
ΨΕΔΙΟ:ΓΥ

Πύθα Ἀπε[λλ-- θυγάτηρ], Φειδίω γύνα.

XXI.
TITVLI PAMPHYLIAE.

505 *Sillyi* (Assarkoei) in lapide, qui nunc est postis ianuae. Ex exemplaribus Rossii de Bladensburg et Iens Pellii titulum concinnavit, pauca de suo addens, Bailie, fasc. inscr. Graec. II p. 230; inde repetiit Franz, C. I. G. add. n. 4342c^2; ipsa illorum exemplaria expressa sunt in opere Le Basiano, n. 1377. Tertio exscripsit Hirschfeld, actt. menstr. acad. Berol. 1874 p. 726. Cf. Kirchhoff, Stud.³ p. 44 sqq., Friedlaender, Zeitschrift für Numismatik IV 1877 p. 297 sqq., Bezzenberger, Beiträge zur Kunde der indogerm. Sprachen vol. V 1880 p. 325 sqq., Ramsay et Sayce, journal of Hellenic studies I 1880 p. 242 sqq., Ramsay, ibid. II 1881 p. 222 sqq., ubi varia lectio aliquot locorum a Wilsonio tribuno militum denuo in lapide inspectorum edita est. Repeto tria quae commemoravi exempla.

(Textum vide pag. 142. 143.)

Titulus Pamphylius.   *Interpretatio Attica.*

καὶ ἰϳαροῖσι — — Σελυ[ϝίϳ]α	καὶ ἱεροῖς — — Σιλλυΐα
ὕπαρ καὶ [τ]α[μ]ίϳας	ὅπερ καὶ ταμίας
ϝοῖκ[υ πόλ.]ις --τυ κ[α]ὶ Σ[ε]λυϝίϳως	(τὸν) οἶκον (ἡ) πόλις --τον καὶ Σιλλυΐους
[δ]ιϳακεκραμένως ἐξ ἐπιτη[δ]ίϳαις πόλιν	διακεχρημένους ἐξ ἐπιτηδείων (τὴν) πόλιν
5 διϳὰ πεδεκαίδεκα ϝέτεϳα π[ό]λι	5 διὰ πεντεκαίδεκα ἐτῶν (τῇ) πόλει
καὶ τιμάϝες(σ)α (?)	καὶ τιμία (?)
ἀτρώποισι — — ἀϝταῖσι	ἀνθρώποις — — αὐταῖς
ἐβωλάσετυ ἀδρϳῶνα καταστᾶσ[αι]	ἐβουλήθη ἀνδρῶνα καταστῆσαι·
καὶ — — καὶ ἐφ'	καὶ — — καὶ ἐφ'
10 πᾶς .... τυς καὶ — — τυς καί	10 πᾶς .... τος καὶ — — τος καί
πόλιϳε [']ελόδυ [κα]ὶ δικαστῆρες	(τῷ) πόλεε ἑλόντων καὶ δικασταί
κατεϝερξόδυ καί	κατειρξάντων καί
κα(τ)θέδυ καὶ — — καὶ ὐ βωλήμενυς	καταθέντων καὶ — — καὶ ὁ βουλόμενος
[κ]αὶ νι ϝοῖκυ πόλις ἐχέτω καὶ ὅκα	καὶ -(τὸν) οἶκον (ἡ) πόλις ἐχέτω καὶ ὅτε
15 ἀναγλείτθω· αἴ ϙε (?) κα(δ)δι[κα--]	15 ἀναιρείσθω· ἐάν (?) καταδικα--
δικαστῆρες καὶ ἀργυρῶται μὴ ἐξάγωδι	δικασταὶ καὶ ἀργυρῶται μὴ ἐξάγωσι
κα(τ)θανέτω καὶ νι ϝοῖκυ πόλι[ς ἐ]χέτω	καταθανέτω καὶ -(τὸν) οἶκον (ἡ) πόλις ἐχέτω
[δικα]στῆρες δὲ καὶ ἀργυρῶται	δικασταὶ δὲ καὶ ἀργυρῶται
-αμιϳέσδυ (?)· ἐξ δὲ Φυσήλᾳ ὄδυ δι[κ]αστῆρες	-αμιέσθων(?)· ἐκ δὲ Φασηλίδος ὄντων (οἱ) δικασταί
20 γένωδαι· αἴ ϙε (?) μὴ ἐξάγωδι	20 γένωνται· ἐάν (?) μὴ ἐξάγωσι
ὄδυ (seu -όδυ)	ὄντων (seu -όντων)
περὶ γέρας ιϳαϙὺ γε[γέν]ηται	περὶ γέρας ἱερὸν γεγένηται
— καί —	— καί —
πόλις ἄγεθλα ϝεχέτω καὶ — — βόϝα καὶ — τῷ ['Απέλ(λ.)] -(?)	(ἡ) πόλις ἄεθλα ἐχέτω καὶ — — βοῦν καὶ — τῷ 'Απόλλ.-(?)
25 ωνι καί --υ καί	25 ωνι καί -- ον καί
ϝεξ ἧ κα(τ)θανέ[τω καὶ νι ϝοῖκυ πόλις] ἐχ[έτω]	ἐξ ἧ καταθανέτω καὶ -(τὸν) οἶκον (ἡ) πόλις ἐχέτω
-οισι πόλις ὀμυσυ-	-οις (ἡ) πόλις ὁμοσ-
30 καὶ Ἀπέλ(λ)ωνα Πύτ[ιυ — — — κ]αὶ ὑπέρ	30 καὶ Ἀπόλλωνα Πύθιον — — — καὶ ὑπέρ
ιϳαϙύ· αἴ [ϙε] (?)	ἱερόν· ἐάν (?)
— —	— —
κατέχωδ[ι]	κατέχωσι

1	R	Σ...Δ ΕΙΛΓΑΙΗΙΙΑΡΟΙΣΙΜΑΦΕ........ΝΗΕΔΕ
	P	ΣΛΧΛ Ε . ΚΑΙΗΙΙΑΡΟΙΣΙΜΑΙΕ....... ΝΗΕΛΕ
	H	ΣΥΔ'ΕΙΛΚΑΙΗΙΙΑΡΟΙΣΙΜΑΓΓ//////////ΜΙ ΕΛΕΣΕΛΥΝ..Α
2	R	ΙΑ..ΑΡ..ΣΠ.....ΣΥΠΑΡΚΑΙ..ΑΙΙΊΑΣ
	P	ΙΑ ΔΙ ΣΙΙ ΥΠΑ ΚΑ..Α..Ι.Ι.Α
	H	ΙΑ//////ΑΡ/////ΙΣΙΙ////ΟΣΥΠΑΡΚΑΣ ΑΙΙΙΊΑ ΣΟΒΙΛΠΕΥΊΓ//
3	R	ΤΡΛΛΟΙΚ Ι ΤΥΚ ΙΣΡΛΥΛΝΟΣΓΑΧ.....
	P	*omittit hunc versum*
	H	ΤΡΜΟΙΚ/////ΙΣΕ////////ΤΥΚΜΣΒΛΥΜΙΙΟΣΠΑΧ////////ΙΑΣ////////
4	R	ΠΛΚΕ ΡΑΜΕΝΟΣ ΧΕ.....ΤΕ..ΑΤ ΠΟ
	P	ΙΑΚΕΚΡΑΜΕΝΟΣΕΧΕ ΤΕ ΑΙΣΠΟΛ
	H	ΛΑΙΙΑΚΕΚΡΑΜΕΝΟΣΕΧΕ Π ι ΤΕΗΙΑΙΣΠΟΛΙΝΑΙ
5	R	ΔΙΙΑΠΕΔΕΚΑΙΔΕΚΑΓΕΤΕΙΑΠ..ΛΙΜΗΣ....
	P	ΔΙΙΑΠΕΔΕΚΑΙΔΕΚΑΓΓΛΡΙΑΠ..ΛΙΜΗΣ
	H	ΔΙΙΑΠΕΔΕΚΑΙΔΕΚΑΓΕΤ.ΙΑΠΚΛΙΜΗΣΣΛ
6	R	ΟΣΑΚΑΙΤΙΑ.ΑΓΕΣΑΠΟΣΑΒΑΤΙΑΡΙΙΕΛΛ....
	P	ΟΣΑΚΑΙΤΙΜ ΑΓΕΣΑΠΟΣΑΙΑΤΙΑΡΙΙΓΑΛ
	H	ΟΣΑΚΑΙΤΙΜΑΓΕΣΑΠΟΣΑΒΑΤΙΑΡΙΙΕΝΑ'ΙΔ
7	R	ΑΤΡΟΠΟΙΣ ΠΕΡΤΙΡΕΝΙΑΜΤΑΞΣΙΗΕΜΟΤΑΙΣ
	P	ΑΤΡΟΠΟΙΣΙΠΕΡΤΛΡΕΜΙΑΜΤΑΙΣΙΗΕΜΟΤΑ
	H	ΑΤΡΟΠΟΙΣΙΠΕΡΤΙΡΕΝΙΑΜΤΑΙΣΙΗΕΜΟΤΑ//Σ
8	R	ΕΒΟΛΑΣΕΤΥΔΔΡΙΙΟΝΑΚΑΤΑΣΤΑΣ
	P	ΕΒΟΛΑΣΓΤΥΑΔΡΙΙΟΝΑΚΑΤΑΣΤΑΣ
	H	ΕΒΟΛΑΣΕΤΥΑΔΡΙΙΟΝΑΚΑΤΑΣΤΑΣΥ
9	R	ΡΑΙΕΗΙΚΑΙΜΙΙΒΙΑΛΕΤΙΚΑΙΕΣΠΕΜΟΤΑ
	P	ΡΑΙΕΗΚΑΙΜΗΡΙΑΛΕΤ:ΕΛΙΓΠΗΕΜΟΤΑ
	H	ΡΑΙΓΗιηΑΙΜΙ²ΕΙΑΛΕΤΙΚΛιΕΦΊΙΕΜΟΤΑΙ//////
10	R	ΕΑΣΜΑWΕΤΥΣΚΑΙΜΗΣ...Α ΤΥΣΚΑΙΔ...
	P	ΠΑΣΜΑΝΕΤΥΙΚΑΙΜΗΕ ΤΥΣΚΑΡΔ
	H	ΠΑΣΜΑΝΕΤΥΣΚΑΙΜΗΕιΑ////////////ΤΥΣΚΑΙΔ////////
11	R	ΟΕΓΕΙΕΟΛΙΙΕΦΙΕΛΟΔΥ...ΔΙΚΑΣΤΕΡΕΣ
	P	ΟΕΕΕΙΠΟΛΙΙΕ Ι ΛΟΔΥ ΙΔΙΙΑΣΤΕΥΕΣ
	H	ΟΕΓϹΙΠΟΛΙΙΕΓιΕΛΟΔΥ////////ΙΔΙ///ΙΑΣΤΕΡΕΣ///
12	R	ΤΑΙΣΙΚΑΙΝΙΣΚΙΛ..ΚΑ..ΤΕΓΕΡΧΟΔΥΚΑ...
	P	ΤΑΙΣΙΚΑΙΝΙΣ ΔΙ ΚΑ ΤΕΓΕΡΧΟΔΥΚΑ
	H	ΤΑΙΣΙΚΑΙΝΙΣΚΙΛΔΓΥΚΑ ΓΕΓΕΡΧΟΔΥΚΑ'///
13	R	*omittit hunc versum*
	P	ΚΑΘΚΔΥΚΔΙΗΑΝΑΝΕΙΕΚΑΙΥΒΟΛΕΜΕΜ
	H	ΚΑΘΕΔΥΚΑΙΗΛΜΙΑΝΕΙΕΚΑΙΥΒΟΛΕΜΕΜΥΣ+
14	R	ΑΙΝΙΜΟΙΚΥΠΟΛΙΟΣΕΓΣΤΟΚΑΙΗΟΚΑΔΕΣ
	P	ΑΙΝΙΜΟΙΚΥΗ ΛΙΘΡΓ ΕΥΟΚΑΙΗΟΚΑΔΕΣ
	H	ΑΙΝΙΜΟΙΚΥΠΟΛΙ ϹΕ+ΕΤΟΚΑ ΜΗΟΚΑΔΕϹ
15	R	ΑΣΜΡΥΜΑΛΙΑΝΗΑΛΛΕΣΘΟΗΑΤΡΕΚΑΔΕ...
	P	ΑΣΜΤΥΜΑΛΙΑΝΗΑΛΛΕΣΘΟΗΑΙΡΕΚΑΔ
	H	ΑΣΜΤΥΜΑΛΙΑΝΗΑΛΛΕΣΘΟΗΑΤΡΕΚΑΔ'
16	R	ΔΙΚΑΣΤΕΡΕΣΚΑΙΑΡΛΥΡΟΤΑΙΜΕΕΧΑΖΛΔ
	P	ΔΙΚΑΣΤΕΡΕΣΚΑΙΑΡΛΥΡΟΤΑΙΜΕΕΧΑΛΟΔΙΚ
	H	ΔΙΚΑΣΤΕΡΕΣΚΑΙΑΡΛΥΡΟΤΑΙΜΕΕΧΑΛΟΔΙΚ
17	R	ΑΠΙΡΟΤΑΣΚΑΘΑΥΕΤΟΚΑΙΝΙΜΟΙΚΥΠΟΝΑΙΚΑ
	P	ΑΠΙΡΟΤΑΣΚΑΘΑΝΕΤΟΚΑΙΝΟΜΟΙΚΥΠΟΛ
	H	ΑΠΙΡΟΤΑΣΚΑΘΑΝΕΤΟΚΑΙΝ'ΜΟΙΚΥΠΟΛΙ
18	R	ΣΤΕΡΕΣΛΕΚΑΙΑΙΔΥΡΟΤΑΙΑΜΕΑΝΕ..
	P	ΣΤΕΡΕΣΛΕΚΑΙΑΡΛΥΡΟΤΑΙΑΝΕΑΝΕ
	H	ΣΤΕΡΕΣΔΕΚΑΙΑΡΛΥΡΟΤΑΙΑΝΕΑΝΕ
19	R	ΑΜΙΙΕΣΔΥΕΧΔΕΦΥΣΕΛΛ ΟΔΥΔΙΒΑΣΤΕΡΕΣ..
	P	ΑΜΙΙΕΣΔΥΚΧΔΕΦΥΣΕΛΑΙΟΔΥΔΙ ΑΣΤΕΡΕΟ
	H	ΑΜΙΙΕΣΔΥΕΧΔΕΦΥΣΕΛΑΙΟΔΥΔΙΙΑΣΤΕΡΕΣ
20	R	ΑΣ..ΕΜΟΔΑΙΗΑΙΡΕΜΓΕΧΑΛΟΔΗ....ΕΣΔ
	P	ΑΣΛΕΝΟΛΑΙ ΡΕΜΕΕ ΑΛΟΔΙ ΗΝΕΣΔ
	H	ΑΣϹΕΝΟΛΑΙΗΑΙΡΕΜΕΕΧΑΛΟΔΙ'////ΝΕΣʃ

21	R	ΟΑΥΑΜΟΤΙΡΕΕΜΗΕ ...... ΑΗ.....ΑΠΡΑ	
	P	ΟΔΥΑΜΑΤΙΡΕΕΜΗΕ ΑΙ ΛΠΙ°Α	
	H	ΟΔΥΑΜΑΤΙΡΕΕΜΗΕ////////ΔΑΙ, ⸝ ΜΠΡΑ	
22	R	ΕΣΠΕ.\/ΕΡΑΣΗΙΙΑΡΥ . . ϜΤΑΙΚΑΛΙΘ..Α	
	P	ΕΣΠΕΡΙ⸝ΕΡΑΣΗΙΙΑΡΥΔΣ ΕΤΑΙΚΑ ΙΘΕΔ	
	H	ΕΣΠΕΡΙ⸝ΕΡΑΣΗΙΙΑΡΥ⸝Ε/////ΕΤΑΙΚΑΝΙΘΕΑ	
23	R	ΕΗΕΚΑΙΜΗΕΙΑΛΕΚΑΙΝΙΣΑΜΑΔΙΜΟΣΑΜΑ	
	P	ϜΗΕΚΑΙΜΗΗ ΑΛΕΚΑΙΝΙΣΑΜΑΔΙΜΟ ΑΜ	
	H	ϜΗΕΚΑΙΜΗΕΙΑΛΕΚΑΙΝΙΣΑΜΑΔΙΜΟΣΑΜΑ	
24	R	ΠΟΛΙΣΑΔΕΘΛΑϜΕ+ΕΤΟϾΑ ΒΠΑΠΙ .. ΤΑΣΒΟϜΛΚΑΙ..	
	P	ΠΟΛΙΣΑ⸝ΕΘΛΑϜΕΡΕΤΟΣΑΙΣΠΑΠΙ ΤΑΣΒΟϜΑΙϹΑ	
	H	ΠΟΛΙΣΑ⸝ΕΘΛΑϜΕ+ΕΤΟΚΑΙΣΠΑΠΙ /////ΤΑΣΒΟϜΑΚΑΙ////ΤΟ'ΛL	
25	R	ΟΝΙΚΑΙΟΡΟΕΥΚΑΙ	ΟϜ..ΕΚ.....
	P	ΟΛΙΚΑΙΟΡΟϜΥΚΑ	
	H	ΟΝΙΚΑΙΟΡΟϜΥΚΑΙ	ΙΙΕ.ΕΙΕ
26	R	ΙΚΟ⌐ΣΘΑ ΠΕΡΑΜ	ΑΣ.......
	P	ΙΚΟΧΕΣΘΑΙΠΕΡΑΜ	
	H	ΙΚΟΚΕΣΘΑΙΠΕΡΑΜ	ΙΑΣΕ////ΛΙ
27	R	ΙΣϜΕΧΕΚΑΘΑΜΕ	
	P	ΙΣϜΕΧΕΚΑΟΑΜΕ	
	H	ΙΣϜΕΧΕΚΑϾΑΝΕ	Ε+Ϲ Ι
28	R	ΕΣΙΑΙΡϜΑΤΕ..ΑΙΙ	
	P	omittit hunc versum	
	H	ΕΣϘΑΙΒϜΑΤΕΥΛΙΙ	Ι Δ
29	R	ΟΙΣΙΠΟΛΙΣΟΥΙΥΣΥ	
	P	ΟΙΣΙΠΟΛΙΣΟ ΜΥΣΥ	
	H	ΟΙΣΙΠΟΛΙΣΟ ΜΥΣΥ	ΑΝΑ+Α/
30	R	ΚΑΙΑΠΕΛΟΝΑΠΥΤ	
	P	ΚΑΙΑΠΕΛΟΜΑΠΥΓ	
	H	ΚΑΙΑΠΕΛΟΝΑΠΥΤ	ΑΙ⟩ΠΕΡ
31	R	....ΥΙΙΙΙΑΡΥΗΑΙ	
	P	ΙΙΑΡΥΗΑΕ	
	H	/ΙΙΙΙΑΡΥΗΑΙ	ΥΣ//////Ο
32	R	...ΦΕΨΟΜΟΥΜΕ	
	P	ΕΡΟΜΟΙΜΕ	
	H	ΦΕΡΟΜΟΙΜΕΙ	ΚΑΙΕ⸝ΙΟ
33	R	....ΥΠΑΜΨΙΞ	
	P	ΔΥΠΑΜΨΙΤ	
	H	ΔΥΠΑΜΨΙΞ	ΚΙΣΙΙΗ⸝//
34	R	...ΛΕΑΤΕ+ΟΔ	
	P	⸝ΕΑΤΕ+ΟΔ	
	H	\ΤΛΚΑΤΕ+Ο⸝	Ε+ΕΣΙΝ//
35	R	..Α..ΑΚΑ..Ϲ	
	P	ΑΔΑΚΑΙ	
	H	Α///ΑΚΑΙΤ⸝	⊃ΤΑΣΛ//
36	R	..ΤΑ	
	P	ΤΑΣ	
	H	ΤΑΣ	

Var. lect.: Ex iis locis, quibus Bailie a Bladensburgo et Pellio recedit, annotentur hi: Vs. 9 ΚΑΙΣϜΗΕΜΟΤΑΙΣ; vs. 13 ΚΑΘΕΔΥΚΑΙΗΑΚΙΑΝ. Wilson vs. 2 ΙΑ pro ΙΑ; vs. 3 litterae Β, quae est inter Σ et Λ, signum interrogationis appinxit; vs. 6 ΣΑΒΑ.ΤΙ; vs. 15 ΑΣΜΡΥ; vs. 20 ⸝ΕΝΟΔΑΙ.

De Pamphyliorum dialecto haec tradit Arrianus anab. I 26: εἰσὶ δὲ οἱ Σιδῆται Κυμαῖοι ἐκ Κύμης τῆς Αἰολίδος· καὶ οὗτοι λέγουσιν ὑπὲρ σφῶν τόνδε τὸν λόγον· ὅτι ὡς κατῆραν τε ἐς τὴν γῆν ἐκείνην οἱ πρῶτοι ἐκ Κύμης σταλέντες καὶ ἐπὶ οἰκισμῷ ἐξέβησαν, αὐτίκα τὴν μὲν Ἑλλάδα γλῶσσαν ἐξελάθοντο, εὐθὺς δὲ βάρβαρον φωνὴν ἵεσαν, καὶ οὐδὲ τῶν προσχώρων βαρβάρων, ἀλλ' ἰδίαν σφῶν, οὔπω πρόσθεν οὖσαν τὴν φωνήν. καὶ ἐκ τότε οὐ κατὰ τοὺς ἄλλους προσχώρους Σιδῆται ἐβαρβάριζον.

Eiusmodi barbariam prodit etiam hoc specimen Sillyensis dialecti multis rebus Cypriae similis. Alphabetum est ordinis orientalis, addito signo Ͷ, quod quin sonum quendam a digammo non longe diversum significet, collatis quum certioribus quibusdam exemplis in hoc ipso titulo obviis tum nummorum inscriptionibus (cf. Friedlaender, l. l.) ΣΕΛΥΜΙΥΣ et ΜΑΝΑΨΑΣΠΡΕΙΙΑΣ (i. e. Ϝανάσσας Πρεξίας) non dubium videtur. Multa quae mihi parum intellecta sunt, e. g. vocabula

HEWOTAI et NI, ut alia taceam, nolui coniecturis, quae neque ab etymologia neque a sententia satisfaciant, tentare; praestat haec ad tempus omittere. Ne argumentum quidem tituli nunc perspicitur; id tamen suspicari licet, subesse pactum Sillyensium et Phaselitarum; cf. vs. 11 πόλιjε, vs. 19 ἐξ δὲ Φυσήλα ὁδυ δικαστῆρες. Vs. 8 ἀδριjῶνα, cf. Hesych. ἀδρί· ἀνδρί, Παμφύλιοι. Vs. 9 ἐβωλάσετυ pro ἐβουλήσατο; de vocali syllabae paenultimae cf. vs. 12 κατεϝερξόδυ et n. 506 δαμιοργίσωσα. Vs. 17 [σπ]απιρώτας, vs. 24 σπαπι[ρώ]τας?

---

506 *Aspendi* in lapide marmoreo quadrato, 0.70 m. alto, 0.50 m. lato; titulus margine cinctus est. Edidit Hirschfeld, actt. menstr. acad. Berol. 1875 p. 123; cf. Siegismund in Curtii studiis IX p. 91.

```
ᒪ ᒥΠΟΛΙΣΑΦΟΡΔΙΣᒪ
ΝΕΓΟΠΟΛΕΙΣΔΑΜΙΟΡΓΙΣ(
ΣΑΠΕΡΤΕΔΟΚΕΙΣΕΡΕ
ΜΝΙΚΑΙΠΥΛΟΝΑΑΡΓΥ
5 ΡΥΜΝΑΣΦΙΚΑΤΙ
```

Attice.

[Νε]γ[ό]πολις Ἀφορδισί[υ]
Νεγοπόλε[υ]ς δαμιοργίτω-
σα περτέδωκε ἰς ἐρε-
μνὶ καὶ πυλῶνα ἀργύ-
5 ρυ μνᾶς φίκατι.

Νεόπολις Ἀφροδισίου
Νεοπόλιδος λειτουργήσα-
σα προσέδωκεν εἰς ἐρυ-
μνίον (= ἔρυμα) καὶ πυλῶνα ἀργυ-
ρίου μνᾶς εἴκοσι.

Vs. 2. Ad nomen patris additur nomen avi more et in aliis quibusdam Asiae regionibus frequentissimo et obvio in alio titulo Pamphylio huius simillimo, qui editus est ab Hirschfeldio l. l. p. 123 n. 1, sed hic non repetitur, quod propter Ω = ω etiam recentior quam Neopolidis titulus iudicandus est, quamquam ne hunc quidem valde antiquum putari sinit forma litterae A. Quo in nomine avi utrum offensio diphthongi EI suspicione mendi an explicatione originis tollenda sit, in dialecto tam imperfecte nota in medio relinquendum. Vs. 5. In voce φίκατι littera φ vicem antiquioris litterae Ϻ videtur praebere.

XXII.

TITVLVS CYRENAICAE.

506a In lapide calcario 0.33 m. long., 0.24 m. alt., 0.09 m. crass., effosso Olympiae pone thesaurum Gelensium; litterarum 0.078 m. alt. sulci colore rubro impleti sunt. Edidit Purgold, arch. Zeit. XXXIX p. 180. Utor ectypo.

Ϙυρα[ναίων]. Cf. Paus. VI 19. 10: πρὸς δὲ τῷ Συβαριτῶν Λιβύων ἐστὶ τῶν ἐν Κυρήνῃ θησαυρός.

XXIII.

TITVLI SICILIAE,
COLONIARVM CORINTHIARVM CVM IMACHARA, COLONIAE RHODIAE, COLONIAE MEGARICAE, COLONIARVM CHALCIDICARVM, ORIGINIS IN SICILIA INCERTAE.

507 In marmore inter sepulcra prope ruinas *Acrarum* (Palazzolo) reperto; tum erat penes baronem Iudicam; ex schedis Thorpii dedit Rose, inscrr. Gr. vet. tab. XII 1 p. 91; inde Franz, C. I. G. 5458.

508 *Acris* (Palazzolo) in lapide, quem Iudica repperit et in collectionem suam intulit. Ex schedis Thorpii edidit Rose, inscrr. Gr. vet. tab. XIII 2. 11, p. 102; repetiit Franz, C. I. G. 5435.

[Λ]ῦσις ὁ [Χ]ιμά[ρ]ου.

Συθώ, epitaphium mulieris.

---

509 *Syracusis* in insula Ortygia ad templum, quod antea putabatur esse Dianae, ante porticum, quae in fronte templi est duplex, in summo de tribus gradibus, infra tres columnas meridionales lateris orientalis, i. e. intranti ad sinistram, a. 1864 fodiente Cavallario detectus est titulus 7.77 m. longus. Litterae 0.15—0.18 m. altae ductu valido profunde incisae sunt. Hirzel, bullett. dell' inst. arch. 1864 p. 91; Giuseppe de Spuches, d'una epigrafe greca trovata in Siracusa nel tempio creduto di Diana, Palermo 1864; melius apographum foras dedit Schubring, Jahrb. f. Philol. nov. ser. suppl. IV p. 672, cf. Philol. XXII p. 637, et idem alterum, Philol. XXIII p. 363 sqq. Cf. Kirchhoff, arch. Anz. 1867 p. 61. Apographum a se confectum edidit Bergmann, Philol. XXVI p. 567 addito Adleriano. Utor praeterea ectypo et apographis Kochhannii, Iacobsthalii, Lehfeldtii, altero Adleri, Luckenbachii.

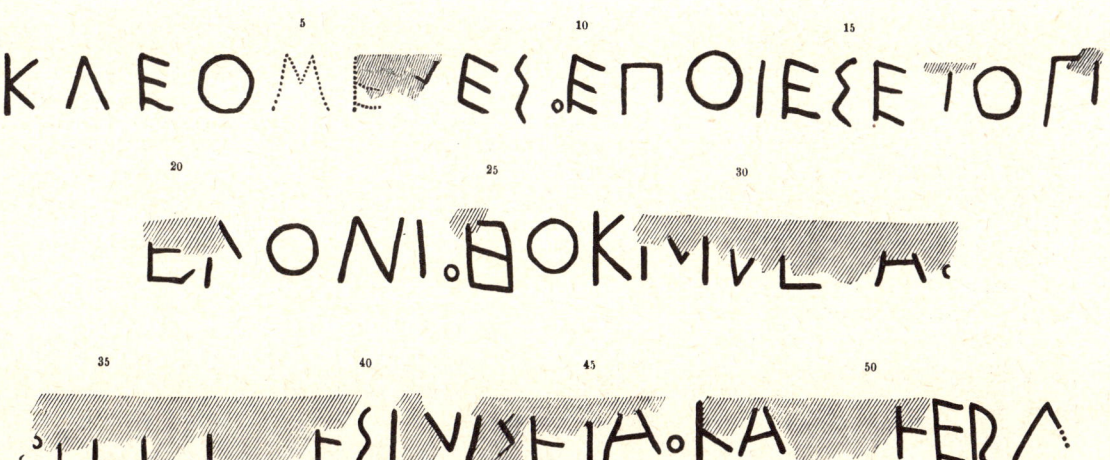

Nota. Spatia sunt haec: inter litteram primam et punctum primum 1.69 m., inter punctum primum et hastam litterae septimae decimae 1.06 m., inter hastam litterae septimae decimae et punctum secundum 1.22 m., inter punctum secundum et tertium 1.24 m., inter punctum tertium et quartum 1.60 m., inter punctum quartum et litteram quinquagesimam quartam 0.96 m. Lectio medio tenus certa est praeter litteras MEN; sed inde usque ad finem lapis a superiore parte adeo mutilatus est, ut litterarum fastigia vel etiam totae litterae evanuerint. Litterae truncae tricesimae linea sinistra non est directa ad perpendiculum, sed paulum procumbit; congruunt cum ectypo apographa fere omnia. Duae hastae, quae ex littera tricesima sexta et littera tricesima septima sunt reliquae, inter se distant 0.145 m., altera hasta a littera quae cernitur proxima ⊬ 0.27 m. Litteram quadragesimam tertiam quam potui accuratissime ex ectypo delineavi, congruenter mecum e lapide exscripserunt Iacobsthal et Kochhann; Luckenbach in litteris ad me datis annotat: bei λ zwei zufällige Striche; alii praebent partim /ς, partim />. Post litteram duodequinquagesimam Bergmann habet vestigium hastae caeteris non visum. Littera duodequinquagesima a littera quinquagesima prima abest 0.30 m. Litteram quinquagesimam quartam Luckenbach affirmat esse Λ, quod corrosione simile factum sit litterae Λ; Bergmann Λ, reliqui Λ. Post eam Bergmann praebet fere haec λ, Schubring[1] I, reliqui nihil.

Κλεομέ[ν]ης ἐποίησε [τ]ὦπέ[λ(λ)ωνι,
οὗ κ[ίβδ]η[λ]α [ί]ε[ι χρ]ῆσι[ν λ]η[τ]ὰ κα[τὰ] Ϝέργ[α].

Scriptum enim olim fuit me iudice: ΒΟΚΙΜΔΕΛΛ.ΙΕΙ+ΡΕΣΙΝ ΛΕΤΑ.ΚΑΤΑΦΕΡΛΛ. Cleomenes, qui pro oraculo salutari sibi dato gratias redditurus aliquam templi partem aedificavit, vocibus primis nullo metro inclusis subiecit versum hexametrum eadem ratione qua Hiero tyrannus, cf. n. 510. Singula brevissime absolvam. De ΒΟ pro ΒΟΥ cf. n. 20 tit. 15. Formam κίβδηλος redde etiam Pindaro in fragmento dithyrambi (n. 79 ap. Bergkium) iniuria spretam ab editoribus, quibus magis placuit κίβδαλος. Lege κίβδηλ' ἴει. Ad λητά cf. Hesych. λητή (sic in libro manu scripto; M. Schmidt: λητή)· ἱέρεια; cf. praeterea glossas λητῆρες· ἱεροὶ στεφανοφόροι, λήτειραι· ἱέρειαι τῶν σεμνῶν θεῶν, alias.

---

510 Titulus *Syracusanus*, scriptus in galea aenea, quae a. 1817 inter rudera Olympiae reperta est, deinde aliquamdiu erat Zacynthi apud Rossium Britannum, denique in museum Britannicum pervenit. Edidit Broendsted, Morgenblatt 1820 mens. Aug. Kunstblatt n. 65, post eum quum alii tum Rose, inscrr. Gr. vet. tab. VIII 1 et Boeckh, C. I. G. 16 (ubi videas priores) et Add. Cf. Broendsted, in Boettigeri Amalth. III p. 57 sqq., idem, classical journal XXIX p. 133; Leake, journal of a tour in Asia minor, p. 240; Anonym. class. journal XXXIV p. 322 sq.; G. Hermann, über Boeckh's Behandl. etc. p. 55, Meier p. 150 sqq.; idem, Hall. allg. Lit. Zeit. 1826 I p. 165 sq.; Welcker, syll. ed. alt. n. 24 p. 173 sqq. Exscripsi.

ΕΙΑΡΟΝΟΔΕΙΝΟΜΕΝΕΟΣ
ΚΑΙΤΟΙΣΥΡΑΚΟΣΙΟΙ
ΤΟΙΔΙΤΥΡΑΝΑΓΟΚΥΜΑΣ

Ἰάρων ὁ Δεινομένεος
καὶ τοὶ(ωϊ) Συρακόσιοι τῷ Δὶ Τυρ(ρ)άν' ἀπὸ Κύμας.

i. e. Hiero Dinomenis filius et Syracusani Iovi Tyrrhena (haec arma) a Cumis (dedicaverunt); Ol. 76. 3. Plura igitur arma dedicata erant, de quibus una galea recepit inscriptionem. Boeckh in extremo titulo versum paroemiacum de industria ab Hierone cusum esse contendit; cui propter elisum α (cf. n. 476) ita assentior, ut paroemiaco hexametrum claudicantem substituam, cf. n. 509.

---

511 *Acris* (Palazzolo) intra orchestram theatri antiqui, in lapide calcario valde corroso, a dextra mutilo, litteris neglegenter sculptis, adesis, lectu difficillimis. Exscripserunt Schubring, qui edidit in Jahrb. für Philol. suppl. IV p. 668, et Kaibel; utor schedis utriusque.

Schubring:

```
  IONI
 \KΞIN:PAIN
 AΞΤIͻΝΤΚ/
 IN:ΒΟΤΕΚ
5 NINΚΕΠ ͻ
 ΕΙΣ〈
```

Kaibel:

```
/////////Ο////////
ΚΡͻΙΝ:ΤΑΙΔ:
Ν:ΤΟΝΤΕΝ///
ΙΝ:ΒΟΤΕΝ////
ΝΙΝΚΕΙ////// 5
////ΕΙΣΩ  vacat?
vacat.
```

511a Titulus *Syracusanus*. Lapis sepulcralis, qui servatur Athenis in aula musei. Edidit Milchhoefer, Mittheil. des deutschen arch. Inst. zu Athen. V p. 175.

ΑΝΑΞΑΓΟΡΑ
ΣΥΡΑΚΟΣΙΑ

Ἀναξαγόρα Συρακοσία.

512 Titulus *Imacharensis*. Caduceus aeneus 0.52 m. long. initio huius saeculi prope Nissoriam repertus; servatur nunc in museo Panormitano. Inscriptionem in scapo incisam edidit Baldassare Romano, Giornale di scienze, lettere ed arti per la Sicilia, a. 1835, tom. 53 p. 217 sq. et a. 1836 tom. 57 p. 152 sqq.; accuratius Salinas, arch. Anz. a. 1865 p. 140 et libello singulari, il caduceo degli Imacaresi, a. 1879.

ΥΜΑΧΑΡΑΙΟΙΥΜΑΜΑΘΣΙΟΝ   ΟΝ

Salinas: le iscrizioni son due; l'una più recente, sebbene di forme abbastanza arcaiche, ha con lettere profondamente incise ΙΜΑΧΑΡΑΙ ΟΝ ΟΣΙΟΝ; e l'altra a tratti più leggeri lascia scorgere solo le lettere Γ...ΛΛ\Λ...ΙΟΝ (in Indice arch. Γ.....ΛΛΛ....ΙΟΝ).

È dunque evidente che il caduceo fosse „sacro degli Imacaresi," e che questa sua consacrazione s'incidesse sovra di una iscrizione preesistente. — Si liceat putare aliquot lineas oblitteratas inter ΑΙΟΝ et ΟΣ pertinere ad titulum recentiorem, legam Ἰμαχαραίων [δ]αμόσιον.

---

512 a Titulus *Gelensis*. Lamina aenea, 0.003 m. crass., ab una parte fracta, caeterum integra, eruta est Olympiae apud Altis murum meridionalem. Olim ad aliquam superficiem aequam affixa erat fibulis, quarum duae servatae sunt, et clavis, de quibus unus foramen reliquit. Titulus litteris tenuibus ea via videtur incisus esse, ut primo margines laminae sequeretur, tum in mediam se inflecteret. Ex ectypo et Furtwaengleri apographo edidit Kirchhoff, arch. Zeit. XXXVII a. 1879 p. 161; aere ante robiginoso perpurgato plenius apographum et ectypa confecit summisitque Purgold.

Notae Purgoldii. Ante litteram Γ nihil periit. In nomine Μενεκράτιος littera Ι, de qua illum percontatus eram, iam est clarissima. In versu medio ad dextram vestigia non omni ex parte certa litterae Τ. Ad sinistram post ΟΙ spatium vacuum.

Πανταρης μ' ἀνέθηκε Μενεκράτιος, Διό[ς ἄθλον]
[ἅρματι(?) νικάσας, πέδου ἐκ κλει]τοῦ Γελοαίου.

Pantarem intellegendum esse patrem Cleandri et Hippocratis tyrannorum Gelensium, de quo mentionem fecit Herodotus VII 154, non fugit Purgoldium. Itaque titulus saeculo sexto exeunte vix recentior est. Cum genetivo Μενεκράτιος cf. Τιμοκράτιος tab. Heracl. I 118.

---

513 Titulus *Gelensis*. In astragalo aeneo in Sicilia reperto, qui asservatur in Britannia; ex Forchhammeri apographo titulus editus est ab E. Curtio, C. I. G. 8521.

ΤΟΝΓΕΛΟΙΟΝΕΜΙ

Τῶν Γελῴων εἰμί.

---

514 Titulus *Selinuntius* vel Megaricus ductu lato incisus in lamina aenea fere 0.0015 m. crass., aliquot locis robiginosa, cuius sex fragmenta Olympiae effossa sunt. Fragmentum *a*, 0.19 m. alt., 0.095 m. lat., superne integrum, sinistra desectum, caeteroqui fractum, barbara aetate perforatum, effossum est intra Leonidaeum. Ex Furtwaengleri apographo edidit Kirchhoff, arch. Zeit. XXXVII a. 1879 p. 163. Fragmentum *b*, 0.135 m. alt., 0.07 m. lat., supra ut videtur integrum, ad sinistram desectum, a reliquis partibus fractum, repertum est a Pelopio ad meridiem et occidentem versus. Ex Purgoldii apographo, quod mancum erat dextra parte aeris tum temporis nondum revoluta, edidit Kirchhoff, arch. Zeit. XXXVIII a. 1880 p. 66. Fragmentum *c*, 0.015 m. alt., 0.032 m. lat., undique mutilum, effossum ante Heraei latus occidentale. Fragmentum *d*, 0.09 m. alt., in parte inferiore 0.035 m. lat., infra incolume, erutum a prytaneo ad septentriones versus. Purgoldii apographo usus edidit Kirchhoff, arch. Zeit. XXXVIII a. 1880 p. 119. Fragmentum *e*, 0.08 m. alt., 0.045 m. lat., infra incolume. Ex R. Weilii apographo edidit Kirchhoff, arch. Zeit. XXXVI a. 1878 p. 143 tab. XIX 3. Fragmentum *f*, 0.095 m. alt., 0.33 m. lat., sinistra et dextra et supra fractum, infra integrum, effossum ab ecclesia Byzantina ad meridiem et orientem versus. — Imagines dimidiam magnitudinem aeris repraesentantes expressae sunt maximam partem ad fidem apographorum Purgoldianorum, ectypis fragm. *b* et *f* adhibitis; imagines fragmentorum *a* et *d* repetuntur ex diario archaeologico, illius imago correcta ex Purgoldii notis.

(Textum vide p. 148.)

Potiores varietates lectionis et Purgoldii notae. Fragm. *a*. Supra versum primum lineolas brevissimas litterarum vestigia esse negat Purgold; vs. 1 Purgold post Σ iudicat fuisse non Θ, sed potius litteram ab hasta incipientem; vs. 2 litt. 7 Purgoldio olim videbatur esse Π; postea nuntiavit nihil certum esse nisi hastam et posse illam litteram fuisse Τ; vs. 3 fin. littera dubia. — Fragm. *b* vs. 2 punctum in littera Θ consulto incisum est. — Fragm. *f* vs. 2 inter Ν et Ε in ectypo cerno Π; vs. 3 litterae magnam partem fractura dimidiatae sunt; littera, quae a dextra manu fuit octava, intercidit; deinde, ut videtur, Я mutilum et post alterum spatium Ο ipsum quoque truncum, utrumque non adeo certum; post lacunam Ƨ et pars inferior litterae Ƨ; tum Ǝ et Α; inter duo Α vestigia superare videntur ex littera Λ; sequitur locus corrosus; hunc excipiunt septem litterae clarae; post eas linea inferior transversa fortasse casui tribuenda, sed hasta directa et mox pars inferior lineae obliquae sunt genuinae; ad sinistram litterae ΟΜ admodum dubiae; vs. 4 Ϙ est certum; vs. 5 ad dextram littera Φ, quae nunc laesa est, integra erat, quum aes e terra proveniret; ibidem supra litteram quartam Ι ectypum lineam transversam quamvis incertam videtur praebere; vs. 6 ad sinistram litterae ΜΟ (in apographo ΜΟ) prorsus incertae; certa littera Ο, quae illis vicina est; deinde fortasse Ν.

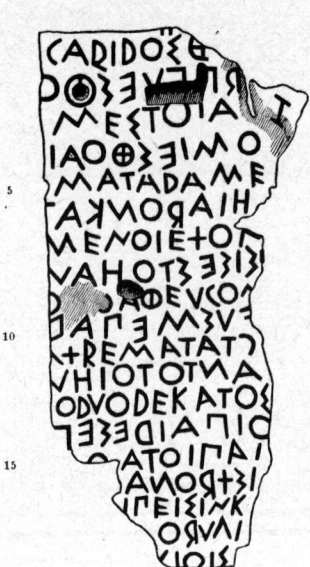

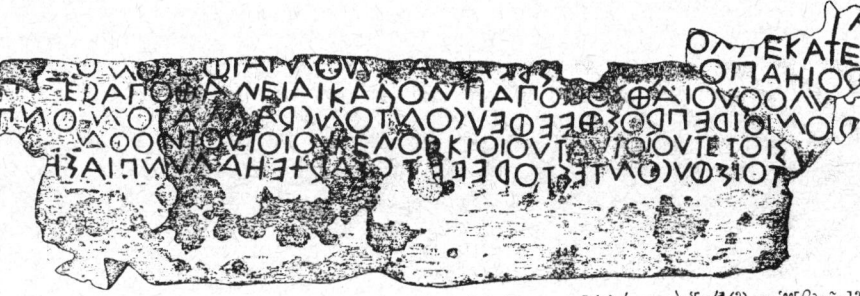

Haec sex fragmenta de una tabula restare probat summa scripturae similitudo, atque fragmenta *a* et *b* parti superiori, fragmenta *d e f* inferiori tribuenda esse ostendunt margines antiqui servati. Neque opinioni multis nominibus commendabili obstare debet, quod fragmenti *a* versus ultimi litteris minoribus scripti et artius locati sunt quam fragmentorum *d e f*; potuit enim scriba, postquam se iniuria de capacitate tabulae dubitasse intellexit, ad amplius scribendi genus redire. Fragmenta *d* et *e* ex ea tabulae parte restare, quae ad sinistram fracturam fragmenti *f* olim sese applicabat, docet versuum dispositio; is enim versus, qui in fragmento *f* est septimus, in deperdita tabulae parte prope sinistrum marginem est denuo convertit ita ut ultimus versus universi tituli non per totam tabulae latitudinem productus dextrorsum curreret; atque convenit locus in fragmento *f* infra vacuus tanto fere spatio locum in fragmentis *d* et *e* vacuum superans, quantum unus versus occupare solet.

Iam si ad haec fragmenta interpretanda accedimus, id mihi videtur dubitari non posse, quin in fragmentis *b* et *f* dexter margo si non tabulae at certe tituli partim inviolatus partim paulum violatus superet. Minus confido ordine et intervallis, quae in fragmentis *d e f* sumpsi; inter fragmenta *a* et *b* lacuna maior videtur esse, quam quae probabiliter expleri aut taxari possit. Fragm. *a b*. Vss. 1. 2 (*a*) [Μεγαρίδος — — (*b*) [α]ἴ τί κ[α ...]λεσ(?) — — (*a*) [κα]ορπ[ε]νέσ[θ]ω. Vss. 3. 4 (*a*) μεττοί (-ῷ)(?) α[— — (*b*) ὁμιέσθω [ἀλ.]λὰ δα — — seu [τἀ.]λα δ' α — (*a*) ὁμιέσθων, αἰ. Vss. 5. 6 (*a*) [χρή]ματα δαυε[νέτω — ὁ] (*b*) αἰτυμνά[τ]ες [']ὅπερ κα μὴ ᾖ (?) — —] (*a*) ἱαρὸν καὶ[(τ) τὸν νόμον]. Vss. 7. 8 (*a*) —μενοι (vel —μένῳ) ἔχον — — (*b*) ἔτω ἐκ [τ]ἀο νᾶς (?) [τ]ίτις ἔστω αὔ[τα]. Vss. 9. 10 (*a*) — α φεύγων [— — ἐν Σ](*b*) ελινόεντι Ϝοικῇ ἐλ[— — Μεγαρ](*a*)εὺς μὴ παϝ(?). Vss. 11. 12 (*a*) [τὰ χ]ήματα τῶ seu τῶ[ν — —]

(*b*) ἱ ἀνίτω σὺν τῷ Μεγα[ρεῖ — — τεισ](*a*) ἀντω τοὶ ὑ[ιοί] (?) an Ὑ[βλαῖοι]? — Vs. 13 δυοδέκατος. Vs. 14 [τ]οὶ παῖδες. Vs. 15 τοὶ παῖ[δες]. Vs. 16 [α]ίσχρόν, an nomen proprium? — Fragm. *d e f* Vss. 2. 3 (*f*) --ων [']εκατέρω ἀπο[γραφά](?) Vss. 4. 5. 6. 7. 8 (*d*) [τ]ὰ χρ[ήματα τήπιβά(λ)λ](*e*)ο[ντα αὐτοῖς ἐπεί κ' ὁ](*f*) π[ατ]ὴρ ἀποδάνῃ, αἴ κα λῶν[τ]ι ἀποδόσθαι, οὐ ϝωλύ[σ]ον. [τ]οὶ δὲ προσθε ἐφεύγον τῶν γρα(μ)μάτων [τ]ῶν π[ερὶ — — καὶ πε](*e*)οὶ κρ[— — καὶ περ](*d*)ὶ ἀνο[σίω]ν(?) καὶ [περὶ κιξαλ](*e*)ᾶν(?) [καὶ περὶ — —] (*f*) μόνιν, τούτοι οὐκ ἐνόρκιοι, οὔτ' αὐτοὶ οὔτε τοὶ σύ[ν τού]τοισι φυγόντες. τῶδε (τὸ δὲ?) ϝέτος ἄρχει ὀλυμπιάς [ᾇ ὁ δεῖνα τοῦ δεῖνος] (*e*) -ς, Ἐπα- [ὁ δεῖνα τοῦ δεῖνος] (*d*) -οκρά[τε]ος τὸ[ν ἀγῶνα ἐθέτ] (*e*) [θ]αν [ἐν Ὀλυμπίᾳ]. — *b* vs. 5. Nomen aesimnatarum sic in syllaba secunda scriptum iam bis inventum est, apud Megarenses (Le Bas n. 35*a*) et Chalcedonios eorum colonos (C. I. G. 3794 αἰσιμνῶντες); utroque loco lectio est certa (cf. Foucart, not. ad n. 35*a* p. 25 et 26). *b* vs. 8, cf. Hesych.: νᾶς· τὸ ἔυγος, ὅπερ ἐστιν εἰς τρίτην. Δωριεῖς δὲ νᾶς (cod. νῆς) λέγουσι; commodius litteras ατυνατες nunc nequeo expedire. *b* vs. 12 Μεγαρεῖ, cf. Μείξιος n. 344. *f* vss. 4. 5. Ad κωλύεσθον cf. vss. 2. 3 ἑκατερ-. Litteram Φ in Θ mutandam esse iudicavi, quandoquidem saepius, sive in aere sive in apographo, intra Θ altera linea videtur deesse, cf. Φ *a* vs. 2 et Θ utique mendosum *e* vs. 8. *d e f* vss. 7. 8. Loco mutilo olympias notata erat, ni fallor, nominibus duorum hellanodicarum; quod si verum est, titulus olympiadem quinquagesimam aetate non superat. Continet ille autem, quantum cognosci potest, pactionem iureiurando firmatam de bonis eorum, qui exules Megaris Selinuntem transmigraverant, factam a Megarensibus et ab exulibus vel Selinuntiis causam eorum agentibus. Quam pactionem ut facerent, Megarenses ea re videntur esse commoti, quod numerus eorum, qui lege quadam (τὰ γράμματα τὰ περὶ κτλ. *f* vs. 5 sq.) a factione victrici scita e patria cedere coacti erant, tantus evaserat, ut verendum esset, ne vi redirent. Ei autem qui ante illam legem sanctam alias ob causas fugerunt, beneficio pactionis excluduntur. Utrum Nisaea an Hyblaea sint intellegenda Megara, non liquet; illa quidem ex urbe in tumultibus domesticis, quibus saeculo sexto vexabatur, tot homines — inter eos Theognis — quum alio tum in Siciliam videntur fugisse, ut eius generis pactione opus esse posset.

---

515 Fragmenta lapidis tofini, 0.435 m. alt., 1.40 m. lat., 0.60 m. crass., reperta *Selinunte* vere a. 1871, quum templum Apollinis effoderetur; is lapis olim pars erat antarum ad portam adyti; exstat nunc in museo Panormitano. Litterae fere 0.03 m. sunt altae. Ediderunt et interpretati sunt quum Itali tum Holm, bullettino della commissione di antichità e belle arti di Sicilia, n. 4, p. 24 sqq.; Sauppe, Goett. Nachr. a. 1871 p. 605 sqq.; Holm, mus. Rhen. a. 1872 p. 353 sqq.; Benndorf, bullettino dell' inst. arch. a. 1872 p. 271 sq.; Schubring, arch. Zeit. a. 1873 p. 71. p. 101 sq.; Benndorf, Metopen von Selinunt, p. 27 sqq., cuius exemplum accuratissimum hic repetitur; anonym. philol. Anz. 1874 p. 52 sqq. p. 55; Blass, mus. Rhen. XXXVI a. 1881 p. 615 sq.

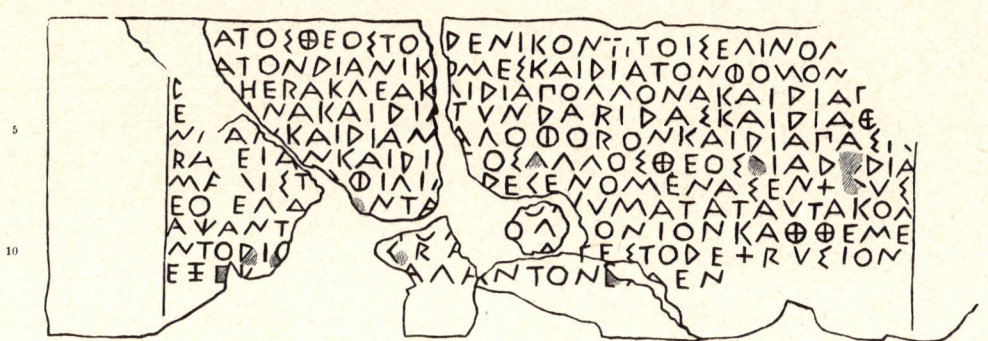

[Δι]ὰ τὼς θεὼς τώ[σ]δε νικῶντι τοὶ Σελινώ[ντιοι]·
[δι]ὰ τὸν Δία νικῶ[μ]μες καὶ διὰ τὸν Φόβον [καὶ]
δ[ιὰ] Ἡρακλέα κ[α]ὶ δι' Ἀπόλλωνα καὶ διὰ [Ποτ]-
ε[ιδᾶ]να καὶ δι[ὰ] Τυνδαρίδας καὶ δι' Ἀ[α]-
5 ν[ά]αν καὶ διὰ Μ[α]λοφόρον καὶ διὰ Πασικ[ρ]-
ά[τ]ειαν καὶ δι[ὰ τ]ὼς ἄλλως θεώς, [δ]ιὰ δ[ὲ] Δία
μά[λ]ιστ[α]. φιλί[ας] δὲ γενομένας ἐν χ[ρ]υστ-
έω[ι] ἐλά[τα]ντες, τὰ δ' ὀν[ύ]ματα ταῦτα κολ-
άψαντ[ας ἐς τὸ Ἀπ]ολ[λ]ώνιον καθθέμε-
10 ν, τὸ Διὸ[ς προ]γρά[ψαν]τες· τὸ δὲ χρυσίον
ἐξήκοντα τ]αλάντων [ἤμ]εν.

Selinuntii imminente aliquo bello, quod quocum et quando gestum sit nescitur, fisi pristinis victoriis vovisse videntur deis, quos nominatim enumeraverunt, si denuo vicissent (αἰ δέ κα καὶ τοῦτο νικάσωμες vel sim.), statuas eorum aureas cum nominibus se dedicaturos esse; post quum res praeter opinionem ita cecidisset, ut nec vincerent nec vincerentur, sed in gratiam cum adversariis redirent, tamen non fraudandi erant dii donis promissis; itaque statuae in Apollonio collocatae sunt et ex voto prope in eodem templo propositum est exemplar illius ipsius decreti in lapide incisum; eo tamen in exemplari pro verbis iam non idoneis αἰ δέ κα καὶ τοῦτο νικάσωμες substituta sunt haec: φιλίας δὲ γενομένας. Sic discrepantia, quae est inter vss. 1. 2 νικῶντι νικῶμες et vs. 7 φιλίας δὲ γενομένας, explicatur. — Vs. 2. Φόβος est Mars, ut vs. 5 Μαλοφόρος Ceres, Πασικράτεια Proserpina. Vs. 8. Schubring proposuit: ἐνχ[ρ]ύτεο[ν], tabulam auream; at si imago ad verum expressa est, lacuna litteram Ν non capit. Vs. 10 προγράψαντες, soloecismus vix mirandus in dictione compluries neglegenti: cf. νικῶντι et νικῶμες, deinde τὸν Δία, τὸν Φόβον et Ἡρακλέα, Ἀπόλλωνα etc. Blass tituli partem extremam sic restituendam censet:

vs. 7   φιλί[ας] δὲ γενομένας ἐν χ[ρ]υσ-
έω[ι τ]ελα[μῶ]νι α[ὐτὰ τ]ὰ ὀνύματα ταῦτα κολ-
άψαντ[ας ἐς τὸ Ἀπ]ολ[λ]ώνιον καθθέμε-
ν, τὸ Διὸ[ς δ' ἐκ]κρῖ[μ]αι. καὶ ἐς τόδε χρυσίον
ἐξήκοντα τ]αλάντων [δό]μεν.

At ab apographo Benndorfiano, quo Blass non usus esse videtur, haec longius recedunt, quam ut assentiri liceat; nisi forte relecto lapide illud parum fidum apparebit.

---

516 In giso tofino, quo magna ara videtur fuisse ornata, 0.15 m. alto, 1.15 m. longo, ad dextram fracto, effosso a. 1865 *Selinunte* in acropoli inter templa, quae in Benndorfii ichnographia signantur litteris *C* et *D*; servatur in museo Panormitano. Cavallari, bullettino dell' inst. arch. a. 1868 p. 88; Schubring, arch. Zeit. a. 1873 p. 101; Benndorf, Metopen p. 35, unde repeto.

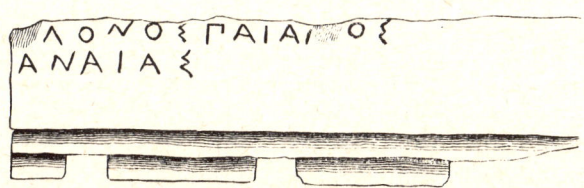

[— —Ἀπό]λλωνος Παιᾶ[ν]ος
[— —] Ἀθαναίας.

Pars tituli periit in altero lapide, qui hunc a sinistra excepit.

---

517 Fragmentum cymatii tofini gypso tecti, 0.264 m. alti; erutum est vere a. 1874 *Selinunte* ad occidentem Selinuntis fluminis prope templum parvum; servatur in museo Panormitano. Fascia, in qua titulus litteris 0.015 m. altis incisus est, 0.077 m. est alta, 0.367 m. longa; sinistra pars tituli deleta est, dextra facilis ad legendum. Ugdulena, giornale di Sicilia, d. 1 et 24 m. Iunii; Cavallari ibid. d. 13 m. Iunii; Holm, Jahresber. I p. 81 sq., unde titulum depromo.

0.13 m.	Σ∷Ο ΕΝΟΝΟΣ
0.132 m.	ΝΟΙΤΑΙΗΕΚΑΤΑΙ
0.12 m.	Ε

Nota. Vs. 1 init. Ugdulena . . . . ΕΦΑΣ. Littera Φ Holm non confidit; idem inter Ο et Ε propter spatii latitudinem intercidisse iudicat Μ.

[Τη]λεφᾶς(?) ὁ [Μ]ένωνος s. [Ζ]ήνωνος s. [Ξ]ένωνος
[ἐπὶ τ]έ[μ]ενι τᾷ Ἑκάτᾳ
ἀ[νέθηκ]ε.

TITVLI 150 SICILIAE

518 Titulus *Zanclaeus*. Lamina aenea, 0.00075 m. crass., reperta Olympiae, in regione Philippei ante murum periboli, undique mutila, nisi quod margo dexter vss. 2—5 et fortasse margo superior supra litteras ΟΝ servatus est. Ediderunt Kirchhoff, arch. Zeit. XXXVI p. 141 tab. XVIII 5, et Curtius, Ausgrab. zu Olymp. III tab. 25. Utor ectypo; imago repraesentat dimidiam magnitudinem.

Nota. Vs. 1. In littera secunda linea transversa admodum tenuis fortasse casui debetur, ut diiudicari nequeat, utrum ea littera fuerit Η an Π. Vs. 3. Sculptor litteram Ο superiore loco, quam debuerat, incidit, deinde suo loco repetivit.

Vss. 3. 4 [δικα]ζόμενος νικηθείη. Vss. 5. 6 [πο]λεμίους βληθῆναι, quo in verbo sculptor litteram Ν parum scite exaravit, ut litterae V fieret similis. Vss. 7. 8 [Δα]νκλην κ[αὶ] τὸν Δα[νκλαῖον]. Vss. 9. 10 [τοῖ]ς συνμά[χο]ις οὕς —.

Titulum ante Zanclen a Samiis captam (a. 494) esse scriptum annotavit Kirchhoff.

---

519 Titulus *Chalcidicus*. In duabus pateris ex collectione Campoliana, quae erat Terranovae (Gelae), in museum Panormitanum delatis, leguntur duo tituli simillimi (cf. n. 520). Litterae 0.007—0.008 m. altae in margine acu non satis stabili incisae sunt. Apographa subministraverunt Schubring in diario et Holm in litteris ad me datis.

ΗΙΠΟΔΡΟΜΕΣΤΟΔΕΔΟΔΟΝΠΕΔΙΟΙ

Ἱπ(π)οδρόμης τόδε δῶρον Πεδιοῖ, ab Hippodroma hoc Pedio (ni fallor ipsi quoque feminae) donum datum est. Titulum non Gelensem, sed Chalcidicum esse apparet.

520 Titulus *Chalcidicus* in patera incisus; cf. n. 519.

ΑΡΦΥLΕΣΤΟΔΕΟΟΔΟΝΠΕΔΙΟΙ

Ἀρφύλης τόδε δῶ[ρ]ον Πεδιοῖ, ab Arcyla hoc Pedio donum datum est. Parilis horum titulorum conceptio explicatur, si utrumque ab ipsa Pedio incisum esse putamus. Quod autem duae feminae similia vasa Pedio donaverunt et quod haec vasa coniuncta usque ad hoc tempus servata sunt, mirum videri potest neque tamen satis est ad suspicionem falsi firmandam; conicere licet ea in sepulcro reperta esse.

521 Titulus *Chalcidicus*, in ansa aenea reperta Agrigenti; edidit, qui possidebat, Baldassare Romano, antichità inedite di vario genere, Palermo a. 1854, p. 16, tab. 6 n. 14.

ΨΡΥΣΙΠΟ

Χρυσίπ(π)ου. Littera Ψ documento est illud vas olim ex aliqua Chalcidica colonia Agrigentum delatum esse.

522 Titulus *Longenaeus* in caduceo aeneo musei Britannici reperto in sepulcro Siciliensi. Fraenkel, arch. Zeit. XXXIV p. 40.

ΛΟΝΓΕΝΑΙΟΣΕΜΙΔΕΜΟΣ....

Λονγηναῖός εἰμι δημόσ[ιος]. Hunc caduceum gestavit praeco publicus urbis Longanae haud procul a Messana sitae; eam, quo tempore a Chalcidensibus incolebatur, Longenen appellatam esse consentaneum est. Ad Λ cf. not. n. 533.

523 In frusto argenti ex Sicilia oriundo, pondere 730 grammatum, forma oblonga inaequabili; Thermis, ubi nunc Termini, apud Iosephum di Giorgio, rerum antiquarum mercatorem, exscripsit Mommsen.

ΔΙΟΣΛΥΚΑ

ΝΟJΑΒΤ

Διός· Λύκα, Τρυγών (sc. ἀνεθέταν). Meretriculae — nam harum de arte sordida eam ob causam non dubito, quia non alterutra sed utraque nomine bestiae utitur neque adduntur nomina patrum aut maritorum — Iovi pro quaestu amplo hoc argentum dedicaverunt. Qua autem in urbe Siciliae Dorides illae incoluerint, in medio relinquitur; si argentum Himerae in urbe propinqua repertum esse constaret, titulum tribuerem Doricae incolarum parti.

XXIV.
TITVLI ITALIAE,
COLONIARVM CHALCIDICARVM CVM ALPHABETIS IN ETRVRIA REPERTIS, COLONIAE LOCRENSIS, COLONIARVM ACHAICARVM, COLONIARVM LACONICARVM, ORIGINIS IN ITALIA DVBIAE.

524 Inscriptio acu incisa est in lecytho 0.057 m. alta, reperta a. 1843 in sepulcro *Cumano*, fodiente Britanno Vernon. Minervini, bullett. Napol. a. 1844, II p. 20 sq. tab. I 1. 2; repetiit E. Curtius, C. I. G. 8337.

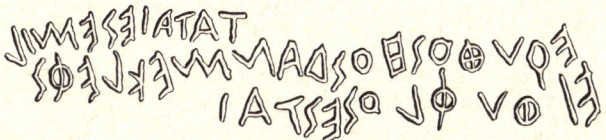

Ταταίης εἰμὶ λήφυθος· ὃς δ' ἄν με κλέψῃ, [θ]υφλὸς ἔσται. Ad vocem θυφλός cf. ἐθέθην n. 525.

---

525 In lebete aeneo 0.18 m. alto, 0.4 m. in diametro habente, qui ex sepulcro *Cumano* ablatus est; inscriptio in summo margine acuto scalpro ductu tenui incisa tamen fere ubique clara et perspicua servata est. Ex collectione Payne-Knightiana pervenit in museum Britannicum. Classical journal I p. 329 sq.; Rose, inscrr. Gr. vet. p. 65 tab. VII 2; Boeckh, C. I. G. 32 et add.; K. F. Hermann, Heidelb. Jahrb. a. 1827 p. 998; Bursian, mus. Rhen. XVIII p. 451; denuo exscripsit von Duhn, annali dell' inst. arch. a. 1880 p. 344. Exscripsi, utor ectypo stanneo. Intervalla litterarum in imagine artata sunt; vera enim tituli longitudo est 0.251 m.

ΕΠΙΤΥΙSΟΝΟΜΑSΤΟΤΟΦΕΙΔΙΛΕΟΑΘΛΟΙSΕΘΕΘΕΝ

Var. lect. Post AΘLO litteras IS paulum corrosas et adesas primus perspexit von Duhn, quum antea lectum esset N. Idem in extremo titulo praebet ΘΕΝ.	Ἐπὶ τοῖς Ὀνομάστου τοῦ Φειδίλεω ἄθλοις ἐθέθην, in ludis funebribus, qui in honorem Onomasti, Phidilai filii, celebrati sunt, propositus sum. Ad ἐθέθην cf. n. 524 θυφλός.

---

526 Titulus *Chalcidicus* incisus sub fundo paterae parvae nigrae musei Berolinensis, nescio ubi inventae. Exscripsit R. Weil. Contuli.

527 In tabula tofina cana, c. 0.67 m. altitudine, 0.67 m. latitudine, 0.28 m. crassitudine, litteris maximis; eruta est prope *Oumas* a comite de Syracusis, nunc servatur Neapoli in museo. Minervini, bull. Napol. nov. ser. a. 1858 VI p. 49 sqq. tab. 1; Kirchhoff, Stud.³ p. 107. Exscripsi.

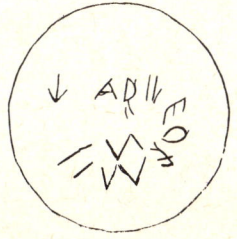

Χαριλέω εἰμι ΙΜ?

Κριτοβούλης.

528 In tabula tofina *eodem loco* inventa ibidemque servata atque ea quae praecedit; ex hoc lapide sepulcrali atque aliis lapidibus compositum erat alterum sepulcrum recentius forma cistae, quod vas cinerarium aeneum continebat. Quum tofus humore assiduo marcidus esset fractus, pars infima periit; ea, quae reliqua est, fere 0.4 m. alta, 0.54 m. lata est. Minervini, bull. Napol. nov. ser. a. 1858 VI p. 65 sqq. tab. 2; Kirchhoff, Stud.³ p. 107. Exscripsi.

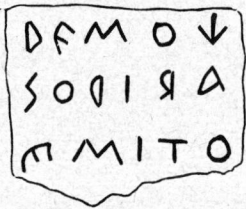

Δημοχάριδός εἰμι τοῦ ― ―.

529 In fundo paterae parvae aeneae reperto inter cineres *eodem loco* quo tituli superiores. Minervini, bull. Napol. nov. ser. a. 1858, VI p. 68.

ΔΕΜΟΝΟΣ

Δήμωνος.

530 In amphora *Cumana* collectionis comitis de Syracusis, litteris incisis. Bullett. Napol. VII p. 136; Kirchhoff, Stud.³ p. 107.

ϞΑΙΡΙΟ⋮ΕΜΙ

Χαιρίω εἰμί, Chaeriae sum.

531 In patera *Cumana* eiusdem collectionis, litteris incisis. Bullett. Napol. VII p. 136; Kirchhoff, Stud.³ p. 107.

ΒΙΟΤΟ

Βιότου.

---

532 Titulus *Rheginus*. Marmor Parium 0.26 m. alt., 0.98 m. long., 0.755 m. crass., repertum Olympiae ab Heraeo ad meridiem; litt. alt. 0.02—0.026 m. Ad dextram et ad sinistram similia marmora, quae interierunt, hoc exceperunt. Edidit Furtwaengler, arch. Zeit. XXXVII p. 149 sqq. Imago sextae parti verae magnitudinis respondet. Ectypum contuli.

```
ΝΙΟΣϹΟΙΚΕΟΝΕΝΤΕϹΕΕΙ
ΝΚΑΙΘΕΑΙΣΠΑΣΑΙΣ
ΑΙ↓ΡΕΜΑΤΟΝΗΟΣΣΑϹΟΙΠΛΕΙΣΤΑΕϹΕΝ
ΕϞΘΟΝΕΠΕΙΤΑΕΥ✝ΑΜΕΝ
```

Supersunt haec ex basi donariorum a Micytho Rhegino dedicatorum; cf. Herod. VII 170: ὁ δὲ Μίκυθος, οἰκέτης ἐὼν Ἀναξίλεω, ἐπίτροπος Ῥηγίου κατελέλειπτο, οὗτος ὅς περ ἐκπεσὼν ἐκ Ῥηγίου καὶ Τεγέην τὴν Ἀρκάδων οἰκήσας ἀνέθηκε ἐν Ὀλυμπίῃ τοὺς πολλοὺς ἀνδριάντας; Pausan. V 26: τὰ δὲ ἐπὶ τοῖς ἀναθήμασιν ἐπιγράμματα καὶ πατέρα Μικύθῳ Χοῖρον καὶ Ἑλληνίδας αὐτῷ πόλεις Ῥήγιόν τε πατρίδα καὶ τὴν ἐπὶ πορθμῷ Μεσσήνην δίδωσιν· οἰκεῖν δὲ τὰ μὲν ἐπιγράμματα ἐν Τεγέᾳ φησὶν αὐτόν, τὰ δὲ ἀναθήματα ἀνέθηκεν ἐς Ὀλυμπίαν, εὐχήν τινα ἐκτελῶν ἐπὶ σωτηρίᾳ παιδὸς νοσήσαντος νόσον φθινάδα. Itaque haec fere supplementa titulus sibi postulat:

[Τὰ ἀγάλματα τάδε Μίκυθος ὁ Χοίρου, Ῥηγῖνος καὶ ἀπὸ πορθμοῦ Μεσσή]νιος Ϝοικέων ἐν Τεγέῃ,
[χάριν ἀξίην ἀποδιδοὺς ἀνέθηκα ὑπὲρ υἱοῦ φθισιῶντος θεοῖσι πᾶσι]ν καὶ θεαῖς πάσαις·
[ἐπεὶ γὰρ ἐμοὶ ἐς τὴν ἰητρικὴν τέχνην ἀναλώματα χρόνου καὶ πόνου κ]αὶ χρημάτων, ὡς σαφοῖ, πλεῖστα ἐγέν[ετο]
[καὶ οὐδὲν ἐπέρηνα ― ― ― ― ― ― ― ― ― ἐπὶ πᾶν] ἐλθών, ἔπειτα εὐξάμην
5 [― ― ― ―].

Hic titulus necessario recentior est anno Ol. 78. 2, quo anno Micythus Rhegio Tegeam demigravit, cf. Diod. XI 66; quin etiam seriorem terminum lucramur, si recte Furtwaengler coniecit haec marmora quondam collocata fuisse in fundamento quodam ex lapidibus calcariis composito, a templo Iovis ad septentriones versus sito; quod quum exstructum sit supra eam humi straturam, cui recrementa templi intermista sunt, haud antiquius medio saeculo quinto haberi potest. Supplementa, quibus sententiarum ordinem adumbrare studui, ut a vera ratione labantur, me non fugit posse fieri; ac si quis vs. 3 pro ὡς σαφοῖ (i. e. σῴζοι) lectionem ὅσσα Ϝοι non uno nomine improbandam tueri constituerit, longe alia ei erunt fingenda. — Vs. 4 εὐξάμην scripsi, non εὐξάμεν[ος], ut etiam hic versus voce integra finiretur.

533 Titulus *Rheginus*. Marmor Parium (*a*), 0.285 m. alt., 0.45 m. lat., 0.51 m. crass., repertum Olympiae prope templum Iovis inter septentriones et orientem solem; ad dextram manum et a parte postica fractum est, ad sinistram olim sese applicabat ad alterum lapidem, cuius fragmenta (*b*—*f*) pusilla videntur superesse. Altitudo litterarum est 0.02—0.026 m. Tit. *a* edidit Kirchhoff, arch. Zeit. XXXVI p. 139 tab. XVII 1, ectypo usus, quod ego quoque adhibui; fragmenta *b*—*f* minore forma expressa mutuor ex Furtwaengleri editione, arch. Zeit. XXXVII p. 149 sqq.

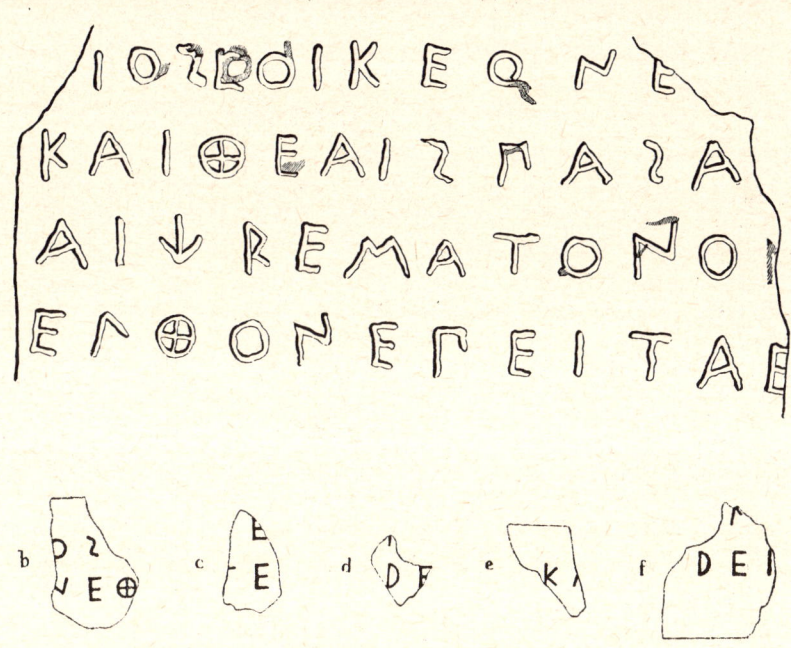

Nota. Vs. 1. Litteram O ipse lapidarius correxit superincisa littera Ϲ. Vs. 3 fin. Margo fractus vestigium litterae extremae dubium reddit. Haec pertinent ad titulum simillimum eius, qui praecedit:

[Τὰ ἀγάλματα τάδε Μίκυθ](*b*)ος [ὁ Χοίρου, ῾Ρηγῖνος](*e*) κ[αὶ ἀπὸ πορθμοῦ Μεσσήν]ιος, Ϝοικέων ἐ[ν Τεγέῃ],
[χάριν ἀξίην ἀποδιδοὺς ἀ](*b*)νέθ[ηκα ὑπὲρ υἱοῦ φθισιῶντος θεοῖς πᾶσιν] καὶ θεαῖς πάσα[ις]·
[ἐπεὶ γὰρ ἐμοὶ εἰς τὴν ἰητρικὴν τέχνην ἀναλώματα χρόνου καὶ πόνου κ]αὶ χρημάτων, ὡ[ς σαφοῖ, πλεῖστα ἐγένετο]
[καὶ οὐδὲν ἐπέρηνα — — — — — — — — — — — — — ἐπὶ πᾶν] ἐλθών, ἔπειτα ε[ὐξάμην]
5 [— — — —].

Propter magnitudinem basis nimirum tituli dedicationis duo in oppositis lateribus incisi erant. Quamvis autem magna sit litterarum imprimis litterae sibilae similitudo, tamen non putaverim eadem eos esse exaratos manu. Non quo provocem ad litteras in illo titulo, n. 532, toto στοιχηδόν dispositas, in hoc non nisi e parte; nam potuit sane etiam idem lapicida, si hunc prius scripsit titulum, versu secundo nondum confecto ab incuriosa litterarum collocatione ad pulcriorem et elegantiorem ordinem transire, eundem servare in titulo n. 532 exinde scripto. Neque gravioris momenti est spiritus asper illic scriptus, hic omissus. Sed movent me quum litterae λ diversa scriptura, quam citra necessitatem nolim uni scribae vindicare (cf. autem n. 105), tum litterae α linea transversa in illo titulo ubique librata, in hoc ubique prona. — Iam dixerit quis litterae λ formis variantibus nisus iussu Micythi alterum lapicidam in illo titulo usum esse scriptura et dialecto coloniarum Chalcidicarum, alterum in hoc titulo scriptura et dialecto Arcadiae, novi domicilii. At secus videtur, quandoquidem participium Ϝοικέων repugnat dialecto Arcadicae; deinde littera λ ad hanc rem non multum valet, quia, ut saeculo quinto in litteraturam Chalcidicam accolis freti Siculi usitatam irreperent litterae Ionum Asiaticorum propriae, procul dubio effecerunt Samii, qui Messanam tenebant, cf. n. 536, praeterea n. 522. — Denique utrius tituli sinistrae parti deperditae fragmenta quinque parva sint attribuenda, neque magni interest neque scio an liquido disceptari nequeat. Neque enim ex spatio lato vacuo, quod fragmentum *b* supra versum primum, fragmentum *f* infra versum ultimum servavit, iudicii inclinationem oportet pendere, quia ectypum tituli n. 533*a*, quamquam ipsos margines lapidis non cepit, tamen docet etiam in hoc titulo versum primum et quartum supra et infra a margine lapidis satis longe abesse, certe multo longius quam linea circumscripta in imagine diarii archaeologici exprimit. Deinde ideo putet quis haec fragmenta titulo 532 adiudicanda esse, quia in fragmento *b*, quod ex versuum 1 et 2 parte priore reliquum est, litterae ex ordine videntur esse collocatae; at in tam parvo litterarum numero periculum est, ne merus casus subsit. Hic autem collocare malui illa fragmenta, quod paulo propius fidem est alterum scribam Chalcidensem forma V (n. 532 vs. 4), alterum forma Λ (n. 533*a* vs. 4, fragm. *f*) usum esse, quam unum utramque formam promiscue in usum vocasse.

INSCR. GRAEC. ANTIQ.

534 In lecytho musei Vaticani, 0.17 m. alta, litteris incisis, quam a. 1836 in sepulcro *Caeretano* inter vasa Tusce inscripta repperit Galassi. Alphabetum Graecum scriptum est in imo margine, venter vasis continet syllabarium Etruscum hic non repetendum. Lepsius, annali dell' inst. arch. VIII a. 1836 p. 186 sq. tab. C 1; mus. Etrusc. Gregor. II tab. 103; Mommsen, unterital. Dial. p. 36. 51; E. Curtius, C. I. G. 8342; Kirchhoff, Stud.[3] p. 122 sqq. Depromo imaginem ex annalibus.

α β γ δ ε ϝ ζ h θ ι κ λ [μ] ν ⊞ ο [π] ϙ ρ σ τ υ ξ φ χ.
Alphabetum est Chalcidicum. Notabis formam litterae ν ab usitato more recedentem. Littera ⊞ (samech) locum suum in ordine litterarum servavit, quamquam ei in illa scriptura nullus sonus respondebat; nam sonus ξ ibi exprimebatur littera X. Eodem modo etiam littera Ϻ, h. e. littera zade fortasse consulto mutilata, in alphabeto retenta est, quum sonus σ non hac littera, sed littera Σ exprimeretur. De littera ϙ, quae desideratur, cf. Kirchhoff, l. l. p. 125 sqq.

535 In parietibus sepulcri Etrusci a. 1698 detecti ad viam a vico, cui nomen Colle, *Senam* ferentem prope abbatiam all' isola, colore rubro pictae sunt inscriptiones, inter se lineis directis separatae, a summo ad imum currentes, plurimae Etruscae, haec Graeca. Infra scriptura obliterata est rudere, quod in sepulcro est cumulatum. Bellori, picturae antiquae, append. tab. XI p. 202 sq.; Buonarota, additam. ad Dempsteri librum de Etruria regali, p. 36 tab. LXXXXII; Lepsius, annali dell' inst. arch. VIII a. 1836 p. 195 sq. tab. C n. 3; Mommsen, unterital. Dial. p. 8 sq.; Franz, C. I. G. 6183; Kirchhoff, Stud.[3] p. 122 sqq. Repeto Buonarotae exemplar.

536 Titulus *Rheginus*. Duo fragmenta basis e lapide cano eoque, ni species fallit, vulcanio sculptae; effossa sunt Olympiae intra aulam palaestrae. Altitudo integra est 0.30 m., latitudo fragmentorum coniunctorum 0.72 m., crassitudo ubi est maxima 0.31 m. Titulus artificis, qui in superficie aequa tempore adesa ductu tenui exaratus est, multis fissuris et vulneribus deformatus est; alter titulus in parte antica non eadem manu late incisus optime est servatus. Edidit Kirchhoff fragmentum sinistrum ex ectypo et R. Weilii apographo arch. Zeit. XXXVI p. 142 tab. XIX 1, utrumque fragmentum ex Purgoldii apographo arch. Zeit. XXXIX p. 83. Imago aequat octavam partem lapidis.

Nota. Vs. 1 litteram primam esse Λ non Α iudicat Purgold.

[Γλαυκία]ι με Κάλων γεν[εαῖ ϝ]αλεῖ[ο]ς ἐποίει.
[Γλα]υκίης ὁ Λυκκίδεω
[τῶ]ι Ἑρμῇ Ῥ[η]γῖνος.

Var. lect. Vs. 1 littera quarta decima Lepsio est ⟨Ϻ⟩.
α β [γ] δ ε [ϝ ζ] h θ ι κ λ μ ν ⊞ ο . . . .
μα μι με μυ να νο — — —
Non bene cesserunt ei, qui pinxit hoc alphabetum ipsum quoque Chalcidicum, litterae γ ϝ; mox in littera ζ utrum lineae transversae temporis iniuria perierint an a scriba omissae sint, dubito (cf. n. 390. add. 390. n. 546); tum litterae μ forma antiquissima conservata est, quamquam littera ϑ iam non cruce sed puncto est insignita; deinceps litterae ν etiam hic forma singularis est, sed cum Caeretana non congrua; de littera ⊞ cf. n. 534. Alphabeto appictus est lusus syllabicus.

Cf. Paus. V 27. 8: οὐ πόρρω δὲ τοῦ Φενεατῶν ἀναθήματος ἄλλο ἐστὶν ἄγαλμα, κηρύκειον Ἑρμῆς ἔχων· ἐπίγραμμα δὲ ἐπ' αὐτῷ Γλαυκίαν ἀναθεῖναι γένος Ῥηγῖνον, ποιῆσαι δὲ Κάλλωνα (leg. Κάλωνα) Ἠλεῖον. Artificis titulum Eleum sequitur titulus donatoris Ionicam linguam Chalcidicamque scripturam ostendens, nisi quod scriptura Asiatica, quae hac aetate latius serpsit quam temporibus tituli n. 533, iam non modo ad λ sed etiam ad η pertinet.

537 In lapide tofino male levigato, c. 0.74 m. altitudine, infra 0.37 m., supra 0.25 m. latitudine, reperto circiter a. 1790 inter parietinas *Locrorum*; post erat Casertae in collectione Francisci Danielis, nunc exstat in museo Neapolitano. Edidit Arditi, illustrazione di un antico vaso trovato nelle ruine di Locri, Napoli a. 1791 p. 62; Franz C. I. G. 5769 et add. Exscripsi.

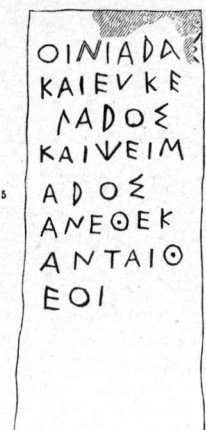

Var. lect. Millin: ϒΕΡΙΦΟΝΑΙ   Rose: ΕΡΙΦΟΝΑΙ
ΚΕΜΕ+ΕΝΑΛΛΑΤ   ΚΕΜΕ+ΕΝΑΙ

Gerh. Pan.: ΞΡΙΦΟΝΑΙ
ΚΕΜΕ+ΕΝΑ Superficies aeris compluribus locis valde adesa est, ut ibi litteras evanuisse liceat suspicari. Atque finis quidem tituli nunc etiam magis mutilus est quam Millinii aetate; praeterea recte Rose annotat: *plures forsan litterae ad utriusque vocis initium exstiterunt*; denique intervallum quod est inter duos versus servatos semper vacasse litteris confidi non potest.

[Π]ηριφόνα̣ [ἀνέθη]κέ με Ξεναγατ[ος]. Cum hoc nomine deae cf. formam Laconicam Πηρεφόνεια apud Hesychium; in syllaba altera praeter vulgare ε iam notum erat ο (cf. Iahn, arch. Zeit. 1867 p. 68), nondum ι. Templi Proserpinae apud Locros sanctissimi mentionem fecerunt Livius XXIX 18 et Appianus Samn. 12, Hannib. 55. Cum nomine viri cf. Ἐπάγατος n. 436.

Var. lect. Vs. 1. Arditi Θ. Vs. 5. Littera secunda infra paulum laesa aut D aut R est.

Οἰνιάδας καὶ Εὐκέλαδος καὶ Χείμαρ(ρ)ος ἀνέθηκαν τᾷ Θεῷ.

538 In galea aenea, quae auctore Millinio e regione *Locrorum*, si Rosium audias, Paesto oriunda est; nunc servatur in museo Neapolitano. Millin, description des tombeaux de Canosa, p. 1 et p. 45; Rose, inscrr. Gr. vet. praef. p. VI; Gerhard et Panofka, Neapels antike Bildwerke I p. 219; Franz, C. I. G. 5778b. Exscripsi.

539 In basi marmorea statuae parvae aeneae repertae *Locris*. Visconti, il museo Pio-Clementino, t. III p. 66 not. *c*; Franz, C. I. G. 5769b.

ΦΡΥΝΟΣ

Φρῦνος.

---

540 Lapis arenaceus solidus, 0.51 m. long., 0.18 m. lat., 0.07 m. crass.; *Metaponti* a templo ad septentrionem versus mense Aprili a. 1880 effodit M. Lacava. Indigenam eum esse negant; latus anticum est levigatum, caetera informia; in margine superiore et inferiore unda incisa est. Edidit Fiorelli, notizie degli scavi di antichità, 1880 p. 190 tab. VI 4, interpretatus est Comparetti ibidem. Exscripsit Io. Schmidt.

Var. lect. Vs. 3 ad sinistram pro Γ, quae praeter vestigia ex Fiorellii tabula photographica nihil certo depingere potui, homines Itali et Schmidt legerunt Θ. Littera proxima aut Ϙ aut Ͱ. Reliqua indubia sunt.

Ἀπόλ(λ)ωνος Λυκ(είου) εἰμί, Θεάγεος Ῥυπϑ.? Cognomen Apollinis et nomen gentilicium vel demoticum Theagis compendiose scripta sane offendunt in titulo eius aetatis.

541 Lamina argentea *Posidoniae* in sepulcro reperta; postea pervenit in collectionem comitis del Balzo (cf. Minervini, bull. Napol. nov. ser. a. 1853 I p. 138); litterae caelo incisae sunt. Edd. Avellini et Welcker, mus. Rhen. a. 1835 III p. 581 sqq. (Welcker, kleine Schriften III p. 237 sqq.); Franz, C. I. G. 5778 et add. In utraque editione simulacrum laminae in cera impressum ita delineatum est, ut, quae in ipsa lamina ad sinistram sunt, conspicerentur ad dextram, quae ad dextram sunt, ad sinistram; accipe imaginem hac in re veriorem.

Τᾶς Θεοῦ τσ παιδός εἰμι. Compendia, priusquam ex aliorum titulorum exemplis clarioribus lucem acceperint, omnino desperanda sunt, cf. n. 540; editores, quos supra dixi, proponunt: τᾶς Θεοῦ τ(ρι)σ(έμνου) παιδός (Proserpinae) εἰμι.

542 In museo Berolinensi servatur statua aenea 0.11 m. alta, *Posidoniae* reperta, feminae, haud dubie canephori, quamquam canistrum quod sublata manu olim in capite gestavit nunc desideratur; statua imposita est capitulo columnae Ionicae. In abaci lateribus quatuor legitur titulus; extremae litterae, quum locus non sufficeret, inscriptae sunt in voluta. Edidit E. Curtius, arch. Zeit. XXXVIII p. 27 sqq.

Τἀθάνᾳ Φιλλώ Χαρμυλίδα δεκάτα[ν]. Versus est pentameter. Cognomines huius feminae habes in titulo Tanagraeo (Athen. tom. IV p. 299), in Lebadeensi (Athen. tom. IX p. 362), in Peloponnesiaco (bull. de corr. hell. III a. 1879 p. 194).

543 In acie securis aeneae repertae circiter a. 1850 in *Calabria citeriore* inter parietinas prope S. Agatam; possidet nunc Romae homo quidam privatus. Ex delineatione comitis Vito Capialbi edidit Minervini, bullett. Napol. nov. ser. a. 1853 I p. 137 sqq. tab. V 2; cf. Dittenberger, Herm. XIII p. 391 sqq. Imago tituli, quam ex ectypis ab Helbigio missis delineavi, praebet veram magnitudinem.

Τᾶς Ἥρας ἱαρός εἰμι τᾶς ἐν πεδίῳ· Φυνίσθος με ἀνέθηκε ὤρταμος Γέργων δεκάταν. Lanium aut coquum (ἄρταμον) decuit securim dedicare; ἔργων δεκάτην habes etiam ap. Rossium, inscrr. ined. III n. 298, ἔργων ἀπαρχήν C. I. A. I suppl. n. 352.

544 In tessera aenea reperta a. 1782 prope oppidum Policastrum, a *Crotone* ad occidentem versus situm, asservata olim Velitris in museo Borgiano, nunc Neapoli in museo publico. Edidit Siebenkees, expositio tabulae hospitalis ex aere antiquissimae, Romae a. 1789; reliquos editores enumeravit Boeckh, C. I. G. 4, cf. add. Repetimus exemplum Siebenkeesianum, quocum reliqua optime congruunt, praeterquam quod aliquod punctum vel aliquam lineolam omittunt.

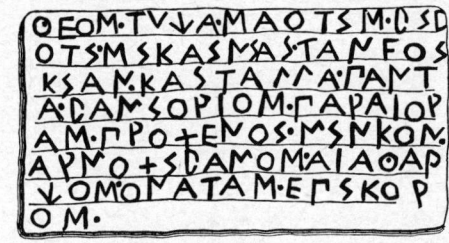

Θεός, τύχα. Σάωτις δίδωτι Σικανίᾳ τὰν Γοικίαν καὶ τἆλλα πάντα. δαμιουργός Παραγόρας. πρόξενοι Μίνκων Ἀρμοξίδαμος Ἀγάθαρχος Ὀνάτας Ἐπίκουρος. De sexu eorum, qui in hac donatione aut testamento primas agunt, Saotis et Sicaeniae, in utramque partem disputatum est. Atque nomina conveniunt et viris et feminis, actio potius viris.

545 In fundo vasis aenei 0.17 m. alti, quod quum prope Salernum repertum esse dicatur, *Posidoniae* addicere fas est; erat penes Raph. Baronem Neapolitanum, rerum antiquarum venditorem. Minervini, bull. Napol. nov. ser. a. 1856 IV p. 164 sq. tab. X 1.

DYMEΣADA

Δυμειάδα. Idem etymon non frequens subest nomini *Dymae* urbis ipsius quoque Achaicae.

546 Alphabetum *Tarentinum*; ex schedis Luigii Cepollae Leccani, qui invenit titulum a. 1805 Mellichae prope Vasten ad promontorium Iapygium, edidit Mommsen, unterital. Dial. p. 49 not. 6; cf. Kirchhoff, Stud.³ p. 148.

ʌ . B . ʌ . FFI . H . I . K ʌ . M
N O X . Ϙ . P H Ϛ . T P Ψ Ψ

[α] β γ δ [ε] ϝ [ζ] h [θ] ι κ λ μ ν ο [π] ϙ ρ σ τ [υ ξ φ] χ. Quum intervalla fere ubique falso indicata — si modo hoc sibi volunt puncta ac non potius fuerunt ad separandas litteras maximaque ex parte Cepollae vitio interciderunt —, litteras partim mutilatas (A E Φ), partim male corruptas (Γ Υ), partim omissas (Θ X) Cepollae inscitiae et neglegentiae tribuere non verear, minus inclinat animus ut eum vs. 2 litteram H inseruisse arbitrer; haud scio an is, qui scripsit, voluerit P H pro P, i. e. ῥ pro ρ. De littera septima I = ζ cf. n. 390. add. n. 390. n. 535.

547 Titulus *Tarentinus* vel *Heracleensis*. In galea Anxiae oppido Lucano, cui nunc nomen Anzi est, reperta; ex collectione Templiana in museum Britannicum pervenit, ubi titulum exscripsi. Litterae fere 0.02 m. altae sunt.

ΟΡΡΥΠϟΟΜΙϟΑΔ

Δάσιμος Πύρρω. Galea cum Dasimo, quum pugna mortem occubuisset, videtur esse sepulta. Idem nomen, Δάζιμος Πύρρω, aliquanto recentiore aetate erat Heracleotae haud dubie eiusdem familiae, C. I. G. 5774. 5775.

---

548 Titulus *Tarentinus*. Cuspis hastae aenea cava quadrangula, in lateribus concavis scriptura tecta, reperta Olympiae in prytanei parte meridionali. Edidit Furtwaengler, arch. Zeit. XXXVII p. 149. Imago tertia parte archetypo est minor.

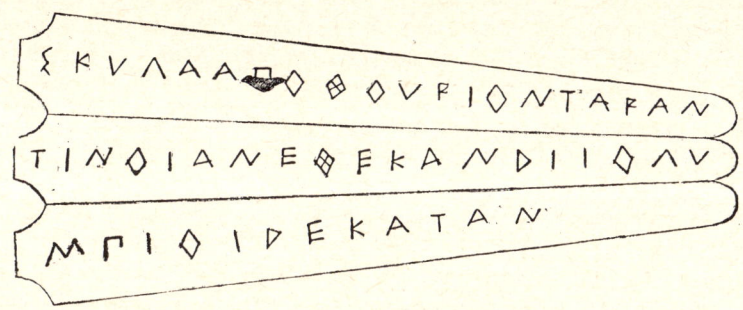

Σκῦλα ἀπὸ Θουρίων Ταραντῖνοι ἀνέθηκαν Διὶ Ὀλυμπίῳ δεκάταν. De bello Tarentinorum et Thurinorum cf. Strab. VI p. 264. In tribus titulis, qui verbis congruunt, n. 548. 548*a*. 548*b*, summa scripturae similitudo teste Purgoldio unam atque eandem manum prodit; congruunt praecipue ansae litterarum K et E a dextra ad sinistram exaratae et prope hastas directas in cuneos tenuatae.

548*a* Titulus *Tarentinus*. Cuspis aenea lateribus planis, effossa Olympiae a prytaneo ad septentrionem versus. Ab acumine fracta nunc longa est cum echino et parte tubi 0.21 m. Edidit Purgold, arch. Zeit. XXXIX p. 84 sq.

Σκῦλα ἀπὸ Θουρίων Τα[ραντῖν]οι ἀνέθηκαν Διὶ Ὀλυ[μπίῳ] δεκάταν. Cf. n. 548.

548b Tertia *Tarentinorum* cuspis, lateribus concavis, post echinum fracta, in acumine integra, 0.22 m. longa, reperta Olympiae in Leonidaeo? Exscripsit Purgold. Imago ad duas tertias partes reducta est.

[ΣΚVΛΑΑΠΟΘVΑΙΩΝ]

[ΤΑΡΑΝΤΙΝΟΙΑΝΕΘΕΚΑΝ]

[ΔΙΙΟΛVΜΠΙΟΙΔΕΚΑΤΑΝ]

Σκῦλα ἀπὸ Θουρίων Ταραντῖνοι ἀνέθηκαν Διὶ Ὀλυμπίῳ δεκάταν. Hunc titulum minore incisum esse diligentia quam superiores annotat Purgold; diversus mihi videtur esse ductus litterae caninae.

---

549 In femoribus parvae statuae aeneae, iuvenem nudum repraesentantis, Bononiae erutae, postilla translatae in museum Wilenbroeckianum, nunc in bibliotheca Parisina. Malvasia, marmora Felsinea p. 367; G. Cuper, lettres à Mr. la Croze, epist. IX; Montfaucon, antiqq. illustr. T. III P. 2 p. 269 tab. 158; Paciaudi, monumm. Pelop. vol. II p. 52; Letronne, annali dell' inst. arch. VI a. 1834, tab. E p. 222 sqq.; Franz, C. I. G. 6737; Ross, arch. Aufs. II p. 576 not. Repetimus Montfauconis exemplar Letronniano adeo confirmatum, ut caeterorum varietatem adicere supersedeamus.

Καφισόδωρος Αἰσχλαβιῷ. Litteratura ea est, qua Corinthii et Megarenses et coloni utrorumque utebantur, ut inde alicunde statuam Bononiam ablatam esse iudicandum sit. Diphthongum αι conferre licet cum diphthongo ae, a qua incipit nomen Latinum Aesculapii, cf. praeterea Keil, syll. p. 56; atque χ quoque pro κ duobus firmatur exemplis inscriptionum Boeoticarum: Ἀσχλαπιῷ Rang. n. 898 vs. 2 (congruit apographum Welckerianum, quo usus est Keil, zur Syll. p. 579. p. 653), Ἀσχλαπίχιος Rang. 1304 vs. 40 (quamquam Ross exscripsit Ἀσκλαπίχιος, cf. Keil, syll. n. II). Sed β pro π in hoc nomine, quantum scio, plane novum.

---

550 In vasculo ex Magna Graecia oriundo, deinde in collectionem Hamiltonianam delato legitur haec inscriptio, quae utrum caelo incisa an penicillo picta sit, editores non tradunt. In imagine supra posita duo viri nudi, pallium ex sinistro brachio suspensum habentes, gladiis strictis aggrediuntur hominem inter eos constitutum, perterritum brachia tollentem, qui inermis et nudus est, nisi quod ex utroque humero pallium dependens tergum tegit. Tischbein, collection of engravings of ancient vases, tom. I tab. 23, Neapoli a. 1791; Fiorillo, de inscriptione graeca vasculi ex museo equitis de Hamilton, Gotting. a. 1804; Millin, galérie mythologique, tab. CLV 572; Maisonneuve, introduction à l'étude des vases antiques, tab. XVI 1; Boeckh, C. I. G. 5 et add.; G. Hermann, über Boeckh's Behandl. etc. p. 34 sqq.; Meier p. 113 sqq.; Inghirami, galleria Omerica, vol. I tab. CVI; Raoul Rochette, monum. inédits d'ant. fig. p. 284 sq.; Welcker, Hall. allg. Lit. Zeit. a. 1836 n. 74 p. 590 sq.; Garrucci, antiquit. Salernit. disquisit. quinque, p. 5; Overbeck, Gallerie her. Bildw. I p. 416; Minervini, bullett. Napol. nov. ser. V p. 159 sq. Depromimus titulum ex opere Tischbeiniano.

[ΔΙΣΜΠΕΓVΙΣΡΟΜΤΟΨΟΝΝVΕΠΑΜΑΤΟΧΕΕΝ]

Littera Ι in Ε mutata versus efficitur hic: δίς πει πυ[ξ] Ἶρος τοῖον νυ ἐπάσατο χήειν, bis alicubi pugilatu Irus tale vas nunc adeptus est, quo funderet; χήειν pro χέειν s. χεῖν dictum esse possit. Sed quia et a sententia abest simplicitas, insigne veri, et alphabetum (ΕΣΞΜΧ εισχ) est satis infrequens (cf. titulum Phliasium n. 28, praeterea etiam Creticum n. 480), his de causis mihi ipsi illam lectionem parum probari fateor. Nec feliciores fuerunt priores interpretes; videsis eorum conamina apud ipsos. Manet haec Sphinx Oedipum suum.

XXV.
TITVLVS GALLIAE.

551 Prope *Antipolim* (Antibes) in eo loco, qui vocatur la Peyrégoue, in muro arcis cuiusdam repertus est lapis inscriptus serpentinus vel diorites, e viridi nigricans, forma ovata, quam propriam et naturalem habere, non arte accepisse videtur, altitudine si summam metiris 0.65 m., item latitudine 0.21 m.; vestigia, ex quibus concludi possit eum basi impositum aut cum altero lapide coniunctum fuisse, praebet nulla („une pierre naturelle, un galet roulé de grande dimension"). Comptes rendus du congrès scientifique de France, session tenue à Nice en 1866 (séance du 28 décembre); Froehner, revue arch. a. 1867 vol. XV p. 360 sqq.; Heuzey, comptes rendus de l'acad. des inscr. a. 1874 p. 61 sqq., idem, mém. de la société nationale des antiq. de France, vol. XXXV a. 1874 p. 99 sqq., cf. etiam revue arch. a. 1874 vol. XXVII p. 191; Kirchhoff, Stud.[3] p. 164; P. Mougins de Roquefort et A. Gazan, inscription grecque trouvée à Antibes, Toulon a. 1876; Desjardins, géographie historique et administrative de la Gaule Romaine, a. 1878 vol. II p. 178. Repeto titulum ex libro Desjardinsii.

Nota. Vs. 3 litteram A, vs. 4 litteram N primo omisit lapicida, deinde forma minutiore interposuit.

Τέρπων εἰμὶ θεᾶς θεράπων σεμνῆς Ἀφροδίτης,
τοῖς δὲ καταστήσασι Κύπρις χάριν ἀνταποδοίη.

Non male conicit Heuzey hunc lapidem in λίθοις ἀργοῖς putandum esse, quales antiquis temporibus a Graecis pro deorum imaginibus cultos esse satis notum est. Hic igitur se Veneris ministrum, Terponta, repraesentare praedicat, quod Amoris cognomen fuerit. Atque dignum est memoratu hunc ipsum deum Thespiis sub simili forma adoratum esse, Paus. IX 27. 1: Θεῶν δὲ οἱ Θεσπιεῖς τιμῶσιν Ἔρωτα μάλιστα ἐξ ἀρχῆς, καί σφισιν ἄγαλμα παλαιότατόν ἐστιν ἀργὸς λίθος. Neque mirum, quod ii, qui Veneris dona peterent, nomina sua in anathemate profiteri verecundia prohibebantur.

XXVI.
TITVLI INCERTORVM LOCORVM.

552 Lamina aenea, Olympiae reperta ante prytanei latus meridionale, 0.001 m. crass., eadem magnitudine atque imago, quam infra praebemus. Margo inferne et a dextra et a sinistra magnam partem servatus est. Litterae leviter sunt incisae. Infra ad sinistram aes perforatum est, ut affigi posset; supra ad dextram frustum ita fractum est, ut ad reliquam laminam bene accommodari potuerit. Edidit Kirchhoff, arch. Zeit. XXXVII p. 49 sqq., ectypo et Furtwaengleri apographo usus. Purgoldii notarum alias ad imaginem corrigendam adhibui, alias infra subicio.

Notae Purgoldii: Vs. 1. Post TA supra cernitur vestigium lineae obliquae. Vs. 2. Linea ＼ superat de ＜; inter A＼ et ＼A nunc omnia incerta. Vs. 3 fin. Post ◇ lineae dubiae, quae P. haud scit an fortuitae sint. Vs. 6. Littera ▷ in nomine A＜E▷A perspicua. Vs. 7. Scriba litteram S, quam septimo loco per errorem incidit, ineleganter in R mutavit; supra litteram vicinam I linea transversa casu facta. Vs. 8. Litteram septimam, quae nunc misere corrupta est, aut X aut K fuisse probabile videtur. Vs. 9. Littera quarta Purgoldii testimonio, quo Furtwaengleri confirmatur, fuit N; quae antecedunt lineae tenues N fortasse reliquae sunt ex priore titulo deleto; post K fuit R. — Ad dextram in hoc versu nihil periisse, versus 10 et 11 ineuntes admodum oblitteratos esse iam annotaverat Furtwaengler.

Vs. 2 sqq. α[γ...]ααἴδας (?) ἀφῆκε ἐλευϑάρως τὸν ἀπὸ Σφίνγας γόνον ἱαρῶς τῶ Διὸς τῶ Ὀλυνπίω καὶ Πιτϑῶ [τ]υνέφα Ἀγείδα (?) ϑυγάτηρ. Δαίοχος Μίδας Ἀριστέας Χίλων Χαρόξα (?) Καυχά[ξ]α (?) Ἐυπεδίων Ἐπανδρος Νυκρίας (?) Βαίυλος — — αμίας τυτϑόν — — αὐτόν vel αὐτᾶν. In incertis huic titulo locum assignare malui, quamquam Eleae origini, si signum spiritus asperi vs. 2 non fideliter exscriptum esse censemus, nihil iam repugnat; neque enim vox πατάρ in titulo Damocratis obvia valet probare vocem ϑυγάτηρ a dialecto multifariam fluctuanti abiudicandam esse, cf. ὁπόταροι (n. 118) et [ἐγ]γυτέροις (add. n. 113a) καλ(λ)ιτέρως (add. n. 113c), εἴα (n. 110) et εἴη (n. 111. add. n. 113bc), μά (n. 109. 110) et μή (add. n. 113. add. n. 119), λατραι[ώμενον] (add. n. 109) et λατρηϊώμενον (n. 110), πλαϑύοντα (n. 111) et πληϑύοντι (add. n. 113c); cf. praeterea add. n. 113d et add. n. 116. — Vss. 2 et 6 Purgold suasit aut Ἀ[γησι](λ.)άδας Ἀγη(σιλ.ά)δα aut Ἀ[γελ](del. A)άδας Ἀγε(λά)δα. Quam coniecturam quamquam non audeo funditus repudiare, tamen aegre sumo scribam idem nomen duobus locis exarantem errasse utroque loco, altero aut littera Λ cum A mutata aut littera A male repetita, altero aliquot litteris omissis; adde quod versus primus obscurus manet (-αιτα [μ]ηνί?) atque ne sic quidem explicatur, quid patri servos manumissuro comprobatione filiae opus fuerit. Vs. 6 sqq. Nomina videntur esse servorum, etiamsi casus rectus non quadret ad enuntiatum, quod praecedit, et numerus liberorum unius feminae eorumque fortasse a serva ex hero conceptorum modum probabilitatis paene transeat. Vs. 10 τυτϑόν fuerit i. q. βρέφος, παιδίον.

552a Lapis calcarius niger, effossus Olympiae in Leonidaei parte meridionali, ubi muro Romano insertus erat, 0.90 m. long., 0.43 m. lat., 0.24 m. alt.; titulus in latere maximo incisus est. Ad dextram hic lapis olim continuabatur alteri; reliqua latera sunt levia. Idem latus, quod continet titulum, praebet duo cava rotunda 0.06 — 0.07 m. in diametro. Purgoldii apographo usus edidit Kirchhoff, arch. Zeit. XXXIX p. 84.

Nota. Purgold annotat undecimam litteram non esse ϱ sed δ, nonnullas litteras difficiles esse lectu, omnes certas.

[— ⏑⏑ — ⏑⏑ — προ]τέρω δ᾽ ἐπάτει Δ[αμάσ]ιππος,
κλεινοτέραν δὲ πόλιν πατρίδ᾽ ἔ[ϑηκε ⏑ —].

Quum illud [προ]τέρω δ᾽ ἐπάτει sibi postulare videatur contrarium, quo dictum fuerit reliquos longius currere non potuisse (e. g. τἄλλοι ἀπεῖπον ὁμῶς), conici potest dolichum vicisse Damasippum; qui cuius urbis civis fuerit, nec dialectus nec scriptura multis gentibus communes docent. Quominus eum lapidem deperditum, qui huic olim vicinus erat ad dextram, tertium excepisse sumamus, impedimur commensu proportionis; sed ut scriptus fuerit titulus duobus in lapidibus eiusdem magnitudinis, haec res non multum adiuvat ad numerum versuum iudicandum, quia potuit certe alter lapis, si in tribus lateribus inscriptus erat, praeter initium hexametri capere integrum distichum fere sexaginta quatuor litterarum. Quodsi inscriptio non excessit unum distichum, in hexametri initium, quod intercidit, nomen patris infarciri omnino nequit; clausula autem capax est patriae, e. g. ἔ[θηκεν Ἀβάς], ἔ[θηκ' Ἀλέαν], ἔ[θηκε Πύλον]. Sin duo fuerunt disticha, in priore mentionem factam esse consentaneum est patriae, patris, certaminis suo nomine dicti; in fine alterius supple ἔ[θηκε φίλαν] vel simile quid.

---

553 Laminae aeneae tres mutilae, repertae Olympiae, fere 0.001 m. crass., inscriptae litteris tam late et tam profunde incisis ut in sulcis crebrae rimae aes fragile penetraverint. Fragmentum *a*, 0.06 m. lat., 0.073 m. alt., infra et ad sinistram integrum, foramine quadrato fissum, erutum apud porticum orientalem, ex Furtwaengleri apographo edidit Kirchhoff, arch. Zeit. XXXVII a. 1879 p. 163; denuo exscripsit Purgold. Fragmentum *b*, 0.04 m. lat., 0.035 m. alt., infra Purgoldii testimonio incolume, effossum extra murum Altis ad meridiem versus, Furtwaengleri apographo usus edidit Kirchhoff, arch. Zeit. XXXVII a. 1879 p. 164; paulo plenius apographum submisit Purgold. Fragmentum *c*, 0.085 m. lat., 0.07 m. alt., infra inviolatum, a caeteris partibus fractum, effossum a buleuterio ad occidentem versus, exscripsit Purgold.

a   *b*   *c*

  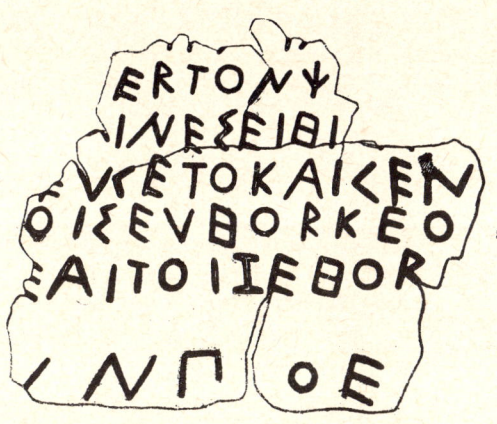

Notae Purgoldii. Fragm. *b* vs. 1 in fractura TA; vs. 3 litt. 1 A; vs. 4 fin. hasta certa, linea transversa dubia.

Tam similia haec fragmenta dicuntur esse materia et scriptura, ut communis origo in dubium vocari nequeat. Neque impediunt versus, qui in singulis laminis sunt ultimi, diversa magnitudine scripti et diverso spatio a margine distantes, ne uni titulo haec fragmenta adiudicentur; nam potuit ille, ut alias rationes difficultatis expediendae taceam, more Olympiae usitato compluribus in tabulis scriptus esse. Fragm. *a*. Vs. 3 κ' ἰαρ-? Vs. 4 θιῶ ἄχ[ρι]? Vs. 5 -αι τὰ ὅ[ρκια]? Vs. 6 [Ϝετέεσ]σιν (?) δέκα. Vs. 7 [φευ]γειν vel [φευ]γην. Fragm. *b*. Vs. 3 αἰ δέ? Fragm. *c*. Vs. 2 [πατ]ήρ (vel sim.) τῶν χ[ρημάτων]? Vs. 3 [ἐπα]ινέσῃ ἰ--. Vs. 4 [φ]ευγέτω καὶ γέν[ος]. Vs. 5 [τ]οῖς εὐόρκεο[ντεσσι]. Vs. 6 τῷ (τοῖ, τοί) ζέ i. q. δέ? an τοῖζε i. q. ταῖζδε? ὁρ[κ-]. Vs. 7 [---Ὀλ]υνπί[ι]ω ε--. Titulum suspicor esse Laconicum.

---

554 Lamina aenea tenuis, nunc tripartita, 0.19 m. lat., 0.06 m. alt., effossa Olympiae ante latus septentrionale prytanei. Litterae cudendo profunde impressae etiam in parte aversa apparent. Exscripsit Purgold. Imago tertia parte infra veram magnitudinem est.

Notae Purgoldii. Vs. 2 littera, quae est ante AN, incerta; vs. 2 fin. AN. Vs. 3 post litteram quintam E in fractura forsan hasta perpendicularis; post ΦA fuit aut R aut K; deinde, ut videtur, A; inter E et E nihil cognoscitur. Vs. 4 inter N et A nihil videtur intercidisse. Vs. 5 init. Π et O certa; paulo post littera laesa fuerit M, non N; mox ante S aut Γ aut T.

Haud scio an titulus sit Achaicus; nam si posueris M significare consonantem σ, S vocalem ι, aliqua sententia ex his litteris videtur posse elici. Vs. 2 ὑ[πὸ ἀν]άνκας ἀν--. Vs. 3 ἔφα καί. Vs. 4 --ίοιν ἀγαθ- seu ἀ γᾶ. Vs. 5 ποιεῖ (seu ποιῇ) μή τι (seu μεγί[στ-]). Atque verba quidem parvi sunt; memorabilis tamen in titulo Achaico forma litterae γ Γ — nam ne hoc signum interpretemur litteram λ, monemur proclivi eius litterae forma in titulo quem eiusdem esse originis verisimile est, n. 555 — iam ex nummis Aegarum urbis nota (Kirchhoff, Stud.³ p. 154 not.).

INSCR. GRAEC. ANTIQ.

555 Lamina aenea tenuis, reperta Olympiae a prytaneo ad meridiem versus; ad sinistram margo antiquus videtur sospes esse; litterae adeo impressae sunt, ut in latere postico emineant. Furtwaengleri apographo usus edidit Kirchhoff, arch. Zeit. XXXVII a. 1879 p. 163. Imago tertia parte minor est quam aes.

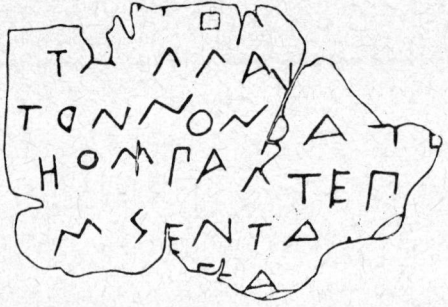

Purgoldio, quum hoc fragmentum cum eo quod praecedit compararet, magna cum probabilitate eidem tabulae videbantur posse tribui. Vs. 2 τἆλλα χ[ρήματα]? Vs. 4 ὅς.

555a Nota laterculi, qui repertus esse dicitur Aeginae. Obiter vidit et properans exscripsit Koehler.

Πρίϟων ἔ[π]α[ξα ϟο]λώτα. De nomine quod est Πρίκων cf. n. 126a. Littera Ϻ et genetivus masc. decl. I in α, si modo hunc recte restitui, coniuncta non inveniuntur nisi apud Locros Opuntios; sed dubito ob haec indicia tam parvae genti tribuere titulum, qui extra eius fines videtur repertus esse.

---

556 Globus aeneus petiolo ferreo instructus, quem qui oculis collustravit M. Fraenkel mali non dissimilem esse significavit. Est aut certe fuit penes Hoffmannum Parisinum rerum antiquarum venditorem, qui eum Sparta oriundum esse affirmavit. Contra Lampros Atheniensis, qui et ipse illud aes noverat, priusquam in Hoffmanni manus pervenit, Elide repertum esse contendit. Ad imaginem exprimendam adhibeo apographum Fraenkelii et ectypum stanno impressum; mensura vera servata est.

ϜΧϘΘϞΜΥϞΑΔΑΜΟϘ

Nota. Annotat Fraenkel: „beim dritten Buchstaben ist am Rande der Verletzung die Spur einer aufwärts gehenden Hasta, wie ich glaube, sicher." — Littera Ϥ plane certa est.

ϟομάρας ὐνέθηκε. Dedicat Comaras in ipsius nomen iocans comarum aeneum praegrande. Ὑνέθηκε in titulo Cyprio recurrit, cf. Ahrens, Philol. XXXVI a. 1877 p. 27 et p. 30, et Deecke, Beiträge zur Kunde der indog. Sprachen VI p. 140 sq.

---

557 Vasculum aeneum forma capitis casside tecti, 0.076 m. longum, fundo, qui olim ferrumine agglutinatus videtur fuisse, privatum; Leake Pyrgi id emit suspicatus, quamquam venditor in palaeopoli Khaiaffae inventum esse praedicavit, Olympia ablatum esse; nunc servatur in museo Cantabrigiensi. Inscriptionem, quae in margine capitis litteris admodum detritis legitur, aerarius primo a sinistra incidere coepit, deinde commutavit consilium. Walpole, travels in various countries of the east, p. 597 n. LXII; Rose, inscrr. Gr. vet. tab. III 1 p. 20; C. I. G. 31 et add.; Leake, travels in the Morea I p. 47, unde repeto; Greenwell, the journal of Hellenic studies, vol. II a. 1881 p. 69 sq.

ϘΗϞΟΠΑΜϞΟΙΟϘ

ϟοῖός (vel ϟῶός) μ' ἀπόησεν. De augmento α cf. Ahrens dial. Aeol. p. 229.

558 Lamina aenea, 0.103 m. long., 0.016 m. alt., reperta Olympiae, a crypta ad occidentem versus. Edidit Kirchhoff, arch. Zeit. XXXVI a. 1878 p. 143 tab. XIX 4.

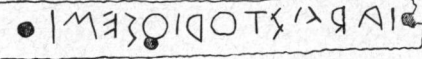

Ἰαρός (vel ἱαρός) τοῦ (vel τῶ) Διός εἰμι (vel ἠμι). Titulus fortasse Eleus. Ϟ et Ϻ in eodem titulo digna quae notentur.

TITVLI INCERTORVM LOCORVM

559 In ocrea incolumi, 0.39 m. longa, quae reperta est Olympiae a templo Iovis ad meridiem versus in ruderibus lapidum quum templum aedificaretur proiectis; margo exterior perforatus est, ut pannus insui posset. Titulus litteris tenuibus incisus est infra in lateris interni margine postico et integer est servatus. Edidit Kirchhoff, arch. Zeit. XXXVII a. 1879 p. 160.

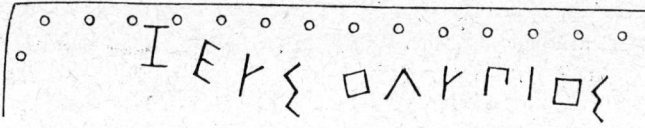

Ζεὺς Ὀλύ(μ)πιος.

560 Pars media halteris ex lapide viridi sculpti, reperta Olympiae in Pelopio. Titulus est integer. Ex Furtwaengleri apographo edidit Kirchhoff, arch. Zeit. XXXVII a. 1879 p. 158, cf. p. 204. Imago inde repetita tertia parte minor est quam vera magnitudo.

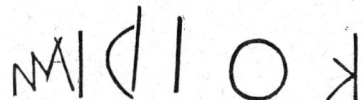

Κῳδίας. Purgoldio lapides Olympicos relegenti lineae, quae litteram Ι ad sinistram excipiunt, sensu cassae lusuque incisae videbantur.

561 Vasculum 0.1 m. altum, repertum Olympiae in prytaneo; litterae tantae, quantas infra vides, incisae sunt acu. Edidit Furtwaengler, arch. Zeit. XXXVII a. 1879 p. 149.

Τοῦ (τῶ) Διός.

562 Marmor Parium, in domo privata Piraeei, supra et infra integrum, ad dextram et ad sinistram fractum, nunc fere 0.40 m. longum; litterarum altitudo fere 0.02 m. Edidit A. Milchhoefer, Mittheilungen des Inst. zu Athen V a. 1880 p. 169.

```
      ΡΑΤΕΣ.ΓΥΡΙΔΑΣ Α
      ΥΟΣ   :ΚΟΙΡΑΝΟ
```

[--κ]ράτης --υος, Γυρίδας Κοιράνου vel -νω; epitaphium peregrinorum, quoniam nec dialectus nec scriptura Attica est. Spartano est nomen Gyridae apud Polybium IV 35.

563 Fragmentum baseos ex marmore Pario, 0.27 m. long., 0.17 m. lat., 0.12 m. alt., erutum Olympiae ante Olympiei latus orientale. Ex Purgoldii apographo et ectypo edidit Kirchhoff, arch. Zeit. XXXIX a. 1881 p. 169.

Nota. In nomine patris laeso prima littera Purgoldii testimonio similior est litterae Π quam Γ.

— ⌣⌣ — ⌣⌣ — ἀνέθηκέ με παῖς ὁ [Π]ίθωνος
[παῖδας νικά(-ή)σας — ⌣] κράτης σταδίου.

Vs. 2 παῖδας supplevit Kirchhoff eam ob causam quod qui in virorum stadionicarum catalogo enumerantur in -κράτης desinentes nomine, Epidaurius Ol. 45 et Crotoniata Ol. 71 et 72, eorum neutri convenit scriptura tituli. Potest ille fuisse Pithonis alicuius Atheniensis filius, cf. C. I. A. I 433. 434.

564 Hanc cuspidem aeneam 0.286 m. longam a. 1880 a Graeco quodam Rollin et Feuardent rerum antiquarum mercatores Parisini emerunt, in Peloponneso repertam, ut ille narravit. Titulus pistillo impressus in mucronis quadrangulati 0.19 m. longi tribus lateribus legitur. Edidit W. Greenwell, the journal of Hellenic studies, a. 1881, vol. II p. 77 sqq., tab. XI.

Θεόδωρος ἀνέθηκε βασιλεῖ, sc. Iovi.

TITVLI   INCERTORVM LOCORVM

565 Duae cuspides aeneae simillimae, effossae Olympiae; altera (*a*) ad Leonidaei angulum, qui septentrioni et orienti oppositus est, reperta a collo usque ad acumen integrum 0.18 m. longa, altera (*b*) a prytaneo ad septentrionem versus reperta collo et acumine fractis 0.155 m. longa est. Edidit Purgold, arch. Zeit. XXXIX a. 1881 p. 181 sq.

         a   *b*

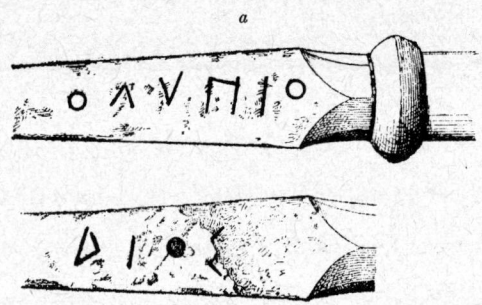
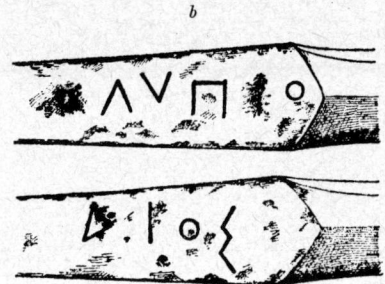

Ὀλυ(μ)πίου Διός.

---

566 Laterculus cavus ex argilla sufflava fictus, Olympiae in prytaneo erutus; litterae in argilla, quo tempore erat mollis, digito sive instrumento lato obtuso inscriptae sunt. Edidit Purgold, arch. Zeit. XXXIX a. 1881 p. 180. Imago aequat quintam partem verae magnitudinis.

ΣAIADAΣ

Σαϊάδας.

goldii apographo edidit Kirchhoff, arch. Zeit. XXXVIII a. 1880 p. 65. Imaginem ad fidem alterius lectionis Purgoldianae correxi.

Nota. Vs. 1 littera 5 Purgoldio videtur fuisse Τ; vs. 4 in sinistro margine Ϛ; ibid. litt. 5 Γ; ibid. in dextro margine /; vs. 6 post Σ lineola obliqua ad hastam applicata fortuita videtur esse.

Vs. 1 [γ]ενέσ[τ]αι i. e. γενέσθαι, vel ἐνέσ[τ]αι vel --εν ἔσπαι, Ϝο[ικ-?]. Vs. 2 [χ]ήματα ὅς ἰε[ρ--]. Vs. 3 -οτοδε τελλο-, cf. n. 476. Vs. 4 τὸν πίνακα. Vs. 5 -ολοίσθαν ὁσ-. Vs. 6 αἰ δ' ἄλλος seu ἄλλως. Indicia originis, littera Ϝ χ vs. 2, littera Ϛι, littera Σσ, coniunctio αἰ, vocalis altera stirpis ἰερ-, quam patriam notent, nunc nescitur.

567 Fragmentum laminae aeneae, 0.1 m. lat., 0.066 m. alt., 0.0015 m. crass., erutum Olympiae ante decimam earum basium, in quibus Ζᾶνες collocati erant, supra integrum, a reliquis partibus truncatum. Litterae diligenter et profunde exaratae sunt. Ex ectypo et Pur-

---

568 Lamina aenea, 0.125 m. long., 0.023 m. lat., 0.0008 m. crass., reperta Olympiae prope eum angulum templi Iovis, qui spectat inter septentriones et orientem solem. Edidit Kirchhoff, arch. Zeit. XXXVI a. 1878 p. 140 tab. XVIII 2.

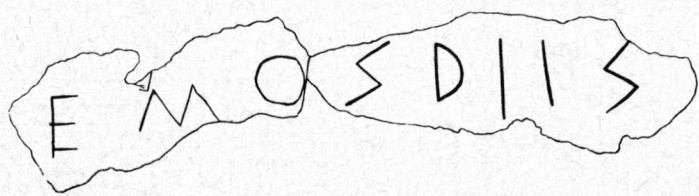

[--δ]ῆμος vel [--πτόλ]εμος Διὶ σ- —.

569 Lamina aenea tenuis, 0.046 m. alta, 0.056 m. lata, reperta Olympiae, a templo Iovis ad occidentem versus. Litterarum diligenter exaratarum altitudo est vss. 1. 2: 0.004—0.005 m., vss. 3. 4: 0.006—0.007 m. Ex R. Weilii apographo edidit Kirchhoff, arch. Zeit. XXXVI a. 1878 p. 141 tab. XVIII 7.

Nota. Litteram, quae vs. 4 ad sinistram est extrema, ita varicare monet Weil, ut eam fuisse λ, non μ dimidiatum, constet.

Unus quartus versus sinistrorsum videtur scriptus esse. Vs. 4 εἰμὶ (vel ἠμὶ) δὲ ἀπολ.-- vel ἀπὸ λ-- vel Ἀπολ[λ--].

---

570 Lapis ad sinistram et ad dextram manum et infra et a parte postica fractus, nunc 0.12 m. alt., 0.17 m. lat., 0.08 m. crass., repertus Olympiae intra eam Altis portam, quae ad meridiem et orientem sita est. Litterae tenuiter incisae sunt. Ectypo et Furtwaengleri apographo usus edidit Kirchhoff, arch. Zeit. XXXVII a. 1879 p. 161. Exprimimus titulum e fide apographi Purgoldiani veram magnitudinem aequantis.

Var. lect. Furtwaengler litt. 2 V; Purgold diiudicari non posse refert utrum fissura in lineam inciderit necne.

--ιχος vel --ἱλος καὶ Φιλιπ[π-]. Haec igitur sunt nomina duorum artificum natione Boeotiorum aut Chalcidensium aut Opuntiorum, quem ad numerum, si secunda littera est ʖ, addere licet Athenienses.

---

571 In glandula plumbea; Athenis a. 1869 exscripsit H. Heydemann; idem edidit Herm. XIV a. 1879 p. 317.

HΕΡΑΚΛΕΙΔΑ ΠΛΑΒΕ

Ἡρακλείδα· λαβέ.

572 Fragmentum marginis vasis aenei, 0.09 m. long., 0.012 m. lat., effossum Olympiae extra murum Altis ad meridiem versus. Edidit Kirchhoff, arch. Zeit. XXXVII a. 1879 p. 164; imago tertia parte minor est quam aes.

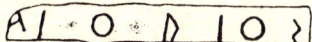

[— — τροπ]αίου (-ω) Διός vel sim.

573 Fragmentum aeneum in septem frusta fractum, a sinistra et a dextra mutilatum, sed supra et infra integrum, ut de vase restare utique non videatur; effossum est Olympiae, ab ecclesia Byzantina ad orientem et septentrionem versus. Edidit Kirchhoff, arch. Zeit. XXXVIII a. 1880 p. 64 sq.

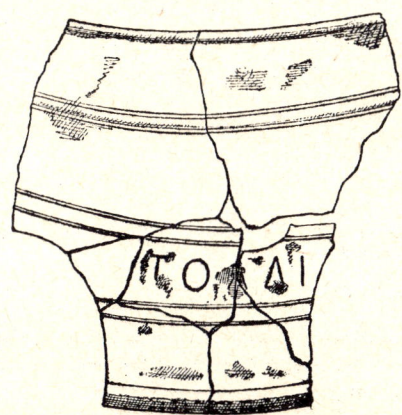

— τῶ[ι] vel τὸ[ῖ] Δι΄ —.

574 Lamina aenea, fere 0.001 m. crass., effossa Olympiae a templo Iovis ad meridiem versus. Litterae late et profunde incisae sunt; per duo foramina olim clavi immissi erant, ut lamina affigeretur. Ex Furtwaengleri apographo edidit Kirchhoff, arch. Zeit. XXXVII a. 1879 p. 162.

Var. lect. Purgold vs. 1 ⟨ΑΣΙΝΟ i. e. κατινο, quarum litterarum duae ultimae non ex toto certae sunt, vs. 2 fin. Ν pro Ι.

Vs. 1 [αἴ] κα σίνω[νται]? Vs. 2 [ἱ]αροῦ vel [ἱ]αρῶ. Vs. 3 μαν[τ--] vel αἰ μά vel αἰ μάν. Vs. 4 ['Ολύμ]πιον. Vs. 5 οὔτε. Elea huius tituli origo a fide non abhorret; scriptura congruit cum tituli n. 115, sed discrepant intervalla versuum primorum nec traditur, num huius quoque fragmenti in parte postica ornamenta incisa sint (cf. add. n. 115).

---

575 Baseos ex marmore Pario sculptae, in superficie aequa et in parte antica inscriptae, fragmentum hoc parvum Olympiae effossum est, 0.12 m. alt., 0.13 m. lat., 0.07 m. crass. Exscripsit Purgold.

--ίας ἐπ[οίησε --]. Litterae ρο locum habuerunt in titulo eius, qui donarium dedicavit.

---

576 Frustum aeneum, 0.092 m. long., 0.028 m. lat., 0.002—0.005 m. crass., in latere inscripto convexum et linea profunde incisa divisum, repertum Olympiae a templo Iovis ad occidentem versus. Atque Weil id putabat esse segmentum tabulae maioris consulto in similitudinem folii circumcisum, ut cum aliis in coronam componeretur; Purgold vero sibi visus est agnoscere statuae aeneae fragmentum fortuita forma. Ex Weilii apographo edidit Kirchhoff, arch. Zeit. XXXVI a. 1878 p. 141 tab. XVIII 6.

Omnes versus dextrorsum currere apparet ex primo et secundo. Vs. 3 [Δ]ιὶ Ὀλ[υμπίῳ].

---

577 Marmor Parium Olympiae erutum, 0.11 m. alt., 0.24 m. long., 0.09 m. lat., supra et infra et ad dextram salvum, in sinistra et in postica parte mutilatum; infra litteras proiectura inaequabilis remansit. Exscripsit Purgold.

Nota. Ad dextram post Α extremae partes litterae sub oculos cadunt, quam Purgold Σ fuisse iudicat.

[— — Κυ]δωνιά[τ]α[ς] vel --δωνι αἴας.

---

578 Lamina aenea, 0.047 m. alt., 0.022 m. lat., 0.001 m. crass., infra integra, reperta Olympiae, ex templo ad occidentem versus; litterae 0.006—0.008 m. altae sunt. Edidit Kirchhoff, arch. Zeit. XXXVI a. 1878 p. 140 tab. XVIII 1.

579 Lamina aenea satis crassa, undique mutilata, 0.065 m. alt., 0.035 m. lat., eruta Olympiae ante prytanei latus septentrionale. Litterae profunde exaratae sunt. Exscripsit Purgold.

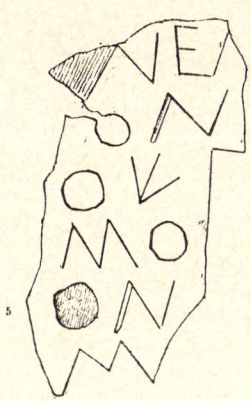

Notae Purgoldii. Vs. 3 fin. in fractura Γ, i. e. Ε; vs. 5 interior pars litterae Ο periit; vs. 6 in fractura Μ.

---

580 Frustum aeneum, 0.053 m. alt., 0.035 m. lat., 0.005 m. crass., a nulla parte nisi, ut videtur, ab inferiore integrum, effossum Olympiae a Pelopio in meridiem et occidentem versus. Litterae incisae sunt ductu tenui, non profundo. Exscripsit Purgold.

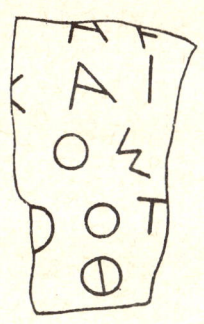

Nota Purgoldii. Vs. 4 littera prima potest fuisse Φ.

---

581 Fragmentum marmoreum Olympiae effossum, praeter particulam marginis superioris a nulla parte incolume, 0.17 m. alt., 0.12 m. lat. Exscripsit Purgold.

---

582 Frustum laminae aeneae, 0.0015 m. crass., undique fractum effossum Olympiae a templo Iovis ad orientem et meridiem versus. Edidit Kirchhoff, arch. Zeit. XXXVII a. 1879 p. 162.

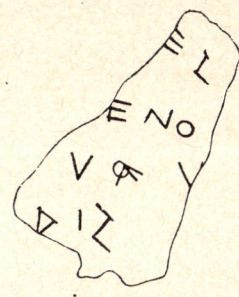

Nota. Vs. 3. Scriba litteram Ο videtur correxisse superimposita littera Λ.

---

583 In lapide qui Delphis prope ecclesiam S. Eliae humi iacebat. De Witte, annali dell' inst. arch. a. 1841 p. 13; Le Bas, voy. arch. n. 968.

de Witte	Le Bas
ΚΕϷΟΓ....	ΚΕΡΟΓ

---

584 Frustulum aeneum, quod de margine vasis videtur superare, undique fractum nisi quod infra litteras margo servatus est, effossum Olympiae extra murum Altis ad meridiem versus. Ex Furtwaengleri apographo edidit Kirchhoff, arch. Zeit. XXXVII a. 1879 p. 163. Rectius exscripsit Purgold.

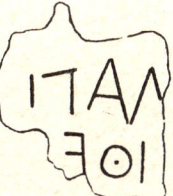

--ιάδ[ας].

---

585 Lamina aenea, effossa Olympiae, a Philippeo ad septentrionem versus. Edidit Kirchhoff, arch. Zeit. XXXVII a. 1879 p. 164.

586 Duo fragmenta marmoris Parii inscripta litteris c. 0.022 m. altis, effossa Olympiae. Alterum *a* 0.10 m. alt., 0.065 m. lat., 0.04 m. crass., undique truncum praeter partem marginis inferioris, a templo Iovis ad meridiem et orientem solem repertum et a Furtwaenglero, arch. Zeit. XXXVII a. 1879 p. 148, editum est. Alterum *b* non nisi supra incolume, 0.09 m. long., 0.04 m. alt., 0.05 m. crass., effossum est a Pelopio ad meridiem et occidentem versus. Utrumque ex Purgoldii schedis repeto.

       a   *b*

   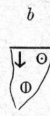

Nota. *a* vs. 3 Furtwaengler ⊐ pro ⊒; idem et vs. 2 E et vs. 3 ⊐ ex littera B superesse contendit.

Versus βουστροφηδὸν dispositi erant.

587 Cuspis aenea magnam partem robigine cooperta, eruta Olympiae in prytaneo. Ex Furtwaengleri apographo edidit Kirchhoff, arch. Zeit. XXXVII a. 1879 p. 164; imago tertia parte minor est quam ipsum aes.

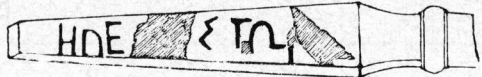

Var. lect. Ad sinistram nihil deesse opinabatur Furtwaengler; qua de re dubitabat Purgold, quum aes denuo inspiceret sibi visus cognoscere vestigium ⌐. Litteram tertiam E uterque incertam esse affirmavit, item quartam Σ.

Titulus forsan propter recentiorem aetatem non huius est provinciae.

---

588 Titulus incisus est sub fundo lucernae musei Britannici. Edidit Hirschfeld, arch. Zeit. a. 1873 p. 109; cf. Kaibel, epigrr. Gr. n. 1131. Exscripsi.

    EIMIΔEΠΑΥΣΑΝΙΑΤΟΚΑΤΑΠΥΓΟΤΑΤΟ

Nota. Primum O hanc fere habet formam 8, quae labente stilo potest esse orta.

Εἰμὶ δὲ Παυσανία τοῦ καταπυγοτάτου.

Intuenti mihi lucernam verisimile visum est eum, a quo Pausaniae dono data est, talem ambiguitatem his verbis occuluisse, ut et diceret lucernam esse Pausaniae et lucernae hiatu, quem circa titulus est scriptus, repraesentari anum hominis καταπυγοτάτου.

---

589 Fragmentum basis rotundae ex lapide calcario fusco sculptae, 0.30 m. altum, 0.60 m. in diametro habens, erutum Olympiae a buleuterio ad orientem versus; prope fracturam incisum est foramen, quo statua stabiliretur. Duo versus, alter curvus, alter directus, exarati sunt in superficie aequa adeo corrosa, ut aliquot locis vulnera non facile a litterarum reliquiis discernantur. Exscripsit Purgold.

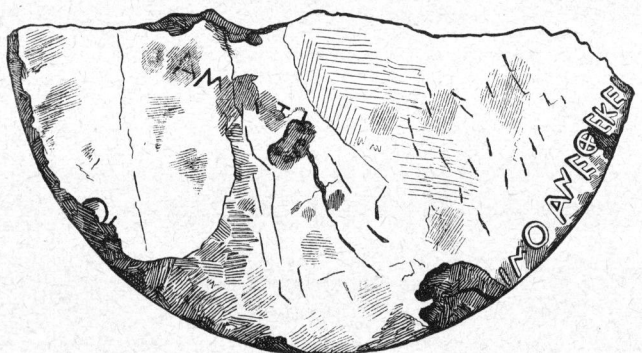

Notae Purgoldii. Vs. 1 ante AM, item vs. 2 ante OI utrum litterae perierint necne, decerni non potest; vs. 2 inter I et O satis certo agnoscitur M.

Vs. 1 titulus artificis. Vs. 2 [— — τ]ίμου ἀνέθηκε[ν — —]. Ni Θ pro Θ adversari videretur, cogitari posse putarem de basi Milonis statuae subiecta; Paus. VI 14. 5: Μίλωνα δὲ τὸν Διοτίμου πεποίηκε Δαμέας ἐκ Κρότωνος καὶ οὗτος.

---

590 Fragmentum magni marmoris Parii, quod de basi superest, praeter partes lateris antici et superioris undique truncatum, 0.96 m. long., 0.51 m. lat., 0.36 m. alt., erutum Olympiae ante buleuterii latus orientale, ubi in recentiore aliquo aedificio, fortasse pro limine, videtur esse collocatum. Titulus in latere superiore litteris fere 0.025 m. altis incisus ab initio est integer. Exscripsit Purgold.

Nota Purgoldii. Littera tertia summa cum probabilitate est N, quamquam lineola tertia minus bene est conservata; post illam litteram nihil certi dignoscitur.

Αἰν[εσίδημος — —]? Cf. Paus. V 22. 7: ἰδίᾳ δὲ ἄνδρες Λεοντῖνοι καὶ οὐκ ἀπὸ τοῦ κοινοῦ Δία ἀνέστησαν. μέγεθος μὲν τοῦ ἀγάλματος πήχεις εἰσὶν ἑπτά, ἐν δὲ ταῖς χερσὶν ἀετός τέ ἐστιν αὐτῷ καὶ τὸ βέλος τοῦ Διὸς κατὰ τοὺς τῶν ποιητῶν λόγους. ἀνέθεσαν δὲ Ἱππαγόρας τε καὶ Φρῦνων καὶ Αἰνεσίδημος, ὃν ἄλλον πού τινα Αἰνεσίδημον δοκῶ καὶ οὐ τὸν τυραννήσαντα εἶναι Λεοντίνων. Huic igitur basi haud scio an illud fragmen tribuendum sit; certe in contrariam partem non afferendus est ordo nominum, quem Pausanias potest consulto immutasse, ut suum de Aenesidemo iudicium commode annecteret.

ADDENDA ET CORRIGENDA.

3 a Delphis in porticu *Atheniensium* a Gallis a. 1880 effossa. Titulus 14.30 m. longus uno versu, quem in imagine necesse erat dividere, litteris profundis aequalibus (praeterquam quod formae litterae λ variant) 0.18—0.185 m. altis scriptus legitur in eo gradu, quem stylobata format. Inter litteras ΠΟ et Ν intervallo 1.30 m. litterae perierunt; sed post illam litteram Ν, quod ante fracturam lapidis spatium vacuum est 0.26 m., quum singulae litterae tituli fere 0.12 m. inter se distent, inde constat ad dextram nihil interceptum esse. Edidit Haussoullier, bull. de corr. hell. V a. 1881 p. 12 sqq.

|ΑΘΕΝΑΙΟΙΑΝ|ΕΘΕΣ|ΑΝΤΕΝΣ|
|ΤΟΑΝΚ|ΠΑΗΟΠ|ΑΙΤΑΚΡΟΤΕ|
|ΡΙΑΗ|ΕΛΟΝΤΕΣ|ΤΟ|Π|Ν

Ἀθηναῖοι ἀνέθεσαν τὴν στοὰν κ[α]ὶ τὰ ὅπλ[α κ]αὶ τἀκρωτήρια ἑλόντες τῶν πο[λεμίω]ν. De illa porticu haec tradit Pausanias X. 11. 5: ᾠκοδόμησαν δὲ καὶ Ἀθηναῖοι στοὰν ἀπὸ χρημάτων ἅ ἐν τῷ πολέμῳ σφίσιν ἐγένετο ἀπό τε Πελοποννησίων καὶ ὅσοι Πελοποννησίοις ἦσαν τοῦ Ἑλληνικοῦ σύμμαχοι. Ἀνάκειται δὲ καὶ πλοίων τὰ ἄκρα κοσμήματα καὶ ἀσπίδες χαλκαῖ· τὸ δὲ ἐπίγραμμα τὸ ἐπ' αὐτοῖς ἀριθμεῖ τὰς πόλεις ἀφ' ὧν οἱ Ἀθηναῖοι τὰ ἀκροθίνια ἀπέστειλαν, τήν τε Ἠλείων καὶ Λακεδαιμονίων, Σικυωνᾶ τε καὶ Μέγαρα, καὶ Πελληνέας Ἀχαιῶν, Ἀμβρακίαν τε καὶ Λευκάδα καὶ αὐτὴν Κόρινθον· γενέσθαι δὲ ἀπὸ τῶν ναυμαχιῶν τούτων καὶ θυσίαν Θησεῖ καὶ τῷ Ποσειδῶνι ἐπὶ τῷ ὀνομαζομένῳ Ῥίῳ. καὶ μοι φαίνεται τὸ ἐπίγραμμα ἐς Φορμίωνα τὸν Ἀσωπίχου ἔχειν καὶ ἐς τοῦ Φορμίωνος τὰ ἔργα. Saeculo sexto, sub Pisistrati tyrannide opinor, Athenienses hanc porticum aedificaverunt et confestim arma et rostrorum ornamenta in ea collocaverunt, inscripta in gradu illa dedicatione, quae iam in lucem rediit. Iidem multo post eiusdem generis spolia, quibus primis belli Peloponnesiaci annis potiti erant, in eadem porticu deo dedicaverunt ascriptis in pariete vel in tabula nominibus populorum, de quibus illa ceperant (ἀπ' Ἠλείων κτλ.). Pausanias autem, qua erat levitate, scripturae indiciis neglectis has duas inscriptiones ad easdem victorias spectare arbitratus est.

---

8 Hunc titulum Foucart ex exemplari a Rayeto secum communicato accuratius exprimendum curavit, mémoires présentés par divers savants à l'académie, a. 1878, p. 385.

```
ΗΟΡΟΣ
ΤΕΜΕΝΟΣ
ΕΠΟΝΥΜΟΝ
ΑΘΕΝΗΟ!Ν
```

Quibus supplementis ut certa fides adiungatur, vel ideo non decet postulare, quod ne id quidem constat, utrum litteras, quas fragmentum pusillum servavit, in hexametro et pentametro an in pentametro et trimetro locum habuerint. Vs. 3 post lineam extremam curvam Ϲ Purgold particulam litterae rotundae se dignoscere ait et depinxit illam in schedis, quas oculis collustravi, sic ; quae lineae, si cohaeserunt, formasse possunt litteram ; sin aliter, illa fuerit γ forma singulari, haec ο.

---

12 Frustulum marmoreum, quod superest de columnae n. 12 parte inferiore fracta, 0.15—0.16 m. longitudine et latitudine, inventum a Pelopio ad occidentem versus. Exscripsit Purgold et edidit typis excusum, arch. Zeit. XXXIX a. 1881 p. 86. Utor ectypo.

12 a Duo fragmenta marmoris Parii, reperta Olympiae, praeter marginem superiorem, qui in fragmento *b* est servatus, undique truncata, latitudine, si coniuncta metiris, 0.34 m., altitudine, ubi est maxima, 0.12 m. Exscripsit Purgold.

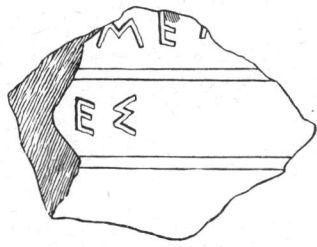

Var. lect. Post ΜΕ partem inferiorem hastae, ni species fallit, paulum proclivis omisit Purgold, de qua non dubito quoad pulcro ectypo credere licet. Spatium autem, quod intercedit inter litteram Ε et fracturam, typotheta in diario archaeologico iusto maius finxit.

Θρασυμάχου παῖδες τοῦ Μαλίου [ἐν Μεγαρεῦσι]
τῷ Δὶ Δαίδαλος καὶ [e. g. Στρατοκλῆς] με [ἀνέθεν].
Γράφων ἐποίει Μάλιος Καβ[ειροκλῆ]ς (?).

Haec reliqua sunt ex altero exemplari tituli n. 12, quod in lapide forma quadrata perscriptum ad alterum donarium ab iisdem hominibus dedicatum spectabat; atque litterarum ductu tam simile priori illi dicitur esse, ut eadem manu confectum esse videatur. Quam similitudinem ad dispositionem litterarum non pertinuisse, fastigium infra litteram Σ superstes caeteris alterius versus litteris interceptis ostendit. Quod si non restat ex littera Α sed, ut visum est Purgoldio, ex littera Μ, distichum uno versu exaratum eique artificis titulum subiectum esse putarim.

| ADDENDA | | ET CORRIGENDA |

17 Vide in his Addendis n. 27a.

20 Serius, quam ut in ordinem inseri possent, aliquot testae inscriptae eiusdem generis innotuerunt; septem enim (sc. titt. 2a, 4a, 16a, 85a, 87a, 108a, 109a) post reliquas emit museum Berolinense, tres (sc. titt. 43a, 59a, 60a) possident Rollin et Feuardent Galli, edidit O. Rayet, gazette archéologique a. 1880 p. 101sqq., unius notitia (sc. tit. 36a) debetur Iacobo Dragatsae, Παρνασσ. a. 1881 p. 138sq.

2a

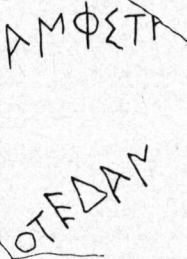

Ἀμφιτρ[ίτα], [Π]οτειδάν. Ad sinistram margo servatus est

4a

Haec testula, in qua pictus est sagittarius cum nomine ascripto Τε[ῦκρος], subsidens sub scuto figurae fractae (Aiacis), dextrorsum telum intendens, superat ex laeva parte eius tabulae, cuius in dextra parte scriptus est titulus 4; intercidit igitur inter duo fragmenta ea testae pars, in qua equi erant picti. Respondebat autem Teucro ad dextram Pandarus haud dubie eodem habitu repraesentatus.

16 Huius testae imaginem expressit etiam Dragatses, Παρνασσ. a. 1881 p. 137sq., neglecto tamen eo titulo, qui acu incisus est.

16a

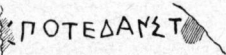

--ι Ποτειδᾶνι τ--.

36a

Μι[δ]ωνίδας ἔγραψε [κ]ἀνέθηκε. Titulus non uno nomine notabilis; nam ut litteram Ⅴ a scriptura Corinthiaca alienam corrigamus et dissolutionem illam orationis molestam tollamus: tamen restat littera E quinquies litterae B vicaria. Pictorine nova et singularis alphabeti varietas placuerit an editor quintuplicis erroris reus sit faciendus, animi pendeo. Litteram ↓ modo duobus signis (cf. tit. 98 Ψο--) modo uno, prout libuit, Corinthios videmus scripsisse eadem inconstantia, qua Boeotios in littera ξ scribenda usos esse constat.

43a

Ad laevam: Ποτειδάν, quo in nomine pictor pro ꙃ Ⅎ scribere debuit aut Ⅎ aut ꙃⅎ; ad dextram: Ἰγ[ρ]ων μ' ἀνέθηκε. Tertiam litteram M minus claram esse annotat Rayet; nomen restitui potest ex testa ab eodem viro dedicata, tit. 43, ubi littera P est certa.

46 Potius [Ἀ]ρινσίων, ab ἀρνεῖσθαι, cf. n. 172 Ἀρνησίχα.

59a

Ὀνύμων.

60a

Σόρδις.

68 Postquam vocem dubiam denuo contemplatus sum, hoc addo dubitari posse, an fuerit olim in testa B pro K, certum autem esse Σ. Coniecci igitur αὐτοπό[ε]ια seu potius αὐτόπο[ε]ια i. e. αὐτόποια ab ipso confecta; cum diphthongo OBΣ pro οι confer AE pro αι titt. 4 et 5. Quae coniectura si conveniat, donator gloriatur, quod donaria ipse fabricatus est; idem de se praedicat Midonidas, tit. 36a. Cf. praeterea tit. 114.

85a

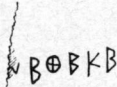

[--ἀ]νέθηκε. Titulus incisus est.

ADDENDA 171 ET CORRIGENDA

87a ΜΒΑΜΒΟΚΒΤΟΣ

— — μὲ ἀνέθ(η)κε τῷ [Ποτειδᾶνι].

107 --ας εἰμ[ί]. Titulus superiore dignus erat loco.

108a (inscription facsimile)

Periit versus hexameter; deinde [— ⏑ ἐπ]αγγείλας· τὺ δὲ δό[ς χα]-
ρίεσ(σ)αν ἀμοιϝάν. Cf. titt. 62. 63. 64.

109a

[Π]οτει[δᾶν].

23 Loeschckio (arch. Zeit. XXXIX a. 1881 p. 32 not. 13) vas intuenti manus inexercitata hunc titulum videbatur voluisse incidere:
Ξενοκλῆς μ' ἔδωκέ τοι.

24 Purgold Λ et Μ et Γ.

26a Titulus *Corinthius*. Tria fragmina marmorea inter se finitima,
effossa Olympiae, fragm. *a* prope id aedificium, quod meridionale
vocare fossoribus placuit, fragm. *b* et *c* apud templum Iovis. Atque haec tantum superiorem servarunt marginem, fragm. *a* etiam
inferiorem et posticum, ut totum lapidem 0.245 m. alt., 0.17 m.
crass. fuisse inde constet; longitudo trium fragmentorum composi-
torum est 0.24 m. Exscripsit Purgold et agnovit epigramma a
Pausania memoriae traditum. Ectypum contuli.

a   *b*   *c*

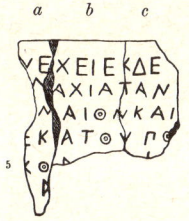

[Ναϝὸς μὲν φιάλαν χρυσέα]ν ἔχει, ἐκ δὲ [Τανάγρας]
[τοὶ Λακεδαιμόνιοι συμ]μαχία τ' ἀν[έθεν]
[δῶρον ἀπ' Ἀργείων καὶ Ἀθα]ναίων καὶ [Ἰάνων],
[τὰν δεκάταν νίκας εἵ]νεκα τοῦ πο[λέμου].
5 — — — — Κο[ρινθ].[ο- — —]
— — — — — ϱ — —

Annus pugnae est Ol. 80.4. Paus. V 10. 4: ὑπὸ δὲ τῆς Νίκης τὸ
ἄγαλμα ἀσπὶς ἀνάκειται χρυσῆ Μέδουσαν τὴν Γοργόνα ἔχουσα ἐπειργα-
σμένην. τὸ ἐπίγραμμα δὲ τὸ ἐπὶ τῇ ἀσπίδι τούς τε ἀναθέντας δηλοῖ καὶ
καθ' ἥντινα αἰτίαν ἀνέθεσαν· λέγει γὰρ δὴ οὕτω· ναὸς κτλ., cuius epigrammatis in versu secundo librorum corruptelis depravato eadem
verba felici divinatione viri docti restituerunt, quae re vera in lapide
sunt. Atque alia nondum nota discimus: epigramma non in ipso
clipeo tam alte suspenso, ut, si in illo incisum fuisset, legi non potuerit, sed in lapide infra collocato, neque Laconico alphabeto sed
Corinthio (cf. Χ et ΟΥ) scriptum fuisse; subscriptus videtur fuisse
aut catalogus sociorum aut titulus artificis Corinthii.

27a *Sicyoni* titulum n. 17 addicendum esse demonstrat apographum novum Purgoldianum, quod iam pro illo parum accurato substituitur
(arch. Zeit. XXXIX a. 1881 p. 171):

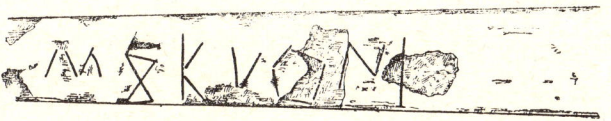

Nota Purgoldii. Clare noscitantur litterae Σ et Ι. Num nomen ad
finem perscriptum fuerit, certo diiudicari nequit; videtur tamen non
fuisse perscriptum.

Σεκυωνί(ων). Ipsi igitur Sicyonii victoria reportata spiculum dedicaverunt.

27b Notae fabriles in sedecim saxis thesauri *Sicyoniorum* Olympiae effossis. Quorum saxorum latera inferiora maximam partem in trinas fa-
scias divisa ita caesa sunt, ut media quaeque fascia excavaretur et aspera maneret, reliquae levigarentur; harum igitur in altera notae fabriles
incisae sunt. In imaginibus ad decimam partem reductis, quas ante oculos habes, integra linea indicat ipsum lapidis marginem, punctis scripta
fines fasciarum. Paucas harum notarum ediderunt Curtius et Adler, Ausgrabungen in Olympia IV p. 36, quindecim Purgold, arch. Zeit. XXXIX
a. 1881 p. 174 sqq., sextae decimae post illas repertae apographum et ectypum idem submisit.

22*

ADDENDA 172 ET CORRIGENDA

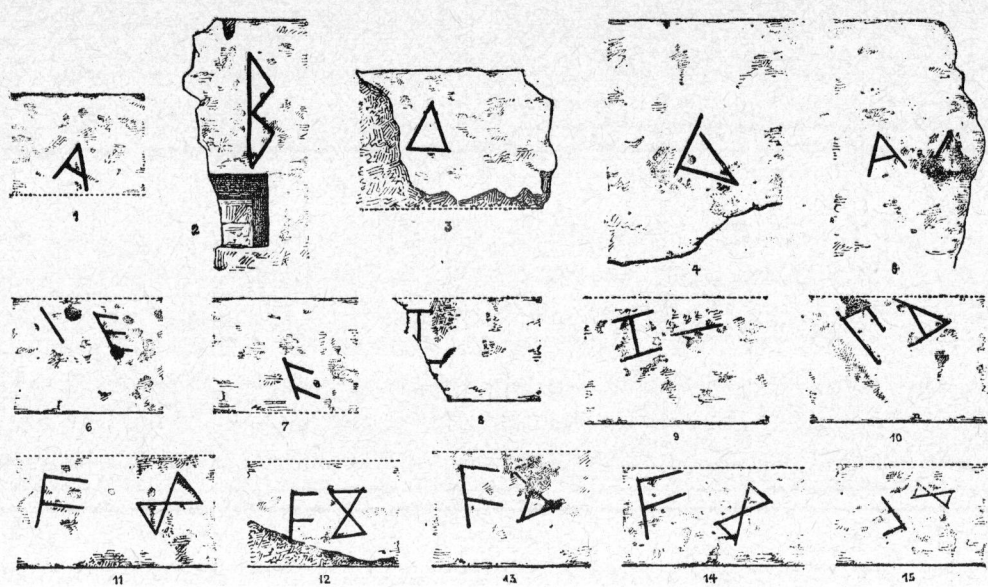

Nota. Tit. 8 lineolam obliquam ligo operarii in effodiendo incidit. Tit. 1 α, tit. 2 β, tit. 3 δ, tit. 4 δ, tit. 5 α δ, tit. 6 ι ε(ι), tit. 7 ϝ, tit. 8 ζ, tit. 9 ζι, tit. 10 πα, titt. 11—14 ϝε, tit. 15 εϝ, tit. 16 μ. Alphabetum Sicyonium, quod titulis thesauri n. 27 *b c d* aetate paribus et titulo cuspidis n. 27 *a* aliquanto vetustiore palam factum est, multis quidem rebus Corinthio est simillimum, his vero discrepat ab illo, quod ea aetate, qua iam vocalis ι signo I et consonans σ signo Ϻ vel Ϲ scribebatur, una cum littera Ͷ usurpavit litteram E aut ex antiquissimo usu retentam aut ex Ionica scriptura praeoccupatam et quod eadem aetate iam in usum vocavit signum B pro antiquiore Ͳ vel Ͷ.

27 c Lapis arenaceus fuscus, 0.11 m. alt., 0.56 m. lat., 0.46 m. long., qui olim fuit in antis ad portam thesauri *Sicyoniorum*, effossus est Olympiae ab octavo thesauro ad septentrionem versus in sepulcro christiano. Cuius ut operculum esse posset, ex forma antiqua maiore in hanc minorem redactus est; postea insuper est fractus. Neque tamen in his calamitatibus titulus in parte antica angusta incisus detrimentum cepit; nam inferiores litterarum partes, quae nunc desiderantur, in lapide altero vicino deperdito exaratas fuisse ex lapidis servati fabrica efficitur. Litterae integrae 0.04 m. altae fuerunt. Ex Purgoldii apographo edidit Kirchhoff, arch. Zeit. XXXIX a. 1881 p. 170sq.

Nota. Purgoldio prima linea admodum prona potius ex Ϲ quam ex Ϻ superesse et vestigiorum, quae post secundum Ο cernuntur, alterum fortuito factum, alterum ex littera I restare visa sunt. Superior pars vocis ϺΚΥΟΝΙΟΙ Σεκυώνιοι vel — id quod malim, nisi obstet caput litterae extremae — ϺΚΥΟΝΙΟΝ Σεκυωνίων. Cf. Paus. VI 19. 1: ἔστι δὲ θησαυρὸς ἐν Ὀλυμπίᾳ Σικυωνίων καλούμενος, Μύρωνος δὲ ἀνάθημα τυραννήσαντος Σικυωνίων. τοῦτον ᾠκοδόμησεν ὁ Μύρων νικήσας ἅρματι τὴν τρίτην καὶ τριακοστὴν ὀλυμπιάδα. Hunc titulum multo recentiorem esse nemo non videt; quapropter temporis notam a vetustiore thesauro, de quo duo thalami aenei (Paus. VI 19. 4) reliqui erant, ad recentiorem circa eos constructum a Pausania male translatam esse coniecit Kirchhoff.

27d Saxum 0.29 m. alt., 0.56 m. lat., 0.975 m. long., erutum Olympiae, ubi et ipsum quondam fuerat in antis thesauri *Sicyoniorum*, tum redivivum muro ecclesiae Byzantinae insertum erat. Quod saxum quum ad dextram non cohaeserit cum altero, in inscriptionis versibus duobus non plus quam binae litterae possunt periisse, quas pars dextra in latere inscripto fracta hausit; versus alterius pars inferior trans commissuram erat scripta. Altitudo litterae B est 0.04 m., spatium inter versus 0.075 m. Edidit Purgold, arch. Zeit. XXXIX a. 1881 p. 172 sq.

Nota Purgoldii. In littera tertia O crux non est certa. Supra litteram B lineae quaedam dignoscuntur, sive illae ex littera ◊ reliquae seu potius casu factae sunt; ad sinistram linea perpendiculata diligenter incisa.

Βοῶ[ν] Κυψ[έλου]. Cypselum enim Corinthi tyrannum conicio, quum Iovi Olympio boves corporum magnitudine insignes immolasset, pelles vel calvas vel cornua in foribus thesauri, quem Myro tyrannus urbis vicinae recens aedificaverat, permissu illius suspendisse ascripto litteris vetustissimis titulo: Βοῶν Κυψέλου. Qui titulus multo post a Sicyoniis novo thesauro constructo et anathematis vetustis in eo collocatis recentiore scriptura ad eius portam repetitus est: ΒΟΟΝ|ΚΥ-ΨΣ|ΛΟΥ.

33 Purgold ℇ pro E.

36a vs. 11 corrige typothetae sphalma ϙ pro Ϙ.

37 In imagine vs. 3 corrige xylographi errorem ς pro ε. In primo hexametro collato titulo add. n. 43a iam apparet rectius scribi [Ϝανά]ϙων pro [ἀνά]ϙων.

43a Rota aenea, quae dicitur *Argis* reperta esse, tanta quantam infra vides. Aestate a. 1880 Athenis apud quendam rerum antiquarum mercatorem raptim exscripsit Purgold.

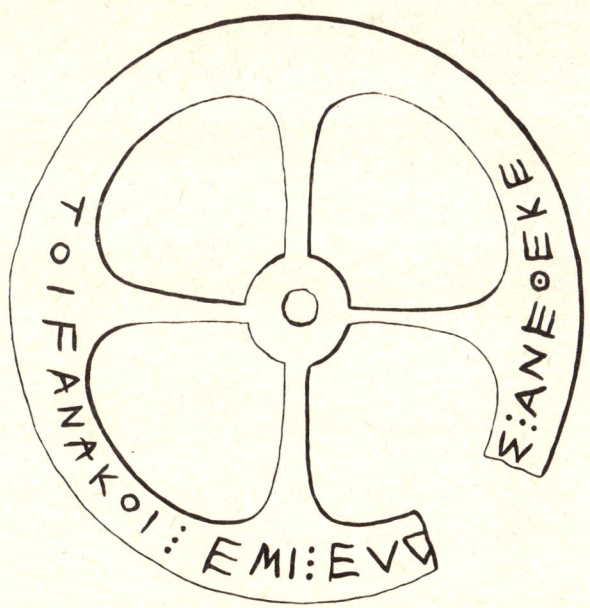

Τοῖ(ν) Ϝανάκοι(ν) εἰμί· Εὐδ...ς ἀνέθηκε, forsitan pro victoria curuli.

44a Edidit titulum Purgold, arch. Zeit. XXXIX a. 1881 p. 83.

46 Purgoldii testimonio hae litterae ductu continuo incisae sunt: litt. 5 N, litt. 6 I, litt. 9 A, litt. 10 Γ, litt. 16 D. Littera 19 est M.

| ADDENDA | 174 | ET CORRIGENDA |

57 Pro p. 335 corrige p. 355.

---

62 a Tabulae canae marmoreae pars inferior, quae ipsa in quatuor fragmenta continua dissoluta est, 1.14 m. alt., infra 0.52 m., supra 0.59 m. lat., 0.13 m. crass., cum basi rudi 0.25 m. alta, reperta Vurliae prope *Sellasiam*, deinde Spartam in museum translata. In ea tabula Dioscuri sculpti erant nudi, stantes, in medium conversi, alter ad dextram alter ad sinistram, hic manu dextra coronam tenens; figurae nunc ita mutilae sunt, ut utriusque pars superior ventre tenus, praeterea sinistrae crura magnam partem perierint; etiam titulus cruribus figurarum interiectus inferne mancus est. Purgold exscripsit et ectypum misit.

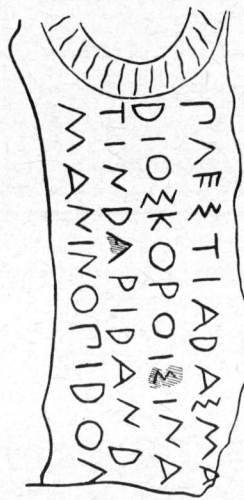

Πλειστιάδας μ' ἀ[νέθηκε] Διοσκώροισιν ἄ[γαλμα],
Τυνδαριδᾶν δ[ιδύμων] μᾶνιν ὀπιδ(δ)ό[μενος].

Ad vocalem ι vocis Τυνδαρίδαι cf. titulum Cythereum, bull. de corr. hell. II a. 1878 p. 365, Mittheil. des deutsch. arch. Inst. in Athen V a. 1880 p. 231. Lacunas explevit Kirchhoff.

---

75 De initio tituli hoc frustulum superat a Purgoldio exscriptum:

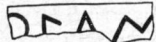

[Δέξ]ο Γάν[αξ] κτλ.

---

77 a Marmor album, 0.52 m. alt., 0.25 m. lat., 0.15 m. crass., repertum *Geronthris* (Geraki); ex ectypo, quod Georgios Papanicolaos miserat, exscripsit Purgold.

ΤΕΛΕΦΑΝΕΣ
ΕΜΠΟΛΕΜΟΙ

Τηλεφάνης ἐμ πολέμῳ. Cf. n. 77.

---

77 b Basis ex uno marmore cano ita sculpta, ut pars inferior 0.40 m. longa, 0.345 m. lata, 0.145 m. alta, superior 0.35 m. longa, 0.325 m. lata, 0.09 m. alta sit; reperta est *Geronthris* (Geraki), exstat ibi in ecclesia. Quae ut olim cippum ferebat demissum in foramen quadratum, quod supra incisum est, ita nunc crucem diebus festis erec-

67 Huius lapidis, 0.94 m. alti, 0.44 m. lati, inserti muro ecclesiae S. Ioannis, apographum et ectypum a se confecta misit Purgold.

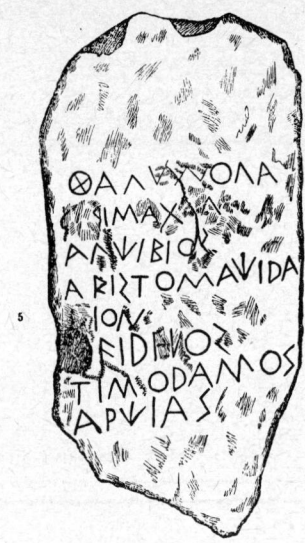

Idem annotat haec: Titulum supra et infra integrum esse spatium scriptura vacuum demonstrat. Vs. 1. Post ΘΑΛ certa est linea prona \; prope hanc tria vulnera lapidis, cuius generis multa in hac regione cernuntur, falsam ansarum speciem habent et occulunt eadem lineam obliquam / vix conspicuam; mox Ν certo noscitatur. Vs. 2. Ante litteras certas ΙΜΑΧ spatium admodum corrosum uni aut duabus litteris supplendis sufficit; post Χ omnino nihil lectionis Le Basianae dispicitur. Vs. 3. Littera secunda est Λ, quod laesura simile factum est litterae Ν. Vs. 4. Nomen dubitationi non obnoxium est; ultima littera hodiernum lapidis marginem transiit. Vs. 5. Prima littera fuit aut Β aut D. Vs. 6. Littera secunda Ε certa, item quinta Ι; sexta videtur fuisse Ψ.

Nomina igitur fuerint haec: vs. 1 ectypum videtur admittere nomen Θαλαμόλας; Purgold: Θαλυνόλας vel Θαλχυόλας; vs. 2 [Τ]ιμάξ[ενος], cf. C. I. G. 7881. 7882. 7883; vs. 3 Ἀγχίβιος; vs. 4 Ἀριστομαχίδα[ς]; vs. 5 [Β]ίων seu [Δ]ίων seu — ni ectypum fallit — Fίων; vs. 6 [Μ]είδιχος seu [Φ]είδιχος; vs. 7 Τιμόδαμος; vs. 8 Ἀρχίας.

---

tam suscipit, ad quam stabiliendam duo foramina rotunda antiquo sunt addita. Exscripsit Purgold.

Εὐάλκης ἐν πολέμῳ ἐν Μαντινέᾳ. Cf. n. 77. Hoc igitur in titulo, qui post pugnam a. 418 commissam videtur incisus esse, vocalis η antiquiore littera scripta est quam in eo, n. 88, quem propter Hagehistratum ephorum anno 426 tribui; quae difficultas ut aperiatur, spes est fore, si plures titulos temporum notis insignes Laconia suppeditaverit.

82 Purgold Ρ pro D.

ADDENDA   **175**   **ET CORRIGENDA**

91 Similia de hoc titulo exposuit Iebb, the journal of Hellenic studies I a. 1880 p. 23 et p. 58. Ectypo a Purgoldio accepto accuratiorem lapidis imaginem subicio.

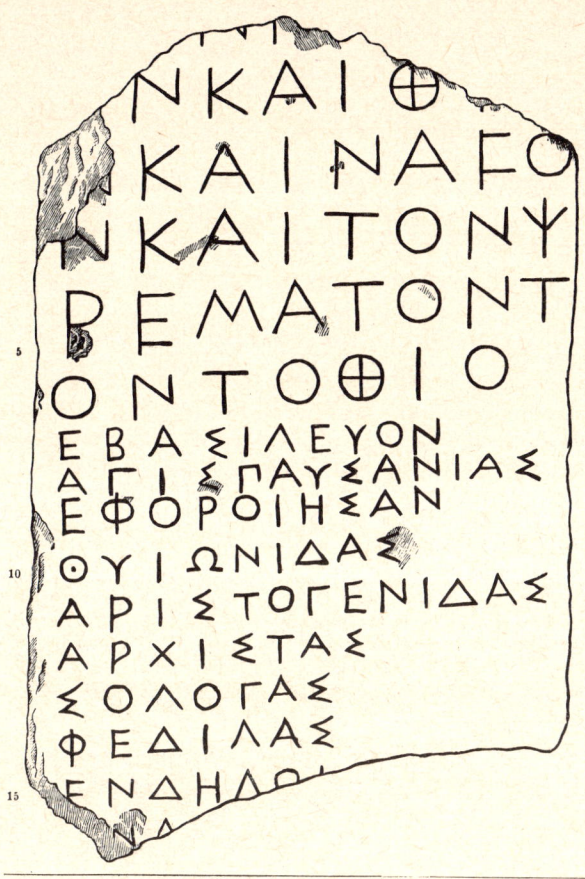

In priore titulo litterarum sulci angusti et profundi ductu pereleganti exarati sunt. Quo in titulo quum litterae aequabili modo dispositae sint, vox Θ[νέων] numerum litterarum interceptarum excedit; supple Θ[νῶν]; nam versu altero post ⊕, ubi vocalem scriptam fuisse necesse est, hastae pars inferior reliqua non in medio spatio, quod littera occupavit, sed ad sinistram incisa non potest non superesse aut ex Υ aut ex Ϝ.

99 Rectius titulum exscripsit Purgold.

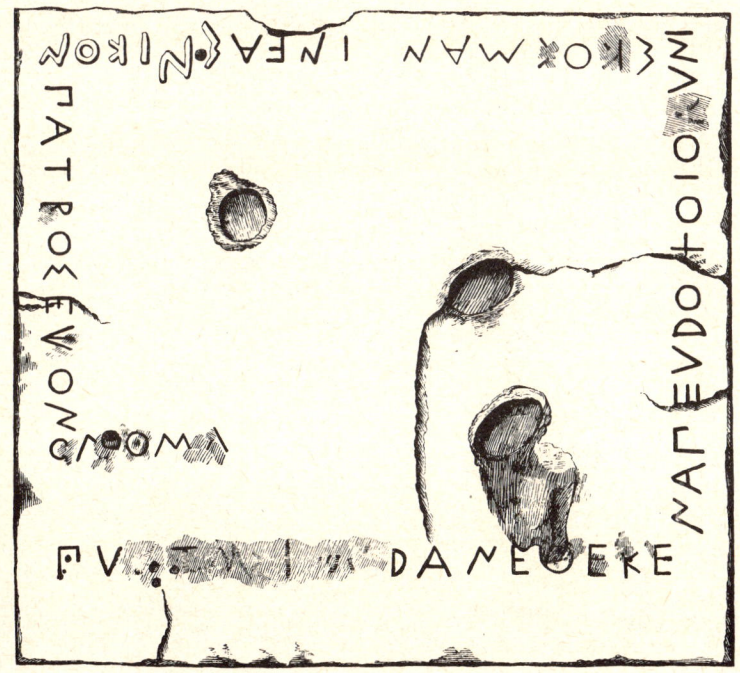

Nota Purgoldii. Littera sexta Σ et deinceps hasta directa et lineae duae obliquae valde incertae sunt. Vs. 3 fin. Litterarum lineae lapide corroso dilatatae sunt.

Πυ[κ]τα[ς τόν] δ' ἀνέθηκεν ἀπ' εὐδόξοιο [Κ]υνίσκου
Μαν[τ]ινέας νικῶν, πατρὸς ἔχων ὄνομα.

Cf. Paus. VI 4. 11: Κυνίσκῳ δὲ τῷ ἐκ Μαντινείας πύκτῃ παιδὶ ἐποίησε Πολύκλειτος (sc. senior) τὴν εἰκόνα.

ADDENDA 176 ET CORRIGENDA

100a Titulus *Mantinensis* (?). Fragmentum marmoris Parii, 0.18 m. long., 0.15 m. alt., 0.06 m. crass., igne laesum, undique mutilum, nisi quod margo inferior servatus est. Edidit Purgold, arch. Zeit. XXXIX a. 1881 p. 181.

— — [M]αντι[νε — —].

---

105 Litteras non incisas sed instrumento caeli simili impressas esse nuntiat Purgold; inde intellegitur, cur aerarius quadrata pro circulis substituerit. — Postquam dialectum Eleam mirae cuiusdam inconstantiae fuisse cognitum est, vis argumenti ex vocali ε vocis εὐεργέτας petiti aliquanto imminuta est.

---

106 Paterae illud aes tribuendum esse iudicat Purgold; eidem ultima linea prona \, quamvis incerta sit, potius de V videtur superare.

---

107 Purgold testis est vs. 1 inter O et T lacunam minorem esse quam quae litteram Π possit interemisse; supplendam igitur esse litteram I; eodem versu inter Σ et O intercidisse litteram E ita ut ansae in fragmento dextro etiam nunc exstent; vs. 6 Β pro R; vs. 11 Ↄ pro ⌐. Qua nova lectione efficitur, ut paulo ampliora supplementa opus sint, quam supra coniecceram; ideo hunc fere tituli tenorem fuisse existimo:

['Επεὶ πολλὰ χρήματα ἔ]δωκαν, οἱ τὸ χρύσεον
[. . . . . κατεσκεύ]ασαν τὸ ἱερὸν τῶ Διός.
[ἔδοξεν τοῖ δάμοι ἦ]ναι αὐτὸς καὶ γενεὰν
[— — — — προ]ξένος καὶ εὐεργέτας·
5 [summa pecuniae, — — ιπ]πος Θεοδότω Μάγνης
["   "   — —]ην Θηβαῖος
["   "   — —]ς Συρακόσιος
["   "   — —]Σεκυώ[νι]ος
["   "   — —]ς Ἀργεῖος.
10 ['Επὶ — — τῶ — —]κλέος καὶ Ὀλυμπιοδώ-
[ρω τῶ δεῖνος ἑλλαν]οδικόντοιν.

Ad ἑλλανοδικόντοιν cf. ἰαραρχόντων in duobus titulis Boeoticis apud Decharme, archives des miss. scient. IV a. 1867 p. 486 n. 1 et p. 492 n. 2.

---

109 Purgold legit vs. 3 post Ψ non ▷, sed Ρ; vs. 4 non T, sed I; vs. 7 litteram, quae est post ΛΑΤ▷, accipi posse refert Α; post eam in margine cerni vestigium lineae directae; vs. 8 rimam mediam esse inter O et Π. Haec igitur lucramur: vs. 4 αἰ ζα[λ- -], vs. 7 λατραΐ[ώμενον]. — Vs. 2 αἰ μὰ 'πέν[ποι]? cf. n. 112.

---

110 Vs. 4 τά τ' ἄ(λ)λ(α) καί. Vss. 9.10 verte: imprecatione tenetor eo quod hic scriptum est; cf. add. n. 119 vs. 14 [τ]οῖ ταύτη γεγρα(μ)μένοι τηπιάροι.

---

111 In imagine vs. 4 med. imae litterarum partes sic erant exprimendae: ⌊⌋ i. e. ΙΚΑ.

---

112 Huic titulo nec non aliis Eleis operam dedit Comparetti, Accademia dei Lincei, anno CCLXXVIII (1880—1881); cuius placita quum hic repetere non conducat, ex ipsius libello lectores, si libet, cognoscant. Purgoldio teste lineis tenuissime incisis ita usus est aerarius, ut aliorum versuum litterae ex eis pendeant, aliorum litterae in eis insistant; littera O non pistillo est impressa, sed scalpello incisa. Vs. 7 ΑΙΣ⊦ΤΙϚ; vs. 8 post ∀O fractura hastam directam comitari videtur; ibid. fin. Α∀`ᴬΚ; vs. 9 ante ΙΝ et infra ⸗ in frusto minutissimo, quod in imagine non accurate delineatum est, servata est linea procumbens \, quae de nulla littera nisi de V potest reliqua esse; post Ν verisimile est fracturam in lineam obliquam incidisse; deinde ante Κ in fractura hasta perpendicularis servata est; inter duo omicra reliquiae litterae I offeruntur; post alterum O angulus sinister litterae Π; in dextro lacunae margine hasta; tum Ν. Haec igitur ineunte versu nono dispecta sunt: \ΙΝ/ ΙΚϜΟΙΟ ΓΙΝΑ+; itaque conicio: [τ]υῖ 'ν [αἰε]ί κ' ἔοι ὁ πίναξ ἰαρὸς Ὀλυνπίαι, hic in omne tempus tabula sacra esto Olympiae.

112a Titulus *Eleus* in saxo calcario concharum in lapidem mutatarum pleno, lat. 0.34 m., alt. ad dextram 0.37 m., ad sinistram 0.42 m., crass. 0.17—0.20 m., scriptus litteris late et profunde incisis. Illud saxum repertum est a. 1880 a Purgoldio in vico, qui appellatur Koskina et in valle Cladei fluminis dimidiae horae itinere ab Olympia situs est. Ibi muro domus quatuor annis ante aedificatae erat inditum; sed unde arcessitum esset, incolae nesciebant; postmodo in museum Olympicum delatum est. Margo superior, cuius cursum obliquum versus primus comitatur, antiquus videtur esse; a caeteris partibus saxum recenti tempore ab operis circumcisum esse dicitur. Edidit Purgold, arch. Zeit. XXXIX a. 1881 p. 179. Apographum eius repeto, insuper adhibens ectypum bene expressum, quod eius in tanta lapidis asperitate fieri potuit.

Notae Purgoldii. Vs. 1. Linea directa, quae est secundum litteram Π, Purgold dubitat an fortuito ictu orta sit. Vs. 4. In littera prima supra ad laevam potius lapidem laesum quam hastam directam ultra ansam superiorem productam esse iudicat. Ibidem elementum tertium laesum illud quidem infra, sed satis certum esse affirmat.

Var. lect. Vs. 4 fin. Ansam mediam litterae Ε ad apographum Purgoldianum, in quo deest, ex ectypo addidi.

Quod nulla littera dissecta est maximeque ad sinistram omnes litterae ex ordine collocatae a margine paribus intervallis distant, id noluerim mero casui tribuere, praesertim quum opinio condicionis lacerae nihil iuvet ad titulum intellegendum. Quamobrem nusquam nisi infra titulum truncatum esse ratus lego: ῥιπὶρ ἐγὼ Ξενϝάρε[ος]. Interdicit igitur Xenvares, ne quis rem quandam patentem tamquam vacuam arripiat. Quid autem fuerit illa ῥιπίρ, incertus animo pendeo; credam fuisse magnum follem fabri aut carbonarii; varia congessit Hesychius: ῥιπίρ· ῥιπίς, τὸ πλέγμα, ἢ ἐκ σχοίνων πέτασος· Ἀττικοὶ δὲ ῥιπίδα, ᾧ τὸ πῦρ καίουσι καὶ τραπέζας οὕτω λέγουσι, et ibid. ῥιπίς· τοῦ σκέλους τὸ ἀκροκώλιον.

ADDENDA — **177** — **ET CORRIGENDA**

113 Quod in Ahrensii interpretatione dubitationi obnoxium erat μή pro μά usurpatum, eam offensionem iam sustulit fragmentum tituli n. 119 in his Addendis editum. Itaque illud μὴ δάμοι iam magis arridet.

113a Lamina aenea 0.204 m. long., 0.097 m. alt., reperta Olympiae a palaestra ad meridiem versus; fracta est ita, ut sospes manserit margo superior, margo sinister, forsitan angulus sinister inferior. Litterae profunde et distincte exaratae nusquam loci dubitationem admittunt. Ex Purgoldii apographo edidit Kirchhoff, arch. Zeit. XXXIX a. 1881 p. 77.

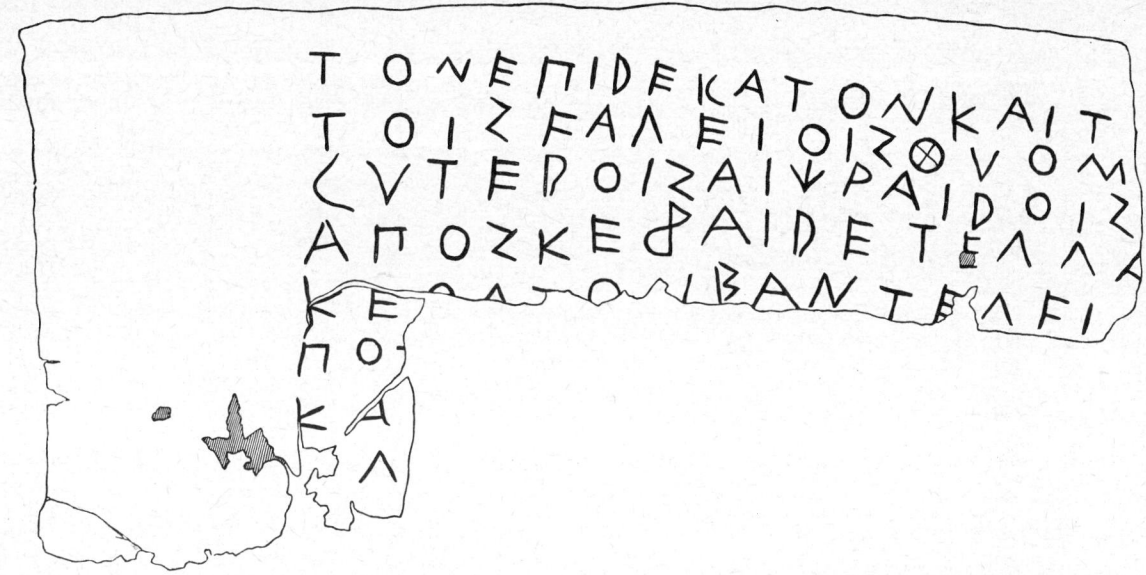

Vs. 1 τῶν ἐπιδεκάτων καὶ τ-. Vs. 2 τοῖς Ϝαλείοις θυομ[εν-]. Vs. 3 [ἐγ]γυτέροις, αἰ χραίδ(δ)οι i. e. χρῄζοι. Vs. 4. Initium versus ut intellegi nequeat, efficitur signo septimo in Elea litteratura nondum noto; ea quae sequuntur, forsan accipienda sunt in hunc modum: αἰ δὲ τῇλλα[νο-δικ-] i. e. τῶ ἐλλ- vel τοῖ ἐλλ-. Vs. 5. Quamquam tertio loco semicirculum certum esse Purgold disertis verbis testatur, tamen Kirchhoffii lectio κη[κατ]ό[ν]βαν τελ[ε]ί[αν] ad reliquas litteras tam egregie convenit, ut aerarium aut aliquo modo errasse aut mirae cuidam libidini morigeratum litteram ϙ incidisse putem. In littera septima N Purgold praeter tertiam lineolam agnovit secundam: ↓.

113b Lamina aenea solida, 0.298 m. longitudine, altitudine ubi est maxima 0.082 m., ubi minima 0.08 m., effossa Olympiae a Leonidaeo in orientem versus. Marginem antiquum praeter paucas particulas fractas fere undique esse servatum inde videtur posse colligi, quod figurae ornatus causa in latere postico incisae, quae titulo putantur esse antiquiores, supra perfectae et ad finem perductae sunt, et quod versus primus et ultimus sunt incolumes, et quod ad sinistram omnes litterae a margine tantundem distant, et quod ad dextram vs. 5 et vs. 8 ultimae litterae artius sunt collocatae, ut locus sufficeret. In medio fere tabula est infracta; litterae neque ita aequaliter neque profunde incisae ex parte difficiles sunt cognitu. Versus quintus duobus foraminibus interrumpitur, quorum alterum etiam nunc capite plano clavi impletur, alterum apertum est. Ea foramina aetate titulo antecedere assentior Purgoldio; nam aerarius quum in eo, quod est ad sinistram, caput clavi etiam tum haerens invenisset, in eo ipso partem litterae Λ — si apographum recte interpretor — exaravit; neque minus alterius foraminis, quod est apertum, videtur rationem habuisse litteris K et A circa id collocatis; accedit quod Purgoldio auctore margo incisa ansa superiore litterae K introrsum flexus est et quod hoc foramen in media quadam figura ornamentorum terebratum est proportione diligenter observata (cf. add. n. 116). Ectypo et Purgoldii apographo usus edidit Kirchhoff, arch. Zeit. XXXIX a. 1881 p. 78sqq.; cf. Purgold, ibid. p. 91 sqq.; Buecheler, mus. Rhen. XXXVI a. 1881 p. 620 sq., Comparetti, the journal of Hellenic studies II a. 1881 p. 365 sqq.

Notae Purgoldii. Vs. 1. Litterae ⊳ linea inferior obliqua quamvis perspicua sit videtur esse fortuita, superest autem vestigium lineae fastigatae descendentis a capite litterae. Vs. 4. Litterae, quae sunt duodecima et tertia decima a fine retro numeranti, haud facile dignoscuntur; nec non earum, quae sequuntur, aliquot difficiles. Vs. 6. Extremae litterae magno labore leguntur, ultima incerta est; post illam nihil videtur intercidisse. Vs. 7. Post litteram nonam I lineae et puncta nullo ordine posita casu potius videntur esse orta quam consilio incisa; in littera N, quae est inter E et I, tertia linea est obscura; litterae decem extremae tam evanidae sunt, ut certo confidere apographo non liceat. Vs. 8. In fractura de littera I parum constat, praesertim quum solito propior litteram O sit; mox littera ⟨ minus perspicua est, ansae obliquae inter se non videntur tangere; deinde supra litteram I vestigium incertum lineae aequae; litterae ΔIA paene oblitteratae sunt. Vs. 9. Post fracturam litterae I et V et T parum clarae, litterae O quasi umbra superest; post eam spatium videtur esse vacuum.

-τοι ξέ και θεοκόλοι θ...(.).ε αὐτοῖ καὶ χρημ(ά)τοις, ὅτι [αὐ]-
[τ]ῶ γα εἴη ποτ᾽ ἀλάθεια[ν]. αἰ δ᾽ ἄ(del. l)λ(λ)οτρία πο(λ)οῖτο, (πε)ν(τ)ακ-
ατίας κα δαρχμ(ὰ)ς ἀποτίνοι κατὰ Ϝέκαστον θεθ(del. Τ)μ(ι)ον (?),
ὅ τι ἀδίκως ἔχοι καὶ πολοῖτο ἀδίκως γα(ς). γνώμα δὲ κ᾽ εἴη τι-
αρομάω. τὰ δὲ δί(κ)αια δίφυια. τὸ δίκαιον τόδε κα θεοκό-
λος ἐπωπῶ, ἅ λῶ(?) δαμιωργία. τὸν δ᾽ ἀλ(λ)ο(τρίαν πολέοντα)
ἀποϜη(λ)έοι κ᾽ ἀπὸ μαντείας. τοῖ δὲ — — κ᾽
εἴη τοῖς χρημάτοις (τ)οῖ(ς) ἐν τ(α)ῖ (Ϝ)οικί(α)ι καὶ — —
καὶ τοῖς ὑπαδυγίοις τοῖς αὐτῶ.

Pertinet haec lex, quantum in titulo difficillimo cognoscitur, ad terram dei compluribus hominibus collocatam; atque inde a versu secundo statuitur, quid sit faciendum, si quis partem ab alio conductam occupaverit et coluerit. Vs. 1. Desideratur initium tituli in altera tabula perscriptum; litteras primas ⁻OI malim addicere optativo quam articulo. Vss. 2 et 5 Kirchhoff γά i. e. γέ. Vs. 2 ΓΟΙΟΙΤΟ, vs. 4 ΓΟΓΟΙΤΟ; ambigitur, utrum verbum sit corrigendum; ego id malui corruptum iudicare, quod priore loco legitur, fisus titulo add. n. 117; quamquam in nostro titulo utrubique exspectari debebat πολέοιτο. Vs. 3 θέθμιον mensura agri? Vs. 4. Diiudicatio penes hieromaum esto; τιαρός i. q. τῶ ἱαρο-. Versus 5 sqq. intricati quatenus resolvi possent, dubitanter periclitatus sum. Vs. 5. Si quis iniuste obtinebit et colet terram alienam, non modo multa quingentarum drachmarum ab eo exigetur, sed etiam vectigalia legitima, quae cultori agri sacri imposita sunt, iniusto cultori solvenda erunt duplicia. Vss. 5. 6. Hoc vectigal curato (ἐπωπᾶν) theocolus, ut placebit damiurgiae (?); an ἐπ(ι)π(ο)οῖ imponito? Vs. 6 ἅ λῶ i. q. ᾗ θέλοι, ὅπως ἂν θέλῃ? cf. λεῶταν add. n. 119. Vs. 6 fin. Kirchhoff: τὸν δᾶ[μ]ο[ν], quem interpretatur δημότην. Finem huius versus cum initio sequentis si placet coniungere, quid causae fuerit, cur tantum spatium maneret vacuum, equidem nequeo explicare. Desunt fortasse quaedam, quum scriba ex textu, qui ei imitandus propositus erat, aut male scripto aut vetustate corroso se illa describere posse desperaverit; eundem saepius non intellexisse quid exararet, testimonio sunt menda plurima et ineptissima. Neque quisquam postea hoc exemplar in templo ritu sollemni suspensum explere aut corrigere curavit. Vs. 7 ἀποϜηλέοι, cf. n. 117. n. 118. Vs. 7 sqq. τοῖ δὲ κτλ. Sententiam magna, ut par est, cum dubitatione propono hanc: iusto conductori securitas (?) esto bonis, quae in eius domo sunt, — — et iumentis eius. Vs. 8 fin. Kirchhoff: ἠ μήλοις. Vs. 9 ὑπαδυγίοις i. q. ὑποζυγίοις.

113c Lamina aenea, 0.518 m. long., 0.075—0.08 m. alt., c. 0.002 m. crass., reperta Olympiae a Leonidaeo ad orientem versus, ab omnibus partibus integra. Litterae ductu lato et profundo incisae et bene conservatae sunt; tabula prope marginem superiorem quatuor foraminibus terebrata est, prope inferiorem octo foraminibus. Ex Purgoldii apographo edidit Kirchhoff, arch. Zeit. XXXIX a. 1881 p. 81 sqq.; cf. Buecheler, mus. Rhen. XXXVI a. 1881 p. 621 sq.; Comparetti, the journal of Hellenic studies II a. 1881 p. 373 sqq.

(*Textum vide pag. 179.*)

Nota Purgoldii. Obscurae sed nihilosecius certae sunt vs. 1 littera octava a fine E, vs. 1 litterae sextae a fine Ρ linea superior, vs. 1 litterae quartae a fine N linea tertia, vs. 1 littera tertia a fine E, vs. 2 littera septima a fine E, vs. 2 littera quinta a fine E, vs. 3 littera septima a fine E.

κα θεαρὸς εἴη. αἰ δ᾽ ἐβενέοι ἐν τιαροῖ βοῖ κα θοάδ(δ)οι καὶ κοθάρσι τελείαι καὶ τὸν (τῶν) θεαρὸν (-ῶν) ἐνταχται. αἰ δέ τις πὰρ τὸ γράφος δικάδ(δ)οι, ἀτελής κ᾽ εἴη ἁ δίκα. ἃ δὲ κα Ϝράτρα ἁ δαμοσία τελεία εἴ-
η δικάδ(δ)ωσα. τῶν δέ κα γραφέων, ὅ τι δοκέοι καλ(λ)ιτέρως ἔχην πὸ(τ) τὸν θ(ε)ὸν, ἐξαγρέων κα(ὶ) ἐ-
νποιῶν σὺν βωλᾶι (π)εντακατίων ἀϜλανέως καὶ δάμοι πληθύοντι δίνακῳ᾽· κῳ῭ δέ κα (ἐ)ν τρίτ-
5 ον, αἴ τι ἐνποιοῖ αἴτ᾽ ἐξαγρέοι.

Prior pars legis scripta videtur fuisse in altera tabula cum hac ita clavulis coniuncta, ut illius inferior pars huius partem superiorem tegeret; hanc ob causam in ea tabula, quae servata est, supra esse opus marginem latiorem vacuum scriba ad scribendum aggrediens non statim secum reputavit. Vs. 1 ἐβενέοι, cf. n. 115 ἐνεβέο[ι], ut alterutro loco hoc verbum, quod quid sonet ignoratur, male scriptum esse videatur. Ibid. τιαροῖ i. q. τοῖ ἱαροῖ. Ibid. quid sibi velit verbum θοάδ-(δ)ην (θοάζειν), parum liquet; neque expedit comparare -οαδο- n. 115. Vs. 2 ἐνταχται obscurum. Vs. 2 ἃ δέ κα κτλ., hoc enuntiatum, qua sunt gravi atque rudi lingua vetustissimae leges, ea re non concinit cum superiore, quod pro voce γράφος substituitur Ϝράτρα atque ipsa lex pro iudice iudicans inducitur. Vs. 3 καλ(λ)ιτέρως i. q. κάλλιον; in lectione κ᾽ ἀλιτηρῶς, quam Kirchhoff proposuit et idem altera praelata reiecit, et κά offensioni est, quamquam in titulo Locrensi (n. 322) similis licentia occurrit, et populus, qui haec scivit, potuit ille quidem concedere pulcriora ad religionem posse reperiri, non potuit concedere fortasse impietatem in hoc ipso recentissimo populiscito inesse. Ibid. ἐξαγρέων i. q. ἐξαιρῶν. Vs. 4. In adverbio ἀϜλανέως haud scio an eadem stirps agnoscenda sit atque in adiectivis ἀολλής ἁλής; cf. Hesych. ἀλανέως· ὁλοσχερῶς, Ταραντῖνοι; senatu igitur opus est pleno, concione frequenti. Ibid. δῖνα i. q. ὁ δεῖνα, ὁ βουλόμενος. Ibid. κῳ῭ (pro κῷ) vel κοῖ (pro κοοῖ) descendit a verbo κοάω vel κοέω, cui animadvertendi et reperiendi notio subest (cf. Ahrens, dial. II p. 86 not.); si quis in optativo bis contracto offendit, licet κοῖ conferre cum formis brevissimis ἔκομεν κόν κών. Kirchhoff: δινάκοι· (δινά)κοι.

113 d Lamina aenea 0.073 m. alt., 0.045 m. lat., 0.0075 m. crass., vs. 4 infracta, reperta Olympiae in metroo. Ex Weilii apographo edidit Kirchhoff, arch. Zeit. XXXVI a. 1878 p. 143 tab. XIX 2; correxi tituli imaginem ex apographo et notis Purgoldii.

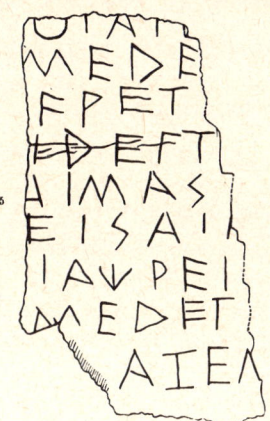

Nota Purgoldii. Vs. 7 fin. I est certum.

Vs. 2 μηδε-. Vs. 3 ϝρητ[ρα-]. Vs. 4 [τα]ὶ vel [τα]ὶ δέλπ[οι]. Vs. 5 [ἐν τα]ῖ μασ[τράαι]? cf. n. 112. Vs. 6 [ἀποτ]εῖται. Vs. 7 χρηἰ[δ(δ)οι] i. e. χρήζοι. Vs. 8 μηδὲ γ---. Vs. 9 [δικ]άζη[ν], pro δικαδ(δ)ην, seu --α ζέ---. Insunt, opinor, in hoc fragmento reliquiae verborum in titulis Eleis obviorum nec moror ϝρήτρα et χρηΐδδω pro ϝράτρα et χραΐδδω (add. n. 113 a), cf. not. ad n. 552.

---

114 E lectione Purgoldiana imagini haec addenda sunt: vs. 1 ante V ansae litterae E; vs. 2 RAKON; vs. 3 fin. Γ; vs. 4 fin. I in fractura.

---

115 Tractavit Comparetti, accademia dei Lincei, anno CCLXXVIII (1880—1881). — Titulum superne nullam iacturam fecisse Purgold ex figuris ornamenti, quod partem posticam tegit, integris atque incolumibus colligit. Idem nuntiat vs. 1 litteram 16 esse Ϝ, qua in figura linea transversa inferior umbrae similis vulneri debeatur; vs. 2 litteram 11 esse Ϝ; vs. 2 fin., ubi Weil Γ praebuerat, nihil certum esse nisi hastam directam. Vs. 3 lege ἀποδώς. Versus quinti litterae Purgoldii testimonio confirmantur omnes praeter extremam, quam potius A fuisse arbitratur.

---

116 Annotat Purgold haec: Etiam huius tituli primum versum esse servatum ornamenta partis posticae documento sunt; foramen, quod vs. 4 scriba vitabundus circumiit, in eadem ornamentorum figura eundem locum occupat atque alterum foraminum tituli n. 113 b. Litterae sunt impressae. Vs. 3 post lacunam certa tantum linea obliqua, quae non potest superare nisi de Ϸ (quidni superet de ▷ infra fortasse hiante?); ansae nullius sunt momenti; vs. 3 fin. O; vs. 4 init. = i. e. E; ibid. +AΓΓO; vs. 6 litt. 5 M; ibid. post Γ/ infra dextrum crus litterae M exstat hasta directa. — Vs. 3 [πατ]ήρ λίποι· [αἰ δ]ὲ πᾶς (ἐ)ξομό[σαι]? Vs. 4. Estne legendum κιξαλλ--?

117 *Lectio Purgoldii.* Quamquam vss. 1. 2 fin. frustula minima iam desunt, tamen vs. 2 certum est Γι, i. e. Π. Vs. 4. In lacuna non modo N, sed praeterea T interceptum est, cuius de linea transversa particula reliqua est. Vs. 5 littera tertia R. Vs. 7 littera tertia R; littera sexta decima fuerit A forma simili litterae quintae versus quinti. Vs. 8 fin. TRIA. Vs. 10 littera octava aut M aut N; in littera nona aut error aut correctura aerarii latet, certe non est δ forma solita. Vs. 11. Vestigia litterae sextae videntur indicare δ insolenter collocatum. Vs. 14 fin. RRAIT.

Aliquantum lucis ad hoc fragmentum redundat ex ampliore titulo add. n. 113*b*, quandoquidem in utroque quinque videntur recurrere vocabula: θεσμός πολέω δίκαια ὑπαδύγιον ἀποϝηλέω. Lectio igitur sic constituatur: vs. 3 κὐ(del. I)παδυ(γ)ίοι; vs. 4 καὶ τῶν σκευάων τύπαδυ[γίω]; vs. 9 πολεῖσ[ται] seu πολησ--; vs. 11 [θ]εσμῶ, neque enim asseveranter de illo δ loquitur Purgold.

---

118 Comparetti interpretari conatus est, accademia dei Lincei, anno CCLXXVIII (1880—1881). Nova lectio Purgoldii est haec: vs. 5 littera quarta a fine ℞; vs. 6 littera tertia ⱪ; litterae ‹N purgato aere iam bene dispiciuntur; deinde TORI\·OMAO‹ κτλ., i. e. τῳρ ἱ[αρ]ομάως τῳ(ρ ’Ο)λυμπίαι.

---

119 Duobus aliis fragmentis primo finitimis titulus optato amplificatus est; iam altitudo integra, supra et infra servatis marginibus, est 0.19 m., latitudo etiam nunc manca, quum pars sinistra desideretur, totidem. Omnium fragmentorum Purgold apographum et ectypum misit. Imago ad quintas partes reducta est quatuor.

```
    ΑΡΤΑ‹ΚΑΤΑ‹ΤΑ‹ΙΟ‹ΝΙΚΑΡΥΙΔΑΙ
    ΕΙΘΕΟΙΚΑΤΙ‹ΤΑΤΕΤΑΔΑΜΙΟΡΓΙΑΕ‹ΤΑ
    ΟΤΑ‹ΑΝΕΡΑ‹ΑΙΜΑΝΛΕΟΙΤΑΝΟ‹ΙΑΝΑΙΔΙ
    ΕΜΕΤΑΥΤΑ‹ΠΟΤΑΡΜΟΞΑΙΤΟΠΕΝΤΕΜΝΑ
5   ΟΛΥΝΠΙΟΙΑΙΔΕΜΕΤΑΥΤΑΝΠΟΤΑΡΜΟΞΑΙ
    ΝΕΤΟΚΑΘΥΤΑ‹:ΤΟΙΔΙ:ΑΙΔΑΞΙΟ‹ΥΛΟ‹:‹ΕΝΟ
    ‹ΥΝΑΛΛΥΟΙΤΟΔΕΚΑΠΟΛΙ‹ΑΙΔΕΜΕ‹ΥΝΑΛΛ
    ΛΙΟΝΙΙΟΙΑ ΠΟΛΙ‹:ΤΟΙΔΙΟΛΥΝΠΙΟΙΕΚΑ‹ΤΟΡΕ
    ΤΕΑ:ΑΙΔΕΤΙ‹‹ΤΑ‹ΙΝΠΟΙΕΟΙ:ΤΟΝ‹ΚΙΛΛΟΝΤΙ
10  ΑΝΝΙΚΑΡΥΙΔΑ‹ΚΑΙΠΛΕΙ‹ΤΑΙΝΟ‹:ΠΟΘΕΛΟΜ
    ΝΤΙΟΝ:ΟΜΟ‹ΑΝΤΕ‹ΠΟΤΟΝΘΕΟΝΤΟΝΟΛΥΝ
    ΒΚΑΠΟΤΙΝΟΙΤΑ‹ΑΜΕΡΑ‹ΚΑΘΥΤΑ‹ΤΟΙΔΙΟΝ
    Ο:ΕΠΕΚΕΓΟΙ‹ΤΑΝ:ΤΟΚΑΤΑ‹ΤΑΤΟΤΑΝΔΑ
    ΟΙΤΑΥΤΕ‹ΕΓΡΑΜΕΝΟΙ:ΤΕΠΙΑΡΟΙ:ΚΑΠΟΛΙ‹
15  ΜΕΥ‹ΟΛΥΝΠΙΚΟ‹ΕΥ‹ΑΒΕΟΙ:ΑΝΤΙΝΑ:ΝΙΚΑΡ
    ΑΙΤΑΝΔΕΚΑ:ΚΑΙΔΑΜΙΟΡ‹ΕΟΙΤΑΝΤΕΝΤΑΥ
    ‹ΡΑΦΕΕΤΡΑΠΟΝ:ΤΟΙΡΙΑΝΤΙΝΕ‹ΙΤΑΡΔΕ
    ΓΕΟΙΑΙΔΕΠΟΙΕΟΙΕΝΤΟΙΜΕ‹Ι‹ΤΟΙΕΝΕΨΟΙ
    ΤΟ‹ΡΑΦΟ‹ΤΟΔΕΚΑΙΑΜΕΝΕΝΟΝ‹ΝΟΙΑ
20  ΕΝΕΨΟΙΤΟΤ    ΕΔΕ‹ΕΓΡΑΜΕΝΟΙ
    Ρ‹Ο‹ΟΙΔΕΝ     ΔΙΑΕΝΤΟΝΑΝΔΡΟΦΟ
    ΛΕΙ‹ΤΑΙ       ΔΙΝΟΙΤΟΑΙΔΕΤΙΚΑΙ‹
        Ε         ΜΕΝΟΙΤΑΙΔΕΔΥΚΑΙ
                  ‹ΤΟΝΔΕΡΙΔΙ
```

Notae Purgoldii. Omnes litterae impressae sunt, ac quidem omicra pistillo rotundo; sigmata posterius caelo correcta sunt. Lineas tenuissimas, quae primos versus dirimunt, in imagine praestat omittere. Vs. 1 fin. foramen clavi. Vs. 9 et vs. 10 ad sinistram Γ; vs. 17 et vs. 18 ad sinistram in fractura I; vs. 19 post IA videtur esse Ν, fortuitis lineis dextra amplificatum.

[’Α ϝράτρα ταὶ δαμιοργίαι, Σκιλλουντίων π]ὰρ τᾶς καταττάσιος, Νικαρχίδαι καὶ
[Πλειστταίνοι. αἴ τις τῶν Σκιλλουντίων ἀπ]εισθοι, κατιστα(ί)η (κ’) ἀ δαμιοργία ἐκ τᾶ-
[ν δίκαν, τῶν Σκιλλουντίων ποθελουμένα ἐποι]ότας ἀνέρας, αἰ μὰν λεψῖταν, ὀσίαν, αἰ δ’ ἱ-
[αρὰν λεψῖτας, ἱαράν. αἰ δ’ ὁ ἀπειζήσας μ]ὴ μετ’ αὐτᾶς ποταρμόξαιτο, πέντε μᾶ-
5 [ς ἀποτινέτω τᾶς ἀμέρας κα(τ)θύτας τοὶ Δὶ] ’Ολυνπίοι· αἰ δὲ μετ’ αὐτᾶ(ς) ποταρμόξαι-

ADDENDA ET CORRIGENDA

[το, μνᾶς, ὄσας τὸ δικαστήριον τάξαι, ἀποτι]νέτω κα(τ)θυτὰς τοῖ Δί. αἰ δ' ἀξιόσυλος γένο-
[ιτο, ἀλλύοιτο κα τὸ χρέος τοῖς χρήμασις], συναλλύοιτο δέ κ' ἀ πόλις· αἰ δὲ μὴ συναλλύ-
[εσται δύναιτο εὐθύς, τὸ χρέος κα σχολα]ῖ ὀλιζοῖ ἀ πόλις τοῖ Δὶ Ὀλυνπίοι, ἑκάστω Ϝε-
[τεος ἀποτίνωσα τάλαντον ἀν' ἰκανὰ Ϝέ]τεα. αἰ δέ τις στάσιν ποιέοι τῶν Σκιλλωντί-
10 [ων, ἐς τὰν δίκαν αὐτόν κα κατιστσιά]ταν Νικαρχίδας καὶ Πλείσταινος ποθελόμ-
[ενοι ἐπωμότας ἄνερας τῶν Σκιλλω]ντίων, ὁμόσαντες πὸ(τ) τὸν θεὸν τὸν Ὀλύν-
[πιον· αἰ δὲ μὴ ποταρμόξαιτο, πέντε μνᾶς] κ' ἀποτίνοι τᾶς ἀμέρας κα(τ)θυτὰς τοῖ Δί Ὀλυ-
[νπίοι. — — — — —]ο, ἐπεὶ κελοίσταν τῶ καταστάτω (?), τὰν δ' α-- seu δα-
[μιωργίαν — — — — — τ]οῖ ταύτη γεγρα(μ)μένοι τηπιάροι κ' ἀ πόλις
15 ἐνέχοιτο. θυσίαι δὲ κα τὸν θεόν, ἐπεὶ εἴη]μεὺς Ὀλυνπικός, εὐσαβέοι, ἄντινα Νικαρ-
[χίδας καὶ Πλείσταινος φαινοίταν. κατιστ]αιάταν δὲ κα καὶ δαμιωργγεοίταν τηνταῦ-
[τα Νικαρχίδας καὶ Πλείσταινος ὡς καλλί]στως, ἐπεὶ (ἐπ)έτραπον (?) τοῖρ μαντί(Ν)ε(σ)σι (?)· τὰρ δὲ
[μαντείας ἐναντία μηδέτερος αὐτῶν κα πο]ϝέοι· αἰ δὲ ποιέοι, ἐν τοῖ μεγίστοι ἐνέχοι-
τό κα ἐπιάροι. αἰ δέ τις μανύοι τινὰ ὡς] τὸ γράφος τόδε κα(τ)ζαλήμενον, γνοῖα-
20 [ν κα τοὶ ἰαρόμαοι (?) καὶ ἐν τηπιάροι κα] ἐνέχοιτο τοῖ τῆδε γεγρα(μ)μένοι.
[Δίκας δὲ ἤμεν τᾶς προγενομένας στάσι]ος ὄσοι δ' ἤ[ρρον, κρι]θέντων ἀνδροφό[νοι· ὁ δ' ἐ-]
[νδαμέων παρείη κα ποτὶ Νικαρχίδαν καὶ Π]λείσταιν[ον καὶ κ]ρίνοιτο. αἰ δέ τι[ς] καὶ σ-
[— — — , ἐν τηπιάροι κα ἐνέχοιτο τοῖ τ]ῆ[δε γεγρα(μ)]μένοι· ταὶ δὲ δίκαι —
[— — — πλε]ίστων (?) δὲ Ϝιδί[ων (?) —].

Sedicione Scilluntiorum oppressa statuitur, ut his legibus ea civitas in futurum a duobus damiurgis Eleis administretur et coërceatur. Ad sinistram fere tricenae litterae perierunt (cf. praecipue vs. 16), qua de causa supplementa necessario vacillant. — Vs. 1 πάρ cf. n. 110. n. 121. Vss. 2—4. Aliis iudicibus opus erit, si recusatio obedientiae ad rem profanam, aliis, si ad rem sacram pertinuerit; utrum igitur iudicium instituendum sit, diiudicabunt ipsi damiurgi; de Scilluntiis ad iudicium adhibendis cf. vs. 11. Vs. 2 κατισταίη (?), sed vs. 16 κατισταιάταν. Vs. 3 μάν i. q. μέν; ad λεψῖαν cf. Hesych. λέψιμ (leg. λεψῖμ)· θέλουμι ἄν. Nihil in hoc versu mutavi, quamquam in tanta neglegentia titulorum Eleorum etiam licet cogitare de τᾶς ἀ(μ)έρας (cf. vs. 12) et de ὅσια (κ)αὶ δί[καια]. Vss. 4—6. Si reus eo immodestiae processerit, ut iudicio renitatur, haec contumacia, per quot dies tenuerit, toties quinarum minarum multa vindicanda est, cf. vs. 12; sin ad iudicum voluntatem se conformaverit, poena ipsius sceleris ab eo repetetur. Vss. 6—9. Si necesse erit bona rei publicare, ut multa pendatur, bonis suis ille debitum solvito; quae si non suffecerint, civitas eodem officio tenetor; civitas, si totam multam statim conficere non valuerit — id quod in magno numero reorum aut in diuturna recusatione iudicii accidere poterat — annuis pensionibus pecuniam pendito. Vss. 10. 11 ποθελόμενοι, notabis litteram aspiratam. Vs. 13. Sententiam non perspicio et de voce τῶ καταστάτω vehementer dubito; cf. Hesych. στάτοι· ἀρχή τις, et Bekk. anecd. I p. 305: στατῶν· ἄρχοντές εἰσι, παραπλησίαν ἔχοντες τοῖς ἀγαθοεργοῖς ἀρχήν, ibid. p. 333: ἔστι δὲ καὶ ἀρχή τις ἐν Λακεδαίμονι οἱ ἀγαθοεργοί· ἄρχουσι δὲ καὶ τῶν ἐν τῇ πόλει καὶ τῶν ἔξω τῆς πόλεως παρανομησάντων. Vs. 15 μεύς i. q. μείς μήν; de mense Olympico cf. n. 116; εὐσαβέοι i. q. εὐσεβοίη. Vs. 17. Quod primo scriba exaravit ΙϹΤΑΕϷΕ, videtur mutasse in ΙϹΤΟϹΕΓΕ; sed insuper debuit addere ΕΓ; praeterea paulo post delevi Ν, nec non etiam μαντίεσσι (pro μαντίοις) novum est. Quibus omnibus de causis lectionem et supplementum dubitationi obnoxia esse fateor; ἐπέτραπον i. q. attice ἐπέτρεψαν. Vs. 18. Ad ἐνποιοῖ (add. n. 113c) iam accedunt ποιϝέοι (de Ϝ cf. n. 42 et n. 44a) et ποιέοι; quid iam mireris in dialecto Protei simili? cf. supra vs. 8 ἑκάστω Ϝέτεος, n. 112 et add. n. 113b Ϝέκαστος. Vss. 21—24. Appendix legis quae praecedit. Vs. 22 κρίνοιτο, sc. ea actione, quae supra, vs. 9 sqq., constituta est.

120a Fragmentum marginis lebetis aenei, 0.60 m. longum, effossum Olympiae a buleuterio ad occidentem versus; adhaeret etiam nunc particula ventris et alter cardo ansae. Tituli pars extrema servata in margine recurvato 0.013 m. lato litteris magnis satis aequabilibus incisa est. Exscripsit Purgold.

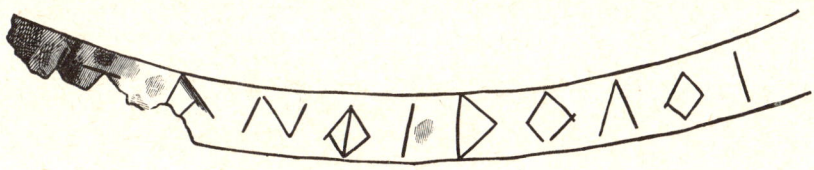

— — ι τἀνφίδολοι. Eiusdem generis donarium Alasyenses et Acrorei dedicaverunt, cf. n. 120.

---

121 Lectio Purgoldii: vs. 1 litt. 6 certo est Ν; ibidem in marginibus rimae vestigia litterae Ι agnoscuntur; ibidem fin. spatium ante foramen et post singularum capax est litterarum. Lege igitur: συν-ζῆ(κ)αι Θηρωτ[ι κ]αἰχμάνοι. Etiam hunc ad titulum explanandum aggressus est Comparetti, the journal of Hellenic studies, vol. II a. 1881 p. 375 not.

122 Lectio Purgoldiana: vs. 3 litt. 10 Ψ; vs. 4 litt. 4 non Ι, sed Τ, unde alia supplementa fingenda esse apparet; ibid. litt. 9 non Π, sed Γ; vs. 5 init. lineola proclivis et vs. 6 lineae, quae speciem litterae Ε praebuerant, aeris rimae fortuitae sunt; vs. 5 in prima littera pars lineae transversae conspicitur, qua illa fit similis litterae α; ibid. fin. post Α omnia admodum incerta; vs. 6 fin. Α.

123 Illa cassis nunc exstat Lincolniae in Britanniae urbe penes episcopum; cf. W. Greenwell, the journal of Hellenic studies, vol. II a. 1881 p. 68. Ibidem tab. XI accurata inscriptionis imago expressa est.

150 Cf. Meister, Beiträge zur Kunde der indog. Sprachen VI p. 1 sq.

157 Uberrima exemplorum copia congesta Blass iterum de nominibus in η vel ει desinentibus egit Mus. Rhen. XXXVI a. 1881 p. 604 sqq. — Col. III vs. 3. Si lectiones Cumanudis et Loeschckii commiscueris, efficies nomen Πύρραλος, quod est Thespiensi, bull. de corr. hell. I a. 1877 p. 211 (cf. Meister, Beitr. zur Kunde der indog. Sprachen V a. 1880 p. 229 sq.).

190 Fortasse Βρησάδας; cf. Boeckh ad C. I. G. n. 2042, Βρῆσος Conze, Reise auf der Insel Lesbos, tab. XVII 1; cf. praeterea bull. de corr. hell. IV a. 1880 p. 445.

209a Inter *Thisbam* et *Thespias* in ecclesia deserta S. Trinitatis, a vico Tateza ad meridiem versus, exstat lapis 0.76 m. alt., 0.57 m. lat., cum anaglypho aetatis Romanae tituloque supra illud inciso eiusdem temporis. Infra autem reliquiae antiquioris tituli inversae cernuntur. Edidit Koerte, Mittheil. d. deutsch. Inst. in Athen III a. 1878 p. 367 n. 113.

VSSEA

[Λ]υσσῆ Ἀ-- (?). Cf. n. 209.

254 Rectius, opinor, scripsissem: Καλοννώ.

265 Nomen est Κιτ(τ)ύλος; cf. Meister, Beiträge zur Kunde der indog. Sprachen V a. 1880 p. 224.

328 Fick, Beiträge zur Kunde der indog. Spr. V p. 325, coniecit vs. 3: τοῦ[μ Φ]ε[ττ]α[λ]οῦ[ν].

335 Ipse Gell in libro Probestücke von Städtemauern des alten Griechenlands, a. 1831, tab. XV, hunc lapidem inscriptum depinxit solutum ex muro urbis et prope humi iacentem (etiam Hamilton centurio, auctore Boeckhio, in Craniorum moenibus vidit). Sed versuum ordinem contra reliqua apographa Gell haud dubie falsum praebet hunc:

ƷOIЯΑƎΛK
ƷΣΑIƷΑSM
ΣΛΟΣΞRET

Quibus autem donariis suspendendis apta erant moenia urbis? an vestibus naufragorum? Ibidem in lapide altero haec fere inscriptio repraesentatur:

ΛΕΓΕƧΙΟΣ
ΕΓ   ΝΙD

i. e. [Με]λ[ήσ]ιος --λιδ[α].

344 Ectypo usus tituli imaginem expressit O. R. in diario Παρνασσῷ a. 1877. p. 66.

355 Eam partem tituli, quae continetur fragmento *b*, ante frontem statuae incisam fuisse Purgold ex pedum vestigiis in marmore conspicuis collegit.

374 *Notae Purgoldii.* Vs. 5. Supra litteram Κ (vs. 6) reliquiae hastae directae et litterae Ο agnoscuntur, deinde in fractura vestigium rotundum; mox ante Ν littera Ε dubitatione non caret. Vs. 8 ΛΕ SOOΝBO; etiam litterae ΝΒ sunt certae. Vs. 10 ΟVDLDE, infra foramen triangulum pars inferior litterae Ε. Vs. 11 fin. post Ε lineola transversa ⁻ i. e. Τ. Vs. 12 init. BONE⁻ (i. e. Γ aut Τ); ibid. fin. ΤΟΓΟΛΙ. Vs. 13. Ante primum I in fractura superant lineae ⁻); in medio versu etiam inferior pars litterae Ϙ conspicua. — Lege: vs. 8 -λέσθων, vs. 10 [ὅπ]ου δὲ δεῖ, δικάσαι, vs. 12 βοῦν ἐ[πὶ τὸ]ν βωμόν.

379 Imaginem monumenti cum titulis emisit Rayet, monuments de l'art antique, a. 1880. Is lineis dubiis prope caput Mercurii iterum atque iterum spectatis sibi visus est perspicere modo ΜΗ et post haec Σ obscurum, modo litteras longe alias; denique admodum dubium iudicavit esse fuissetne ibi omnino aliquid scriptum necne.

380a Titulus *Chius* in basi marmorea 0.14 m. alta, quae ad dextram et a parte postica ita truncata est, ut latus anticum in longitudinem 0.275 m., latus sinistrum in longitudinem 0.285 m. servata sint; latus anticum etiam superne mutilatum est; in latere aequo foramen forma quadrangulari incisum est ad plinthum recipiendam. Deli a. 1880 repperit Homolle, edidit idem in bull. de corr. hell. V a. 1881 p. 272 sqq. Myconi in museo a. 1881 lapidem exscripsit Purgold; eius apographo diligenti atque ectypo utor.

[Μ]ικκ[ιάδης ὁ Μέλανος καὶ Ἀ]ρχέρμως ὁ [Μικκιάδεω] οἱ Χῖοί μ' ἔγλ[υψαν]? Cf. Plin. XXXVI 11: „Quum hi (Dipoenus et Scyllis) essent, iam fuerat in Chio insula Melas sculptor, dein filius eius Micciades ac deinde nepos Archermus, cuius filii Bupalus et Athenis vel clarissimi in ea scientia fuere Hipponactis poëtae aetate, quem certum est LX olympiade fuisse ..... Complura enim in finitimis insulis simulacra postea fecere sicut in Delo ..... Patris quoque eorum et Deli fuere opera et in Lesbo insula."

388a Edidit Purgold, arch. Zeit. XXXIX a. 1881 p. 181; ibi in imagine deest litterae Ν linea transversa, quam alterum apographum Purgoldianum exhibuit.

390 Nuper in manus meas venit tertium apographum, quod Dubois confecit, *a*: ΕϺϘϚΙΣΜΕΞΟϘΟΣΕ | ΕUΔΜΕΙΙΙ⏑ΟΝ, *b*: ΑΒΙΔΕ ϹΙΗΓ. Si liceat existimare tertiam decimam litteram fuisse Ξ, amatorem dicam inscribere studuisse hunc titulum: ἐράσσμιε εὐδόξε Ἐπάμεινον, sed negotii insolentem turbasse ordinem transposita littera Ι. Nec non etiam lusus alphabeticus inchoatus non perfectus quid sibi velit, in tali homine intellegi potest, sive illum animi causa sive manus exercendae causa incidit. Accedit quod sepulcralis vel ideo minus commode habetur titulus, quia, ut Weil mihi narravit, in ipsa solida viva rupe (Ross: auf einer schrägliegenden natürlichen Felsplatte) est inscriptus. Caeterum litterae ϛ miram formam etiam hic notasse satis habeo, cf. n. 535. 546.

---

391 Nova accesserunt auxilia lectionis. Nam in eo exemplari, quod Koehler olim ab eodem Logiotatide acceperat, vs. 2 fin. inter ΙΙ et ΜΑ exstat littera Ν. Deinde R. Weil apographum suum mecum communicavit, quod, quia vespertino tempore confectum est, inde manifesto est mancum: vs. 1 deest; vs. 2 ΣΡΤΓΙΒΣΠΟΤΣϜΑΤϹ ϜΡΚΒ Ε ΝΙΜΛϺ; vs. 3 ΛΑΜϜ. Denique eidem debeo ectypum, ex quo versum secundum — caeterorum enim versuum in charta paucissima vestigia video — exscribo: ΣΡΤϺΙΒΣϜΟΤΣϜΑΤϘΣϜ ΒΑΚΗϺΣϜΙΝ⏜ΜΑϺ. Ante litteram primam Σ nonnunquam putavi in ectypo cerni litteram Ο, neque tamen fidem meam pro ea interpono; dubiae imprimis videntur litterae 12 Ϝ (Κ? Ρ?), 18 Β (Ρ? Γ?), 24 Γ, neque constat ex ectypo in duabus plagulis impresso, quantum spatii inter litt. 23 Ε et 24 Γ intercedat. Reliquae autem litterae, quamquam non unaquaeque certissime est, tamen audacioribus coniecturis non favent. Duo hexametri hic latere videntur, quorum alter in ἐπινωμᾶν, alter in μ[ά]λι[στ]α Φιλ[ή]βου desierit.

---

395 Formam ἐξενιχϑῆ Blass, mus. Rhen. XXXVI a. 1881 p. 609, exemplis Boeoticis et Aeolicis tuetur.

---

465 Littera a fine tertia in Weilii diario est Ρ; cui puncto si nullam vim tribuimus, spatium quidem inter Γ et Σ non tantum videtur esse, ut prior littera putanda sit mutila; licet igitur legere Καλ(λ)ιγ-- seu Καλ(λ)ιμ-- seu Καλ(λ)ισ--.

---

471 Cous titulus superiore anno editus est (bull. de corr. hell. V a. 1881 p. 216 sqq.) aetate inferior columna quam Ross Therae vidit, argumento illius simillimus; cf. maxime vss. 11. 12 κριϑᾶν τρία ἡμέδιμνα καὶ σπυ[ρ]ῶν [τ]ρεῖς τεταρτῆς. Quodsi Rossianus quoque titulus ex insula Coo oriundus est, spiritum asperum more Ionum Asiaticorum non scriptum fuisse putabimus (vs. 5 leg. [τ]ό); de litterae ω forma (vs. 10 Θ, vs. 15 Ο) vellem certius constaret.

472a In vasculo parvo musei Britannici, *Camiri* reperto, litteris incisis. Exscripsit Furtwaengler.

ΝΙΚΟ

νικῶ.

475 Titulum supplevit et interpretatus est Blass, mus. Rhen. XXXVI a. 1881 p. 612 sqq. Atque alia quidem uterque nostrum eadem ratione administravit, sed id Blassio melius cessit, quod verbum emendi seu vendendi, quo ὠνά referenda est, non vs. 3 sed vs. 5 posuit; et pendent inde huius paragraphi caetera supplementa et sententia. Hic igitur Blassii est textus:

1. 2 Τὸνς ἐπιβα[λλόντανς, αἲ κά τις ϑανὼν ϑυγατέρα πα]τρῳώχον κα-
3. 4 ταλίπη, ἢ αὖ[τὸνς τῶν χρημάτων ἐπιμέλεσϑαι ἢ πὰρ τὸ]νς ματρωϊαν-
5. 6 ς καταϑέμεν· [αἰ δ' ἄλλῳ ἀπόδωντ' ἢ καταϑείεν, μὴ] δικαίαν ἦμεν τ-
7. 8 ὰν ὠνὰν καὶ τὰν κα[τάϑεσιν· καὶ αἰ ἄλλος πρί]αιτό τις χρήματα κτλ.

Ideo singulare propinquorum ius bona filiae heredis emendi statuere non cogimur. Vs. 14 καὶ τί κ' ἄλλ' ἀτάσῃ, cf. n. 72. Col. *c* vs. 9 --ες τᾷ πα(del. ιπα)τρωώχῳ; vs. 13 μή τι(ς) λειοι, cf. n. 119.

477 Eadem fere exposuit Blass, mus. Rhen. XXXVI a. 1881 p. 615.

482 Cf. ea, quae de his titulis nobiscum congruenter, si graviora spectas, exposuit Abel, Wiener Studien III a. 1881 p. 161 sqq.; atque duabus maxime in rebus ille idem sensit: quod Psammatichum regem accipit secundum, quamquam aliis argumentis utitur atque Wiedemann, et quod ducem Horum distinguendum censet a Psammaticho Theoclis filio. Praeterea legendum esse arbitratur: *e* Πά(ρ)ις, *i* — — ὁ (Ἰα)λύσ(ι)ο(ς), quas coniecturas in rem meam convertere dubito.

493 Non male Hicks, historical inscriptions, a. 1882, p. 5, coniecit haec esse membra verborum Κροῖσος et βασιλεύς et ἀνέϑηκεν, cf. Herod. I 92.

505 Vss. 12. 14. 17. 23 [27] et fortasse saepius ΝΙ in sententia imperativa est i. q. νύ; cf. ἄκουρύ νυ ἔνϑω in tit. Orchomenio (Foucart, bull. de corr. hell. III a. 1879 p. 465 vs. 88, Blass, mus. Rhen. XXXVI a. 1881 p. 608) et exempla optativi cum νύ coniuncti δυϝάνοι νυ et δώκοι νυ in tit. Idalio vss. 6 et 16 (Deecke, Beiträge zur Kunde der indog. Sprachen VI p. 153, Blass l. l.).

533 Denuo examinatis fragmentis parvis Purgold hanc subministravit variam lectionem: Fragm. *c* vs. 1 ante Ε vestigium hastae obliquae; vs. 2 ante Ε non ⌐, sed ⌐ i. e. Γ. Fragm. *f* vs. 1 littera servata, quam Furtwaengler Ν esse praedicaverat, Purgoldio auctore potest illa etiam esse Ν mutilum (ita haec littera ad fragmenta alterutri titulorum n. 532. 533 adiudicanda omnino nihil valet); vs. 2 ante Δ hasta directa.

ADDENDA NOVA.

49 *a* Lapis calcarius rudis, colore flavescente, fere 0.35 m. long., 0.30 m. alt., 0.10—0.11 m. crass., inventus *Spartae*; conservatur Dimitsanae in Arcadiae oppido in museo. Titulus diligenter et clare incisus incolumis est praeter finem versus alterius laesum. Apographum et ectypum misit Purgold.

Διϊκέτα, Διωλευθερί[ω]. Lapis manifesto est terminus; ἱκέτας i. q. ἱκέσιος, cf. Eustath. ad π 422 p. 1807. Dei nomen cum cognominibus ita coaluit, ut τ aeque atque intra unam vocem in spiritum mutaretur atque adeo vs. 2 spiritus non impediret vocalium contractionem.

61 *a* Basis marmorea suffusca, 1.14 m. alt., 0.25 m. lat., 0.16 m. crass., reperta a. 1879 prope *Sellasiam*, haud procul a monumento Dioscurorum add. n. 62*a*, nunc Vurliae in domo rustici. In superficie aequa capitis prominentis foramina et canaliculi incisa sunt, in quae aliquod artificium demitteretur. Titulus in latere antico inscriptus integer ille quidem videtur esse, sed marmore tempestate detrito cum labore legitur. Exscripsit Purgold; idem misit ectypon.

Notae Purgoldii. Vs. 1 init. reliquiae litteram E videntur indicare, neque tamen excludunt O aut Θ. Ibid. fin. quae post hastam certam cernuntur vestigia aut ad illam pertinent aut ex littera ultima restant. Vs. 2 ante A nihil periit; litterae quinque primae perspicuae; littera sexta F vel potius E; etiam littera septima F vel E videtur fuisse; tum spatium uni litterae sufficit.

Ἐυμυθι[ς] ἀπόναϝε, i. e. Eumythis fecit. De augmento α cf. n. 557; de verbo πονάω cf. Ahrens dial. II p. 148; de littera F (cave conicias Β) viderint alii.

113 *e* Titulus *Eleus*. Fragmentum laminae aeneae solidae, repertum Olympiae a buleuterio ad occidentem versus; in latere postico ornamenta incisa sunt; quae quod infra lineis rectis terminantur, inde apparet tituli marginem inferiorem esse servatum. Exscripsit Purgold.

Nota Purgoldii. Vs. 1 littera tertia ob aeruginem incerta est.

119 *a* Titulus *Eleus*. Fragmenta laminae aeneae aeruginosa, contigua, 0.10 m. long., 0.07 m. alt., effossa Olympiae ad Leonidaeum, undique mutila, nisi quod infra margo videtur esse sospes. Exscripsit Purgold.

Notae Purgoldii. Vs. 1 ονν. Vs. 2 litt. 1 M; litt. 3, ut videtur, Ϛ; litt. 5 I aut T; vs. 2 fin. certum est T. Vs. 3 med. littera Σ indubia est; ibid. fin. E. Vs. 4 fin. inter A et I fortasse nihil fuit scriptum.
Vs. 2. Subesse potest aliqua forma adiectivi ἄμιστος seu ἥμιστος. Vs. 3 [δ]ίχα ἐστ[αι] αἱ κλε-? Vs. 4 [γ]ᾶν (?) ἀλ(λ)οτρία[ν], cf. n. 113*b*. Vs. 5 [κ]αρποφόρο-. Vs. 6 κώβολια- i. e. καὶ ὀβολια-? an [F]οίκω βωλία? cf. Hesych. βωλία· βωλίς· μάζης εἶδός τι ἐν ταῖς θυσίαις.

577 *a* Titulus *loci incerti*. Fragmentum manubrii aenei strigilis, repertum Olympiae a prytaneo ad septentrionem versus. Exscripsit Purgold.

Nota Purgoldii. Nihil amplius incisum videtur esse.

INDICES.

INSCRIPTIONES GRAECAE - GREEK INSCRIPTIONS

Our dream is to see for the first time all the important publications of Greek Inscriptions printed in ONE SERIES and at a price that scholars could afford ... We have a detailed program and we have published the first group of sets.

INSCRIPTIONES GRAECAE

**INSCRIPTIONES EUROPAE (praeter Graeciam),
INSCRIPTIONES ASIAE et AFRICAE.**

The Scholars Reference Edition 6 x 9 inch.
Published:
INSCRIPTIONES GRAECAE AD RES ROMANAS PERTINENTES.
Ediderunt R. Cagnat, J. Toutain, P. Jouguet et G. Lafaye. vols. I-IV.
(I et II *Europae et Africae*, III et IV *Asiae*) → $75.

Vol. I (et II), 688pp.	$25.00
Vol. III, 695pp.	$25.00
Vol. IV, 743pp.	$25.00

The Scholar's 'Fontes Collectae' 8½ x 11 inch.
+ = In Press, * = Planned and in Preparation.
INSCRIPTIONES GRAECAE AEGYPTI: I. Inscriptiones nunc Cairo in Museo. Ed. (1905) J.G. Milne. (Cat. Gen. des Ant. Eg. du Musee de Caire 'Greek Inscriptions') → $25.
+ INSCRIPTIONES GRAECAE AEGYPTI: II. Inscriptiones nunc Alexandriae in Museo. E. Breccia. (Cat. Gen. des Ant. Eg. du Musee d'Alexandrie. Cairo 1911).
+ INSCRIPTIONES GRAECAE SYRIAE: I. Inscriptiones Graecae et Latinae Commagenae et Cyrrhesticae. Ed. L. Jalabert et R. Mouterde. (Inscriptions Grecques et Latines de la Syrie: I. Commagene et Cyrrhestique) (1929)
+ INSCRIPTIONES GRAECAE GALLIAE
+ INSCRIPTIONES GRAECAE HISPANIAE
*IG Brittanniae, *IG Germaniae, *IG Dalmatiae, *IG Albaniae, *IG Italiae et Siciliae, *IG Thraciae, *IG Asiae Minoris, *IG Syriae, *IG Phoeniciae, *IG Palaestinae, *IG Arabiae, *IG Assyriae, *IG Mediae, *IG Persidis, *IG Bactriae et Indiae, *IG Aegypti, *IG Nubiae, *IG Aethiopiae, *IG Cyrenaicae, *IG Libyae, *IG Numidiae, *IG Mauretaniae, IG Cypri.

INSCRIPTIONES GRAECIAE ET INSULARUM
(IG I^2, II/III^2, IV I^2 and IG IV-XIV)
The Scholar's Reference Edition 6 x 9 inch.
Published:
IG I^2: INSCRIPTIONES ATTICAE Euclidis Anno Anteriores. Ed. F. Hiller de Gaertringen $25.
IG II^2: INSCRIPTIONES ATTICAE Euclidis Anno Posteriores (1-1369) (1-1369 + Add. Corr.) Ed. I. Kirchner $25.
IG II^2: (1370-2788 + Arch. Tab. + Add. Corr.) Ed. I. Kirchner $25.
IG II^2: (2789-5219 + Ind. I, Arch. Tab. etc.) Ed. I. Kirchner $25.
IG II^2: (5220-13247 + Add. + Add. Nova etc.) Ed. i. Kirchner $25.
The set of 5 volumes $125.

NOW FOR THE FIRST TIME! April 1976
IG I^2, II^2 PARALEIPOMENA ET ADDENDA:
Supplementum Inscriptionum Atticarum I, Ed. Al.N. Okonomides
(Ig III Pars III, App. + Ath. Mitt. 1941, 1942. + W. Peek, Att. Grabschriften i, ii etc.) → $25.
*SIA II, *SIA III, *SIA IV, *SIA V + index.

FORTHCOMING! APRIL 1977
+ IG IV I^2 INSCRIPTIONES EPIDAURI.
  Ed. F. Hiller de Gaertringen (1929)
+ IG IX I^2 INSCRIPTIONES AETOLIAE.
  Ed. G. Klaffenbach (1932)

IN PREPARATION (*)
*IG IV, *IG V 1, *IG V 2, *IG VII, *IG IX 1, *IG IX 2, IG XII(i-x), IG XIV
(All volumes at the size 8½ x 11, Max. Price $25 each)

ED. J. KIRCHNER

**INSCRIPTIONES GRAECAE
EDITIO MINOR**

ISBN 0-89005-013-9. 2,952pp. 5 vols.-$125.00

For a long time nobody thought they would be able to add this corpus of Greek inscriptions to their personal libraries. ARES has now made it possible, offering the complete contents of the seven original bulky tomes in five handy volumes.

Some comments about the new volumes: "a first rate service to the whole profession." Sterling Dow, Harvard University. "... a major contribution to the study of Attic inscriptions, ... this supplementary volume will be absolutely indispensable not only for individual scholars but also for scholarly libraries."
A.E. Raubitschek, Stanford University.

**IG I^2, II^2
PARALEIPOMENA
ET ADDENDA**
SUPPLEMENTUM INSCRIPTIONUM
ATTICARUM — Vol. I
ED.
AL.N. OIKONOMIDES

ISBN 0-89005-126-7. pp x + 504 + 34 + 68 .... $25.00

ARES offers one more limited edition of a famous reference work for scholars of Greek epigraphy, Roman history and the Greco-Roman world in the handy format of *The Scholars Reference Edition*. The IGRR is now available in the same convenient size as the I.G. Editio Minor, which has received international acclaim from so many scholars.

**R. CAGNAT, J. TOUTAIN,
P. JOUGUET ET G. LAFAVE**

**INSCRIPTIONES
GRAECAE**
AD RES ROMANAS PERTINENTES

ISBN 0-89005-073-2, 2,184 pp. 3 vols. $75.00

The Greek inscriptions of Egypt included in this volume, originally published in the *Catalogue General des Antiquites Egyptiennes du Musee du Caire*, are here for the first time technically incorporated in the *Inscriptiones Graecae* along with the author's excellent commentaries.

G. MILNE

**INSCRIPTIONES
GRAECAE AEGYPTI**
INSCRIPTIONES NUNC CAIRO
IN MUSEO — Vol. I

I.
Nomina civitatum populorum tribuum pagorum locorum.

Ἀβδηρίτης 349
Ἀθαναῖος [add. 26 a]. 70. 105.
  Ἀθηναῖος add. 3 a. 5. 9. 368. 498
Ἀθῆναι 8
Αἴγινα 355
Αἰγιναῖος 69
Αἰγινάτας 70. 359
Αἰγύπτιος 482
Ἀκρώρειος 120
Ἀλασιεύς 120
Ἀλειός 105
Ἁλικα[ρνη]σσεύς et -νασσεύς 500
Ἁλικαρνησσός 500
Ἀμπρακία 330 (?)
Ἀμπρακιώτας 70
Ἀμφίπολοι add. 120 a
Ἄναιτος 118
Ἀπειρώτας 88
Ἀπόλοκρος 321
Ἀραθθος 343
Ἀργεῖος [add. 26 a]. 32. 33. 42. 44. 44 a. 48. add. 107
Ἄργος 41
Ἀρκαδία 95
Ἀρκάς [98]
Ἀχαιός 41

Βοιώτιος 165

Γελῶος 513. Γελοαῖος 512 a

Δαγκλαῖος 518
Δάγκλη 518
Δελφός 318
Δήλιον 381
Δῆλος 91
Δοφῖτις 381
Δωριεύς 452. 487

Ἐλεφαντίνα 482
Ἕλλαν [69]. Ἕλλην 497
Ἑλλάς 328 (? cf. add.)
Ἕλος 79
ἑξάπολις αἶα 452
Ἐπιδαύριος 70
Ἐρετριεύς 70. 157. 373
Ἑρμιονεύς 47. 48. 70.
Ἑρμιόνοσσα 381

Ἐρχομένιος (Arc.) 70
Ἐρχομενός (Boeot.) 165
Ἐπγονιδεύς seu Ἐσπ- (demoticum?) 187
Εὐάδαι 381
ΕὐϜαδῖος 110
Ἐφέσιοι 69

Ϝαλεῖος [44]. 70. 110. 112. add. 113 a. [355]. 536
Ϝανακτοριεύς 70
Ϝεσπάριοι Λοκροί 321

Ζεφύριον 388

Θάσιος [380]
Θεσπιεύς 70
Θευρία (Pelop.) 79
Θηβαῖος add. 107. 165. 305
Θούριος (Ital.) 548. 548 a. b

Ἰαλύσιος 482
Ἰάν [add. 26 a]
Ἰμαχαραῖος 512
Ἰσθμός 380

Καμαριναῖος 95
Καμινίη 381
Κεῖος 70
Κεράμιος 487
Κέρκις 482
Κολοφώνιος 482
Κορίνθιος add. 26 a. 70
Κόρινθος 32
Κυδωνιάτας 47. 577 (?)
Κυθήριος (δημότης) 9
Κύθνιος 70
Κύμα 510
Κύπριος 362
Κυραναῖος 506 a
Κωλιάδαι 352

Λακεδαιμόνιος [add. 26 a]. 46. 69. 70. 75. not. post n. 91
Λάτμιος 487
Λεβαδε- 150
Λεπρεάτας 70
Λευκάδιος 70. 339
Λογγηναῖος 522

Λοκρός 321. 388

Μάγνης add. 107
Μάλιος 12. 69. 70
Μαντινέα add. 77 b. 95. 99
Μαντινε- add. 100 a
Μεγαρεύς ('Μ-) [12]. 13. 14. 70. 514
Μεγαρίς 514
Μεθάνιος 46
μέλαινα ἀκτή 381
Μενδαῖος 348
Μεσσάνιος (Pelop.) 348
Μεσσήνιος (Sic.) 532. 533
Μετάπιος 118
Μῆδος 70
Μυκανεύς 70

Νάξιος 70. 407. 410
Ναυπάντιος (ΝαϜπ-) 321. 348
Ναύπακτος 321
Νεμέη 380

Οἰανθέα 322
Οἰανθεύς 322. 342
Οἰανθίς 322
Οἶον 381
Ὀλυμπία (-ίη) 105. 109. 112. add. 118. 380. [514]
Ὀλύμπια- 122
Ὀλυμπικός 116. add. 119
Ὀπόεις 321
Ὀπώντιοι ('Οπ-) 321
Ὀρεσθάσιος 98
Ὀροβιήτης 375

Παλεύς 334
Πανδιονίς 9
Πάριος 349. 402
Πελοποννήσιος 5
Περαιεύς (portus Corinthius) 20, 5
Περαιεύς (ex Peraea Theraeorum) 451
Πῖσα 113
Πλαταιεύς 70
Ποτειδαιάτας 70
Προκοννήσιος 492
Πυθώ 380

Ῥηγῖνος [532. 533]. 536
Ῥυπθ. (dem.?) 540

Σαλαμίνιος (Cypr.) 362
Σαλαμώνα 121
Σαλμακίτης 500
Σάμιος 388. [388 a]
Σεκυώναθεν 326
Σεκυώνιος add. 27 a. add. 27 c. 70. add. 107
Σελινόεις 514
Σελινώντιος 515
Σελυίϝιος 505
Σιγιεεύς (Σιγευεύς Συκεεύς) 492
Σίφνιος 70
Σκιλλώντιος add. 119
Σπαρτιάτας 55. 63
Στυρεύς 70
Συρακόσιος 95. add. 107. 510. 511 a

Τάναγρα [add. 26 a]
Ταραντῖνος 548. 548 a. b
Τεγεάτας 68. 70
Τεγέη 532. [533]
Τειχιοῦσσα 488
Τέως 497
Τήιος 482. 497
Τήνιος 70
Τιρύνθιος 70
Τροζάνιος 70
Τυρσανός 510

Ὑβλαῖος 514 (?)
Ὑποκναμίδιος 321

Φετταλός add. 328 (?)
Φλειάσιος 70
Φοῖνιξ 351
Φυσήλα 505

Χαλάδριος 113
Χαλειεύς 321. 322
Χάλειον 322
Χαλεῖς 322
Χαλκιδεύς 70
Χῖος 69 (?). add. 380 a

II.

Dii deaeque heroes templa feriae.

Ἀγημώ 92
Ἀθάναια 79
Ἀθηναία 4. Ἀθηναίη 393. Ἀθαναία 79. 314. 516. Ἀθανασία 20, 4. Ἀθανάα 515. Ἀθάνα 148. 336. 542. Ἀθανα- 20, 56. Ἀθ-- 20, 57. 58
ὀβριμοπάτρη 393
πολιᾶχος 79
χρυσαιγίς 393
Ἀκρία 346
ἅλιος γέρων 34
Ἀμφιτρίτα 20, 2. 3. 8. 71. 72. 73. 112. 114. add. 20, 2a
Ἀνθεστήρια 497
Ἀπόλλων 11. 70. 100. 165(?). 374. 379. 385. 408. 483. 484. 486. 488. 490. 500. 515. 516. 540. 569(?). Ἀπέλλων 505. 509
ἑκηβόλος 408
Ἰσμήνιος 129
Λύκειος 11. 540
Μαλεάτας 57. 89 (bis).
νυμφηγέτης 379
Παιάν 516
Πρηγνεύς 385
Πύθιος 374. Πύτιυς 505. Πυθαιεύς 59. Cf. Πυθαῖος 347
Ἀπολλώνιον 500. 515
Ἄρης 343
Φόβος 515
χαροπός 343
Ἀριοντία 79
Ἄρτεμις 371(?). 401. 402. Ἀρταμις 170

ἑκηβόλος 407
ἰοχέαιρα 407
Λιμνᾶτις 50. 61. 73
παρθένος 401
Ἀσκληπιός 398. Αἰσχλαβιός 549
Ἀφροδίτη 397. 405. 551. Ἀφροδίτα 327
Ἀπάτουρος 350
Κύπρις 551
Πειθώ 327
σεμνή 551
Ἀχελῷος 104

Δαμάτηρ 47. 48. 143. 144
Μαλοφόρος 515
χθονία 47. 48
δέσποιναι 501
Δῖα 497
Διόσκωροι add. 62a
Ϝάνακες 37. add. 43a
Τυνδαρίδαι 515. Τινδαρίδαι add. 62a
Διώνα [332]
Διώνυσος 153. 284

Ἑκάτα 517
Ἐλευσύνια 79
ἐπώνυμοι 8
Ἑρμῆς 349. 536. Ἑρμᾶς 262. Ἑρμάν 60. 94
ἐφοδία 26

Ζεύς 12. 20, 61. 66. 24. 32. add. nov. 49a. 62. 75. 101. add. 107. 109. 110. 111. 112. 113. 115.

add. 119. 123. 151. 191. [332]. 339. 348. [355]. 373. 388a. 401. 412. 502. 510. 512a. 515. 523. 548. 548a. b. 552. 558. 559. 561. 565. 568. 572. 573. 576
αἰγίοχος 62. 401
βασιλεύς 564
ἐλευθέριος add. nov. 49a
Ϝάναξ add. 75
ἱκέτας add. nov. 49a
κεραυνός 101
Κρονίδας 75
Νάϊος 339. 502
Ὀλύμπιος 24. 63. 75. 109. 110. 111. 112. 115. add. 119. 123. 348. 548. 548a. b. 552. 553. 559. 574. 576
Ὁμολώϊος 191
ὀπωρεύς 151
--αιος 572

Ἥρα 314. 336. 543. Ἥρη 384
Ἡράκλεια 497
Ἡρακλῆς 34. 94. 515
ἥρως 29. 323. ἥρως Πτωϊος 162. Cf. 332

Ἱστίη 396

Λεχώ 52

Μναμοσύνα 274

νύμφαι 379. 399

Ὀλύμπια 388
Ὀρέστης. δωλος 72

Πάν 74
Κορφιάτας 74
Κρωφιάτας 74
Πανάκεια 472
Περσεφόνη. Πηριφόνα 538
ΚόρϜα 324
Πασικράτεια 515
Ποσίδαια 79
Ποτειδάν 20, 1. 2. 6. 8. 9. 16. 17. 18. 19. 20. 21. 22. 23. 24. 25. 26. 27. 28. 29. 30. 31. 32. 54. 57. 74. 75. 76. 77. 78. 80. 81. 109. 110. 111. 112. 113. 114. add. 20, 2a. 16a. 43a. 87a. 109a. 515. ΠοτειδάϜων 20, 7. 12. Ποτιδάν 20, 64. 68. 79. Ποσοιδάν 94. Ποσιδάν 83. [84]. 86. 88. not. post 91 (?)
Ϝάναξ 20, 7. 8. 12. 64. 68. 74. 75. 114
γαιάϜοχος 79
Πτωϊος ἥρως 162

Ῥέα 336

Συράδες 7

Τέρπων 551

Φῆρες 393

Χάριτες 74. 94. 379

III.

Nomina virorum et feminarum cum patronymicis et gentiliciis; nomina equorum.

Ἀβαιόδωρος 152. 157
Ἀβλίων 352
Ἄβων 360
Ἀγα-- 372, 1
Ἀγάθαρχος 544
Ἀγαθοκλῆς 415
Ἀγαίνετος 309
Ἀγαμέμνων 20, 65. 377
Ἀγασῖνος 313
Ἀγεΐδας 8. Ἀγελάδας 552(?)
Ἀγελαΐδας 42
Ἀγέσερμος 482
Ἀγηΐκράτης 40
Ἀγηΐστρατος 88

Ἀγημόνδας 191
Ἀγήσανδρος 270
Ἀγησιλάδας 552(?)
Ἀγησίλαος not. post n. 91
Ἀγήσιππος 200
Ἀγιάδας 355
Ἆγις 91
Ἀγη-- 257(?)
Ἀγλαόνικος 372, 2
Ἀγλών 451
Ἀγλώνικος 287
Ἀγλωχάρης 389
Ἀγόραιστος 40
Ἄγραυλος 375

Ἀγυαῖος 381
Ἄγυλλος 40
Ἀγχίβιος add. 67
Ἄδραστος 30
Ἀέργιτας 153(?)
Αἰσχρώνδας 153
Ἀθανόγιτις 137
Ἀθανοδώρα 141
Ἀθανόδωρα 41
Ἀθηναγόρας 381
Αἴγι(θ)θος 149
Αἰειμνάστος 30
Αἴθων 93
Αἰνεσίδημος 590

Αἴνηθος 372, 3
Αἰνίας 87
Αἴνητος 77
Αἰσήιππος 85
Αἴσηπος 491
Αἴσκρεος 372, 4
Αἰσχίνας 157
Αἰσχίνης 372, 5
Αἰσχρίων 88. 372, 6
Αἰσχυλίων 372, 7. 8
Αἴσχυλλος 37
Αἴσχυλος 36
Αἴσωπος 492
Αἰχμάνωρ 121

INDICES

Ἀκ--ιος 372, 77
Ἀκεστορίδης 372, 9
Ἀκυλλῆ 157
Ἀλ-- 372, 46. 342
Ἀλεξίας 47. 48
Ἀλεξιμένης 255
Ἀλεξίπολις 431
Ἀλκ-- 257 (?)
Ἀλκιδάμας 393
Ἀλκίμαχος 326
Ἀλκιτοίδας 39
Ἀλξήνωρ 410
Ἄλτιμος seu Ἀ-- 352
Ἀλυπις 93
Ἀμ-- 372, 388 (?)
Ἄμασις 482
Ἀμεινόκλεια 155
Ἀμεινόξεινος 372, 10
Ἀμείνων 390 (?)
Ἀμεύσιππος 157
Ἀμινάδας 300
Ἀμινοκλέης 157
Ἀμο-- 372, 388 (?)
Ἀμοίβιχος 482
Ἀμύνιχος 372, 11
Ἀμφάλκης 220. 265
Ἀμφι-- 300
Ἀν-- 372, 97
Ἀνα-φις 372, 12
Ἀναξαγόρα 511 a
Ἀναξίλεως 483
Ἀναξίμανδρος 484
Ἀνάσχετος 372, 13. 14
Ἀνδοκίδης 372, 49
Ἀνδράπομπος 413
Ἀνδρεύς 381
Ἀνδρομέδης seu -μήδης 86
Ἀνδωρε- 300
Ἀνθεμίων 372, 15
Ἄνθινος 40
Ἀννικίης 381
Ἀντηγορίων 372, 16
Ἀντι-- 372, 234
Ἀντιδότα 228
Ἀντίδωρος 300
Ἀντίλος 372, 17 (?)
Ἀντίμαχος 372, 18. 19
Ἀντιμοίρας 40
Ἀντίνοθος 372, 20
Ἀντισθένης 372, 21
Ἀντιστάτης 368
Ἀντιφάνης 281
Ἀντιφάτας 321
Ἀντίφιλος 253
Ἀντίχαρις 192
Ἀπελλ-- 504
Ἀπολλ-- 569 (?)
Ἀπολλοδώριος (patr.) 300
Ἀπολλόδωρος 13. 157. 278. 372, 22
Ἀπολλωνίδης 500
Ἄπρων 446
Ἀργειάδας (gent.) 42
Ἀργεῖος 363
Ἀρετίδικος 372, 23
Ἀριόμναστος 157
Ἀρίσαμος 452
Ἀριστ-- 20, 37. 39
Ἀρίσταιχμος 397. 398
Ἀρισταρχίδης 372, 24
Ἀρίσταρχος 177. 372, 25
Ἀριστέας 552
Ἀριστεύς 83
Ἀρίστηχμος 300
Ἀριστίδας 84
Ἀρίστιππος 40
Ἀριστίων 36
Ἀριστο- 372, 26
Ἀριστογείτων 165
Ἀριστογενίδας 91
Ἀριστογιτόνιος (patr.) 300
Ἀριστόδαμος 64. 157
Ἀριστόδημος 372, 19. 27

Ἀριστοδίκα 217
Ἀριστόθοενος 157
Ἀριστοκλείδης 372, 28
Ἀριστοκλῆς 494
Ἀριστοκλίδης 372, 29. 30. 31
Ἀριστοκράτης 145
Ἀριστοκρίτα 419
Ἀριστόκριτος 372, 32
Ἀριστολαΐδας 357
Ἀριστομαχίδας add. 67
Ἀριστόμαχος 30. 372, 33
Ἀριστομέδα seu -μήδα 296
Ἀριστομένης 6. 48. 372, 34. 35
Ἀριστομήδης 432
Ἀριστόξεινος 372, 36
Ἀριστοξένης 301
Ἄριστος 372, 37
Ἀριστοτέλης 83. 157
Ἀριστόφιλος 20, 55
Ἀρίστων 300
Ἀρκεσίλεως 372, 38
Ἀρκεσίων 372, 39. 40
Ἀρκέων 372, 41
Ἀρκοίας 102
Ἀρκύλη 520
Ἄρκυλος 372, 42
Ἁρμονόα 331
Ἁρμοξείδαμος 544
Ἀσινήσχα 172
Ἀρνησίων add. 20, 46
Ἀρνιάδας 343
Ἀρνίανδρος 372, 43
Ἀρταλίων 205
Ἀρρι-- 372, 44
ἈραϜουν 419
Ἀρχ-- 419
Ἀρχαγέτας 451
Ἀρχέδημος 372, 45. 46
Ἀρχέρμως add. 380 a
Ἀρχεσίλας 30
Ἀρχηγός 372, 47
Ἀρχίας 67
Ἀρχιάδας 157
Ἀρχῖνος 372, 48. 49. 50
Ἀρχίστας 91
Ἀρχιώ 415
Ἀρχῶν 482
Ἀσ-- 372, 266
Ἀσίης 381
Ἄσμις 381
Ἀσπασίη 382
Ἀστής 372, 51
Ἄστριος 36 (?)
Ἀστυκλῆς 388
Ἀστυχαρίδης 372, 52
Ἀσφάλιος 402
Ἄσων 400
Ἀσωπο-- 181 (?)
Ἀσωπόδωρος 20, 38. 41
Ἀταρβος 368
Ἀτι...ου.ονος seu -ων 372, 218
Ἄτωτος 42
Αὐτοκράτεια 245
Αὐτοκράτης 84
Αὐτομένης 372, 53
Ἀφ-- 372, 340
Ἀφορδίσιυς 506
Ἀφροδίτος 157
Ἀφύασις 500
Ἀχιλλεύς 20, 45

Βάβυρος 372, 54
Βάθων 35
Βαῦλος 552
ΒακεύϜας 168
Βάσμιος 372, 55
Βαστίας 78
Βαύκων 372, 56
Βαχχυλίδας 157
Βεβύριος 372, 57
Βελφίς 186
Βηπήτης 372, 58 (?)
Βίας 20, 1. 381
Βίοτις 372, 59

Βίοτος 531
Βίων add. 67 (?)
Βουκείδας 84
Βόκας 183 (?)
Βορθαγόρας 30
Βρασίδας 300
Βραχᾶς 36
Βρεσάδας seu Βρη- 190, cf. add.
Βρουκίων 414
Βύθων 370
Βυλίδας 157
Βώκας 183 (?)

Γάθων 145
Γαμηδης 206
Γλαυκ-- 300
Γλαυκατία 54
Γλαυκίας 359. 536
Γλαυκήης 536
Γλαύκιος (patr.) 503
Γλαῦκος 372, 60. 61. 450
Γλαυκογείτων 315
Γλαύκων 372, 62
Γλευκίτας 362
Γναθαινα 375 (?)
Γνάθων 372, 63
Γνήσιος 372, 64
Γνω-- 372, 48
ΓοϑΣίδας 157
Γοργίδας 247 a
Γόργος 157. 372, 37
Γυρίδας 562

Δάαλκος 12
ΔαϜουν 327
Δαίμων [98]
Δαϊκλῆς 36
Δαϊμάχα 244
Δάϊοχος 552
Δαιτονόμα 457 (?)
Δαΐφρων 470
Δαλιάδας 157
Δαλιόδωρος 126
Δαμαγόρα 429
Δαμαίνετος 334
Δαμάλης 372, 65
Δαμάρετος 372, 66 (?)
Δαμάσιππος 19. 552 a
Δάμασσις 292
Δαμάτριος 188
Δαμύννων 372, 67
Δαμο-- 20, 109. 366 (?)
Δαμόθοινυς 268
Δαμοιτάδας 39
Δαμοκλῆς 102. 185 (?)
Δαμοκρέων 420
Δαμοκιέων 157
Δαμόξενος 157
Δᾶμος 366 (?)
Δαμοτέλης 35
Δαμότιμος 157
Δαμοφάνης 36
Δαμοφιλ- 292
Δαμόφιλος 275. 339
Δαμοφῶν 83
Δαμοφῶν 83
Δαμώνων 79
Δάστως 547
Δειναγόρης 408
Δεινο-- 433 (?)
Δεινοδίκης 407
Δεινομένης 407. 510
Δεινός 433 (?)
Δέλφις 453
Δεξαρέτα 264 a
Δεξίχνα 372, 93. 94
Δέξιππος 150
Δέξις 372, 67
Δεξώ 304
Δέξων 168. 304
Δεονύς 494
Δέρις 20, 60
Δέρκετος 36
Δέρκων 372, 68
Δέρμυς 265

Δευκαλίων 113
ΔϜεινίας 15
Δη-- 372, 86. 195
Δήμανδρος 383
Δημάρετος 372, 66
Δημάρχ....ς 372, 69
Δημοκλῆς seu -κλείδης 372, 70
Δημοκλίδης 372, 71
Δημοκρίνης 387
Δημόκριτος 372, 72. 73
Δημοκύδης 401
Δημοσθένης 372, 74. 75
Δημοχάρις 528
Δημύλος 372, 76
Δήμων 529
Δι-- 300
Διάκριτος 157
Διάρης not. post n. 91
Διδυμίας 498
ΔιϜομήδης 20, 4
Διογείτων 315
Διοξότιος (patr.) 300
Διοκλέας 325
Διοκλείδας 13
Διόπομπος 157
Διότιμος 362
Δίφιλος 105
Δίων add. 67 (?). 372, 77
Διωνίδης 372, 78. 79
Διωνύσιος 205. 225
Δόρκων 20, 42
Δουρίης 376
Δρα-- 372, 314
Δροπίδης seu Δρω- 372, 80
Δυμεαΐδας 544
Δωρ-- 421
Δωρίς 213
Δωροσίβια 411
Δωρόθεος 48

Ἐ..ϑίβουλος 372, 27
Ἐαλκίδης 372, 81
Ἐαρίνης 372, 82
ἘβύϜιος 49
Ἔγδηλος 356
Ἔγκαιρος 372, 83. 394
ἘϜξετος 20, 101
Εἰ-- 372, 113
Εἰδύννων 372, 84
Εἰκαδίων 235
Εἰνέας 372, 108 (?)
Ἑκαταῖα 494
Ἐκέφυλος 83
Ἐκφανίτης 372, 85
Ἔκφαντος 412
Ἐλεσίβιος 482
Ἔλτων 372, 86
Ἐμπεδίων 552
Ἐξαίνετος 311
Ἐξε(?)κράτης 372, 87
Ἐξήκεστος 372, 88
Ἐξηκίας 22
Ἐπα-- 514
Ἐπάγατος 436
Ἐπαίνετος 22. 363. 372, 89. 90
Ἔπαινος 372, 91
Ἐπαλη- 257 (?)
Ἐπάλκα 241 (?)
Ἐπαμείνων 150 (?). add. 390 (?)
Ἐπανδρος 552
Ἐπειός 377
Ἐπιγένης 40. 372, 92
Ἐπίζηλος 372, 93. 94
Ἐπίκουρος 372, 95. 544
Ἐπικράτης 35 (?). 372, 96. 97
Ἐπικρήθεος 372, 98 (?)
Ἐπικτέας 40
Ἐπικύδης 88
Ἐπίλογος 426
Ἐπιορήθεος 372, 98 (?)
Ἔπιστ- 300
Ἐπιτέλης 102

Ἐπίτιμος 372, 99
Ἐπόμφης 9
Ἐρανίδης 372, 100
Ἐραστικλῆς 93 (?). 460
Ἔραστις 390 (?)
Ἐράτων 157. 372, 101
Ἔργαστος 372, 102
Ἐργόθεμις 372, 103
Ἐργόξεινος 372, 104
Ἐργοτέλης 372, 105
Ἐρικλέης 372, 106
Ἑρμαία 264
Ἑρμαΐσκος 289
Ἑρμᾶς 440 (?)
Ἑρμησιάναξ 486
Ἑρμίας 140
Ἑρμοκράτης 492
Ἑρμόκριτος 372, 107
Ἑρμόστρατος 349
Ἑρόκριτος 23, cf. add.
Ἐσ - - 372, 267
Ἐσνέας 372, 108 (?)
Ἐσχατίων 372, 109
Ἐτεοκλέης 372, 38
Εὐ - - 372, 79
Εὐάγης 372, 110
Εὐαγοντίδας 157
Εὐάκης add. 77b
Εὐαρχίδας 36
Εὔβαλκης not. post n. 91
Εὔβιος 483
Εὔβοευς 372, 111
Εὐγένης 372, 112
Εὐγενίδας 53
Εὐδ . . . ϛ add. 43a
Εὐδαμίδας 86
Εὔδαμος 423. 482
Εὔδημος 394. 485
Εὐεργέτας 431
Εὐθύμαχος 372, 113. 114
Εὐθύμιχος 159
Εὔθυμος 388
Εὐθυνείδης 372, 115
Εὐκέλαδος 537
Εὐκλίδας 157
Εὐκράτης 285
Εὐλάβης 372, 116
Εὐμενίδας 465
Εὐμήδης 246
Εὐμνάστα 466
Εὐμολπ - - 372, 117
Εὐμυθις add. nov. 61a
Εὔναος 157
Εὐξενίδης 372, 118
Εὐξενίδας 163
Εὐπλοίων 219
Εὔπολις 372, 8
Εὔπορος 216
Εὐπραξία 243
Εὐρύμαχος 351. 372, 119. 120
Εὐρυμήδης 20, 48
Εὐρύτιμος 288
Εὐτέλια 223
Εὔτροπος 372, 121
Εὔτυχος 364
Εὔφαμος 323
Εὔφαντος 238
Εὐφήμιος 372, 122
Εὔφρων 349
Εὐχέλας 430
Εὐωπίδης 382
Ἔφιππος 203
Ἐχεκράτης 210
Ἐχεμένης 36
Ἐχενοία 325
Ἐχετίμα 422
Ἐχέτιμος 340

Ϝάναξ 49
Ϝαναξίδοτος 293
Ϝαναξίδας 36
Ϝασίδαμος 328

Ϝαστύοχος 96
Ϝειαῖνος 250
Ϝεκάδαμος 131
Ϝέλιξ 166
Ϝεξίας 280
Ϝεργαΐνετος 157
Ϝιόλας 20, 3
Ϝισοκλέης 157
Ϝίων add. 67 (?)

Ζαρηκιάδης 372, 123
Ζευξίας 114
Ζεῦξις 372, 124
Ζηνόδοτος 381
Ζήνων 517 (?)

Ἡγεμονεύς 372, 125
Ἡγέπολις 381
Ἡγήσανδρος 483
Ἡραγόρης 386
Ἡσαιόδωρος 294
Ἡρακλείδας 571
Ἡρακληΐδας 88
Ἡρόδοτος 381
Ἡρόκριτος 23, cf. add.
Ἡφαιστίων 385

Θαλαμόλας add. 67 (?)
Θάλαμος 372, 126 (?)
Θαλῆς 483
Θαλλίδης 372, 127
Θαλυνόλας seu Θαλχινόλας add. 67 (?)
Θαργηλεύς 381
Θαρρυμάχα 444
Θαρρύμαχος 449
Θαρρυπτόλεμος 463
Θάρρων 372, 128
Θαυμάσιος 372, 129
Θαύμων 372, 130
Θεαγένης 160. 291. [380]
Θεάγης 540
Θειν - - 372, 349
Θειογίτα 261
Θειόσδοτος 151
Θείτων 372, 61
Θεκυιδώνης 500
Θεο - - 372, 348
Θεοδέκτας 147
Θεόδοκος 372, 131
Θεόδοτος add. 107. 372, 88. 132
Θεόδωρος 564
Θεόζοτος 157
Θεόθεμις 469
Θεοκ - - 150
Θεοκλέης 372, 133. 134
Θεοκλῆς 482
Θεοκλίδης 372, 135
Θεοκύδης 397. 398
Θεόμνηστος 372, 136
Θεοννώ 416
Θεόπομπος 381
Θεόπροπος 381
Θεοτέλης 353 (?)
Θεότιμος 372, 137
Θεοφιλέης 372, 138
Θερσίλοχος 402
Θεστίης 372, 139
Θηρίππιον 130
Θηιῶν 372, 140
Θήρων 121. 353
Θιμόνοθος 372, 141
Θιογένειος (patr.) 300
Θιοκλῆς 51
Θιομνάστα 139
Θιοτέλια 142
Θίοψ 37
Θοδίων 372, 142 (?)
Θούδημος 2
Θρακία 138
Θρασύμαχος 12. add. 12a. 20, 44. 319
Θρον - - 263

Θυιωνίδας 91
Θύλλιος 372, 143
Θυμάρης 36
Θωδίων 372, 142 (?)
Θώραξ 84
Θώρηξ seu - ξις 372, 144 (?)

Ἰαρ - - τος 452
Ἰαρίδας 135
Ἰάρων 82. 237. 438. 510
Ἰατροκλῆς 454
Ἴγρων 20, 43. add. 20, 43a
Ἰδρίας 166
Ἰθυκλέης 372, 145
Ἰκέσιος 381
Ἱππάρχα 134
Ἱππαρχία 260
Ἱππίξενος 306
Ἴππο - - 482 (?)
Ἱπποδρόμη 519
Ἱπποκύδης 300
Ἱππόμαχος 299
Ἱππομέδων 30
Ἱππώνδης 372, 146
Ἷρος 550 (?)
Ἴσσος 456
Ἰσμεινοτέλεις 300
Ἰσμην - - 372, 147 (?)
Ἰσμήνα 286
Ἰσμηνοκλῆς 199
Ἰσόδημος 372, 148
Ἱστιαίδας 157
Ἰστιαῖος 490
Ἰφικράτης 35 (?)
Ἴων 372, 149

Κ - - ίδης 402
Κ 372, 326
Καβειροκλῆς add. 12 (?)
Κάλλης 372, 150
Καλλι - - add. 465
Καλλίας 149. 498
Καλλιγίτων 259
Καλλιθηρίς 132
Καλλικράτης 157. 298a. 372, 151. 152
Καλλίμαχος 40. 372, 153
Καλλιμήδης 372, 135
Καλλίνικος 215
Καλλισθένης 372, 154
Καλλίστρατος 40
Καλλίστροτος 372, 155 (?)
Καλοκλῆς 206a
Καλοννώ add. 254
Καλυνθίς 161
Κάλων 536
Κάμουν 324
Κανθ - - 20, 52
Κανθίας 40
Καρίλος 57
Καριώνη 411
Καρπινίων 372, 156
Καρνειάδας 350 (?)
Κάσβωλλις 500
Καστόδαμος 201
Καυχάξα 552 (?)
Κάφις 263
Καφισοδότα 218
Καφισόδοτος 202
Καφισόδωρος 189. 549
Καφισοφάων 157
Κε - - 372, 406
Κέλων 372, 157 (?)
Κεμα - - 372, 432
Κεο - - 372, 177
Κερδύνομος 441
Κεφαλίτης 372, 158
Κεφαλλέων 372, 159
Κεφαλλίς 296
Κέφαλος 372, 41. 160. 161. 162. 163. 164
Κεφαλίτης seu - λυτος 372, 165
Κηδίδης 372, 166
Κήλων 372, 157 (?)

Κῆφις 381
Κίκριος 372, 167
Κιν - - 372, 371
Κινάδης 372, 168
Κισάμιος 372, 169 (?)
Κισσαῖος 372, 169 (?)
Κίτυς 372, 170
Κιττίης 372, 171
Κίττυλος 265
Κλε - - 39
Κλεαγόρας 451
Κλέανδρος 108. 372, 172
Κλεαρ - - 375
Κλέαρις 335
Κλείεργος 206a
Κλεινογένης 396
Κλεῖσις 488
Κλειτέας vel Κλητέας 102
Κλειτόλας 16
Κλεῖτος 30
Κλέοβις 36 (?)
Κλεογενίδης 372, 173
Κλεόδεινος 372, 174
Κλεόδωρος 372, 175
Κλεόμαχος 372, 176
Κλεομέδων 372, 177
Κλεομένης 509
Κλεόστρατος 40
Κλέων 36. 40. 49. 102. 103
Κλεωνίων 372, 178
Κλίαρχα 306
Κλιδαμίδας 300
Κλιτομίας 473
Κλο . . . δης 372, 173
Κλύτων 35
Κο - - 20, 56. 372, 19. 264 (?). 407
Κοέρανος 157
Κόϝυνος 458 (?)
Κοῦτος 372, 179
Κοῖος 557 (?)
Κοίρανος 372, 180. 562
Κοκώδων 372, 181 (?)
Κολοιφῶν 93
Κολώτας 555a
Κομάδης 372, 182
Κομάρας 556
Κον . . . 372, 183
Κόννος 372, 179 (?)
Κοπρώτης 372, 184
Κόραξ 221 (?). 224 (?)
Κόζολος 372, 185
Κορρυάδας 262
Κόρυδος 372, 186
Κορυθίων 372, 187
Κόρυθος 418
Κόρων 372, 188
Κοσμίας 473
Κόσσυβος 372, 189
Κρ - - 372, 85. 291
Κραβάσων 372, 190
Κράτης 372, 191
Κρατιάδας 36
Κρατῖνος 372, 192
Κρησίλας 47
Κρίβων 372, 193
Κρῖθις 482
Κρίθων 372, 194
Κρινίς 95
Κριτίης 372, 195
Κριτοβούλη 527
Κριτόβουλος 466
Κριτόφυλος 442
Κρίτων 151. 372, 196
Κτεισίων 372, 197
Κτησ - - 372, 75
Κτήσιμος 372, 198
Κτησῖνος 372, 120. 199. 200
Κτῆσις 372, 201
Κτησίων 372, 202. 203. 204. 205. 206. 207. 208
Κυ - - 372, 264 (?)
Κυδάδας (gent.?) 143

Κυδάδης 372, 209
Κυδιγένης 396
Κυδίλλη 258
Κῦδρις 421
Κύκνος 372, 210
Κυλαός 39
Κυλείδας 305
Κυλοίδας 20, 47
Κυν - - 372, 125. 309
Κυνίσκος 99. 543
Κυπάρισσος 297
Κύψελος add. 27 d
Κωδίας 560
ΚώϜυνος 458 (?)
Κώθιος 466
Κωλέων 372, 211
Κῶος 557 (?)

Λαδυάδας 319
Λακριδίων 157
Λάκων 157. 372, 212
Λαμ..ενος 372, 148
Λασιάδης 372, 213
Λᾶμις 25
Λαμπετίδας 102
Λαμπρ..τος 372, 214
Λαμπρῖνος (patr.) 300
Λάμπρων 372, 175. 215
Λαμπυρίων 122
Λάπων 423
Λανίκης 445 (?)
Λανυιτει - 372, 216
Λασκράτης 372, 217
Λᾶστος 266
Λαπεροίνης 372, 218 (?)
Λάτιμος 416
Λε - - 372, 22. 420
Λεάδης 372, 219
Λεοντίδας 451
Λέπτων 372, 220
Λευκάριος 372, 222
Λεύκαρος 372, 221
Λευκίνας 207
Λεύκιππος 40. 381
Λεώβριμος 372, 111. 223
Λεωκράτης 372, 224. 225
Λεωκρατίδης 372, 72
Λεώμβροτος 372, 226
Λέων 500
Λεωνίδας 30 (?)
Λεωσθένης 372, 226
Λίβυος 372, 228
Λίβυσσα 204
Λοκρίς 20, 67
Λόφαξ 372, 229
Λόφιος 341. 411
Λόχαγος 372, 230
Λόχης 372, 231
Λύγδαμις 500
Λύιππος 86
Λύκα 523
Λυκιάδης 372, 232
Λυκῖνος 36
Λυκιάδης 536
Λυκοδόρκας 36
Λύκος 426 (?)
Λυκόυργος 372, 38
Λυκόφρων 40. 372, 176. 417
Λύκων 426 (?)
Λυρείδας 69
Λυσαγόρας 372, 233
Λύσανδρος 372, 234
Λυσανίας 135
Λυσῆς 381
Λυσι - - 422
Λυσιάδας 20, 49
Λυσίας 300
Λυσίβιος 372, 235
Λυσικράτης 372, 236. 237. 238. 239
Λυσίμαχος 40. 372, 116. 240
Λύσιππος 20, 45
Λῦσις 507

Λυσίστρατος 372, 241
Λυσσῆ add. 209 a (?)
Λύσων 372, 242
Λύων 47

Μα - - 372, 193. 407
Μαιάνδριος 491
Μάκρων 372, 243
Μάληκος 93. 451
Μάληξ 117
Μανδρόμαχος 484
Μανδρόπυλος 18
Μάνης 491
Μάννιος 372, 244
Μαντε - - 372, 245
Μαντιάδης 372, 246
Μαντικλέης 372, 32
Μαντίτης 372, 247 (?)
Μαρ - - 372, 42. 166. 368. 379
Μάρης 372, 248
Μάστος 129
Μάτρων 157
Με - - 372, 347
Μεγαβάτης 500
Μεγαλῖνος 157
Μέγαλο - 372, 249
Μεγγίδας 157
Μεδίκης 491
Μέδων 372, 200. 250
Μει - - 372, 252
Μείδιχος add. 67 (?)
Μειδύλιος 372, 251
Μείδων 372, 252
Μεῖξις 344
Μελάνης 372, 253. 254
Μελανθιάδης 372, 255
Μελάνθιος 43. 372, 90. 256. 257
Μελάνωπος 105
Μέλας add. 380 a
Μελήσιος add. 335
Μελιάδης 372, 258
Μέλιππος 430
Μελίτων 157
Μενε - - 372, 220
Μενέδημος 372, 259
Μενέθοινος 276
Μενέκλια 230
Μενεκράτης 342. 351. 512 a
Μενεκρατῷ 433
Μενέκριτος 175
Μενεχαρίδας 86
Μεννεῖ 300
Μεννίδας 187
Μενοίτιος 59
Μένων 517 (?)
Μέτυικος 372, 260
Μηδίκης 491
Μηλία 3
Μίγκων 544
Μίδας 552
Μιδωνίδας add. 20, 36 a
Μικιάδης add. 380 a
Μικρίνης 372, 261. 262. 263. 264
Μικύθας 338
Μικυθίων 372, 265
Μίκυθος 372, 266. [532]. 533
Μίκων 498
Μίντων 30 (?)
Μίργων 372, 70. 73
Μιστίδας 157
Μίτας 49
Μίτων 453
Μναμίχα 306
Μνασ - - 300
Μνασι - - 30
Μνασίας 300. 335
Μνασίδικος 214
Μνασίθεος 158
Μνάσων 176
Μνησικλῆς 372, 267
Μνήσιμος 372, 268
Μοέριχος 157

Μοιραγόρας 434
Μόλοβρος 69
Μορυχίδας 157
Μοττυλ - - 300
Μουλίδης 372, 269
Μύλαυρος 372, 270
Μυλλιχιδάων 234 (?)
Μύλος 49
Μυσάχεοι seu - εῖς (gent.?) 321
Μύτων 372, 59. 271

Ναμερτίδας 51
Ναυσιτέλης 310
Ναυστείρης 372, 272
Νε - - 372, 67. 359
Νεα - - 372, 167. 180. 287. 343
Νεαρέτα 83
Νεαρχίδης 372, 273
Νεγόπολις 506
Νεοκλείδης 372, 274
Νεοκλίδης 372, 275
Νεομήδης 284
Νεουν - - 372, 216
Νίαλος 372, 22 (?)
Νικάδης 372, 276
Νικάνδρη 407
Νικαρχίδας 86. add. 119
Νικαφορίς 86
Νικήτης 372, 277
Νικίαιος (patr.) 503
Νικίας 157
Νῖνις 372, 278
Νικίων 372, 279
Νικο - - 372, 222
Νικοκλέης 372, 280
Νικολείδης 372, 281. 283 (?)
Νικόμαχος 283. 372, 282
Νικομήδης 372, 283 (?)
Νικόξεινος 372, 284
Νικοστρατίας (patr.) 300
Νίκων 86. 372, 285. 286. 287
Νο - - 372, 399
Νομίδας 30 (?)
Νυμρίας 552
Νυκταυ - - 372, 288

Ξανθ - - 372, 289
Ξανθίνης 372, 290
Ξάνθιχος 124
Ξάνθος 20, 53
Ξειν - - 372, 233
Ξείναινος 372, 291
Ξεινήρετος 394
Ξείνης 372, 292
Ξείνιος 372, 293
Ξεινίων 372, 115. 294
Ξεινόδοκος 372, 127
Ξεινοκλίδης 372, 295
Ξεῖνος 372, 190. 296
Ξεινοχάρης 372, 283. 297
Ξεῖνυς 372, 298
Ξείων 372, 299. 300. 301
Ξενάγατος 538
ΞενϜάρης add. 112 a. 344
ΞενϜοκλῆς 20, 40
Ξενοκλῆς 23
Ξενόκλια 164
Ξένων 300. 517 (?)
Ξουσίας 68

Ὀάσσασσις 500
Ὀδίτης 7
Οἰκουρίων 372, 238
Οἰνείδας 316
Οἰνιάδας 537
Οἰνοπίδης 381
Ὀκλίδης 372, 408 (?)
Ὀλ..ειδας 146
Ὀλίγιστος 372, 302 (?)
Ὀλυμπιόδωρος add. 107. 300. 306
Ὀλύμπιχος 222
ὈμγυσοϜ 482

Ὁμήριος 372, 303
Ὀνάσιμος 182
Ὀνάτας 544
Ὀνατορίδας 157
Ὀνίδεστος 372, 56 (?)
Ὀνόμαστος 525
Ὀνύμων add. 20, 59 a
Ὀπωρίς 61
Ὄργε - - 372, 122
Ὀρθο - - 20, 41
Ὀρθοκλῆς 451
Ὀρθόλα 417
Ὀσθίλος 146
Ὀσκυνθίς 404 (?)
Οὐράλιος 394
Ὀφελλοκλείδας 39
Ὀχίμων 40

Πάβις 482
Παι - - 54
Παιώνιος 348
Πάμβις 372, 304
Παναίτιος 372, 413 (?)
Παναμύης 500
Πάνδαρος 20, 4
Πανδαλῆς 40
Παντάρης 512 a
Παντέλης 307
Πανύασσις 500
Πανυκράτης 427
Παραγόρας 544
Παρακλῆθος 372, 305 (?)
Παραμ - - 372, 289
Παραμενίων 372, 239
Παραμένων 372, 210. 306
Παρμένων 378
Πασιδῶν 482
Πασίκλεια 242
Πασικλῆς 483
Παυστανίας 91. 157. 588
Παχίων 372, 307
Πεδίω 519. 520
Πειθούνειος (patr.) 328
Πειθώνδας 282
Πεισαγόρας 462
Πελαδῆς 372, 308
Πέλεκος 482
Πέμπτις 372, 309
Περικλῆς s. - κλειτος 35
Περιλας 451
Περιλείδης 372, 310
Πέριλλος 20, 102
Περκοθαρίαι (gent.?) 321
Πέταλος 372, 104
Πίθαρχος 157
Πίθων 563
Πίκρος 372, 311
Πίρμος 372, 312
Πισιδωρίδας 212
Πιτθώ 552
Πιττακός 372, 313
Πλείσταινος add. 119
Πλειστιάδας add. 62 a
Πο - - 372, 171
Πο . λυρίδης 372, 314
Ποιμανορίδας 210 a
Πολ - - 165 (?)
Πολυαινθίς 73
Πολυάρατος 154
Πολυάρχης 372, 315. 316
Πολυδάμας 312
Πολύδωρος 372, 317
Πολυκλείος (patr.) 300
Πολύκλειτος 44
Πολυκλῆς 453
Πολυκράτης 31. 39 (?)
Πολυξεινίδης 372, 318
Πολυστράτα 45
Πολυστρότα 198
Πολυτίμα 459
Πόμπις 387
Ποπάδης 372, 319 (?)

INDICES — 192 — INDICES

Πόπις 372, 320 (?)
Πόταμος 30
Ποτασμυτό 482
Πουλυνόϝα 340
Πρα-- 300
Πραξίλας 449
Πραξιμένης 342
Πραξιτέλης 95
Πραύχα 127
Πρίκων 126 a. 555 a
Πρίλυος 372, 321 (?)
Πρόδαμος 435
Προκλείδας 329
Προκλῆς 256. 451
Προκλῆς 277. 290
Πρόξεινος 372, 322
Πρυαῖος 88
Πρώτης 372, 149
Πρωτόχαρις 383
Πτωίλλη 300
Πτωίλλιος (patr.) 300
Πτωίων 129
Πύϝα 504
Πυθάγγελος 157
Πυθαγόρας 388. 388 a
Πυθάρχη 392
Πυθένης 381. 496
Πυθόδημος 372, 196
Πυθοκλῆς 44
Πύθων 349. 482
Πυλιμιάδας 155 a
Πυρ-- 372, 323
Πυραιμένης 372, 324
Πυρεῖος 372, 325
Πυργός (equus) 20, 50
Πυρομοκλῆς 300
Πυρραῖος seu Πύρραλος 157, cf. add.
Πύρρανδρος 372, 326
Πυρρίης 372; 327. 328
Πύρρινος 173. 372, 329. 330. 331
Πύρρος 372, 332. 547
Πωπάδης 372, 319 (?)
Πῶπις 372, 320 (?)

Ῥαῖβος 372, 333
Ῥηξάνωρ 451
Ῥυπθ. (gent.?) 540

Σάβυς 372, 334
Σαβύτιος 372, 335
Σαγυθινίδας 157
Σαιάδας 566
Σαιτυβίων 372, 336
Σαμίας 157
Σαμίχα 169
Σάμιχος 193
Σάρβαλος 157
Σαρύσσωλλος 500
Σάτυρος 372, 76. 337. 338
Σαυγένης 157
Σάωτις 544
Σε-- 372, 114
Σεύρων 372, 339
Σῆμος 372, 340
Σήμων 372, 341
Σημωνίδης 1
Σήραμβος [355]
Σθεν-- 125
Σθενείας 503
Σθενέλας 30
Σθένελος 20, 4
Σίδισ-- 372, 208 (?)
Σίδων 372, 342
Σικανίας 544
Σίλων 372, 343
Σιμάδης 372, 344. 345
Σιμίων 20, 7
Σίμυλος 372, 346. 347. 348
Σίμων 372, 95
Σιμωνίδης 372, 197
Σίντων 30 (?)
Σκάφων 372, 349

Σκε-- 372, 300
Σκοπάνωρ 372, 350
Σμίθων 413
Σολόγας 91
Σόρδις add. 20, 60a
Σπιν. εκο. 372, 351
Σπόνδας 372, 352
Στίλπων seu Στίπων 20, 59
Στομίλος 372, 353
Στράτιος 381
Στράτων 372, 354
Στρόμβιχος 215
Στρουθίης 372, 355
Στωμύλος 393
Συκῷ 508
Σύλιχος 36
Σφενδονίων 36
Σφίγγα 552
Σωκλείδης 40
Σωκράτης 372, 356
Σωμήδης 358
Σῶος 372, 357
Σωσίας 102
Σωσικλῆς 6. 424
Σωσιμένης 372, 358
Σωτήριχος 392

Ταλθύβιος 377
Ταταίη 524
Ταχυδρόμος (equus) 20, 50
Τει(?)μαρχος 372, 359
Τεισαμενός 143
Τείσαρχος 372, 360
Τελέσιλλα seu Τελεσίλας 448
Τελέττας 36
Τελεστῆος (patr.) 300
Τελεστοδίκη 401. 402 (?)
Τέλλης 372, 361
Τέλλων [98]
Τεμβρίαος 429
Τερψικλῆς 484. 502
Τεῦκρος add. 20, 4a
Τηλέμαχος 174
Τηλεφάνης add. 77a. 372, 362. 494
Τηλεφᾶς 517 (?)
Τήλεφος 482
Τηρο-- 372, 331
Τι-- 372, 248
Τίγος 372, 363 (?)
Τιμαξενος add. 67
Τιμαρχίδης 372, 364
Τίμαρχος 372, 365
Τιμασίθεος 136
Τιμέας 316
Τιμνῆς 372, 367
Τιμόδαμος 67
Τιμοκλείδας 456
Τιμοκράτης 117. 271. 372, 366. 367
Τιμολέων 372, 139
Τιμόλοφος 372, 368
Τιμόξεινος 372, 369
Τιμοσθένης [380]
Τίμων 372, 370
Τιμώνδης 372, 371
Τιμωνίδας 20, 1
Τιμώνιος (patr.) 300
Τλ-- 372, 299
Τλασίας 342
Τληπτόλεμος 249
Τλησίβιος 372, 372
Τρίβων 372, 373
Τριχᾶς 319
Τροφάλιος 372, 119
Τρυβωνίων 372, 184
Τρυγών 523
Τυχαρέτα 414

Ὑπατόδωρος 165. 300
Ὑπέδων seu Ὑπήδων 372, 374
Ψικλῆς 14

Φ....ιττος 314
Φαι-- 372, 17
Φαίδιμος 372, 375. 376
Φαίνων 424
Φάλαρις 157. 375
Φανόδαμος 157
Φανόδικος 492
Φανοκρίτη 495
Φανόπολις 372, 134
Φανόστρατος 372, 377
Φανύλος 372, 378. 379
Φειδίης 372, 255
Φειδίλας 91
Φειδίλεως 525
Φείδιος 504
Φειδιππίδας 455
Φείδιχος add. 67 (?)
Φελλουρός 372, 380
Φερέθυρος 372, 381
Φερίστα 279
Φέτταλος 171
Φίθων 248
Φιλαιγίρας 298
Φιλαιγίρης 372, 382
Φίλαιος 443
Φίλανδρος 372, 383
Φιλαρέτα 306
Φιλάρετος 226
Φιλάχαιος 68
Φιδέας 36
Φιλέων 432
Φίληβος add. 391
Φιλήσιος 373
Φιλιππ-- 570
Φιλίππιος 300
Φιλίτης 372, 384 (?)
Φιλλώ 542
Φιλο-- 20, 16. 372, 385
Φιλόδαμος 93
Φιλοκλείδας 339
Φιλοκλῆς 381
Φιλομηλίδας 194
Φιλόξεινος 372, 386
Φιλοξενίδας 239
Φιλόξενος 216. 300
Φιλόστρατος 354
Φιλοχάρης 157
Φιλοχαρίδας 196
Φιλόχορος 184
Φίλυς 372, 387. 388
Φιλύτης 372, 384 (?). 389
Φίλων 297. 372, 298. 381
Φλέβων 20, 9. 10. 11
Φοινικάδης 372, 390
Φοῖνιξ 36. 372, 391
Φοισίας 211
Φορμίων 500
Φράξος 407
Φρασικλῆς 93 (?)
Φρασσῆ 209
Φρίκων 372, 392
Φρυνίων 372, 393
Φρῦνος 539
Φύλακος 372, 394
Φύλαξ 372, 395
Φυλεστ-- 428
Φύσκων 20, 39
Φωκύλος 372, 396
Φωτῆρις 372, 397

Χα-- 372, 210
Χα..ος 372, 429
Χάβας 157
Χαιρίης 530
Χαῖτις 372, 398
Χαραδρῖνος 197
Χάρης 219. 303. 488
Χαρήσιος 372, 209
Χαριάνδης 372, 399
Χαρίας 272
Χαριδαῖτις 269
Χαρίδημος 372, 278. 400. 401

Χαρίλαος 372, 402
Χαρίλεως 526
Χαριμήδης 320
Χαρίμολπος 372, 403
Χαρῖνος 372, 398. 404
Χαρισθένης 372, 405
Χαρμυλίδας 542
Χαροκλίᾱ 302
Χαρόξα 552 (?)
Χαροπίης 372, 406
Χαροπῖνος 64. 372, 407. 408
Χαροπίς 195
Χάροπος 22
Χαροφάνης 372, 403
Χάροψ 372, 341. 409
Χαρτάδας 300
Χάρων 30
Χαρώνδας 157
Χείμαρρος 537
Χερσίδαμος 273
Χηραμύνης 384
Χίλων 552
Χίμαρος 372, 410. 507
Χνοόδας 66
Χοερ-- 306
Χοερίλος 157
Χοικ-- 227
Χοῖρος 361. 372, 358. [532. 533]
Χρημύλος 372, 411
Χρύσιππος 521
Χρωμύλος 372, 412

Ψαμματᾶς 482
Ψαμμάτιχος 482
Ψέγων 133 (?)
Ψήν 461
Ψο-- 20, 98

Ὠκίβας 156
Ὠρίων 483
Ὠφελίων 40

...α...ρος 35
- ααίδας 552 (?)
- αίτιος 372, 413
- αλος 165
- αμία 552
- ανδρος 372, 20. 414
- ανν..μήδης 372, 415
...αντίδας 372, 416
- αρ-- 372, 71
- γεα-- 372, 231
- γχων 439 (?)
- δαμος 366 (?)
- δας 20, 70. 157. 179. 180
- δατυς 375
- δῆμος 372, 68. 417. 568 (?)
- δινος 208
- δοτ-- 247
- δότιος (patr.) 300
- ειδι-- 367
- ειχος 372, 418
- ελάδης 372, 256
- έλτειος (patr.) 325
- ηθίων 372, 295
- ηρατος 372, 419
- θίων 372, 420
..ι...νος 372, 423
- ιάδας 584
- ίας 575
- ίδας 187
- ίδης 486
- ικίων 372, 421
- ικράτης 372, 422
- ίλος 570 (?)
- ιππος add. 107
- ιριχος 372, 385
- ιτων 372, 245
- ιχος 570 (?)
- κίδας 300
- κίδης 372, 83
- κλῆς add. 107

- κλίδας 300
- κινης 372, 155
- κρατεις 300
- κρατης 40. 562. 563
- κχος 157
- λιδας add. 335
- λινος 372, 139
- λιος (patr.) 300
- λος 20, 100
- . λοσυσ . . 372, 415
- μαιος 372, 123
- μαχος 350
- μος 20, 15. 372, 166. 375
- μων 473

- . ν . . φος 372, 328
- νετης 372, 424
- νϝιδης 372, 425
- νις 372, 164
- νοκλης 295
- νοστος 300
- νύμαχος 40
- ξόρας 106
- ογενίδης 372, 426
- οδότιος (patr.) 300
- οιϝίων 372, 167
- οκράτης 514
- ονιδης 372, 56 (?)
- . οτ . ερα . 372, 241

- πος 128. 427
- ππος 40
- πτόλεμος 568 (?)
- . ραο . . ς 372, 423
- σ - - ης 372, 130
- σεος 40
- σϑατ - 372, 147
- σισκος 425
- στίας 300
- στρατος 372, 427
- τέλης 372, 247
- τεμ - 372, 99
- της 372, 86
- τιδος 372, 428

- τιμος 589
- τοκλῆς 437
- τοκλίδης 372, 428
- τος 267
- υμίων 372, 429
- υρος 375
- . . . φίνιος 372, 416
- φῶν 372, 148. 430
- χαρίδας 300
- χιλος 372, 431
- ὠιος 418
- ὠινιος (patr.) 300
- ὦος 372, 432

IV.

Res et verba notabiliora.

ἀδηνέως 381
ᾆδος 500
αἰενάυται 375
αἰσυμνήτης 497. αἰσιμνάτας 514
ἀκονιτεί 380
ἀκρωτήρια add. 3 a. 348
ἀλλόγλωσσος 482
Ἀλφιῶιος μήν 121
ἀμοιϝά add. 20, 108 a, cf. 20, 63. 64
ἀμφαναιμενος 476
ἀμφαντός 476
ἀνδραποδωνίη 491
ἀνηρίϑευτος 381
ἀξιόσυλος add. 119
ἀποπεράω 500
ἀργυρῶται 505
ἄρταμος 543
ἀτάω 72. add. 475
αὐτοπόειος add. 20, 68
ἀφορμά 20, 62, cf. 63. 64

βασιλεύς (magistratus) 112. 381

γράφω (sculpere) 12. 412. γράφω 474 (?)

δαμιουργός (ζαμ-, -ιοργ-) 30. 111. 122. 322. 471. 544. δαμιωργία (ζαμ-) 112. add. 113 b. add. 119. δαμιωργέω add. 119. δαμιοργίτωσα 506
δαρικός 69

ἑκατόμβα add. 113 a

ἑλλανοδίκας (ἑλλανος-) 112. add. 113 a. ἑλλανοδικέω add. 107
ἐνδόσε 395
ἐνετήρια 321
ἐπάκοος 83. 84. 86. 88
ἐπίαρον 110. add. 119
ἐπιβιδίλεντες 475. 476. 480
ἐπιϝοικία et ἐπίϝοικος 321
ἐπίστατον 492
ἐπωμότας add. 119 (?). 322
Ἑρμαιών μήν 500
ἔτεια 336
εὔϑυνος 497
ἔφορος 83. 84. 86. 88. 91
ἐχεπάμων 321

ϝέτας 110
ϝιρανες 328
ϝισοδαίωργος 113
ϝισοπρόξενος 113

ζάπεδον 401

ἠϑμός 492
ἡμικοτύλιον 76

ϑεαρός add. 113 c. 117
ϑεοκόλος 109. add. 113 b. - λέω 109
ϑετός 456

ἰαρόμαος 109. add. 113 b. add. 118
ἰαρός (mysta?) 64
ἱεροποος 336
ἱππωνίη 491

κάλλυσμα 395
κέληξ 79
κιξαλλεύω et κιξάλλης add. 116 (?). 497. 514 (?)
κόραξ 20, 51 (?)
κοροῖτις 20, 51 (?)
κόρος 51

Λεξειάτας seu Ληξ. (ὄρϝος) 345
λητά 509

μανάσιος 121
μαστράα 112. add. 113 d
μελιχοιρίνη 10
μνήμων et μνημονεύω 500

ναυπήγιον 491 (?)
νεαρηβῶν 466

ξενοδίκας 322

Ὀλυμπιάς 111. 514
Ὀλυμπικός μήν (seu μεύς) 116. add. 119
Ὀλυμπιονίκας not. post n. 91
ὁπλίτας 37
ὁρκωμότας 322
οὐροφύλαξ 381

παγκράτιον 380. 498
παματοφαγέω 321
παός 456
παρκα(ϑ)ϑήκα 68
πατριά 112
πατρωιοῦχος 475

πεδάϝοικος 35. 40
πελτοφόρας 150
πένταϑλος [44]
πεντοκία 322
πίναξ 112. 567
πόδικες 68
πρόξενος (-νϝος) 105. 107. 117. 118. 322. 342. 544
προσέρδεω 379
προσφάγιον 395
πρυτανεύω 500
πύκτας add. 99
πύξ 98. [355]. 380

ῥαψῳδός 502
ῥιπίρ add. 112 a

σαοστρέω 335
στάδιον (σπα-) 37. 563
συμμορία 35
συνδαμίωργος 323
σφέλας 409
σφηνόπους 395

τάλαντον (libra) 491
τέϑριππον 79
τελεστά 110
τετάρτη (vectigal) 491
τιμουχέω 497
τριηκόστια 395

ὑποκρητήριον 492

φοινικήια 497
φώκα 20, 69

INSCRIPTIONES GRAECAE-GREEK INSCRIPTIONS

CH. MICHEL
RECUEIL D'INSCRIPTIONS GRECQUES.
Supplements 1912-1927.
INSCRIPTIONES ATTICAE in RIG (Suppl.)

ISBN 0-89005-110-0. 235pp. $25.00
This previously hard-to-come-by source book is a must for any classical scholar and a necessary addition to any library's collection. Many of the inscriptions included are not found in the IG I^2 and IG II/III^2 or the early volumes of the *Supplementum Epigraphicum Graecum*.

EM. LOEWY
INSCHRIFTEN GRIECHISCHER BILDHAUER
GREEK INSCRIPTIONS RECORDING NAMES AND WORKS OF ANCIENT SCULPTORS

ISBN 0-89005-112-7. 450pp. $25.00
Greek inscriptions recording names and works of ancient sculptors. Loewy's collection remains the reference for art historians. Reprint of the 1885 edition.

J.J.E. HONDIUS
SAXA LOQUUNTUR
A BIBLIOGRAPHY OF EPIGRAPHIC PUBLICATIONS ON GREEK INSCRIPTIONS

ISBN 0-89005-116-X. 177pp. $10.00
J.J. Hondius provides an essential reference book for the researcher in ancient history which tells him where to go to find material on numerous topics and types of inscriptions. A concise account of the principle *Hilfsmittel* for epigraphists, organized by subject, under museum headings, and geographically.

H. POPE
NON-ATHENIANS IN ATTIC INSCRIPTIONS
(See p. 5)

H. POPE
FOREIGNERS IN ATTIC INSCRIPTIONS
(See p. 5)

TH. SARIKAKIS
HOPLITE GENERAL IN ANCIENT ATHENS
(See p. 5)

J. SVORONOS
CORPUS OF THE ANCIENT COINS OF ATHENS
(See p. 5)

AL.N. OIKONOMIDES
GREEK ABBREVIATIONS
(See p. 5)

MAX L. STRACK
INSCRIPTIONES GRAECAE PTOLEMAICAE I
SAMMLUNG GRIECHISCHER PTOLEMAER-INSCHRIFTEN

ISBN 0-89005-171-2. 120pp. $10.00
The first collection of Ptolemaic inscriptions not limited to the political boundaries of the Empire, but including inscriptions from all areas which came under the radiating influence of its culture. Also appearing is an appendix which includes tables for the "Names and Epithets of the Kings," his "Chronological List of the Kings," plus several commentaries.

H.B. WELLES
ROYAL CORRESPONDENCE IN THE HELLENISTIC PERIOD

ISBN 0-89005-019-8. 510 pp. $15.00
In the fragmentary history of the Hellenistic world, one of our major sources of authentic history lies in the royal correspondence of the period. Thanks to the ancient custom of inscribing important letters on stone for public display, many authentic letters have survived to our own times.

FELIX DURRBACH (Ed.)
CHOIX D'INSCRIPTIONS DE DELOS

ISBN 0-89005-190-9. viii + 294pp. . $25.00
A selection of the most important Greek historical inscriptions found during the excavating of sites on the island of Delos. With excellent commentaries and a detailed index. The inscriptions of Delos are especially interesting to the historian of the Hellenistic period as well as to the historian of the later Greco-Roman period.

M. TOD
SIDELIGHTS OF GREEK HISTORY

ISBN 0-89005-039-2. 96 pp. $5.00
Using Greek inscriptions, Tod explains his immense knowledge of their characteristics and value as evidence in enlarging our knowledge of the lesser known aspects of the Greek world. With inscriptions he presents some fine examples of political and social life in ancient Greece and everyday matters in ancient times.